Lexikon nichtchristlicher Religionsgemeinschaften

# Lexikon nichtchristlicher Religionsgemeinschaften

Herausgegeben von
Harald Baer, Hans Gasper,
Johannes Sinabell und Joachim Müller

unter Mitwirkung von
Thomas Becker, Werner Höbsch
und Matthias Sellmann

HERDER

FREIBURG · BASEL · WIEN

Überarbeitete und ergänzte Taschenbuchausgabe aus dem
»Lexikon neureligiöser Gruppen, Szenen und Weltanschauungen«

ISBN 978-3-451-28256-0


www.herder.de

Umschlagkonzeption und -gestaltung:
R·M·E Eschlbeck / Botzenhardt / Kreuzer

Satz: SatzWeise, Föhren
Herstellung: CPI Moravia Books, Pohorelice

Gedruckt auf umweltfreundlichem, chlorfrei gebleichtem Papier
Printed in Czech Republic

ISBN 978-3-451-06049-6

# Vorwort

Vor 20 Jahren, 1989, begann die heiße Phase der Vorbereitung für das »Lexikon der Sekten, Sondergruppen und Weltanschauungen«. Es sollte im Herbst 1990 erscheinen. Kaum einer ahnte, wie sehr die Welt sich geändert haben würde: die Wende, der Zusammenbruch der kommunistischen Systeme in gut einem Vierteljahr und weitgehend friedlich. Fast über Nacht verschwand die Teilung Europas, ja der Welt. Die neue Freiheit war für Millionen wie ein Wunder. Zeitanalytiker sahen das »Ende der Geschichte« gekommen (Francis Fukuyama). Doch schon bald zeigte sich: die Welt war anders geworden, aber neue Konflikte brachen auf, neue Konfliktlinien wurden erkennbar. Ein Jahr nach Fukuyamas Prognose eines säkularen Milleniums liberaler Demokratie begann die Karriere eines anderen Schlagworts. Über den *»clash of civilizations«*, den »Kampf der Kulturen« schrieb Samuel Huntington 1993 in den »Foreign Affairs«, dort, wo 1947 der amerikanische Diplomat George Kennan sein Skript für den »Kalten Krieg« vorgestellt hatte, jene Epoche, die 1989 beendet wurde.
Es gibt keine gerade Linie zwischen der Wende und der religiösen Lage danach. Vieles blieb wie es war, schon lange erkennbare Trends haben sich bestätigt und verfestigt, z.B. die Zunahme transzendenzloser, säkularer Lebensorientierung bei gleichzeitiger Bestätigung unverwüstlicher Vitalität der Religionen, gegen alle Prognosen von Religion als Auslaufmodell. Anderes ist deutlicher geworden, etwa, wie erfolgreich die antireligiöse Propaganda im Osten Deutschlands war. Doch das Ergebnis ist durchaus zwiespältig. Wesentliche religiöse Fragen, wie etwa die des Lebens nach dem Tod, sind für viele nach wie vor existenziell wichtig. Wieder anderes hat durch die beschleunigte Globalisierung neue Schubkraft erhalten, v.a. die Tatsache religiöser Pluralisierung. Der explodierende Turbokapitalismus dieser Jahre hat auch die Kommerzialisierung neureligiöser Angebote beschleunigt, z.B. die Transformation von Esoterik in den Wellness-Markt, auch ein Exempel für Kapitalisierung und »Kolonialisierung von Lebenswelten« (J. Habermas).
In der Neuauflage des Lexikons 2005 mit dem neuen Titel »Lexikon neureligiöser Gruppen, Szenen und Weltanschauungen« gab es gegenüber 1989/90 ebenfalls Veränderungen wie Kontinuität. Das Vorwort 1990 begann so: »Die religiöse Situation hat sich verändert. Mit dem immer noch dominierenden Trend fortschreitender Säkularisierung, dem ›Funktionsverlust‹ von Religion, der abnehmenden Bindungskraft der Kirchen und dem Bedeutungswandel säkularer Ersatzreligionen sind zahlreiche Orte neureligiöser Orientierung erstanden. Die freigesetzten oder freigegebenen Besitztümer der großen Kirchen und ihrer säkularisierten Erbfolger finden neue Inhaber. Dieser religiöse Pluralismus ist Realität.« Das stimmt auch 2009. Noch deutlicher wurde, dass der weltweit plurale Kosmos von Religionen und religiösen Optionen auch in Europa zu finden ist, dort stattfindet. Gegenwärtig ist besonders der Islam, v.a. in seinen politischen Varianten die Herausforderung im interreligiösen Dialog und dem interreligiösen Zusammenleben. Huntingtons Wort vom »Kampf der Kulturen« berührt uns unmittelbar, ist eine Frage direkt vor unserer Haustür.
Auch jetzt ist die Absicht »Orientierungen im religiösen Pluralismus« zu geben. Herausgeber und Verlag haben sich bei der dreibändigen Taschenbuchausgabe an einer von der Sache vorgegebenen Dreiteilung orientiert: Christentum; Weltreligionen; Neureligiöses, Neuoffenbarungen, Esoterik.
Für den Band »Lexikon christlicher Kirchen und Sondergemeinschaften« sind die Hauptthemen »Sondergemeinschaften« und »Sekten« Begriffe voller Unschärfen.

Dazu gehört ein Blick auf die konfessionelle Szene insgesamt bzw. auf vielfach weniger bekannte Kirchen und Gemeinschaften, die *keine* Sondergemeinschaften sind und erst recht keine Sekten: die Orthodoxie, die Freikirchen und die Geistlichen Bewegungen. Die zentralen Themen von Religion, Glaube und Kirche, jeweils mit eigenen Artikeln vertreten, versuchen eine Antwort aus christlicher Sicht.
Im Band »Lexikon nichtchristlicher Religionsgemeinschaften« werden Hinduismus, Buddhismus und Islam im Kontext der Moderne und in ihren Erscheinungsformen in Europa dargestellt. Zentrale Stichworte wie Toleranz und Dialog werden thematisiert, dazu die Frage, wie sich die individualisierte, nachinstitutionelle Spiritualität der Gegenwart auf die Gestalt der Weltreligionen im Westen auswirkt.
Der Band »Lexikon neureligiöser Bewegungen, esoterischer Gruppen und alternativer Lebenshilfen« behandelt die religiösen und weltanschaulichen Gruppen, die nicht den sog. Weltreligionen angehören, wenn sie auch oft in ihnen wurzeln und von ihnen beeinflusst sind. Die Weite des Begriffes »Religion« wird ebenso deutlich, wie die Vielfalt der weltanschaulichen Strömungen in unserer Gesellschaft. Neben der Privatisierung der Religion können wir gleichzeitig feststellen, wie religiöse Versatzstücke, ihrer Herkunft entfremdet, vielfach eingesetzt und angenommen werden.
In der Struktur ist das Lexikon angelegt wie früher: Neben Artikeln zu Gruppen und Institutionen stehen Artikel zu religiösen oder weltanschaulichen Strömungen, zu gesellschaftlichen und kulturellen Tendenzen, zu Psychologie, Therapie und Heilung sowie zu Fragen des Rechts. Artikel zu Religion, Glaube und Kirche versuchen eine Antwort aus christlicher Sicht und informieren über die Auffassungen in den Gruppen und Weltanschauungen. Die von Anfang an gewollte ökumenische Orientierung in der Wahl von Autoren und Themen wurde auch in dieser Auflage gepflegt.
Jeder der drei Bände kann für sich stehen. Die innere Einheit der Thematik bringt allerdings unvermeidbare Überschneidungen mit sich. Ein volles Bild ergeben also die drei Bände zusammen. Gegenüber der Auflage von 2005 mussten alle Artikel z. T. erheblich gekürzt werden. Ein jedem Band beigefügter Einleitungsessay will dies durch die Situierung von dessen Thema im jeweiligen Kontext ausgleichen. Auf Literaturangaben wurde verzichtet, sie sind im Internet unter www.ksa-hamm.de/wordpress/?page_id=294 zu finden.

Am Ende steht erneut der Dank. Aus der Schweiz haben Rolf Weibel und Martin Gregori mehrfach geholfen. Aus Österreich hat Bernhard Wenisch als Theologe und langjähriger Experte in den hier verhandelten Fragen Erhebliches beigetragen. Matthias Sellmann und Werner Höbsch von der Erzdiözese Köln haben maßgeblich das Profil des Ganzen mitbestimmt. Thomas Becker, Leiter der Katholischen Sozialethischen Arbeitsstelle in Hamm, hat das Projekt unermüdlich vorangetrieben. Dort besorgten Brigitte Schmidt und Angela Markovic gewohnt zuverlässig und sorgfältig die Sekretariatsarbeiten. Die Herausgeber danken wie schon in den vergangenen Jahren ihren kirchlichen Dienststellen für die Ermöglichung der Arbeit und ganz besonders dem Verlag Herder, zumal Dieter Geiß, der das Lexikon auch in einer schwierigen Phase sehr kompetent begleitet hat. Ein besonderer Dank geht wiederum an Friederike Valentin, die das ganze Projekt vor mehr als 20 Jahren und bis zu ihrer Erkrankung ganz maßgeblich geprägt hat. Gewidmet ist dieses Buch unserem verstorbenen Schweizer Mitherausgeber und Freund Pfarrer Joachim Müller.

Köln, Hamm, Wien, den 24. Juni 2009

# Autorinnen- und Autorenverzeichnis

**Antes,** Peter, Hannover (Islam; Sufismus)
**Baer,** Harald, Hamm (Initiation; Yoga)
**Bauberger,** Stefan, München (Zen)
**Baumann,** Martin, Luzern (Hinduismus im Westen; Sathya Sai Baba)
**Bochinger,** Christoph, Bayreuth (Synkretismus)
**Böckenförde,** Ernst-Wolfgang, Au bei Freiburg (Religionsfreiheit)
**Bsteh,** Andreas, Mödling (Monotheismus; Polytheismus)
**Dehn,** Ulrich, Berlin (Bahai; Mahikari; Risshō Kōseikai; Sikhismus; Sōka Gakkai)
**Ehm,** Erich, Wien (Recht)
**Eiben,** Jürgen, Königswinter (Autorität)
**Faber,** Roland, Wien (Monismus)
**Figl,** Johann, Wien (Agnostizismus; Atheismus)
**Finger,** Joachim, Beringen (Meher Baba; Sahaja Yoga)
**Frei,** Fritz, Cham (Inkulturation)
**Fuss,** Michael, Rom (Buddhismus im Westen; Erlösung; Pantheismus)
**Gasper,** Hans, Bonn (Staat)
**Gerhards,** Klaus, Essen (Opfer)
**Gerlitz,** Peter, Bremerhaven (Japanische Religionen)
**Geyer,** Carl-Friedrich, Bochum (Gnosis)
**Höbsch,** Werner, Brühl (Dialog)
**Hödl,** Hans Gerald, Wien (Ritus/Ritual)
**Holmes-Edinger,** Brigitte, Wien (Subud)
**Hummel,** Reinhart, Stuttgart (Brahma Kumaris; Eckankar; Guruismus; ISKON; Sant Mat; Transzendentale Meditation; Vereinigungskirche)
**Huth,** Fritz, Frankfurt (Osho)
**Kirste,** Reinhard, Nachrodt (Fest)
**Knoblauch,** Hubert, Berlin (Religionssoziologie)
**Krech,** Volkhard, Heidelberg (Individualisierung)
**Kreiner,** Armin, München (Pluralistische Religionstheologie)
**Lampe,** Albert, Freiburg (Jesiden)
**Lehmann,** Karl, Mainz (Dialog)
**Malek,** Roman, St. Augustin (Chinesische Religiosität; Daoismus; Falun Gong; Yijing)
**Miehl,** Melanie, Köln (Islamismus)
**Muckel,** Stefan, Köln (Recht)
**Mühleisen,** Hans-Otto, Augsburg (Grundrechte)
**Murken,** Sebastian, Bad Kreuznach (Identität; Krise)
**Namini,** Sussan, Bad Kreuznach (Identität; Krise)
**Neff,** Matthias, Trier (Sri Sri Ravi Shankar)
**Notz,** Klaus-Josef, Röhrmoos (Buddhismus; Lamaismus; Zen)
**Ottmann,** Henning, München (Toleranz)
**Rauch,** Ferdinand, Fulda (Yamagishi-Vereinigung)
**Resch,** Andreas, Innsbruck (Animismus; Magie; Mantik)
**Riesebrodt,** Martin, Chicago (Fundamentalismus)
**Riße,** Günter, Bonn (Religionsstifter)
**Rödl,** Wolfgang, Rottenburg (Ahmadiyya; Islam im Westen)
**Sander,** Hans-Joachim, Salzburg (Gewalt)

**Schlang,** Stefan, Köln (Neureligionen)
**Schmid,** Georg, Reiti (Schamanismus; Sri Chinmoy)
**Schöll,** Albrecht, Münster (Biografieforschung)
**Seckler,** Max, Tübingen (Aufklärung)
**Sellmann,** Matthias, Hamm (Heilige, das)
**Singer,** Alfred, Würzburg (WCRP)
**Tanner,** Erwin, Fribourg (Recht; Religionsgemeinschaften)
**Thoma,** Clemens, Luzern (Judentum)
**Türk,** Eckhard, Mainz (Archaische Religiosität; Pluralistische Religionstheologie)
**Tworuschka,** Udo, Bad Münstereifel (Religionswissenschaft)
**Utsch,** Michael, Berlin (Tantrismus)
**Waldenfels,** Hans, Düsseldorf (Religion; Shintoismus; Weltreligionen)
**Weger,** Karl-Heinz, (†) (Deismus)
**Weinacht,** Paul-Ludwig, Würzburg (Staat)
**Wilke,** Annette, Münster (Hinduismus)
**Wohlrab-Sahr,** Monika, Leipzig (Konversion)

# Nichtchristliche Religionsgemeinschaften im Kontext der Moderne

Maßgebliche Autorinnen und Autoren des Lexikons haben sich in umfangreichen Schriften zu den wichtigen Fragen der Gegenwartsreligiosität geäußert, was auch in diesem Werk seinen Niederschlag gefunden hat. Freilich liegt es in der Natur eines Lexikons, dass die Schwerpunktthemen nur in sehr verdichteter Form dargestellt werden können. Deshalb sollen in diesem einführenden Text ergänzende Aspekte zu ausgewählten zentralen Stichworten zur Sprache kommen. So werden in dem vorliegenden Band über nichtchristliche religiöse Gemeinschaften diese nicht zuletzt aus dem Blickwinkel der Kulturwissenschaften wie Religionswissenschaft und Religionssoziologie betrachtet, weil diese und ähnliche methodische Disziplinen neben den sog. Weltreligionen hier ihren Ort gefunden haben. Der Schwerpunkt liegt auf Hinduismus und Buddhismus, ohne die weder die unsichtbare Mittelschichtenreligion im westlichen Kulturkreis noch die Esoterik[1] denkbar wäre. Dabei kommt es in dem Band zu gewollten Überschneidungen mit den anderen beiden Bänden des Gesamtwerks, um den wechselseitigen Bezug der Themen und die innere Einheit zu dokumentieren.

Am Anfang steht die Kernthese des Werks. Angesichts der Vielfalt des Religiösen in unserer Gesellschaft könnte der kategorische Imperativ für das neue Jahrtausend lauten: Handle so, dass die Maxime deines Handelns jederzeit der Pluralität gegenwärtiger Religionskultur gerecht wird.

Mit dieser Aussage sind mehrere Problemstellungen verbunden, wobei die Frage »Was ist religiöse Pluralität?« noch am unstrittigsten zu beantworten ist. Wenn unterschiedliche Religionen, Kulturen und die mit ihnen verbundenen Wertvorstellungen in derselben Gesellschaft nebeneinander angetroffen werden, dann spricht man von weltanschaulicher Pluralität oder einer multireligiösen Gesellschaft. Koexistenz schließt dabei Konkurrenz nicht aus, denn die Zuschreibungen von Sinn werden keineswegs immer gemeinsam geteilt. Unter den Bedingungen der Moderne gibt es nicht die Religion, es gibt nur Religionen. Aber der Vorgang der Vervielfältigung ist so umfassend, dass er nicht bloß das Verhältnis der Religionen zueinander betrifft. Neben der interreligiösen existiert auch eine intrareligiöse Pluralisierung innerhalb ein und derselben Religionsgemeinschaft. Da Religion also nur im Plural und nicht im Singular vorgefunden wird, ist die Voraussetzung für die Zukunftsfähigkeit einer Gesellschaft ihre »Pluralitätsfähigkeit«[2] wie H.-J. Höhn schreibt. Die Frage, was unter diesem Desiderat zu verstehen ist, und wie man der religiösen Vielfalt gerecht wird, ist sehr viel weniger eindeutig zu beantworten.

### Voraussetzung der Begegnung: Toleranz

Um die Spannung zwischen dem Eigenen und dem Fremden auszuhalten, wird immer wieder auf die Notwendigkeit religiöser Toleranz verwiesen. Damit ist die Duldung eines abweichenden Standpunkts gemeint. Formale Toleranz ist nicht die apriorische Akzeptanz des fremden Wahrheitsanspruchs, sie ist seine Vorstufe. Toleranz ist Respekt und die Abwesenheit von Zwangsmaßnahmen, was jedoch wechselseitige Kritikfähigkeit durchaus einschließt. Soll ein friedliches Zusammenleben von Religionsgemeinschaften gelingen, die davon ausgehen, dass die eigenen normativen Leitbilder richtig und die der anderen zumindest teilweise falsch sind, muss Meinungs- und Religionsfreiheit herrschen. Das ist der formale Aspekt von Toleranz, während sein materialer der fremden Religion die Möglichkeit der authentischen Begegnung mit dem Numinosen zugesteht, obwohl sie nicht mit der eigenen religiösen Überzeugung übereinstimmt.[3] Beide, formale und inhaltliche Toleranz, sind Formen aktiver Toleranz, die prinzipiell offen sind für eine mögliche spätere Anerkennung des fremdartig Anderen, im Unterschied zur bloß passiven Toleranz, welche eher einem unproduktiven Vermeidungsverhalten entspricht.

Gravierende Einwände gegen Toleranz als Konzept zur Lösung schwieriger interreligiöser Beziehungen bringt W. Heitmeyer[4] vor. Wenn Toleranz auf das Ertragen kultureller und religiöser Verschiedenheit reduziert würde, werden die mit der ökonomischen Globalisierung verbundenen Integrations- und Desintegrationsmechanismen unterschlagen. Die wirtschaftliche Dynamik führt nicht selten bei Zugewanderten und Einheimischen ins Prekariat, was die Bedingungen des Zusammenlebens erheblich belastet. Daher steckt im Begriff der Duldung die »klammheimliche Abwertung, ja Ungleichwertigkeit des Anderen in großherziger Verkleidung« v.a. aber ein Machtunterschied. Nur die Mächtigen können es sich leisten zu dulden, die Ohnmächtigen müssen sich fügen. Heitmeyer beklagt die implizierte Asymmetrie der Beziehungen von Überlegenheitsansprüchen und Unterlegenheitserfahrungen, doch gibt er damit nur die Alltagsrealität der gesellschaftlichen Mehrheitsverhältnisse wieder. Wenn er als Alternative zum asymmetrischen Toleranzprinzip die Anerkennung des kulturell Anderen fordert, will er den zweiten Schritt vor dem ersten tun und überschätzt damit die Integrationsfähigkeit dieser Gesellschaft. Abgesehen davon schließt Toleranz als Begriff die Akzeptanz per definitionem aus. Heitmeyer fasst eine Reihe problematischer Folgen ins Auge, indem er z.B. auf die faktische Duldung des Fremden verweist, wenn damit volkswirtschaftlicher Nutzen verbunden ist, oder die Entstehung von Opferrollen in Minderheitengruppierungen, wodurch die selbstkritische Beschäftigung mit Fehlentwicklungen erschwert wird, oder die Instrumentalisierung von Rassismus durch Migranteneliten, die sich dadurch eine Stärkung ihrer Machtposition versprechen. Zweifelsohne richtig ist die Beobachtung, dass Konflikte, sofern sie nach rechtsstaatlichen Regeln ausgetragen werden, eine konstruktive Rolle in Einwanderungsgesellschaften spielen können, weil sie dazu zwingen, dass man sich gegenseitig wahrnimmt und Mehrheiten sich mit Minderheiten auseinandersetzen. Wenn er aber behauptet, dass Toleranz zu tun habe mit »riskantem Desinteresse, Ignoranz und Gleichgültigkeit«, so argumentiert er nur gegen eine Variante der passiven Toleranz.

Die Zunahme der ethnischen und religiösen Komplexität durch Migrationsschübe hat in den Aufnahmeländern zu sehr ambivalenten Reaktionen geführt. Einerseits gab es eine Welle der Hilfsbereitschaft, um z.B. vietnamesischen Boatpeople die Eingliederung in westliche Gesellschaften zu erleichtern. Andererseits hat die beständig wachsende Zahl der Muslime in Europa Ängste vor Überfremdung und einem Kampf der Kulturen ausgelöst, zusätzlich angeheizt durch die Agitation verschwörungstheoretischer Hardliner.[5] Vor dem Hintergrund von sog. Ehrenmorden unterstellen zynische Skeptiker[6] dem politisch korrekten Gutmenschentum den »Willen zur Ohnmacht«, weshalb eine paradoxe Intervention angebracht ist, um die tolerante Gesellschaft gegenüber ihren intoleranten Feinden in Schutz zu nehmen. Daher sei Intoleranz und die Bekämpfung von Religionsfanatikern und nicht Appeasementpolitik oder vorauseilende Selbstzensur das Gebot der Stunde. Wahre Toleranz ist gegenüber Intoleranz nicht tolerant.

Selbstverständlich werden die Grenzen der Toleranz überschritten, wo Verstöße gegen geltendes Recht vorliegen, aber demokratische Staaten sind wehrhaft genug, Verbrechen zu verfolgen und abzuurteilen[7]. Für Rechtspopulisten ist das jedoch nur eine notwendige, keine hinreichende Maßnahme. Außerdem nehmen sie z.B. bei sog. Ehrenmorden eine einseitig religiöse Ursachenzuschreibung unter Ausblendung soziokultureller Bedingungen vor. Deshalb will der Vorsitzende der niederländischen Partei für die Freiheit (PVV)[8], Geert Wilders, den Muslimen die Praxis ihrer »gewalttätigen Religion« untersagen. Denn »der Kern des Problems ist der faschistische Islam, die kranke Ideologie von Allah und Mohammed, wie sie ausgebreitet ist im islamischen ›Mein Kampf‹ – dem Koran.«[9]

Wie sieht die Situation in Deutschland aus? Seit 2002 untersucht Heitmeyers Team das Phänomen der sog. »gruppenbezogenen Menschenfeindlichkeit« und dokumentiert im Rahmen einer Langzeituntersuchung die Ressentiments gegen Minderheiten. Zusammen mit Rassismus, Xenophobie, Heterophobie (Angst vor Vielfalt) und Antisemitismus gehört auch Islamophobie zu einem Syndrom der Abwertung und Ausgrenzung. Islamophobie, nicht zu verwechseln mit sachlicher und deshalb positiv zu wertender Islamkritik, ist die feindselige Einstellung gegenüber Muslimen als konkreten Personen und dem Islam als einer abstrakten religiösen Kategorie. Eine generelle Ablehnung der islamischen Kultur zu verhindern, »aber gleichzeitig berechtigte Kritik äußern zu können, kann nur dann gelingen, wenn entdifferenzierende Verallgemeinerungen vermieden werden.«[10] Zu Letzteren gehören die Vorurteile, Muslime würden den Terrorismus unterstützen, seien barbarisch und rückständig.

Ausgangspunkt von Heitmeyers Befragungen ist die Differenz zwischen Verfassungsanspruch und -wirklichkeit, die er durch Umkehrung von Artikel 1 des Grundgesetzes zum Ausdruck bringt: »Die Würde des Menschen ist antastbar.« Entscheidend für die Langzeitbeobachtung ist die Frage, ob die islamophobische Menschenfeindlichkeit zu- oder abnimmt. Das Resultat ist zwiespältig. Der Bericht von 2007 konstatiert seit 2003 eine kontinuierliche Zunahme der Islamophobie, wobei das eigentlich Beunruhigende dieser Entwicklung der Umstand ist, dass bei den abwertenden Einstellungen die zahlenmäßig starken mittleren Soziallagen, welche bislang als Garant an Solidität und politischer Stabilität galten, eine besondere Rolle spielen. Der jüngste Bericht[11] kann nur teilweise Entspannung vermelden. Die Fremdenfeindlichkeit gehe seit 2005 zurück, was vielleicht mit einer zeitweiligen positiven Arbeitsmarktentwicklung zu tun habe. Für die Islamfeindlichkeit stellt die Studie gegenläufige Tendenzen fest: Im Osten nehmen diese negativen Haltungen weiterhin zu, im Westen gingen sie zurück. Insgesamt betrachtet, gibt es eine rückläufige Tendenz, allerdings auf ziemlich hohem Niveau.

In der Auseinandersetzung mit islamophobischen Diskriminierungsstrategien haben Vertreter einer rassismuskritischen Zivilgesellschaft verschiedene Gegenentwürfe entwickelt, welche nichts mit einem unterstellten Kulturrelativismus zu tun haben. Kulturrelativismus bedeutet, die mühsam erkämpften Errungenschaften wie Presse- oder Kunstfreiheit prinzipiell eher nicht zu verteidigen, wenn – wie im Fall der umstrittenen Inszenierung der Oper Idemoneo – befürchtet wird, die Gefühle von Muslimen zu verletzen und sich deren Zorn zuzuziehen. Es muss eine Debatte darüber geführt werden, wo die Grenze zwischen dem berechtigten Protest gegen antimuslimische Ressentiments und der Einschüchterung von Kulturschaffenden verläuft. Anstatt der Diskussion aus dem Weg zu gehen oder das Gespenst der schleichenden Islamisierung an die Wand zu malen, ist ein Bündel spannungsreduzierender Maßnahmen zu entwickeln.

**Konfliktreduktion: Dialog**

Bemühungen, interkulturelle Konflikte zu minimieren, werden unter dem oft strapazierten Begriff des Dialogs zusammengefasst. Welche Bedeutungsebenen sind hier zu unterscheiden? Formal betrachtet ist der kognitive Dialog der kommunikative Austausch unterschiedlicher Überzeugungen. Nur wenn ein Dissens der Meinungen vorliegt, kann ein Dialog stattfinden, andernfalls haben wir es mit der zustimmenden Bestätigung von geteilten Auffassungen zu tun. Auch die lediglich einseitige Belehrung aus dem Gefühl heraus, alleiniger Eigentümer »der Wahrheit« zu sein oder die Instrumentalisierung von Begegnungen zum Zweck der Missionierung ist natürlich kein Dialog. Für die dialogische Kommunikation ist das Modell der wechselseitigen Beeinflussung konstitutiv: »Der Empfänger als Hörer der Botschaft ist nicht des Senders Objekt, auch nicht einfach Objekt der Botschaft, sondern Subjekt und entsprechend Sender zugleich. Im Kommunikationsprozess selbst findet auch eine Veränderung des Senders statt und nicht nur ... des Empfängers.«[12] Im Dialog ist also notwendigerweise das Risiko enthalten, eigene Meinungen aufs Spiel zu setzen. Die klassische Rollenverteilung von Geber und Empfänger besserer Einsichten kann sich umkehren, wenn das treffendere Argument dazu veranlasst. Um den symmetrischen Diskurs zu gewährleisten, müssen prinzipielle Chancengleichheit aller Teilnehmer und die Abwesenheit vom Zwang des Mächtigeren gegeben sein, so Kardinal Lehmann. Zur Aufrechterhaltung eigener Identität wird auch das Festhalten an persönlicher Glaubensgewissheit als Voraussetzung eines Dialogs genannt, der nicht nur »Unverbindlichkeit an Unverbindlichkeit reiht«. Das Gelingen eines solchen Unternehmens hänge in erster Linie davon ab, die jeweiligen Teilnehmer zu ermutigen, ihre eigenen Wahrheiten zu berichten. Schon mehrfach ist der Ausdruck »Wahrheit« gefallen. Ohne die (Un-)Tiefen der Aussagenlogik und die zahlreichen begrifflichen Anstrengungen in der Philosophie-, Theologie-[13] und Religionsgeschichte berücksichtigen zu können, sollen hier Definitionen vorgestellt werden, die in Zusammenhang mit den Dialogbemühungen hilfreich sind.

L. Swidler zufolge kann als dialogfähig nur ein Verständnis von Wahrheit in Betracht kommen, das deabsolutiert, partiell und relational ist. Im Unterschied zu exklusiven oder statischen Entweder-Oder-Formulierungen greift Swidler[14] auf ein wissenssoziologisches Konzept zurück, für das »Wahrheit« im Sinn von Wissen über Wirklichkeit immer perspektivisch ist. Aussagen über das, was ist, können nur aus einem besonderen historischen, kulturellen und geschlechtsspezifischen Blickwinkel gemacht werden. Durch das Begrenzte und Fragmentarische der sprachlichen Möglichkeiten sind Äußerungen per se unvollständig, v.a. dann, wenn sie sich auf Transzendentes beziehen. Insoweit die hermeneutische Grundeinsicht aufgenommen wird, dass Wissen stets interpretiertes Wissen ist und kein Wissen »an sich«, kann von einem relationalen, d.h. auf einen bestimmten historischen Kontext bezogenes Wissen gesprochen

werden, welches auch intersubjektiv »wahr« ist, aber keinen allumfassenden Absolutheitsanspruch erhebt.
Aus dieser erkenntnistheoretischen Prämisse stellt Swidler die fundamentale Grundregel auf, dass die Funktion des Dialogs darin besteht »voneinander zu lernen«.[15] Die persönliche begrenzte Perspektive wird erweitert durch die Sicht des anderen: Wir lernen nicht nur Fehlurteile über andere zu korrigieren, sondern erfahren auch etwas Neues über uns selbst, indem wir erkennen, wie andere uns sehen. Dabei sollen Differenzen zwischen Selbst- und Fremdwahrnehmung keineswegs ausgeklammert werden. Auch wenn das gemeinschaftliche Ziel in der Suche nach doktrinären, ethischen und pragmatischen Gemeinsamkeiten zwischen religiösen Gruppierungen besteht, sollen die zustimmungsfähigen und nicht zustimmungsfähigen Unterschiede thematisiert werden. Sie lassen sich in »komplementäre, analogische und sich widersprechende« unterteilen. Während komplementäre und analogische Differenzen, z.B. die Vorstellung eines persönlichen Gottes oder ein sich jeder sprachlichen Klassifikation entziehendes »Absolutes Nichts« in Bezug auf die Vorstellung der letzten Wirklichkeit, das jeweilige Verständnis des Numinosen um neue Facetten erweitern können, also zustimmungsfähig sind, ist dies bei den sich ausschließenden Werturteilen und Handlungen nicht der Fall. In diese Kategorie fallen alle Verstöße gegen Menschenrechte, seien sie religiös verbrämt oder nicht. Hier wird klare Opposition verlangt, z.B. gegenüber Frauenbeschneidung[16] und anderen Elementen des »sadomasochistischen Ritualsyndroms«.
Zur Lösung des Problems, ob und wie der Offenbarungsanspruch des christlichen Glaubens mit der Bereitschaft vereinbar ist, abweichende religiöse Überzeugungen gelten zu lassen, hat A. Kreiner einen wichtigen Beitrag geleistet. Gemäß herkömmlicher christlicher Auffassung ist der Glaubensakt *(fides qua)* mit fester Glaubensgewissheit verbunden. Im Dialog, wo Menschen unterschiedlicher Auffassungen versuchen, Meinungsverschiedenheiten diskursiv auszuräumen, besteht die Gefahr, die eigene religiöse Gewissheit zu riskieren. Sollte Dialogpraxis v.a. bedeuten, voneinander zu lernen und die eigene Überzeugung zu relativieren, dann könnte Dialogfähigkeit als Verrat an der anvertrauten Wahrheit ausgelegt werden. Kreiners Lösung dieses Dilemmas liegt in der Reinterpretation objektiver Normierungsansprüche[17], indem er die Differenz zwischen satzhaften eigenen Überzeugungen in Bezug auf Gott und der göttlichen Wirklichkeit selbst thematisiert. Ganz ähnlich argumentiert J. Neuner gegen einen selbstsicheren Wahrheitsbesitz in der Kommunikation mit Mitgliedern anderer Religionen. Der christliche Theologe habe sich als Pilger zu fühlen, der unterwegs ist auf dem Weg zum Geheimnis Gottes. Zum Pilgersein gehört wesentlich das Bewusstsein, dass »keine Aussage, auch wenn sie aus der Schrift stammt, die Wahrheit ausschöpft, sondern immer nur bruchstückhafter Hinweis auf das letzte Geheimnis ist, für das sie steht.«[18] Sofern wir nicht von der Semantik uneingeschränkt auf die Ontologie schließen, also nicht Sätze über Gott mit der Realität Gottes vorschnell identifizieren, sind wir in der Lage, einen pluralitätsfähigen Dialog zu führen.
Hauptanliegen des Dialogs ist Verstehen, womit die Möglichkeitsbedingungen und Probleme einer interreligiösen Hermeneutik angesprochen sind. Häufig sind die alltagsweltlichen Barrieren, die einem weitgehend vorurteilsfreien Verstehen fremdreligiöser Phänomene im Wege stehen, nicht bewusst. Wir verfügen über kulturell geprägtes »Routine-

wissen«, das als »Hintergrund an Selbstverständlichkeiten«[19] die Aneignung der uns umgebenden Welt auf dem Weg der Auswahl und der Neukombination möglich macht. Dazu gehört im Fall des Normaleuropäers das christlich-abendländische Erbe selbst dort, wo es abgelehnt wird, weil es sogar in seiner Negation das Denken und Fühlen bestimmt.[20] Die Schutzfunktion und der Sinn der alltagsweltlichen religiösen Prägung besteht darin, die »kognitiven Dissonanzen« umso geringer zu halten je komplexer und vielschichtiger die Umwelt ist. Somit sind die lebensweltlichen Vollzüge nicht nur Barrieren, sondern zugleich Voraussetzungen interreligiösen Verstehens, denn kein Verstehen ist voraussetzungslos. Hermeneutische Arbeit besteht zum einen darin, Klarheit über das jeweilige Vorverständnis zu schaffen, zum anderen darin, eine Frage zu stellen, auf die der fremde Text eine Antwort sein könnte. Verstehen heißt für H.-G. Gadamer: Anders verstehen, den anderen als anderen zur Geltung kommen lassen. Als Christ verstehe ich den Buddhist nur, wenn er Buddhist bleiben darf. Zugleich ist aber jede Auslegung eines nichteigenen Textes immer eine Form der Selbstauslegung. Demgegenüber wird gefordert, den Fremden als Fremden stehen zu lassen und nicht als Mittel erweiterter Selbsterkenntnis zu betrachten.[21] Ob nun die Selbstreflexivität ein unvermeidliches Problem ist, welches das Verstehen des Fremden letztlich verhindert, weil immer dort, wo der Dolmetscher (hermeneutes) auf einen fremden Text trifft, er diesen nicht unverändert lässt oder ob die Rückbezüglichkeit den Blick für die eigenen Anteile am Zustandekommen eines Vorverständnisses über Andere sensibilisiert, bleibt offen. Jedenfalls würde es dem Vorurteil der Voraussetzungslosigkeit von Wissenschaft entsprechen, zu behaupten, wir würden ohne tradierte Vorentscheidungen und Vorurteile an fremde Kulturen und Religionen herantreten können.

### Soziale Strukturen der Moderne

Mit dem Stichwort der »unsichtbaren Religion« hatte Luckmann[22] das Faktum beschrieben, dass nach Traditionsabbruch, Plausibilitätskrise herkömmlicher Religionssysteme und Bedeutungsverlust religiöser Institutionen in der modernen Industriegesellschaft die Religiosität trotzdem nicht verschwunden ist. Sie hat sich verflüchtigt und ist ausgewandert. Wohin? In eine neue Form der Alltagsreligion innerhalb und außerhalb der Kirchen. Zur Charakterisierung des Prozesses der Verlagerung und des Gestaltwandels der Religiosität haben nicht zuletzt C. Bochinger[23], W. Gebhardt[24], H. Knoblauch und M. Ebertz wichtige Studien beigesteuert. Die Erosion des tradierten christlichen Milieus ist nicht nur als Säkularisierung im Sinn des gesellschaftlichen Kompetenzverlustes der Kirchen zu deuten, sondern als Vorgang der Individualisierung und Pluralisierung.

Doch was besagt dieser Transformationsprozess genauer? In Verbindung mit der sozialen Differenzierung hat die unüberschaubar gewordene Zahl der Sinnstiftungsangebote aus dem fernöstlichen, esoterischen und christlichen Bereich zu einer »Globalisierung vor Ort«[25] geführt. Globalisierung ist gekennzeichnet durch zwei Aspekte, Bewegung und Entgrenzung. Erstere schließt die Mobilität und den Austausch von Menschen, Waren, Dienstleistungen, Zeichen und Informationen ein, Letztere hebt bisherige Standorte und Zugehörigkeiten auf und führt auf dem Wege transnationaler Zirkulation zu einem Nebeneinander verschiedenartiger spiritueller Kulturen, eben der Pluralisierung. Auf der subjektiven Ebene steht diese in einem Entsprechungsverhältnis zum Privatisierungsvorgang, der Individualisierung.

Individualisierung heißt Vervielfältigung von Möglichkeiten des Einzelnen im Sinne der »Steigerung der individuellen Wahlfreiheit«[26] gerade im Hinblick auf die Normierungsansprüche tradierter Religionen. Das religiöse Individuum beansprucht zunehmend mehr Autonomie in der Beurteilung dessen, was religiöse Wahrheit ist. Damit ist implizit der Gesichtspunkt der Deinstitutionalisierung verbunden, denn wenn sich die mündigen Subjekte die religiöse Deutungshoheit selbst zuschreiben, verlieren im Alltagshandeln die Lehraussagen der organisierten Religionen an normativer Verbindlichkeit. Im Bereich der Sozialformen haben sich mit der Kritik an den Institutionen neue organisatorische Strukturen gebildet, die durch größere Offenheit, Freiwilligkeit und einfache Kündbarkeit bestimmt sind. In sog. Szenen können individuelle Sinnsucher ihre selbstdefinierte Spiritualität in stärkerer innerer Unabhängigkeit von Autoritäten leben als in den tradierten Organisationsformen. Beheimatung auf Zeit finden die »religiösen Virtuosen« (M. Weber) in Netzwerken von Gleichgesinnten, in denen »Transzendenzerfahrungen« keiner dogmatischen Kontrolle oder Fixierung unterliegen.

Bei der Entfaltung der These von der »Selbstermächtigung des religiösen Subjekts« haben Kulturwissenschaftler[27] im Rahmen qualitativer Untersuchungen eine anschauliche Typologie entwickelt. Dem Typus des »spirituellen Wanderers« geht es um die Kompatibilität und Konvergenz verschiedener religiöser Überlieferungen, welche in eine höhere Allgemeinheit einfließen. Der Wanderer testet qua Selbstversuch ob und inwieweit sich z.B. Elemente des Christentums mit Bestandteilen der Yoga-Tradition und des Zen-Buddhismus kombinieren lassen und kommt zu dem Ergebnis, dass sehr wohl gegenseitige Anleihen möglich sind. Des Weiteren ist sich der individualisierte Wanderer über die Unabgeschlossenheit seines trotz der Gruppenerfahrung meist allein zurückgelegten Weges im Klaren. Ein fundamentaler Konflikt mit den dogmatischen Lehrsätzen der christlichen Tradition scheint sich auf der Ebene des Gottesbildes abzuspielen. Nicht nur ein strafender und zorniger Gott wird abgelehnt, vielmehr wird ein personales Gottesverständnis schlechthin infrage gestellt. Trotzdem kommen die Autoren zu dem Schluss, dass insgesamt betrachtet eher eine »Institutionendifferenz« als eine »Institutionenfeindschaft« gegenüber den etablierten Kirchen vorliegt, wobei die Abgrenzung v.a. entlang der Gegensatzpaare eng vs. weit, angstvoll vs. mutig und tot vs. lebendig verläuft.[28]

Während Bochinger u.a. für die Dimension der Verbreitung des selbstbestimmten spätmodernen Gläubigen eher eine Tendenz vorgeben[29], wurden in einer empirischen Erhebung der Identity Foundation[30] konkretere Zahlen in Zusammenhang mit einer ähnlichen Typologie veröffentlicht. Der zufolge lässt sich die deutsche Bevölkerung in vier Kategorien einteilen: Obwohl gut 67% aller Deutschen einer christlichen Konfession angehören, machen die »Traditionschristen«, deren wichtigste Merkmale die Beachtung von Regeln und Riten sowie der Glaube an einen persönlichen Gott sind, nur noch ca. 10% der Bevölkerung aus. »Spirituelle Sinnsucher« (ca. 10–15% der Bevölkerung) setzen ihr Weltbild aus Fragmenten des Humanismus, Schamanismus und der Esoterik zusammen, glauben an einen »unpersönlichen Spirit« und praktizieren Yoga und Meditation. »Religiös Kreative« (ca. 35%), am ehesten vergleichbar mit den »spirituellen Wanderern«, glauben an »Gott«, gehören einer Kirche an, von deren Lehrmeinungen sie sich jedoch weitgehend distanzieren und erweitern stattdessen ihr Glaubensgut um philosophische Ideen sowie um Anregungen aus den Weltreligionen. »Unbekümmerte Alltagspragmatiker« (ca. 40%), von denen sich jeder zweite als Atheist versteht, beantworten die Sinnfrage ausschließlich innerweltlich: Erfolg im Beruf, gelungene familiäre Beziehungen und erfüllte Sexualität sind die zumeist diesseitig begründeten Formen der Selbstvergewisserung.

Sollten die Zahlen stimmen, so belegen sie einerseits die Tatsache der beschleunigten Säkularisierung, andererseits die unaufhaltsame Individualisierung der Religiosität in Deutschland[31], die vor Kirchenmitgliedern nicht haltmacht. Säkularisierung und Sakralisierung sind vielleicht gegenläufige, aber nicht widersprüchliche Tendenzen der Gleichzeitigkeit des Ungleichzeitigen. Der Vorgang der Aufweichung der traditionellen Dogmatik geht Hand in Hand mit der zunehmenden Inanspruchnahme der persönlichen Wahlfreiheit, was insbesondere die Übernahme von Techniken fernöstlicher Spiritualität betrifft. Übereinstimmung herrscht außerdem in dem Punkt, dass Religiosität ein feminines Phänomen ist. Der Frauenanteil in den spirituell geprägten Gruppen ist deutlich höher als in den materialistisch orientierten. Überproportional viele Frauen sind im Bereich der »religiös Kreativen« anzutreffen.

Von weiteren Referenzstudien, die die Dynamik der religiösen Pluralisierung untersuchen, sei noch auf die unter Angehörigen aller großer Weltreligionen durchgeführte repräsentative Studie des Religionsmonitors[32] verwiesen. Zunächst erhält der Leser ein genaues Bild der religiösen Vielfalt in Deutschland[33] und Antwort auf die oft gestellte Frage, ob diese Vielfalt mehr als Bereicherung oder als Bedrohung erlebt wird. Dass unter Deutschen die Offenheit für andere Religionen im Allgemeinen hoch ist, auch wenn der politische Anspruch des Islam kritisiert wird, wird detailliert aufgezeigt, aber führt die Dialogbereitschaft tatsächlich zur Übernahme fremdreligiöser Elemente? Krech fand heraus, dass für 22% aller Deutschen eine bestimmte Form des Synkretismus unumgänglich ist und sie Bestandteile anderer religiöser Überlieferungen in ihre eigene Religiosität integrieren. Dass das Alltagshandeln der Befragten nur in ganz seltenen Fällen den doktrinären Vorgaben der Kirchen oder organisierten Religionen entsprach oder anders formuliert, dass für die weit überwiegende Mehrheit der Befragten eine sehr individuell verfasste Patchwork-Religiosität das tägliche Leben bestimmt, war das Resultat einer Erhebung von A. Nassehi.[34] Die Zugehörigkeit zu einer der großen Kirchen hindert gläubige Christen nicht, sich ernsthaft mit magischen Vorstellungen, Reinkarnationsideen oder Übungen zur Aktivierung des Astralleibs zu beschäftigen. Orientierungsgrößen sind das eigene Erleben und die praktische Wirksamkeit. Aus der Perspektive konfessioneller Lehrmeinungen betrachtet handelt es sich beim Kombinieren von Christentum, Buddhismus und Esoterik um widersprüchliche »Inkonsistenzen«, aus der Sicht der betroffenen »Komponisten« selbst um authentische Formen von Transzendenzerfahrung, ohne Entwertung der einzelnen Formen. Gemäß Nassehi sind Inkonsistenzen nicht von vorneherein negativ besetzt, sondern Signatur der spätbürgerlichen Gesellschaft, in der man permanent Unterschiedliches antrifft, das aber dennoch für vergleichbar gehalten wird. Je intensiver die Befragten ihr Glaubensleben erfahren, desto mehr entziehen sie sich den »Konsistenzanforderungen« kirchlicher Praxis. Zwar kann der Inhalt individualisierter Religiosität intellektuell und dogmatisch kritisiert werden, nicht aber der Glaubensvollzug selbst. Dieser ist vergleichbar mit einem performativen

Akt wie die Äußerung von Schmerz, die ein Außenstehender auch nicht als richtig oder falsch beurteilen kann. Sagt jemand »au«, so kann man nicht antworten »stimmt nicht«. Behauptet jemand, Gott erfahren zu haben, ist nicht die Antwort zulässig »das kann nicht sein«. So gesehen ist inkonsistente Religiosität »authentisch«.

Die Annahme der Säkularisierung bei gleichzeitiger Individualisierung ist nicht spekulativ, sie steht auf einer starken empirischen Grundlage. Spätmoderne Religiosität zeichnet sich durch die Bereitschaft aus, Werte undogmatisch zu verhandeln und scheinbar Unvergleichbares für vergleichbar zu halten. Im Zuge der Privatisierung der Religion, in der das »Individuum selbst zur Institution« (Knoblauch) wird, werden offizielle normative Positionen der Kirchen unterlaufen. Nur der Kirchen? Oder etwa auch anderer religiöser Institutionen? Wie verhält es sich z.B. mit buddhistischen Zentren oder Yoga-Schulen im Westen? Es ist keine allzu gewagte These, zu behaupten, dass nicht nur das Christentum, sondern auch Hinduismus, Buddhismus und Islam heute bei uns nur im Plural alltagskultureller Milieus zu finden sind. Keine der Religionsgemeinschaften ist in sich homogen.

Im folgenden Abschnitt werden die Religionen Indiens ausführlicher dargestellt. Warum die Konzentration auf Indien? Weil die freie Yoga- und die Esoterikszene, die Theosophie und viele neue religiöse Bewegungen (Osho/Bhagvan) sowie große Teile der Alternativmedizin (Ayurveda) ohne die Geisteswelt Indiens undenkbar wären. Zentrale indische Deutungsmuster (Reinkarnation) diffundierten in die Mittelschichtenreligiosität des westlichen Kulturkreises und sind dadurch zu einem unsichtbaren Massenphänomen geworden.

## Indische Religionen

Indien, die Heimat von Hinduismus, Buddhismus, Jainismus und Sikhismus, gilt als der religiöseste Kontinent der Welt. Aller Wahrscheinlichkeit nach wird das auch in Zukunft so bleiben, denn in vieler Hinsicht sind religiösen Traditionen Indiens mit der Moderne vereinbar und die rasante technologische Entwicklung der letzten Jahre zeigt, dass Indien kein Modernisierungsverlierer ist. So gibt es eine erstaunliche Ähnlichkeit des altindischen Weltentstehungsmythos mit westlichen naturwissenschaftlichen Erklärungsmodellen wie dem pulsierenden Weltall. Der gemeinsame kosmologische Nenner der hindu-buddhistischen Weltanschauung ist die prinzipiell endlose Folge von Weltentstehung und -zerstörung, die Auffassung, dass es keinen absoluten Beginn und kein Ende gebe, sondern alles eingebettet ist in einen anfanglosen Zyklus. Nicht nur die in Europa zwischen Naturwissenschaft und christlicher Religion ausgetragenen Konflikte sind in Indien unbekannt, auch die zwischen den christlichen Konfessionen.[35] Zwar gab es blutige interreligiöse Konflikte, v.a. zwischen dem orthodoxen Islam und den indischen Religionen ab dem 12. Jh., aber nicht in allen Regionen des Landes und neben kämpferischen Konflikten waren Phasen der Koexistenz und die Entstehung eines hindu-muslimischen Synkretismus ebenfalls zu beobachten.

### Hinduismus

Ist von Hindu-Religionen die Rede, sind sowohl die religiösen Riten, die allgegenwärtigen Mythen, die das tägliche Leben der großen Masse der Inder auf dem Lande bestimmen, als auch die philosophischen Vorstellungen der intellektuellen Elite gemeint. Hinduismus ist eine unterschiedlichste religiöse Konzepte einschließende Fremdbezeichnung, in der sich widersprechende Entwürfe im Blick auf das Göttliche oftmals friedlich nebeneinander existieren. In diesem Konglomerat heterogenster Doktrinen und philosophischer Spekulationen ist kein für alle verpflichtender Basistext und kein einheitliches Glaubensbekenntnis zu finden. Einen Religionsstifter sucht man ebenso vergebens wie die Organisationsstruktur einer Kirche, stattdessen ist die Zugehörigkeit zu einer durch Heiratsregeln und Speisevorschriften bestimmten sozialen Gruppe konstitutiv. Monistische, polytheistische, personalistische und anthropomorphe Gottesbilder leiten sich trotz ihrer offensichtlichen dogmatischen Unvereinbarkeit fast immer von der Autorität der Veden ab.[36] Hinduismus ist eine Religion, die mit zwei Ausnahmen ohne jegliche Glaubenssätze auskommt, sofern man bereit ist, M. Weber zuzustimmen: »Kein Hindu leugnet zwei Grundvoraussetzungen der hinduistischen Religiosität: den Samsara-(Seelenwanderungs-)Glauben und die mit ihm zusammenhängende Karman–(Vergeltungs-)Lehre. Sie, und nur sie, sind wirklich dogmatische Lehrstücke des gesamten Hinduismus.«[37]

In der von A. Michaels vorgelegten Definition von Hinduismus werden drei Religionen und vier Formen von Religiosität unterschieden: Zu den »Basisreligionen« gehören: 1) der brahmanische Sanskrit-Hinduismus mit seinem einheitlichen Priestertum; 2) die regional begrenzten Volksreligionen bestimmter sozialer Gruppierungen mit mündlich überliefertem volkssprachlichen Liedgut. Darüber hinaus: 3) Synkretistische Stifterreligionen, in denen sich Hinduismus mit Islam, Buddhismus und Christentum mischt[38] und schließlich missionierende Stifterreligionen (»Guruismus«) mit den auch im Westen bekannten Gruppen wie Sathya Sai Baba. In das Klassifikationsschema hat Michaels die sich seit einigen Jahren in den USA und Europa ausbreitende Satsang-Bewegung noch nicht aufgenommen. Es handelt sich um Frauen und Männer, die ihrem Selbstverständnis nach zur Einheit mit dem Sein erwacht sind.

Den ersten beiden Religionen gehört man durch Geburt an, nicht selten übrigens beiden zugleich, während die Zugehörigkeit zu den synkretistischen Stifterreligionen in der Regel auf Freiwilligkeit beruht. In diesen Religionen werden unterschiedliche Frömmigkeitsstile praktiziert, wobei die Grenzen fließend sind: 1) Ritualismus ist der vorherrschende Praxisstil im vedisch-brahmanischen Hausritualismus und im Tantrismus. 2) Spiritualismus kommt beinahe ohne feste Organisationsform aus und hat die individuelle Befreiung durch intellektualistische Beschäftigung mit Erlösungslehren zum Ziel, die durchaus eine inhaltliche Nähe zum Atheismus aufweisen können. Unverzichtbar ist die direkte Wissensvermittlung im Lehrer-Schüler-Verhältnis. Diese Form ist anzutreffen im Advaita Vedanta, Shivaismus und den Formen der guruistischen Esoterik. 3) Devotionalismus meint die hingebungsvolle Praxis der Gottesliebe. Nicht angewiesen ist diese zumeist von Frauen praktizierte Bhakti-Religiosität auf ein institutionalisiertes Priestertum, Askese oder Opfer. 4) Heroismus lehnt sich an militärische Überlieferungen an durch Verklärung des Heldentodes, Totenkult (Witwenverbrennung) und Anwendung von Gewalt. Militante Yogis und der politische Hinduismus identifizieren sich stark mit dem vergöttlichten Hindu-Heldentum. Hier hat der Hindutva genannte Hindu-Fundamentalismus seinen Ort.

Typisch für die hinduistische Frömmigkeit ist die Tatsache, dass nicht ein Heilsweg für verbindlich erklärt wurde, sondern alle Wege als gleichberechtigt anerkannt werden, was jedoch nicht für den Weg des Heldentums gilt. Das heißt nicht, dass das Verhältnis zwischen den

Religionen spannungsfrei war oder ist. Gerade zwischen Ritualismus und Spiritualismus, zwischen Priestern und Asketen kam es zu Konflikten.
Sollte sich Religion irgendwo im Plural manifestieren, dann in Indien. Die hinduistische Akzeptanz der Pluralität bezieht sich sowohl auf die Struktur der Religionen, die Modi der Religiosität als auch die Gestalt der Gottesbilder. Doch für einen Hindu steht hinter der unvergleichlichen Vielfalt der Erscheinungsformen des Göttlichen eine einzige religiöse Wirklichkeit: Das Eine hat viele Namen, so lautet eine berühmte Strophe aus dem Rigveda.[39] Allen äußeren Unterschieden zum Trotz gibt es eine zugrunde liegende Einheit. Und genauso vielseitig wie die Namen sind die Möglichkeiten seiner Aneignung. Die Wege zu seiner Erforschung und Verehrung gleichen der Komplexität der menschlichen Natur, weshalb in dem übertriebenen Satz, es gebe so viele Hinduismen wie es Menschen gebe, doch eine gewisse Berechtigung steckt. In den Yoga-Sutras und der Bhagavad Gita werden spirituelle Disziplinen als Mittel zur Befreiung des Menschen und der Vereinigung mit dem Göttlichen auf dem Weg des Opfers (Karma Marga) gemäß einer eher kognitiven (Jnana Marga) oder emotionalen (Bhakti Marga) Grundstruktur der Individuen nahe gelegt. Dieses Göttliche wird in der vedischen Periode polytheistisch und anthropomorph gedacht.

### Veda und Vedanta

Die Veden, ein Textkorpus ritueller Lieder und Verse, dürften zwischen 1750 und 1200 v. Chr. entstanden sein. Sie waren Bestandteil der mündlichen Offenbarung (Sruti, wörtlich »Hören«), wurden erst Jahrhunderte später in der Sakralsprache Sanskrit schriftlich aufgezeichnet und gelten gläubigen Hindus als ewiges Wort. Unterschieden werden sie von der auf menschlichen Ursprung zurückgeführten Literatur der Smirti (wörtlich »Erinnertes«). Ohne sie wäre die brahmanische Priesterreligion mit ihren familiären häuslichen Zeremonien undenkbar. Vieles von dem, was den späteren Hinduismus ausmacht, existiert noch nicht: Tempel, Wallfahrten, Götterbilder, Yoga, Vegetarismus, Glaube an Reinkarnation durch Vergeltung, Vorstellung der Welt als Illusion (Maya), Lehre von den Lebensstufen und Witwenverbrennung sind in dieser Zeit noch unbekannt. In Feueropfern, Hausandachten und anderen kultischen Handlungen stellten die Priester eine magische Beziehung zur Welt der Götter her, beschworen Geister und Dämonen, denen nichts Menschliches fremd war. In dieser Hinsicht glich der vedische Pantheon mit Rudra, Agni und Vishnu dem hellenistischen, aber im Unterschied zu Letzterem stieg kein einzelner Gott zu einer derartigen Vormachtstellung auf wie Zeus. Lediglich Vishnu mit seinen Inkarnationen Rama und Krishna und später der nichtvedische Shiva sowie seine Söhne und Gattinnen sollten nach Jahrhunderten als Schöpfer, Erhalter und Zerstörer des Universums große Bedeutung erhalten. Brahma, der dritte Hochgott der Hindu-Religionen, spielt in der rituellen Alltagspraxis heutzutage keine Rolle mehr. Gegenwärtige Interpreten deuten den anthropomorphen Polytheismus der Veden als Personifikation bzw. Deifikation von Naturkräften und menschlichen Eigenschaften.[40]
Eine entscheidende Zäsur liegt zwischen der vedischen und upanishadischen Epoche (500–200 v. Chr.). Genau genommen gehören die Upanishaden als Vedanta (wörtlich »Ende des Veda«) noch zu den Sruti, den Veden. Was ist ihre eigentliche Botschaft? Ob man wie Zaehner[41] den Einschnitt als Wende von der Extraversion zur Introversion bezeichnet oder wie Michaels als Ablösung des Ritualismus vom Spiritualismus, ist sekun-

där, ausschlaggebend ist, dass allen Deutungen eine Verlagerung der Suche nach Erlösung in die Innenwelt zugrunde liegt. Nicht mehr der äußerlich korrekte Vollzug eines Opfers in einer Zeremonie ist wichtig, sondern seine Verinnerlichung. Neu ist auch die Weise der Vermittlung. In Dialogen zwischen Lehrer und Schüler werden die für das menschliche Leben wesentlichen Themen durchgearbeitet: Die Leidhaftigkeit des Daseins, die Vergänglichkeit von Glück und die Möglichkeit des Heils. Warum leidet der Mensch, wo kommt er her, was ist sein Ziel? Es sind genau dieselben Fragen, die der Buddhismus stellt und teilweise ähnlich, aber auch völlig unterschiedlich beantwortet.

Die gemeinsame Antwort von Upanishaden und Buddhismus heißt: Leiden kann nur durch Leidenschaftslosigkeit überwunden werden. Durch Askese und Verzicht auf Genuss sowie durch meditative Praktiken ist der Zustand der Befreiung zu erreichen. Gemeinsam ist beiden Weltanschauungssystemen außerdem eine negative Theologie im Blick auf die letzte Wirklichkeit. Kein Gedanke, kein Wort, kein Symbol kann das absolut Jenseitige angemessen wiedergeben. »Neti, neti«, »nicht dies, nicht das«, sagen sowohl der upanishadische Asket als auch der buddhistische Mönch und treffen sich im negativen Unterscheidungsprozess zwischen den Erscheinungen und der höchsten Realität. In der apophatischen oder negativen Methode ist die Schlüsselqualifikation nicht nur für den spirituellen Austausch zwischen Hinduismus und Buddhismus, sondern aller großen Religionen zu finden. Sie entspricht der cusanischen Kultur der *»docta ignorantia«*, der belehrten Unwissenheit und Zurückhaltung gegenüber der dogmatischen Abweichung. Die grundsätzliche Unerkennbarkeit der verborgenen, unbedingten Wirklichkeit nimmt dem Vorläufigen den Anschein des Endgültigen. Damit sind die hermeneutischen Fragen nach den Bedingungen der Möglichkeit von Erkenntnis gestellt.

Übereinstimmung zwischen Vedanta und Buddhismus besteht auch im Glauben an die endlose Kette der Daseinsformen im Kreislauf der Wiedergeburten. Schon die frühe Phase der Veden war geprägt von der Angst vor den »wiederkehrenden Toten« und damit vor den Wiedergeburten. Da die Wirksamkeit der religiösen Verdienste zeitlich begrenzt ist, muss die Befreiung aus dem Daseinskreislaufs (Samsara) darin bestehen, ein Nichtwiederkehrender zu werden. Die entscheidende soteriologische Veränderung der Upanishaden gegenüber den Veden besteht darin, dass Erlösung durch ethisches und nicht mehr durch rituell-liturgisches Handeln erreicht werden soll. Es ist das Gesetz der Vergeltungskausalität (Karma), welches den qualitativen Zustand der aufeinanderfolgenden Existenzen regelt.[42] Hier macht der Mechanismus einer automatischen Rückwirkung der Handlungen Opfer und Hymnen zur Aufrechterhaltung der kosmischen Harmonie (Rta) überflüssig. Verdienstvolles Karma (Dharma) kann zur Wiederverkörperung als Gott, unverdienstvolles (Adharma) zur Existenzform eines Höllenwesens führen. Doch keines von beiden, weder die Seligkeit der Götter noch die Qual der Höllenbewohner, ist dauerhaft, weshalb sich Befreiung nur dadurch erreichen lässt, überhaupt kein Karma zu produzieren.[43]

Vom körperlichen Tod unberührt ist das »Selbst« des Menschen (Atman), das ohne Anfang und ohne Ende jenseits der Dualität von Jenseits und Diesseits existiert. Dieser Atman ist nichts anderes als der sich im Menschen inkarnierende ewige Allgeist (Brahman). In der uneingeschränkten Wesensidentität von Atman und Brahman erreicht die Metaphysik der Veden ihren Höhepunkt. Die innerste Substanz eines Individuums ist Teil der Weltseele und dadurch ebenso unsterblich und unbegrenzt von Raum und Zeit. Weil die Welt auf ein alldurchdringendes, apersonales Prinzip zurückgeführt wird, ist der Vedanta ein monistisches, letztlich a-theistisches System. Die vorherrschende negative Tradition besagt, man kann über Brahman nur sagen, dass man nichts über ihn sagen kann (Neti, neti)[44], er entzieht sich jeder Verdinglichung. Die positive oder kataphatische Überlieferung unternimmt dennoch den Versuch der verbalen Annäherung durch Überhöhung und spricht von ihm als absolutes Sein, absolutes Bewusstsein und absolute Glückseligkeit. Brahman ist das Eine ohne ein Zweites. Wer die Einsicht in die Nicht-Dualität des Seins nicht nur kognitiv, sondern existenziell vollzogen hat, der ist befreit vom Fluch der Wiedergeburt. Dies ist gleichbedeutend mit der Nichtverschiedenheit mit dem Göttlichen. Wurde das Aham Brahmasmi (wörtlich »Ich bin Brahman«) realisiert, ist der Vedanta-Anhänger nicht mehr auf die Gnade eines Gottes angewiesen, er hat erkannt, dass er nie vom Göttlichen getrennt war. Dann sind Subjekt und Objekt der Erkenntnis, der Erkennende und das Erkannte eine Einheit oder besser eine Nicht-Zweiheit. »Nicht sehen kannst du den Seher des Sehens, nicht hören kannst du den Hörer des Hörens, nicht verstehen kannst du den Versteher des Verstehens, nicht erkennen kannst du den Erkenner des Erkennens. Er ist deine Seele, die allem innerlich ist.«[45]

Wenn aber der Atman identisch ist mit dem formlosen, gestaltlosen Absoluten, dann ist er ebenso überindividuell wie dieser und kann nicht als persönliche Seele von Körper zu Körper wandern. Um das erkenntnistheoretische Problem, dass der Atman weder geboren noch wiedergeboren wird, zu lösen, wurde auf die Theorie der »Feinkörper« zurückgegriffen. Im Tod zerfällt der sichtbare grobstoffliche Körper. Zusätzlich zum Atman als dem letzten Grund des Daseins überdauert ein feinstofflicher Körper den Zerfall. Gesteuert vom Gesetz von Ursache und Wirkung durchwandere dieser Feinkörper, also das, was der moderne Mensch unter individueller Persönlichkeit versteht, den Kreislauf der Wiedergeburten. Damit war gewährleistet, dass die reine Transzendenz des Atman von den Zyklen des Kommens und Vergehens unberührt blieb.

Als Hauptexponent des denkbar radikalen Monismus wird der Lehrer des Advaita-Vedanta Shankara (um 800 n. Chr.) angesehen. Nach seiner strikt nichtdualistischen Interpretation ist nur der Brahman wirklich, er ist die Wirklichkeit der Wirklichkeit, während alles andere zur Scheinwirklichkeit erklärt wird. Allerdings ist die empirische Realität nicht völlige Illusion, sie ist eine intersubjektiv erfahrbare praktische Wirklichkeit. Aus dem Blickwinkel der höchsten Wahrheit gibt es tatsächlich nur eine einzige Realität und zwar das »aus sich selbst leuchtende Geisteslicht«[46] des Atman. Im Allgemeinen wird der strenge Monismus Shankaras mit der absolut eigenschaftslosen Natur des Brahman (Nirguna Brahman) identifiziert. Wilke hat jedoch darauf hingewiesen, dass – in scholastischen Begriffen formuliert – Brahman zugleich Material- und Wirkursache in Bezug auf die dreidimensionale Wirklichkeit als entfaltende, erhaltende und zerstörende Kraft ist. Betrachtet man diese »schöpferische« Tätigkeit, hat der Brahman Eigenschaften wie Allmacht und Allwissenheit (Saguna Brahman). Da niemand die Lehre von der Zweitlosigkeit gerade in erkenntnistheoretischer Hinsicht so systematisch ausgefaltet hat wie Shankara, wurde er auch der Thomas von Aquin Indiens genannt. Die religiöse Verehrung ihm gegenüber ging so weit, dass man ihn zu einer Inkarnati-

on (Avatar) des Gottes Shiva erklärte. Aber wir wären nicht in Indien, wenn sich nicht als Reaktion auf den Atheismus des Advaita-Vedanta theistische Gegenbewegungen gebildet hätten.
Im Rahmen der devotionalen Bhakti-Bewegungen bildeten sich gemäßigtere Varianten und strikte Gegner des Vedanta heraus. Anhänger der Bhakti lehnten den Opferritualismus der brahmanischen Überlieferungen meistens ebenso ab wie das Kastensystem und den Ausschluss der Frauen aus religiösen Praktiken. Gemeinsames Kennzeichen der unterschiedlichen Bhakti-Gruppen ist ein gegenüber der vedischen Theologie verändertes Gottesverständnis. Hatte der Brahmane mit seinem Gott eine Art Vertragsverhältnis geschlossen, hofft der Bhakta trotz seiner asketischen und meditativen Übungen ausschließlich auf die Gnade Gottes.[47] Caitanya (um 1500) lehrte, dass durch hingebungsvolles Singen des Gottesnamens die Beendigung des Kreislaufs der Wiedergeburten möglich ist. Er verstand sich als Diener Gottes und lehnte alle Spekulationen über die Identität von Göttlichem und Menschlichem scharf ab. In der Gegenwart setzt die Hare-Krishna-Bewegung diese Tradition fort. Zwar kann die Gnadenreligiosität ähnlich wie im Islam die Unterwerfung unter die Macht Gottes fordern, aber in erster Linie ist sie ein Liebesverhältnis. Daher verwundert es nicht, dass die Vertreter der Bhakti-Religiosität die Hauptpartner im christlich-hinduistischen Dialog sind. Doch nicht nur das Gottesbild und die normativen Sozialstrukturen des brahmanischen Hinduismus wurden von den reformatorischen Kräften der Bhakti-Bewegungen kritisiert, vielmehr wurde auch der Scholastik des extrem monistischen ein monotheistischerer Vedanta entgegengehalten.
Man kann zu Recht sagen, dass es keinen philosophischen oder religiösen Standpunkt in der hinduistischen Religionsgeschichte gibt, dem nicht grundsätzlich von Hindus widersprochen worden wäre, ohne dieser »Ideologie« die Legitimität abzusprechen und das gemeinsame Hindu-Sein aufzukündigen. Die flexible Pluralität religiöser Praktiken und Überzeugungen kontrastiert in spezifischer Weise mit einem System normierter Abstammungsregeln und Heiratsvorschriften.

### Hinduismus als soziales System

Indien war schon immer Gegenstand einer romantischen Verklärung und diente manchen zivilisationsmüden Westlern als Projektionsfläche unerfüllter Sehnsüchte. Angekommen in der Realität gab es für viele ein unsanftes Erwachen. Denn der traditionelle Hindu ist zwar in religiöser Hinsicht frei, jedoch in sozialer gebunden an die in der eigenen Kaste geltende Ordnung. Sanatana Dharma, das ewige Gesetz, lässt großen dogmatischen Spielraum zu, aber verpflichtet den Einzelnen auf seine soziale Rolle. In seiner sozioreligiösen Analyse des Hinduismus vertrat schon M. Weber die Meinung, dass nirgendwo die Toleranz gegenüber religiösen Lehrmeinungen größer war als in Indien, aber dass die beherrschten Schichten »ein Sklavenjoch von rituellen Pflichten auf sich (nahmen), wie es die Welt kaum zum zweiten Mal kennt.«[48] Wie kam es dazu? Hinter der Einrichtung der Kaste steht die Vorstellung eines Gesetzes der hierarchischen Anordnung, v.a. in Bezug auf Heiratsregeln, erbliche Arbeitsteilung und Speisegebote. Dabei müssen zwei Institutionen von Kasten unterschieden werden: Jati und Varna. Varna bezeichnet die vier mythologisch begründeten Kasten der Priester (Brahmanen), Soldaten (Kshatriya), Händler (Vaishya) und Arbeiter (Shudra). Die am untersten Ende stehenden Kastenlosen oder Unberührbaren (Dalits) fallen aus diesen Kategorien der gesellschaftlichen Segmentierung völlig heraus. In eine Varna wird man hineingeboren und kommt nicht wieder heraus. Unter Jati versteht man die Berufsgruppen des sozialen Systems, die für die täglichen Verrichtungen von Bedeutung sind. Sie können infolge der gesellschaftlichen Mobilität je nach Region variieren und werden auf über 2000 geschätzt.[49] In der Praxis gehen die statischen Varna und die variablen Jati eine lockere Verbindung ein.

In den Rechtsbüchern des Dharmashastra wird die Entstehung der Kastenlosen auf die unzulässige Grenzüberschreitung der Mischehe zurückgeführt: Aus der besonders stark abgelehnten Heiratsverbindung statushoher Frauen mit statusniederen Männern, in dem Fall einer Brahmanin mit einem Shudra-Mann, ist die Gruppe der kultisch Unreinen hervorgegangen. Auch den historischen Deutungen der Unterwerfung der dravidischen Ureinwohner durch die arischen Einwanderer liegt die Vorstellung der Vermeidung von Vermischungen zugrunde, sodass das System der Exklusion letztlich auf dem Gegensatz von »rein« und »unrein« beruht.[50] Bereits der Schatten eines Dalits verunreinigt einen Brahmanen und erfordert komplizierte Reinigungszeremonien. Ranghöhere kontaminieren sich, wenn sie zusammen mit Rangniederen gemeinsam essen, und die Angehörigen der höheren Berufe (Priester) grenzen sich von denen der niederen (Wäscher) ab. Neohinduistische Reformbewegungen bemühen sich seit dem 19. Jh. um Durchlässigkeit und Transparenz, was sie auch im Westen attraktiv macht. So wird in ihnen die Kastenordnung nur noch im spirituellen Sinn, wenn überhaupt, akzeptiert. Von der Hare-Krishna-Bewegung einmal abgesehen, propagierte keine (neo-)hinduistische Gruppe im Westen offen das Modell der horizontalen Trennung der Gesellschaft. Im heutigen Indien bemüht sich die Regierung die in der Verfassung festgeschriebene Abschaffung der Kasten mittels einer Reservierungspolitik bislang ohne Erfolg in die Tat umzusetzen. Ambedkar, der erste indische Justizminister nach der Unabhängigkeit 1947, der selbst aus der Kaste der Kastenlosen stammte, hatte sich mit Gandhi darauf verständigt, Parlamentssitze für Unberührbare zu reservieren. Aus Enttäuschung über den Fehlschlag dieser »positiven Diskriminierung« konvertierte Ambedkar schließlich zum Buddhismus.

Die Zurechnung von Reinheit und Verschmutzung hatte für die *»backward castes«* und besonders für die Dalits (Unterdrückte) über die Jahrhunderte verheerende Auswirkungen. Durch Internalisierung der diskriminierenden Hierarchie fanden sogar die Mitglieder unterster Ränge noch jemanden, der noch weiter unten stand als sie selbst.[51] Keine Religion des indischen Subkontinents hat sich dem machtvollen Einfluss des ausgrenzenden Kastendenkens entziehen können, auch nicht der egalitäre Buddhismus.[52] Selbst wenn die Gleichheit aller Menschen vor Gott gelehrt wird, wie im Christentum und im Islam, sind dort ebenfalls, wenn auch nicht so krass, Klassifizierungen üblich, die dem Einzelnen einen höheren oder niedrigeren sozialen Status in den christlichen und muslimischen Gemeinschaften zuweisen.[53] Weil sich Brahmanen aus Furcht vor Verunreinigungen weigern, mit rituellen Handlungen den Lebenszyklus von Dalits zu begleiten, haben Kastenlose ein zweites Kastensubsystem mit eigenen Priestern aufgebaut, das dem Modell der herkömmlichen Varnas zum Verwechseln ähnlich sieht. Daher reproduziert sich sogar bei den Unberührbaren der Vorgang des Ausschlusses von eigenen »Unberührbaren«.

Unumstritten ist das Faktum, dass den Volks- und Sanskrit-Hinduismus in seinem Ursprungsland bis zur muslimischen Invasion nicht eine individualistische, sondern eine durch gemeinschaftliche Normen geprägte Kultur charakterisiert. Er ist sowohl eine durchorganisierte Gesellschaftsordnung als auch eine Religion, welche an Volkszugehörigkeit gebunden ist und in die man nur hineingeboren werden kann. Die Abstammung des Einzelnen macht den Hinduismus eigentlich zu einer »Volksreligion«, zur Religion einer Ethnie. Erst in seiner Ausprägung als spirituelle Asketen- und devotionale Stifterreligion, die einzelne Heilige gegründet haben, sowie als hindu-christlicher Reformhinduismus seit dem 19. Jh. hat sich der Sanatana Dharma zu einer Religion entwickelt, zu der Erwachsene bewusst übertreten können. Damit haben die Hindu-Religionen den Status einer »Universalreligion« erreicht,[54] die sie auch im Westen interessant machte.

### Hinduismus im westlichen Kulturkreis

Als die ersten Übersetzungen der Upanishaden und der Gita um 1800 in Europa erschienen, begann eine intensive Phase der Rezeption asiatischer Religion und Kultur in der westlichen Hemisphäre. Waren es in den Anfangsjahren eher prominente Gelehrte wie Schopenhauer, Herder oder Schlegel, die mit Erstaunen die Ideenwelt indischer Philosophie zur Kenntnis nahmen, so änderte sich das mit dem Auftritt des Advaita-Mönches Swami Vivekananda auf dem »Weltparlament der Religionen« in Chicago 1893. Der Schüler des bengalischen Mystikers Ramakrishna begeisterte auf dem Kongress und den anschließenden Vortragsreisen so viele Zuhörer, dass die ersten Vedanta-Gesellschaften und Hindu-Tempel in den USA entstanden. Vivekanandas theoretisches Denken war an den Texten von Shankara und der praktischen Ethik des Reformhinduismus geschult. D.h. er verkündete die monistische Mystik der Identität von Atman und Brahman und lehrte Yoga im Sinn der neohinduistischen Auslegung der Yoga-Sutras des Patanjali als Disziplin zur Vereinigung von Gott und Mensch bei gleichzeitiger Ablehnung des Kastenwesens. Diese Mischung war in Kreisen westlicher Akademiker ziemlich erfolgreich und letztlich eine Gegenreaktion auf die Bemühungen christlicher Missionierung in Indien und den Einfluss der europäischen Aufklärungsphilosophie. Vivekananda repräsentierte eine neohinduistische Spiritualität, welche durch das Feuer der innerindischen Kritik am veräußerlichten Ritualismus und den sozialen Reinheitsnormen gegangen ist.

Im letzten Drittel des 20. Jh.s kam in den Prozess der Pluralisierung neureligiöser Gruppen indischer Herkunft im Westen eine zusätzliche Dynamik. Missionarische Bewegungen aus verschiedenen Hindu-Traditionen traten auf, die nicht selten über feste Zugehörigkeitskriterien, Initiationen und verbindliche Lebensregeln auf charismatische Führergestalten (»Gurus«) zugeschnitten waren.[55] Einige von ihnen sorgten für Aufsehen und Konflikte, sodass die öffentliche Auseinandersetzung mit ihnen eskalierte und sie im deutschsprachigen Raum mit der Negativetikettierung »Jugendreligionen« versehen wurden. Unabhängig von den hierarchisch aufgebauten Guru-Organisationen, aber zahlenmäßig wesentlich bedeutender als sie, ist die lose organisierte Yoga-Bewegung im Westen. Allein in Deutschland soll die Zahl derjenigen, die heute zum Kreis der Yoga-Übenden gehören, fast genauso groß sein wie die Zahl der hier lebenden Muslime![56] Die Yoga-Bewegung greift zwar auf Elemente der klassischen Überlieferung zurück, ist aber ein Produkt der Moderne,[57] weil sie aus der Begegnung zwischen Indien und dem Westen hervorgegangen ist und der Tendenz zur individuellen Entinstitutionalisierung weit entgegen kommt. Im Vordergrund der Praxis steht nicht die *unio mystica* oder die Einbindung in eine verbindliche Gemeinschaft, sondern die Verbesserung der persönlichen Befindlichkeit. Die primäre Orientierung an alltagspraktischer Nützlichkeit kann als Utilisierung bzw. Säkularisierung des Yoga bezeichnet werden, was sich auch daran ablesen lässt, dass überwiegend Hatha-Yogaübungen verbreitet sind. Im Ergebnis führte die Transformation des Yoga zur Anpassung an die Bedürfnisse einer religiös flexiblen oder entsakralisierten gebildeten Mittelschicht der Städte. Dort wo die spirituelle Komponente des Yoga noch eine Rolle spielt, ist der neovedantische Einfluss Vivekanandas[58] und Yoganandas unübersehbar. Im Unterschied zu dieser asketischen Richtung sind in tantrischen Gruppen auch körperbetonte Praktiken zu finden. Eine nicht zu unterschätzende Breitenwirkung hat in den letzten Jahren die sog. Satsang-Bewegung (wörtlich »Zusammensein in Wahrheit«) in der westlichen Welt erzielt. In gut besuchten Vortragssälen begegnet man Erwachten,[59] die sich nach mehreren Seiten abgrenzen. Sie missionieren nicht und sie inszenieren keine Bühnenshows kapitalistischer Erfolgs- und Motivationstrainer, denn bloß materielle Wohlstandsvermehrung ist mit ihrem spirituellen Selbstanspruch genauso wenig zu vereinbaren wie die Rituale institutionalisierter Religiosität. Vielmehr predigen sie die gottlose Religion der Auflösung persönlicher Identität in das Eine.[60] Jeder könne die Erleuchtungserfahrung des Eins-Seins mit dem kosmischen Urgrund und der Erkenntnis des eigenen Selbst im anderen durch Beendigung des mentalen Lärms in seinem Bewusstsein machen, so die Selbsterforschungslehre der Satsang-Antigurus. Man brauche dafür weder auf gebrauchsesoterische Techniken des New Age noch auf das Dogma oder die Moral der Kirchen zurückgreifen. In typisch spätmoderner Manier werden hinduistische, buddhistische und existenzphilosophische Bruchstücke eklektizistisch verschmolzen, wobei jedoch die Advaita-Vedanta Lehre des Ramana Maharshi dominierend ist.[61] Seine permanente Frage »Wer bin ich?« soll zur Einsicht in die Illusion eines von anderen getrennten Egos führen und die Nichtzweiheit existenziell realisieren helfen. In letzter Zeit mehren sich die Stimmen derer, die behaupten, die Unvergänglichkeit des Bewusstseins am eigenen Leib erfahren zu haben: Von Satsang mit Reinhard, mit Gertrud, mit Irene … ist allenthalben zu lesen. Die Anzeichen der Inflation kündigen den Wachgebliebenen eine Überhitzung und damit das Ende des Booms an. Wenn man den Begriff der Religion so bestimmt, dass das Verhältnis zum personalen Gott kein notwendiges Definitionselement ist, kann man sich auf eine abstraktere Größe wie z. B. das Heilige oder das Numinose einlassen. Unter dieser Rücksicht fallen dann unter einen funktionalen Religionsbegriff, der mehr aussagt, was eine Religion leistet, als was sie ist, auch säkulare Erscheinungsformen. Dazu kann das spezifisch westliche Reinkarnationsverständnis zählen. Dieses rationale Prinzip könnte in die Lage versetzen, Kontingenz durch Angstbewältigung zu ertragen. Nichts ist dem Zufall überlassen, es gibt eine zweite Chance und alles dient letzten Endes der Höherentwicklung. Ausdruck von Religion ist dann auch die »Kosmizität, … die definitive Aufhebung des Gegenübers von Gott und Mensch«[62] in der monistischen Erfahrung der Nondualität. Von der ISKCON abgesehen, sind die meisten (neo-)hinduistisch beeinflussten Gruppen im Westen eher nichttheistisch orientiert, aber sie sind nicht unreligiös, ist doch die aus dem Monotheismus geläufige Trennung zwischen Säkularität und Religiosität auf sie nicht übertragbar. Weil laut Definition zu den Signaturen der Moderne die Steigerung von Freiheitsgraden gehört, ist die Yoga-Bewegung im Westen ein Musterbeispiel für die Vervielfältigung spiritueller Möglichkeiten. Sie gibt dem Einzelnen den nötigen Spielraum, sich im säkularen Umfeld als religiöses Subjekt selbst zu entwerfen. Der Typus des autonomen »spirituellen Wanderers«, der von der Vergleichbarkeit verschiedener spiritueller Wege überzeugt ist, wird hier besonders häufig angetroffen. Yoga hat unter den Bedingungen spätmoderner Anpassungsprozesse die Wandlungsfähigkeit von Religion dokumentiert. Doch mit Yoga ist nur ein Aspekt individualistischer Sozialformen hinduistischer Religiosität im Westen angesprochen. Es gibt auch noch die Erscheinungsform der ethnischen Volksreligion.

Die Präsenz von Volksgruppen hinduistischen Glaubens im deutschsprachigen Raum ist auf Globalisierungsprozesse zurückzuführen. In den 1950er- bis 1970er-Jahren kamen Ingenieure, Kaufleute und Studenten als Arbeitsmigranten nach Europa, die sich relativ rasch in der Mittelschicht des Zuwandererlandes etablierten. Das gemeinsame Kennzeichen der Mitglieder dieser eher akademischen Hindu-Generation bestand darin, keine Flüchtlinge zu sein. Genau in dieser Hinsicht unterschieden sie sich von der zahlenmäßig wichtigsten Hindu-Gruppe in Deutschland[63] und der Schweiz[64], den tamilischen Bürgerkriegsflüchtlingen. Als der Bürgerkrieg auf Sri Lanka zwischen der singhalesisch-buddhistischen Mehrheit und der tamilisch-hinduistischen Minderheit in den 1980er-Jahren immer brutaler und rücksichtsloser geführt wurde, entschlossen sich viele junge Männer zur Flucht in den Westen. Sowohl in Deutschland als auch in der Schweiz und in Österreich ist die wirtschaftliche Lage der Mehrzahl der Flüchtlinge prekär, da die meisten Tamilen auch wegen der Asylgesetzgebung als unqualifizierte Arbeitskräfte im Niedriglohnsektor arbeiten. Trotzdem unterstützen sie mit Spenden den Bau von Tempeln. In der Phase verstärkter Familienzusammenführung kam es zur sichtbaren Institutionalisierung hindu-tamilischer Frömmigkeit durch die Errichtung religiöser Andachtsstätten,[65] wobei sich die sozialen Konflikte mit der Mehrheitsgesellschaft auf einen eng begrenzten Nahraum beschränkten, da die Tamilen in der Öffentlichkeit als höflich-distanziert erfahren werden. Während in Indien die Tempel zumeist Orte reiner Ritualhandlung sind, haben sie im Exil auch die stark sozialintegrative Funktion der Vermittlung kultureller Werte und stehen westlichen Besuchern eigentlich immer offen.

Hindu-tamilische Tempel gehören zur shivaitischen Tradition. Auch in der Schweiz sind sie häufig bestimmten Söhnen Shivas wie Ganesh und Murukan geweiht. Die Göttin Kamadchi Ampal[66] symbolisiert als Shivas Shakti die Energie des Universums. Der Priester des Ampal Tempels in Hamm steht zudem in der Tradition des Vedanta-Mönches Shankara, der großen Anteil an der Umwandlung der ursprünglichen Dorfgottheit Kamadchi zu einer Shakti von Shiva hat. Die Neudefinition des ethnischen Hinduismus in fremdkulturellem Kontext ist mit konservierenden Haltungen, aber auch Änderungen verbunden. Davon ist insbesondere die Stellung der Frauen und Kinder im bisherigen Autoritätsgefüge der Familien betroffen. Berufsbedingte Unabhängigkeit und die Konfrontation mit einem westlich-individualistischen Lifestyle führt zur Kollision mit herkömmlichen Rollenzuweisungen und klassischen Familiennormen. Deshalb wird gerade in der Diaspora an endogamen, von Eltern arrangierten Ehen innerhalb der eigenen Kaste festgehalten. Wie in Indien stehen die Brahmanen an der Spitze der religiösen Kasten (Varna) und die Bauern mit Landbesitz (Vellala) gehören in Sri Lanka zu der respektiertesten Jati. In der Diaspora wird dieser Status kaum angetastet und in Heiratsanzeigen der tamilischen Exilpresse ist nahezu immer ein Hinweis auf die jeweilige Kaste zu finden. Durch die Übereinstimmung von Kaste, Besitz und Bildung soll so etwas wie ethnische Identität inmitten der vielfältigen Pluralität über die Beibehaltung von Hierarchien und Eigentumsverhältnissen garantiert werden.

Trotzdem wird die Institutionalisierung des volkstümlichen Hinduismus in Europa begleitet von Vorgängen des interkulturellen Wandels. Ohne jeden Zweifel prägen den tamilischen Diaspora-Hinduismus orthodoxe Züge wie Ritualismus, kultische Reinheitsvorschriften, Gelübdeerfüllung und das Einhalten von Kastengrenzen. In seinen Ansprachen gibt jedoch der Priester des Ampal Tempels eine symbolisch-spirituelle Erklärung der Riten und Bilder, fordert auf zur Nächstenliebe, betont demokratische Einstellungen und passt sich dadurch einer westlich-egalitären Lebensweise an.[67] Eine nicht unerhebliche Zahl westlicher Sympathisanten fühlt sich von einem »modern« präsentierten tamilischen Hinduismus angezogen, engagiert sich in Tempelbeiräten und sieht im Priester einen Guru. Im Fall eines anderen Hindu-Tempels in Hamm werden einem Deutschen sogar priesterliche Funktionen übertragen, was im Ursprungsland Sri Lanka nicht nur völlig undenkbar wäre, sondern auch die Ansätze zur Umwandlung einer ethnisch-orthodoxen Volksreligion in eine für jedermann offene Universalreligion illustriert.

Die andere große indische Universalreligion, die prinzipiell jedem offen steht und im Westen genau so Fuß gefasst hat wie die verschiedenen Varianten des Hinduismus, ist der Buddhismus.

### Buddhismus

Am Anfang war das Leid. Diese Aussage ist natürlich nicht präzise genug, um das aus der Vergänglichkeit abgeleitete Grundaxiom des Buddhismus auszudrücken, aber sie gibt die mit den Upanishaden geteilte buddhistische Einschätzung von der grundsätzlichen Zerbrechlichkeit des Lebens wieder. Im 5. oder 4. Jh. v. Chr. hatten in Nordindien die fundamentalen Fragen nach Alter, Krankheit und Tod auch einen gut situierten jungen Mann der Kriegerkaste »aus dem Haus in die Hauslosigkeit« einer Gruppe von Wanderasketen getrieben. Siddharta Gautama, genannt Shakyamuni, wurde zum historischen Buddha. Er hatte mit seinem früheren hedonistischen Lebensstil gebrochen und unterwarf sich rigorosen Bußpraktiken, um schließlich zu erkennen, dass extreme Lebensweisen nicht zur Einsicht in die Grundbedingungen des Daseins führen. Will man die Natur des Geistes verstehen, ist zwischen den Extremen ein »mittlerer Weg« der kultivierten Achtsamkeit im Blick auf Gedanken, Gefühle und Körperregungen einzuschlagen. Nach intensiven meditativen Übungen, so der Glaube von Shakyamunis Anhängern, kam er im Zustand des »Erwachens« in Kontakt mit der nicht bedingten Wirklichkeit und als Buddha (wörtlich »Erwachter«) trug er in der Predigt von Benares seine psychologisch-philosophische Lehre von der Selbstbefreiung vor: Alles Leben ist Leiden, es gibt eine Ursache des Leidens, die Ursache des Leidens ist der Durst, die »Gier nach Sinnenlust, nach Werden und Vernichtung«, es gibt einen Weg zur Überwindung des Leidens, nämlich den edlen Achtfältigen Pfad. Mit der Rede von den

»Vier edlen Wahrheiten«, die den Kern der buddhistischen Verkündigung ausmachen, begann die erste »Drehung des Rades der Lehre«, woraus sich der Früh-Buddhismus entwickelte.

Wer die vierte der Vier edlen Wahrheiten, den Achtfachen Pfad, zu Ende geht, erfährt die Aufhebung des Leidens, den Zustand des Nirvana (wörtlich »Verwehen«, »Verlöschen« von Gier, Hass und Unwissenheit) und ist befreit vom Zwang des Wiedergeborenwerdens. Dieser Pfad zur Erlösung ist die Ausfaltung des Mittleren Weges in acht Aspekten: 1) rechte Erkenntnis, 2) rechte Gesinnung, 3) rechte Rede, 4) rechtes Handeln, 5) rechter Lebenserwerb, 6) rechte Anstrengung, 7) rechte Achtsamkeit, 8) rechte Sammlung. Strukturell lassen sich die acht Schritte zur Befreiung in drei Bereiche unterteilen, in Erkenntnis oder Weisheit (Prajna) (1–2), Ethik oder Praxis (Sila) (3–5) sowie Konzentration oder Meditation (Samadhi) (6–8).[68] Weisheit ist selbstreferentiell, bezieht sie sich doch auf das Wissen um die Vier edlen Wahrheiten. Werden Letztere in ihrer tatsächlichen Bedeutung erfasst, kommt es zur Einsicht in die drei Merkmale des bedingt Entstandenen, die besagt, dass alles ebenso vergänglich wie leidvoll ist und es daher ein Selbst (Atman) oder dauerhaftes Subjekt unserer Erfahrungen nicht geben kann. Eine unabhängige, aus sich selbst existierende, ewige Substanz ist nach Ansicht Shakyamunis ein frommes Fantasieprodukt. Umgekehrt ist die Lehre von der Verneinung des Selbst (Anatman Theorie) der Grundpfeiler des Agnostizismus sämtlicher buddhistischer Schulen. Die Atman-Brahman-Spekulation war letztlich die sublime Fortsetzung des archaischen Entsprechungsverhältnisses von Makrokosmos und Mikrokosmos.[69] So wie die Individualseele auf der Ebene des Mikrokosmos mit der Universalseele im Bereich des Makrokosmos korrespondiert, so sind Atman und Brahman substanziell aufeinander bezogen. Doch den empirischen Beweis für die Richtigkeit dieses substanzmetaphysischen Diskurses mussten die Vedantins schuldig bleiben. Wenn der Buddha die Behauptung, »die Welt und das Ich sind ein und dasselbe, nach dem Tod werde ich beständig, ewig, immerwährend und unvergänglich sein und immer als derselbe fortleben« eine »ganz und gar närrische Lehre«[70] nennt, dann fragt P. Schmidt-Leukel zu Recht, ob die Identifikation des eigenen Ich mit dem Ewigen das Selbstverständnis der Upanishaden korrekt oder lediglich eine vulgarisierte Form wiedergibt. Schließlich muss der Atman um seinen eigenen Definitionsmerkmalen zu genügen jenseits der weltlichen Prozesse von Geburt und Tod »lokalisiert« werden.

Das Sein ist jedenfalls Buddha zufolge in Wirklichkeit ein Konglomerat geistiger und körperlicher Bestandteile, welche von den Leidenschaften in Bewegung gehalten werden. Anstelle eines isolierten Selbst postuliert er die »fünf Gruppen« (Skandhas) des Anhaftens: Materie (Rupa), Empfindungen (Vedana), Wahrnehmung (Samjna), unbewusste Gestaltungen (Samskaras) und Bewusstsein (Vijnana). Alles, was scheinbar eine stabile »Persönlichkeit« ausmacht, lässt sich in diese Einzelbestandteile zergliedern. In zahlreichen Dialogen unterzieht Shakyamuni diese Skandhas einer scharfen Analyse in der Absicht, ihr veränderliches, unbeständiges und vergängliches Wesen nachzuweisen.[71] Um das Ziel, die Freiheit vom Vergänglichen zu erreichen, muss das Festhalten am vermeintlich dauerhaften Ich aufgegeben werden. Nachdem die Schulbildung im Buddhismus eingesetzt hat, wurde die in den Vier Wahrheiten enthaltene Theorie der Skandhas zum Lehrsatz des »bedingten Entstehens« (Pratitya-Samutpada) weiterentwickelt. Nicht statisches Sein (Atman), sondern relationale Bezogenheit macht die Welt der kontingenten Erscheinungen aus, zu der auch die Götterwelten gehören.[72] Die wechselseitige Abhängigkeit aller psychischen und physischen Phänomene voneinander wird in einer Kette von 12 Gliedern beschrieben, welche den Zyklus der Wiedergeburten (Samsara) am Laufen halten: Aus der 1) Unwissenheit in Bezug auf die Vier Wahrheiten entstehen 2) unbewusste Gestaltungen in Worten, Gedanken und Taten, die sich als 3) Bewusstsein eines Wesens im darauf folgendem Leben auswirken. Dieses Lebewesen hat 4) Name und Gestalt, d. h., es besteht aus den fünf Skandhas und verfügt 5) über sechs Sinne, welche 6) Berührung mit der umgebenden Welt hervorrufen. Daraus resultiert 7) Empfindung, was für ein nicht erleuchtetes Wesen gleichbedeutend mit 8) Durst oder Gier ist. Nach dem Tod eines Wesens führt dieser Lebensdurst zum 9) Ergreifen eines weiteren Mutterschoßes, wo 10) erneut Werden und 11) Geburt erfolgt, die 12) wieder in Alter und Tod mündet.

Je eine Existenz der Vergangenheit (1–2), der Gegenwart mit ihren Bedingungen und Konsequenzen (3–10) und der Zukunft (11–12), werden unterbrochen von zwei Wiedergeburten. Mittels der Lehre vom bedingten Entstehen bemühen sich Buddhisten, an der Reinkarnationslehre trotz der Anatman-Doktrin festzuhalten. Denn erkenntnistheoretisch ergibt sich das Problem einer »Seelenwanderung ohne Seele« (Hummel). Die Frage, wer oder was sich reinkarniert angesichts der Nichtsubstanzialität der Welt und der Individuen, wird eher metaphorisch beantwortet. Es ist die Rede von der Energie, die eine Billardkugel an eine andere weitergibt oder vom Licht, das von einer Kerze auf eine zweite übergeht. Auch die Denkfigur eines weder mit sich identischen noch verschiedenen Bewusstseinskontinuums ist in den Texten zu finden. Letzten Endes ist der für die Wiedergeburten entscheidende Anlass das von den Taten abhängige karmische Potenzial. Ist das Karma, das sich im Laufe der Leben angesammelt hat, aufgezehrt, gibt es keine Reinkarnationen mehr.

Buddha, Zeitgenosse von Sokrates, Pythagoras, Konfuzius und Laozi, lebte in der von K. Jaspers sog. »Achsenzeit«, einer der religionsproduktivsten Epochen der Menschheit. Denn obwohl der Buddhismus ein pragmatischer Heilsweg mit ausgefeilten psychologischen und philosophischen Elementen ist, kann man ihm religiöse Züge nicht absprechen, wenn man unter Religion nicht ein ausdrückliches Gottesverhältnis, sondern Transzendenzbezug, die Orientierung an einer absoluten Wirklichkeit versteht. Die Überzeugung von der Existenz eines persönlichen Gottes oder von Göttern gehört nicht zwangsläufig zu einer Religion und der frühe Buddhismus kennt auch keine Gottesverehrung. Was der Buddhismus sehr wohl kennt, ist die Überzeugung von der Existenz einer letzten, unbedingten Wirklichkeit, ohne die es weder ein »Erwachen« gäbe noch die Beendigung des Leidens. Nach buddhistischer Anschauung ist die Erlösung nicht abhängig von der Gnade (eines) Gottes, was aber Gautama nicht davon abhält, nach seinem Erwachen der Gottheit Brahma mitzuteilen: »Geöffnet sind für jene des Todlosen Tore, die Ohren haben.«[73] Es mag Götter geben oder auch nicht, für das Erreichen der Todlosigkeit des Nirvana, sind sie unerheblich. Die deutliche nicht-theistische, aber nicht un-theistische Tendenz hinderte spätere Anhänger nicht, Shakyamuni zu deifizieren und wie einen Gott zu verehren.

Was sich im Laufe der Zeit als Buddhismus herauskristallisierte, war ursprünglich eine Bewegung radikaler upanishadischer Entsager, welche eine Lehre entwarfen, die M. Weber als »die rücksichtslos konsequenteste der hinduistischen vornehmen Intellektuellensoteriologien«[74] bezeichnete. Zwar ist das Verhältnis des Buddhismus zu den vedischen Religionen durch Gemeinsamkeiten und Unterschiede geprägt, aber unter Indologen besteht mehrheitlich Übereinstimmung in der Auffassung, den Buddhismus als Reform- und Protestbewegung im Blick auf den Sanskrit-Hinduismus zu begreifen.[75] Vom hierarchischen Ständesystem des brahmanischen Priesterstandes grenzt sich der Buddha polemisch schon deshalb ab, weil er Mitglied der Kriegerkaste war. Seine Polemik war Ausdruck eines handfesten gesellschaftlichen Machtkampfes zwischen den priesterlichen Opferspezialisten und der Soldatenkaste, die von den Brahmanen als lästige Konkurrenz in der Auseinandersetzung um die soziale Vorherrschaft empfunden wurde. Ob das Kastensystem als solches infrage gestellt wurde oder nicht, ist bereits umstritten, unbestritten ist, dass es für die Gemeinschaft der Buddhisten keine Relevanz hat. Besonders aggressiv haben Brahmanen auf die Kritik Buddhas am vedischen Opferwesen reagiert, denn nur sie selbst waren legitimiert, diese Riten zu vollziehen. Mit welchem Recht kann ein Kshatriya, ein Krieger, sich über die Pflichten seiner Kaste hinwegsetzen und sich brahmanische Lehrbefugnisse anmaßen? Als die Orthodoxen um ihre gesellschaftlichen und religiösen Besitzstände fürchten mussten, hat man in einer für innerindische Verhältnisse außergewöhnlichen Vehemenz der buddhistischen »Ketzerei« den Kampf angesagt. Buddhisten und andere heterodoxe Abweichler wie die Jainas, die die Autorität des Veda anzweifeln, wurden zu Feinden gestempelt.

Im Unterschied zum Hinduismus ist der Buddhismus eine Stifterreligion mit eigenem Bekenntnis. Dieses besteht aus der Lehrverkündigung der Vier edlen Wahrheiten und der drei Formeln der Zuflucht zu Buddha, Dharma und Sangha. Der Sangha, die buddhistische Gemeinschaft, besteht im engeren Sinn aus dem Orden der Mönche (Bhikshu) und der Nonnen (Bhikshuni) und im weiteren Sinn aus der Gemeinde der männlichen (Upasaka) und der weiblichen (Upasika) Laienanhänger. Laien haben sich an Sittlichkeit und Vernunft zu halten, sie haben keine so strengen Gebote zu erfüllen wie die Mönche oder Nonnen. Ihre Ethik des rechten Handelns besteht aus fünf Anweisungen (Silas), nämlich nicht zu verletzen (auch keine Tiere), nicht zu stehlen, nicht zu lügen, nicht die Ehe zu brechen und keinen Alkohol zu trinken, ein universales Ethos der Ehrlichkeit und Selbstdisziplin, das ergänzt wird durch freundliche Friedfertigkeit. Jedes Mitglied des Sangha soll die vier »Unermesslichkeiten« (Brahmaviharas) der wohlwollenden Freundlichkeit (Maitri), des Mitgefühls (Karuna), der Mitfreude (Mudita) und der gleichmütigen Gelassenheit (Upeksha) praktizieren. Warum soll diese liebevolle und doch indifferente Güte zur zweiten Natur werden? Weil auf der nahezu endlosen Wanderung von Existenz zu Existenz kein Wesen zu finden ist, das einem nicht wenigstens einmal Mutter, Vater, Bruder, Schwester, Sohn oder Tochter war.[76] Aber es gibt eine entscheidende Differenz zwischen Ordensleuten und Laien. Dadurch, dass die Laien durch die Tätigkeiten des Alltags das Anhaften an den Dingen nicht vollständig vermeiden können, sind sie nicht in der Lage, die Erlösung, also das Nirvana, im gegenwärtigen Leben erreichen. Weil sie gutes Karma sammeln, z.B. durch freigebiges Almosenspenden, ermöglichen sie dem Orden der Bettelmönche und -nonnen das Überleben durch materielle Unterstützung und sorgen für eine eigene bessere Wiedergeburt durch die

Anhäufung von Verdiensten. Mönche und Nonnen, deren Verpflichtungen viel umfangreicher sind als die der Laien, sollen sich bemühen, überhaupt kein Karma zu produzieren, weil gutes und selbstverständlich auch schlechtes Karma immer zur Wiedergeburt führt und den leidvollen Kreislauf am Leben erhält. Um die karmische Produktion zu unterbinden, ließen die Ordensleute alle familiären Bindungen hinter sich und wurden zu gesellschaftlichen Außenseitern, wobei sie die Sozialordnung des Kastensystems nicht abgeschafft haben, sondern einfach aus ihr ausgetreten sind. Ihr reglementierter Tagesablauf besteht aus Studium und Geistesschulung durch meditative Achtsamkeit. Der nicht unwichtigste Dienst, den sie zu leisten haben, besteht darin, den Dharma, die Lehre, zu bewahren und durch Unterweisung weiterzugeben.

Gemäß dem Pali-Kanon[77] ist das Verhältnis des historischen Buddha zu Frauen im Allgemeinen und Nonnen im Besonderen zwiespältig. Einerseits gibt es die egalitäre Auffassung von der ursprünglichen Gleichheit der Geschlechter, ja aller Lebewesen[78]: Wer sich in das Fahrzeug zum Heil begibt, erreicht früher oder später das Nirvana, unabhängig davon, ob der Betreffende ein Mann oder eine Frau ist. Andererseits fallen Äußerungen auf, die aus heutiger Sicht eindeutig Frauen diskriminierend sind. Auf die Frage, warum Frauen nicht an öffentlichen Versammlungen teilnehmen dürfen, antwortet Shakyamuni mit einem Hinweis auf negative weibliche Eigenschaften: weil sie leicht zu verärgern, eifersüchtig und geizig sind.[79] Die widersprüchliche Einschätzung der Geschlechter zieht sich wie ein roter Faden sowohl durch die frühen Pali- als auch die späteren Sanskrit-Sutren der nachfolgenden Lehrrichtungen. Insofern die Erwachten übergeschlechtliche Wesen sind, stellt die Attraktivität des jeweils anderen Geschlechts ein Hindernis auf dem Weg zur Erleuchtung dar. Für Nonnen sind daher Mönche ebenso eine Quelle der Versuchung wie umgekehrt. Dieses Verhältnis kann als negative Gleichberechtigung verstanden werden. Sexualität wurde im alten Indien als unreine Handlung negativ bewertet, in gewissem Sinn sogar dämonisiert, weshalb der Kampf zwischen Askese und Sinnlichkeit konstitutiv ist für die hinduistisch-buddhistische Religionsgeschichte. In den streng asketischen Sutren hat man die Abwertung der Frauen so weit getrieben, dass sie mit der Sünde schlechthin identifiziert wurden. Frauen sind zugleich Gefahr und Garant der männlichen Reinheit, denn nur durch die Geburt eines Sohnes können sie die patrilineare Abstammungslinie aufrechterhalten. Der Gedanke der Sündhaftigkeit der Frau wurde in manchen Sutren dermaßen dominant, dass der einzige Ausweg das Mann-Werden in der nächsten Wiedergeburt war.[80]

Selbst wenn sich die Frauen für ein streng zölibatäres Leben im Kloster entschieden hatten, wurde ihr nachrangiger Status gegenüber den Mönchen nicht aufgehoben. Im Gegenteil: Die völlige Abhängigkeit der Nonnen von den Mönchen ist in den Ordensregeln festgeschrieben. Auch die älteste der Nonnen hat dem jüngsten Mönch zu gehorchen. Nonnen haben von den männlichen Ordinierten Weisung zu empfangen, niemals umgekehrt. Außerdem ist die Last der Anforderungen ungleich verteilt: Mönche haben nach der Pali-Tradition »nur« 227, Nonnen hingegen 348 Regeln zu befolgen und: Ihnen wird heute in der Theravada-Linie die volle Ordination verweigert.

Auf dem dritten Konzil in Pataliputra im 3. Jh. v. Chr. kam es zum Streit um die richtige Auslegung der Mönchsregeln. Nach der Lehre des Pali-Kanons besteht das Idealbild des erlösten Menschen im Arhat, einem Heiligen, der die höchste

Stufe des Erwachens in diesem Leben erreicht hat. Auf dem Weg einer individualistischen Befreiungsethik erhält er die Gewissheit vom vorläufigen Nirvana im jetzigen Leben und vom endgültigen nach seinem Tod. Im Zuge der Auseinandersetzung um die Fragen, welche Eigenschaften ein Arhat haben darf und ob er fremde Hilfe auf dem Weg zu Erleuchtung annehmen kann, spaltete sich bereits der frühe Sangha in 18 Schulen. Die Mahasanghikas, ein Wegbereiter des Mahayana, schlossen das Modell der Fremderlösung nicht aus und begründeten die Vorstellung der übernatürlichen, transzendenten Buddhas. Während die konservativeren Richtungen u.a. der Theravadins sich über Sri Lanka nach Birma, Thailand und Kambodscha ausbreiteten, war die Mission des Mahayana, die zweite »Drehung des Rades der Lehre«, in China, Vietnam und Japan erfolgreich. Aus der Rückschau und keineswegs unpolemisch hatten Anhänger des Mahayana die Lehre der »Ältesten« als kleines Fahrzeug (Hinayana) bezeichnet, weil außer dem Arhat niemand in ihm Platz habe. Das Mahayana (»großes Fahrzeug«) räumt seinem altruistischen Selbstanspruch nach letztlich allen Lebewesen die Möglichkeit der Erlösung durch das Bodhisattva-Ideal ein. Auch Laien könnten mithilfe eines Erleuchtungswesens, das auf den endgültigen Eingang ins Nirvana solange verzichtet, bis alle Kreaturen gerettet sind, im jetzigen Dasein aus dem Kreislauf des Leidens aussteigen. Gegenüber den Theravadins kommt es zu einem Perspektivenwechsel: In der Weiterführung des Anatman-Gedankens hat Nagarjuna (ca. 300 n.Chr.) die folgenreiche Lehre von der Leere (Sunyata) formuliert. Das, was ist, ist ein Mittleres zwischen Sein und Nichtsein. Es ist nicht Nichts im herkömmlichen ontologischen Sinn, sondern Nichtsein und relatives Sein transzendierendes »Absolutes Nichts« (H. Waldenfels). Die mittlere Position zwischen Sein und Nichtsein ist keine Position, sie ist etwas jenseits von Konzepten und Sprache, das sich jeder Begrifflichkeit entzieht: Leere. Leer sind nicht nur die Begriffe, leer sind auch die Dinge. Da nichts eine eigene Natur besitzt, sind sie weder noch sind sie nicht, genau so wenig wie sie weder sowohl seiend als auch nicht seiend sind.

Aus dem Blickwinkel der konventionellen Wahrheit (Samvriti Satya) ist die Welt der Erscheinungen und des Leidens nicht irreal. Sie ist allerdings auch nicht real, wenn man den Ort der höchsten Wahrheit (Paramartha Satya) einnimmt. Wenn Leiden existiert, aber vom nichtalltäglichen Standort aus gesehen nicht existiert, muss es nicht erst überwunden werden, um Nirvana zu erreichen. Anders gesagt: Wenn die Erlösung in der Bewusstwerdung der eigenen Buddha-Natur, also in der Verbindung mit dem schlechthin Transzendenten besteht, dann ist das Nirvana nicht mehr jenseits der Welt des Vergehens, sondern identisch mit dem Samsara. Das Absolute hat daher den Charakter einer immanenten Transzendenz. Diese semantische Konstruktion ist der Versuch, sich jenseits des Jenseitigen zu bewegen, da Letzteres immer auch Diesseits mit einschließt. Das Ziel, die von Gegensätzen gekennzeichnete Ebene des Vergänglichen nicht zuletzt dadurch zu überschreiten, dass das diskursive Denken aus der Bahn geworfen wird, ist auch für das Zen und seine Koan-Übungen typisch.

Vajrayana, die dritte »Drehung des Rades«, breitete sich ab 700 in Tibet aus. Durch die Integration der schamanistischen Bon-Religion in das Mahayana kommt es zu einer Wiederbelebung okkulter Elemente sowie einer Anlehnung an den hinduistischen Tantrismus. Ein Zeugnis dieser tibetischen Mischkultur ist das Bardo Thödol genannte Tibetische Totenbuch (wörtlich »Befreiung durch Hören im Zwischenzustand«). Hier wird beschrieben, wie den Verstorbenen seine Jenseitsreise zur neuen Wiedergeburt durch drei Zwischenzustände (Bardos) führt, die in Analogie zur Lehre von den drei Leibern des Buddhas (Trikaya) zu sehen sind. Die höchste immanent-transzendente Manifestationsform des Buddha (Dharmakaya), ist identisch mit der Essenz des Universums, was der Erfahrung des reinen weißen Lichtes im Moment des Todes entspricht. Kann diesem Licht nicht standgehalten werden, kommt es zur Begegnung mit der positiven und negativen Verkörperung der fünf Aspekte der Weisheit (Sambhogakaya). Im Anschluss an den Bardo des Werdens erfolgt schließlich eine neue Wiedergeburt aufgrund der jeweiligen karmischen Prägung. Dieser Bereich der irdischen Existenz entspricht der Nirmanakaya-Gestalt des historischen Buddhas. Wie kein anderes buddhistisches Werk wurde das 1927 zum ersten Mal ins Englische übersetzte und später von C. G. Jung kommentierte Totenbuch in den USA und Europa verbreitet. Es markiert den irreversiblen Aufbruch des Dharma in den Westen und steht für das Interesse gerade an den psychologischen Aspekten der Leere. Denn die friedfertigen und die zornigen Gottheiten, die den Verstorbenen so sehr erschrecken, sind buddhistischer Deutung zufolge nichts anderes als Projektionen des eigenen Geistes und als solche leer von jeder Dauerhaftigkeit.

### Buddhismus im westlichen Kulturkreis

Die dreifache Drehung des Rades der Lehre vom Nirvana (Hinayana), über Sunyata (Mahayana) zum Dharmakaya (Vajrayana) wiederholt sich auch im Westen und verändert erneut die Erscheinungsformen des Dharma. Das Spezifische des abendländischen Buddhismus ist das Neben- und Miteinander verschiedener Lehrrichtungen, die in Asien räumlich und kulturell voneinander getrennt waren. Weil die Schulen heute auf eine demokratische, moderne Gesellschaft treffen, hat die Begegnung tief greifende Auswirkungen auf die traditionell monastisch, hierarchisch und patriarchalisch geprägten Autoritätsstrukturen. Der westliche Buddhismus wertet den Laienstatus auf, kennt gleichberechtigtere Lehrer-Schüler-Beziehungen, ist sehr viel individueller und weiblicher als der asiatische und legt Wert auf soziales wie ökologisches Engagement. Auf der anderen Seite haben Migrationsprozesse dazu beigetragen, dass auch ethnische Buddhisten v.a. aus Vietnam und Thailand in Europa präsent sind. Erst zaghaft kommt es jedoch zur allmählichen Annäherung von »Eurobuddhismus« und »Ethnobuddhismus«.

Bis zur Mitte der 1950er-Jahre war die intellektuelle Auseinandersetzung mit dem Theravada vorherrschend. Ein begrenzter Kreis von Akademikern studierte und diskutierte die Quellentexte der »Religion der Vernunft«, meistens ohne größeres Interesse an Meditationsübungen. Das änderte sich durch den Kontakt japanischer Zen-Meister mit der Beat- und Protestgeneration,[81] die politische Revolte (gegen den Vietnamkrieg) mit ästhetischer Inspiration und existenzieller Zivilisationskritik verband. Zen in Form der Praxis des achtsamen Sitzens in Versenkung (Zazen) wurde als effektive Methode der Arbeit an sich selbst erfahren. Auch die Skepsis gegenüber heiligen Texten,[82] spekulativer Reflexion und starrer Ritualistik etablierter Religion hatte die Übernahme in einen alternativen Lebensstil ermöglicht. Aber Zen blieb nicht auf Beat-Zirkel beschränkt. Es wird heute im Westen in Gruppen praktiziert, welche sich als Buddhisten, Christen, Juden oder Agnostiker verstehen. Erleichtert wird die Anpassung des Zen an neue religiöse Kontexte auch dadurch, dass es selbst aus der wechselseitigen Beeinflussung von Mahayana und Daoismus in China hervorgegangen ist. Buddhismus und speziell Zen hatte Menschen jüdischer Herkunft[83] immer wieder fasziniert. Einer der ungewöhnlichsten jüdischen Zen-Lehrer, B. Glassman Roshi, gibt nicht in einem Meditationszentrum klassische Kurse in Zazen, sondern geht mit seinen Schülern auf die Straße, um unter den Bedingungen der Obdachlosigkeit die Buddha-Natur hervortreten zu lassen. In einem der ärmsten Stadtteile New Yorks hat er eine als »Mandala« bezeichnete Station buddhistischer Sozialarbeit für Arbeitslose und ein Hospiz für Aids-Infizierte errichtet. Auf die Frage, ob er sich als Buddhist und Jude versteht, antwortete er mit Ja: »Ich wurde als Jude geboren und habe nie aufgehört, Jude zu sein ... Unsere Kinder wuchsen im Zen-Zentrum auf, gingen aber in eine jüdische Schule. Unser Haus war koscher.«[84] Glassman betreibt nicht nur Street-Zen, er führt auch Retreats an Orten durch, wo die »hungrigen Geister« sich massenhaft aufhalten: in Auschwitz und Buchenwald. In einer Meditation, die den großen Zen-Traditionen Rinzai und Soto entnommen ist, werden die hungernden Geister ins Mandala eingeladen, damit sie ihren Bedarf stillen können.

Nach der Besetzung Tibets 1959 durch die Chinesen, die in dem Land einen kulturellen Völkermord betrieben, gingen viele tibetische Lamas ins Exil auch nach Europa, gründeten Zentren und ließen sich als Lehrer nieder. Inzwischen ist der Vajrayana die am schnellsten wachsende buddhistische Richtung im Westen mit den jüngsten Anhängerinnen und Anhänger, was auch mit der persönlichen Ausstrahlung des 14. Dalai Lama zu tun hat. Nicht selten musste er als Passepartout für ein romantisch-verklärtes Tibetbild herhalten, aber seine reflektierte Einstellung zu Themen wie Konversion, Divergenzen und Konvergenzen zwischen Christentum und Buddhismus etc. zeichnen ihn als selbstkritischen Gesprächspartner aus. Zugleich spielt er mit gewissen Rollenerwartungen, kann zum einen als rational argumentierender Wissenschaftler und zum anderen als okkulter Zeremonienmeister auftreten. In Tibet sind die Gelugpas unter den Dalai Lamas seit dem 15. Jh. zur bedeutendsten Schule herangewachsen. Sie sind bekannt für die strenge Einhaltung der Mönchsdisziplin und die systematische Ausbildung in mahayanischer Philosophie. Zwar haben sie in Europa die ersten Zentren gegründet[85], sind aber gegenüber der zweiten großen Schulrichtung Tibets, den tantrischen Karma-Kagyüpas, eindeutig in der Minderheit. Das hat auch mit den Aktivitäten des schillernden »Autobahn-Lamas« O. Nydahl zu tun, der weltweit über 300 Zentren ins Leben gerufen hat. Über die Frage, wer die authentische Wiedergeburt des gestorbenen Oberhauptes der Linie der Kagyüpas ist, ist die Gemeinschaft tief zerstritten. Die dritte der traditionellen Schulen in Tibet, die eher magischen Nyingmapas, sind v. a. in den USA aktiv, die vierte, die Sakyapas, haben sich schwerpunktmäßig in Frankreich niedergelassen. Dass der Vajrayana in Europa angekommen ist, zeigt auch der Umstand, dass als Reinkarnation des verstorbenen tibetischen Gelugpa-Lamas Thubten Yeshe der 1985 bei Granada geborene Sohn des spanischen Elternpaares Paco Hita und Maria Torres vom Dalai Lama bestätigt wurde. Die Spanier waren Schüler von Lama Yeshe.

Was die tibetischen Lehrer initiiert haben, führen westliche Schülerinnen und Schülern weiter. Die vorliegenden empirischen Studien[86] und Selbstzeugnisse[87] lassen gewisse Grundmuster in ihren Lebensläufen erkennen: Religiöse Sozialisation im Kindesalter (als Erwachsene Kritik an den Kirchen), prägende Literatur (Totenbuch, Hermann Hesse), Asienreisen, bei Männern pazifistische, bei Frauen emanzipatorisch-feministische Einstellungen, politisches Engagement im Sinne der 68er-Generation und gehobene Bildungsabschlüsse sind die Hauptmerkmale der meisten Pioniere des westlichen Buddhismus. Die schulübergreifend wahrgenommenen Meditationstechniken werden auch im Sinne verhaltenstherapeutischer Werkzeuge eingesetzt und kommen dem ausgeprägten Interesse an Selbstbeobachtung entgegen. Viele Schülerinnen und Schüler sind mittlerweile selbst Lehrerinnen und Lehrer, so S. Wetzel,[88] die von Lama Yeshe ordiniert wurde und heute eine der großen unkonventionellen Frauen des deutschen Buddhismus ist. Sie plädiert für eine Reflexion der Geschlechterrollen, um den veränderten gesellschaftlichen Umständen Rechnung tragen zu können. Wurde der Buddhismus in Asien unter patriarchalen und klösterlichen Vorzeichen praktiziert, werden im Westen Anforderungen an ganz andere Lebensmodelle gestellt, die mit Berufstätigkeit, Kindererziehung und Beziehungsfragen zu tun haben. Bereits die Gegenwart des westlichen Buddhismus liegt mehrheitlich in den Händen von Frauen, seine Zukunft wird sicherlich noch weiblicher sein.

Die Deutsche Buddhistische Union (DBU), ein traditionsübergreifender Dachverband von derzeit 57 Gemeinschaften, schätzt, dass sich in den letzten 60 Jahren auch durch Zuwanderung die Zahl der Buddhisten in Deutschland von 2500 auf ca. 245000[89] fast verhundertfacht hat. Zusammen mit der Österreichischen Buddhistischen Religionsgesellschaft (ÖBR),[90] der Schweizerischen Buddhistischen Union (SBU)[91] und weiteren buddhistischen Vereinigungen aus zehn europäischen Ländern hat sich die DBU dem Netzwerk der Europäischen Buddhistischen Union (EBU) angeschlossen. Ziel ist die Förderung der buddhistischen Ökumene nach innen und die Interessenvertretung nach außen, auch um Körperschaftsrechte zu erhalten.

Die pluralistische Vielfalt der buddhistischen Methoden und Wege entspricht dem hohen Individualisierungsgrad vieler zeitgenössischer Sinnsucher. Da die Erkenntnistheorie und Ethik des Dharma im europäischen Umfeld im Tonfall eines nicht exklusivistischen Geltungsanspruchs[92] vermittelt wird, »passt« sie sehr gut zu einer Generation, die in möglichst vielen Bereichen Wahlfreiheit beansprucht. Wird daher angenommen, dass die Zahl der europäischen Buddhisten weiter steigt, geht man kein großes prognostisches Risiko ein.

### Religionen semitischen Ursprungs

Leider können aus Platzgründen in dieser Einführung nicht alle monotheistischen nichtchristlichen Stifter- und Schriftreligionen berücksichtigt werden. Wegen der zahlenmäßigen Präsenz der Muslime und der Spannungen, die sich in den letzten Jahren aus dem Zusammenleben von christlicher Mehrheit und muslimischer Minderheit im säkularen Rechtsstaat ergeben haben, soll jedoch hier wenigstens eine grobe Skizze des Islam insbesondere im deutschsprachigen Raum entworfen werden. So viel sei vorweggenommen: In Deutschland handelt sich dabei um Spannungen, deren Dimension viel geringer ist als beispielsweise die zwischen Franzosen und den zugewanderten Muslimen Nordafrikas.

#### Islam in Westeuropa

Während noch 1961 in Deutschland nur 15000 Muslime[93] lebten, sind es derzeit ca. 3,5 Mio., von denen die meisten Sunniten türkischer Herkunft sind, gefolgt von Schiiten aus Iran, Afghanistan, Irak und Libanon, Aleviten aus der Türkei, in sehr viel geringerem Umfang Sufis und Ahmadis.[94] Sehr vereinfacht gesagt, praktizieren Türken, wenn sie überhaupt praktizieren, meist eine konservative Religiosität, Iraner sind überwiegend liberal. Iraner kamen meistens aus dem städtischen Milieu, Türken aus den Dörfern. Aber höchstens ein Drittel der Menschen aus der Türkei führen ein Leben nach den Grundsätzen des Islam. In der Schweiz[95] und in Österreich ergibt sich ein ähnliches Bild. Österreich hat infolge seiner Geschichte als k. u. k.-Monarchie und der geografischen Nähe zu Bosnien bereits 1912 den Islam als Religionsgesellschaft und seit 1979 als Körperschaft öffentlichen Rechts anerkannt, seit 1982 wird an österreichischen Schulen Islamunterricht erteilt.[96]

### Grundlagen

Einheit und Vielfalt bestimmen das Erscheinungsbild des Islam. Fünf sog. Säulen machen die gemeinsamen Grundpflichten aus: 1) Glaubensbekenntnis (Schahada: Es gibt keinen Gott außer Gott und Mohammad ist sein Gesandter), 2) rituelles Pflichtgebet (Salat), 3) Fasten (Saum), 4) Pflichtabgabe (Zakat), 5) Wallfahrt (Hajj).

Die Pluralität der muslimischen Existenz in unserer Gesellschaft spiegelt sich in der Herkunft, der Kultur, dem Organisationsgrad sowie in internen Glaubensdifferenzen wieder. Übereinstimmung besteht zumeist darin, den Koran als unerschaffenes Wort Gottes und damit als primäre Offenbarungsquelle anzusehen. Akzeptiert ist ebenfalls die islamische Lehre mit den folgenden sechs Glaubensartikeln, nämlich den Glauben an 1) einen einzigen, barmherzigen und allmächtigen Gott, 2) an die Engel Gottes, die den Koran übermittelten und die Seele der Toten begleiten, 3) an Gottes Bücher, den Koran, aber auch an die »unverfälschten« vorislamischen Schriften Tora, Psalmen und Evangelium, 4) an Gottes Gesandte, welche den Menschen Schriften zur Rechtleitung überbrachten wie Moses und Jesus, v. a. aber Mohammed, nach dem es keinen rechtmäßigen Propheten mehr geben wird, 5) an das Jüngste Gericht und 6) an die Vorherbestimmung.

Der Koran, der einen strengen Monotheismus verkündet und die christliche Lehre der Trinität als nachträgliche Fälschung ablehnt, hat jedoch nicht nur die Funktion der Korrektur, sondern auch der Bestätigung früherer Offenbarungen. So wird Abraham (Ibrahim) als Verkörperung des wahrhaft Gläubigen und Standhaften verehrt,[97] Jesus war Prophet, aber er starb nicht am Kreuz und war nicht Gottes Sohn. Denn der Schöpfer- und Richtergott wurde nicht gezeugt und zeugt auch selber nicht. Die zweite Erkenntnisquelle, die Sunna genannte Überlieferung des Propheten Mohammad, beruft sich auf die vier »Rechtgeleiteten Kalifen«[98], welche gemäß sunnitischer Auffassung nach dem Tod Mohammeds im Jahr 632 die 114 Kapitel (Suren) des Koran der Länge nach geordnet haben. Weil der Koran nicht alle Fragen des Lebens beantwortet, wurden die Mitteilungen und Handlungen Mohammads in Hadith-Sammlungen als vorbildliche Erläuterung der Offenbarung angelegt. In der unterschiedlichen Akzeptanz der Hadith-Sammlungen, der Legitimität der Kalifen und der messianischen Erwartung der Wiederkunft des geheimnisvollen 12. Imam liegen die Differenzen zwischen Sunniten und Schiiten. Gemeinsam ist beiden Gruppen der Glaube, dass sich der göttliche Wille in Koran und Sunna offenbart sowie in Geboten und Verboten für jedermann ausgedrückt hat.

Historisch betrachtet, bilden die Aleviten eine Untergruppe der Schiiten. Einerseits sehen auch sie nur in Ali, dem Schwiegersohn Mohammads, den rechtmäßigen Nachfolger des Propheten, andererseits haben sie vorislamische, volksreligiöse und mystische Elemente in ihre Lehre aufgenommen. Gegenüber den Sunniten und Schiiten gibt es erhebliche Unterschiede in der Glaubenspraxis und -lehre. Drei der fünf Grundpflichten haben für sie keine Bedeutung. Aleviten praktizieren nicht das rituelle Gebet, die Wallfahrt nach Mekka und das Fasten im Ramadan, sie glauben nicht an den göttlichen Ursprung des vorliegenden Korans, errichten keine Moscheen und grenzen Frauen in wesentlich geringerem Umfang (vom Kultus) aus. Auch Kleidungsvorschriften und Speisegebote spielen kaum eine Rolle. Stattdessen treffen sie sich zu rituellen Handlungen mit Frauen und Kindern im Cemhaus. All diese Abweichungen führten zu einer Aberkennung der Rechtgläubigkeit und einem hohen Verfolgungsdruck in der Türkei, auf den sie wiederum mit Geheimhaltung und Säkularisierungstendenzen reagierten.

Der Islam ist natürlich eine prophetische, aber auch eine mystische Religion. Die nach ihrem Wollkleid (Suf) benannten Sufi-Mystiker standen seit ihrer Entstehung um 800 in Konflikt mit der Orthodoxie. Im Untergrund gelang es einigen ihrer Orden in der Türkei zu überleben, obwohl sie bis auf den heutigen Tag verboten sind. Analog zu den kontemplativen Strömungen in anderen Religionen kennen die Sufis asketische Übungen, rhythmische Ekstasetechniken (Dhikr) und die enge Lehrer–Schüler–Beziehung. Weil der angestrebte Zustand, die Überwindung der Differenz zwischen Schöpfer und Geschöpf durch »Entwerden«, z. T. in monistischen Formeln (»Ich bin Gott«) seinen Ausdruck fand, wurden einige grausam hingerichtet. Der Häresieverdacht wurde verstärkt, da sich die Sufis gegenüber anderen Traditionen öffneten und z. B. in Indien eine besondere Nähe zu hinduistischen und buddhistischen Schulen empfinden. Diese Öffnung ging so weit, dass religiöse Grenzgänger die meditativen Sufi-Übungen anstelle der Versenkungstechniken des Vedanta praktizierten.[99]

So wie Mohammed zugleich Religionsführer und Herrscher von Medina war, ist der Islam nicht nur ein religiöses, sondern ebenso ein politisch-rechtliches System. Das Spektrum der Methoden unterschiedlicher Rechtsfindung fand um 800 seinen Niederschlag in den vier gemeinsam von den Sunniten anerkannten Rechtsschulen der Hanafiten, Malikiten, Schafiiten und Hanbaliten.[100] Weil das Fehlen einer allgemein verbindlichen Lehrautorität und kirchenähnlicher Strukturen für den Islam konstitutiv ist, wurden als zusätzliche Rechtsquellen der Konsens der Gelehrten (Idschmaa) und der Analogieschluss (Qiyas) eingeführt, um neu auftauchende Problemfälle zu lösen. Für die Normenfindung auf der Basis von Koran, Sunna und Rechtsbestimmungen hat sich der Name Scharia eingebürgert. Ist die Scharia demnach ein Gesetzestext? Ursprünglich nicht, denn im Anschluss an die Sure 45,18 sollte sie der Weg zu einem gottgefälligen Leben auf der Grundlage der fünf Glaubenspflichten sein. Nach und nach wurde ihr Geltungsanspruch über die fünf Säulen hinaus auf das Kultur-, Staats-, Straf-, Steuer-, Familien-, Erb- und Personenstandsrecht sowie den Dschihad ausgedehnt. Die heutige Beschränkung auf Kultur- und Personenstandsrecht[101] in vielen islamischen Ländern wollen Fundamentalisten rückgängig machen und alle Bereiche des Lebens unter dem Gesichtspunkt des Religionsrechts organisieren, einschließlich drakonischer Strafmaßnahmen. Dagegen regt sich auch innerislamischer Widerstand. Faktisch ist die Scharia ein Bündel von Rechtsgrundsätzen, das je nach Situation einen großen Auslegungsspielraum von wortwörtlich bis historisch-kritisch zulässt. Neben den meisten unproblematischen religiösen Normen wie den Vorschriften zum Gebet, gibt es auch solche, die im modernen Rechtsstaat inakzeptabel sind wie die Ungleichbehandlung der Geschlechter im Familien- und Erbrecht sowie die Körperstrafen. Die starken regionalen Unterschiede werden u. a. im Eherecht der Mittelmeerländer Türkei und Tunesien deutlich. In diesen Ländern hat die Rechtsprechung liberaleren Charakter als in Saudi-Arabien und im Iran,[102] was selbstverständlich auch an der räumlichen und kulturellen Nähe zu Europa liegt.

### Islam in Deutschland

Im Unterschied zu kleinen radikal-islamistischen Gruppen, die das deutsche Grundgesetz rundweg ablehnen,[103] betonen reformorientierte türkische Theologen, dass die Scharia weder in Deutschland noch in ihrer Heimat eingeführt werden soll. Staatliches Recht ist in Deutschland religiösem Recht immer übergeordnet oder anders gesagt: Der Primat der Menschenrechte vor religiösen Pflichten kann nicht zur Disposition gestellt werden. Für Islamisten verhält es sich genau umgekehrt: Der Geltungsbereich der Scharia ist total und die Legitimität des staatlichen Normensystems ist daraus nur abgeleitet. Göttliches Recht hat stets den Vorrang vor bloß menschlichem Recht. Damit ist der Widerspruch zum pluralistischen Verfassungsmodell zementiert. Von den hier lebenden Muslimen muss verlangt werden, dass sie sich zur geltenden Gesellschaftsordnung bekennen und soweit bekannt ist, leisten auch alle großen islamischen Verbände dieses Bekenntnis. Nicht zuletzt aus wohlverstandenem Eigeninteresse, wie Spuler-Stegemann schreibt, da das Grundgesetz den Schutz von Minderheiten gewährleistet und ihnen Freiheiten einräumt, die es in keinem islamischen Staat gibt. Aber selbst wenn die staatliche Verfassung benutzt wird, um Ansprüche einzuklagen, steht außer Frage, dass Muslimen das vom Grundgesetz garantierte Recht zusteht, ihre Religion frei zu praktizieren. Das ist Konsens auf der vom Bundesinnenministerium 2008 zum dritten Mal einberufenen Deutschen Islamkonferenz (DIK).

Teilnehmer der DIK sind u. a. die vier islamischen Dachverbände DITIB, Islamrat, Verband der islamischen Kulturzentren (VIKZ) und Zentralrat der Muslime (ZDM)[104], Aleviten, liberale und säkulare muslimische Einzelpersonen, Islamkritiker[105] sowie Vertreter von Bund und Ländern. Um den von allen Seiten gewünschten und für die Verbesserung von Integrationschancen wichtigen islamischen Religionsunterricht einführen zu können, ist der Staat nach geltender Rechtslage auf eine verbandsmäßig organisierte Religionsgemeinschaft angewiesen. Weil bisher sämtliche staatskirchenrechtliche Kooperationsformen am Fehlen eines muslimischen Ansprechpartners gescheitert sind, haben sich die vier sunnitischen Dachverbände 2007 zum Koordinierungsrat der Muslime in Deutschland (KRM) zusammengeschlossen. Aber die Mehrzahl der Teilnehmer der DIK steht dem Zusammenschluss kritisch gegenüber. DITIB ist abhängig von der staatlichen Religionsbehörde der Türkei,[106] im Islamrat ist die Gemeinschaft Milli Görüs tonangebend, die vom Verfassungsschutz beobachtet wird, der VIKZ wird mit gravierenden Vorwürfen wie Antijudaismus und rigiden Erziehungspraktiken in seinen teils illegalen Wohnheimen konfrontiert, im ZDM ist die »Islamische Gemeinschaft in Deutschland« aktiv, die als eine radikale Variante der Muslimbrüder gilt. Den konservativen Verbänden, die sich auf Koran und Sunna, also die fünf Säulen und die sechs Glaubensartikel als Zeichen der Rechtgläubigkeit berufen, wird zu Recht vorgehalten, nicht den

Mainstream der Muslime in Deutschland zu repräsentieren. Da der KRM u. a. für das Tragen von Kopftüchern eintritt und muslimische Eltern unterstützt, die ihre Töchter vom Sportunterricht abmelden, herrscht große Besorgnis, dem Dachverband könne die Definitionsmacht über die Lehrpläne des islamischen Religionsunterrichts zufallen. Dieser wird in einigen Bundesländern versuchsweise als Islamkundeunterricht durchgeführt, soll aber auf Dauer als »echter« Bekenntnisunterricht in deutscher Sprache mit staatlichen Kontrollmöglichkeiten und in Deutschland fachwissenschaftlich ausgebildeten Lehrern etabliert werden, um selbigen »aus den Hinterhöfen« der konservativen Koranschulen herauszubekommen.

Zu den weiteren Reizthemen der DIK gehören die Konflikte um Moscheebauten. Moscheen haben v. a. in der Diaspora mehrfache Aufgaben. Sie sind Ort des Gebets und erfüllen gleichzeitig wie hindu-tamilische Tempel oder buddhistisch-vietnamesische Pagoden die sozialintegrierende Funktion der Vermittlung kultureller Traditionen und bieten die Möglichkeit pragmatischer Aktivitäten. Weil im Umkreis der Moscheen Sprach-, Computer- und Nachhilfekurse angeboten werden und Büchereien, Läden, Apotheken, Tee- und Kaffeestuben angesiedelt sind, werden sie ebenfalls zu einem Treffpunkt säkularer »Kultur-Muslime«, andererseits können sie auch der Abschottung von der Mehrheitsgesellschaft dienen. Insofern Muslime gekommen sind, um zu bleiben, brauchen sie Orte »zweiter Heimat«. Gegenüber der ersten Generation von provisorischen Gastarbeiter-Moscheen »in Hinterhöfen« hat inzwischen eine Professionalisierung des Bauprogramms stattgefunden, was auf gut strukturierte Moscheevereine und deren finanzielle Unterstützung oft durch arabische Staaten zurückzuführen ist. DITIB mit seinen 875 Moscheevereinen, und damit der türkische Staat, steht hinter der Hälfte der repräsentativen Moscheen in Deutschland.[107] Unumstritten ist, dass die im Grundgesetz garantierte Religionsfreiheit den Bau angemessener Kultstätten einschließt. Umstritten ist die Anzahl, Architektur und Größe der Bauten, die Höhe des Minaretts, die Lautstärke des möglichen Muezzinrufs, kurzum die Weise der öffentlichen Präsenz des Islam in einer nichtmuslimischen Umgebung. Je größer die kulturellen Divergenzen, je augenscheinlicher eine vermeintliche oder tatsächliche Machtdemonstration, desto stärker sind die Gefühle der Bedrohung und Befürchtungen vor Überfremdung, die sich rechtsradikale Parteien zu nutzen machen.[108] Soll der Konflikt um eine Moschee, der auch eine symbolische, interkulturelle Ebene beinhaltet, konstruktiv bearbeitet werden, dann sind nach C. Leggewie die Konturen zu schärfen und nicht abzuschleifen. Und das bedeutet, Ängste um eine »Art Landnahme«[109] ebenso ernst zu nehmen, wie den Wunsch, sich in der Fremde zu behaupten. Werden Symbole durch einen Aushandlungsprozess in einen größeren Interpretationsrahmen gestellt, können sich neue Wahrnehmungsmuster ergeben und Konflikte deeskalieren.

Der Weg zu einem liberalen, aufgeklärten Islam europäischer Prägung[110] ist noch weit, aber nicht unmöglich. Damit er Realität werden kann und der Prozess der Integration gelingt, müssen beide Seiten, die Aufnahmegesellschaft und die Zuwanderer, ihren Beitrag leisten. Eine Voraussetzung ist die Anerkennung der Tatsache, dass der Islam bleibender Teil unserer Gesellschaft ist. Eine weitere besteht darin, dass sich nicht nur die Funktionäre der konservativen Lobby zu Wort melden, sondern die Vertreter der bislang »schweigenden Mehrheit« die Vielfalt des muslimischen Lebens in Westeuropa artikulieren. Auch die säkularen Migrantennetzwerke aus dem Milieu der Menschenrechtsaktivisten und die häufig vorliegenden Differenzen zwischen Zentralen, Landes- und Ortsverbänden der Großorganisationen müssen stärker zur Kenntnis genommen werden. Zur Vielfalt gehören auch die von den Dachverbänden unabhängigen Sufigemeinschaften, welche sich fast ausschließlich über von einem Sheik geleitete Kleingruppen organisieren. Und in welchem Ausmaß die aktuelle Bildung muslimischer Frauengruppen das religiöse Feld verändert, wurde bisher kaum wahrgenommen. Aufgrund seiner internen Pluralität sind im Islam geradezu gegenläufige Tendenzen angelegt: Angesichts der festen Lebensregeln kann der Einzelne sicheren Halt in einer solidarischen Gemeinschaft erfahren bei gleichzeitiger ritueller Selbstständigkeit und Unabhängigkeit von institutionellen Hierarchien. Im Einzelfall führt das zu einer höchst individuell definierten muslimischen Identität. V.a. in der jungen Generation. Die hier Geborenen entdecken nicht selten moderne Auslegungsformen und kombinieren islamische Werte und westliche Lebensart z.B. auf dem Gebiet der Ästhetik und Musik zu einem »Neo-Islam«.[111] In wenigen Fällen kommt es zur Radikalisierung muslimischer Jugendlicher in abgeschotteten Gruppen des politischen Islams. Das führt aber dazu, dass in bestimmten Teilen der Berichterstattung »der« Islam mit dem unterschwellig und explizit kolportierten Negativimage einer fanatisierten Gettoreligiosität identifiziert wird. Demgegenüber belegen jüngste Umfrageergebnisse eine erstaunliche Toleranz der Muslime in Deutschland im Blick auf andere Religionen. Unabhängig von Geschlecht, Alter, Herkunft oder Konfession treten 86%[112] der Muslime für Offenheit gegenüber anderen Glaubensformen ein.

**Fazit**

Weil zu allen Zeiten der Austausch von Kulturen stattgefunden hat, ist die Pluralität fester Bestandteil der Religionsgeschichte. Im Zeitalter globaler Zirkulation gilt dies in einem derart starken Ausmaß, dass der Jesuitenorden programmatisch formuliert: »Heute religiös zu sein heißt interreligiös sein.«[113] Damit ist die Rückkehr zur Ausgangsfrage nach der Pluralitätsfähigkeit verbunden: Wie viel Islam, Buddhismus und Hinduismus kann der Toleranzrahmen einer mehrheitlich christlichen Gesellschaft vertragen? Solange die friedliche Koexistenz gewährleistet ist, interessiert sich der säkulare Rechtsstaat nicht für die transzendenten Geltungsansprüche der verschiedenen Religionen. Eine christliche Theologie der Religionen stellt sich jedoch den unterschiedlichen Wahrheitsansprüchen und setzt sie ins Verhältnis zum eigenen religiösen Heilsweg. Nun wird seit Jahrzehnten eine kontroverse Diskussion darum geführt, ob göttliche Selbstmitteilung ausschließlich im Christentum oder auch in anderen Religionen möglich ist. Der Exklusivist schreibt die Offenbarung unbedingter Wirklichkeit nur der eigenen Religion zu, der Inklusivist mehreren, der Pluralist ebenfalls, wobei er nicht davon ausgeht, dass eine Religion die anderen überbieten könne. Innerhalb der einzelnen Positionen gibt es verschiedene Varianten und die Heftigkeit der Auseinandersetzungen um die dogmatischen, hermeneutischen und erkenntnistheoretischen Probleme hat eher zu- als abgenommen.

Zusätzliche Schärfe bei gleichzeitiger Hilflosigkeit kommt in die Debatte durch die Frage, wie auf die Neukonstruktionen mehrfacher religiöser Identitäten der »spirituellen Wanderer« zu antworten sei. Die Kirchen wären schlecht beraten, wenn sie auf die multiplen Identitäten mit Ausschluss und extremer

Grenzziehung reagierten, insbesondere deshalb, weil die nachwachsende Generation vor allem eines für sich in Anspruch nimmt: Wahlfreiheit. Würde man diesem Personenkreis keine wie auch immer geartete Beheimatung anbieten, würde allein die normative Kraft des Faktischen in Zeiten der Transformation der Religion den gesellschaftlichen Bedeutungsverlust organisierter Religionen weiter beschleunigen. Unter welchen konkreten Bedingungen diese Beheimatung stattfinden könnte, müsste unter dem Stichwort einer innovativen Pastoral ausgehandelt werden. Wesentliche Elemente einer derartigen Pastoral können dem Bereich der negativen Theologie entnommen werden. Sie steht in der Tradition der *docta ignorantia* des Nikolaus von Kues, die sehr wohl die Arbeit am Begriff kennt, aber letzten Endes weiß, dass mit menschlichem Wissen göttliche Wahrheit nicht erkannt werden kann.

Das hat große Bedeutung nicht zuletzt für den buddhistisch-christlichen Dialog. Auf dem Weg der Negation, der prinzipiellen Unbestimmbarkeit und radikalen Entzogenheit sowohl der Person als auch Gottes, treffen sich die Perspektiven christlicher Mystik und buddhistischer Anatman-Lehre. In der Beschäftigung mit dem kenotischen Gott und dem mahayanistischen Konzept der Leere oder des absoluten Nichts, worauf nicht nur H. Waldenfels und K. Baier aufmerksam gemacht haben, kommt es zum Brückenschlag zwischen Christentum und Buddhismus oder der Ausbildung einer bestimmten »apophatischen« Identität. Die Kenosis, in der sich ausdrückt, dass Christus Gott gleich war, aber nicht daran festhielt und sich »entäußert« hat (Phil 2,6–11), wird zum Symbol der »Selbst-Losigkeit«. Obwohl der Buddha jede Vorstellung von Gott ablehnt, wird paradoxerweise die christliche Gottesvorstellung zur Basis für das Verständnis der buddhistischen Lehre vom Nicht-Selbst. In diesem Fall wird das Sprechen von Gott als analoge, als hinweisende Rede auf die unendlich viel größere Realität Gottes verstanden und dabei können durchaus Schnittmengen mit vedantischer, buddhistischer und sufistischer Terminologie entdeckt werden. Insofern ist eine mehrfache religiöse Metaidentität gut möglich. Letztlich geht es darum, Glauben ohne Besitz- und Ausschließlichkeitsanspruch zu leben.

HARALD BAER

### Anmerkungen

1. M. Fuß (Lernen mit Osho, in: Die Zeit, 52/2006) ist der Meinung, »Esoterik ... entwickelt sich zu einer neuen Weltreligion.«
2. H.-J. Höhn (Der fremde Gott. Würzburg 2008, 79) zählt Pluralitätsfähigkeit zu den »soziokulturellen Schlüsselqualifikationen der Gegenwart«.
3. G. Mensching, Toleranz und Wahrheit in der Religion, München 1966, 19. Mensching, der der Gottesliebe gegenüber der Verbindlichkeit theologischer Lehrmeinungen den Vorzug gab, hat in der Religionsgeschichte eine unüberschaubare Zahl von positiven und negativen Kombinationsmöglichkeiten ausgemacht: »Formale Intoleranz mit inhaltlicher Intoleranz verbunden, formale Toleranz mit inhaltlicher Intoleranz verbunden und formale Intoleranz verbunden mit inhaltlicher Toleranz ...«
4. W. Heitmeyer, Riskante Toleranz. Moralgesättigt und gefährlich attraktiv, in: Ders. (Hg.), Deutsche Zustände, Folge 1, Frankfurt 2002, 271ff.
5. U. Ulfkotte, Der Krieg in unseren Städten, Frankfurt/M 2003.
6. H. M. Broder, Kritik der reinen Toleranz, Berlin 2008. Broder hält Toleranz – vor dem Hintergrund einer behaupteten uferlosen Islamisierung westlicher Demokratien – für die »Fortsetzung der Ratlosigkeit mit anderen Mitteln«.
7. Im Prozess gegen den Mörder der 16-jäh-

rigen deutsch-afghanischen Morsal Obeidi hat das Hamburger Landgericht festgestellt, dass ein sog. Ehrenmord ein Mord aus niederen Motiven ist. »Der Mörder tötete aus reiner Intoleranz«, sagten die Richter und verhängten die Höchststrafe, auch um eine Rechtsordnung zu verteidigen, in der Gleichberechtigung der Geschlechter und nicht das archaische Prinzip der Frauenverachtung gilt (www.spiegel.de, 16.02.2009).

8. Dass sich viele Niederländer von einem fundamentalistischen Islam bedroht fühlen, zeigt der Umstand, dass die anti-islamische PVV bei den Wahlen 2006 auf einen Schlag neun Sitze im Parlament erhalten hat und bei den Europawahlen 2009 zweitstärkste Partei in Holland wurde. Nach dem Mord an dem Regisseur T. van Gogh ist die Unzufriedenheit mit einer Politik, die die Probleme einer multikulturellen Gesellschaft ignoriert, voll ausgebrochen. Muslime sind mit 5,7% der Bevölkerung nach den Christen (27% Katholiken und 16% Protestanten) die zweitgrößte Religionsgemeinschaft in den Niederlanden. Wie in Deutschland ist nur eine kleine Minderheit von ihnen als militante Islamisten anzusehen, weshalb sich die Mehrheit der Muslime in Sippenhaft genommen und pauschal stigmatisiert fühlt.
9. www.fr-online.de (22.01.2009): Den »faschistischen Charakter des Koran« wollte Wilders in seinem Kurzfilm »Fitna« mit einer Montage von Koransuren und Horrorszenen von Steinigungen und Enthauptungen belegen.
10. W. Heitmeyer (Hg.), Deutsche Zustände, Folge 4, Frankfurt 2006, 136.
11. Ders. (Hg.), Deutsche Zustände, Folge 7, Frankfurt 2009. Obwohl die Autoren nicht auf die methodischen Einwände im Hinblick auf die Messbarkeit der Items eingehen, liefern die Berichte wertvolle Hinweise auf abwertende Denk- und Verhaltensmuster auch und gerade konfessionell gebundener Menschen.
12. T. Sundermeier (Hg.), Die Begegnung mit dem Anderen, Gütersloh 1991, 15.
13. A. Kreiner, Ende der Wahrheit? Freiburg 1992. Kreiner fasst die unüberschaubare wahrheitstheoretische Debatte zusammen und stellt dem traditionellen Wahrheitsverständnis, der sog. Korrespondenztheorie der Wahrheit, d.h. der Entsprechung von Aussage und Sachverhalt, relativistische und skeptische Positionen gegenüber. U.a. wird der Streit darum geführt, ob die Akzeptanz von Geltungsansprüchen sich direkt auf deren objektive Wahrheit oder auf die Gründe bezieht, Geltungsansprüche als wahr zu akzeptieren. Die kritische Diskussion der kriteriologischen Schwierigkeiten könnte man in dem Satz zusammenfassen, dass »die für den Glauben beanspruchte Wahrheit (sich) nicht von sonstigen Geltungsansprüchen (unterscheidet). Dem Glauben kommt in wahrheitstheoretischer Sicht kein epistemologischer Sonderstatus zu.« (576). Das hat zur Konsequenz, dass die »Konvergenz von Wahrheit und Gewissheit einer Perspektive« vorbehalten ist, die »menschlichem Ermessen zumindest vorläufig verwehrt bleibt.«
14. L. Swidler/S. Fritsch-Oppermann, Was heißt Dialog?, in: R. Kirste/P. Schwarzenau/U. Tworuschka (Hg.), Religionen im Gespräch (RIG) 2, Balve 1992, 119f.
15. Die vollständigen »Grundregeln für den interreligiösen Dialog« von Swidler finden sich in: U. Dehn (Hg.), Handbuch Dialog der Religionen, Frankfurt/M, 2008, 231–236. Swidler regt an, zuerst von »verschütteten Gemeinsamkeiten« auszugehen und sich dann zur Auseinandersetzung über Meinungsverschiedenheiten vorzuarbeiten. Aus apologetischer Perspektive wurde der Dialog-Dekalog wegen seines vermeintlich naiven ethischen Anspruchsniveaus kritisiert, das in der faktischen Praxis nur unterlaufen werden könne.
16. Als eine Folge der Migration sollen allein in Deutschland mindestens 20000 genitalverstümmelte Frauen leben, nach Schätzungen der Weltgesundheitsorganisation (WHO) sind es weltweit bis 140 Mio. (www.spiegel.de, 15.02.2009).
17. A. Kreiner, Das Verhältnis von Dialog und

Wahrheit in der Kirche (www.akademie-rs.de, 11.03.2002).

18. J. Neuner SJ, Theologie in Indien nach dem Konzil, in: StZ 1/1986, 11.

19. P. L. Berger, T. Luckmann, Modernität, Pluralismus und Sinnkrise, Gütersloh 1995.

20. U. Tworuschka (Methodische Zugänge zu den Weltreligionen, Frankfurt 1982, 86f) zählt eine Reihe fundamentaler Prägungen auf, welche sich als Hindernisse des Verstehens anderer Religionen erweisen können: 1) Der Monotheismus und die alttestamentliche Polemik gegenüber Göttern lassen Skepsis im Blick auf einen polytheistischen Pantheon aufkommen. 2) Ein personales Gottesbild steht im Gegensatz zu den hinduistisch-buddhistischen Ursachenzuschreibungen der Tatvergeltung (Karma). 3) Das jüdisch-christliche Verständnis des Menschen als Ebenbild Gottes ist mit der *anatman*-Lehre des Buddhismus nicht kompatibel. 4) Insbesondere im Protestantismus gibt es einen eindeutigen Primat des Lehrhaften vor dem Kultus und Ritus. 5) Das lineare Geschichtsbild des Christentums erschwert das Verständnis des zyklischen Bildes Asiens ... 8) Mit den Menschenrechten sind Institutionen und Vorstellungen wie das Kastenwesen und der Heilige Krieg nicht in Einklang zu bringen.

21. T. Sundermeier, Den Fremden verstehen, Göttingen 1996.

22. T. Luckmann, Die unsichtbare Religion, Frankfurt/M 2005.

23. C. Bochinger, Die unsichtbare Religion in der sichtbaren Religion, in: M. Heimbach-Steins (Hg.), Religion als gesellschaftliches Phänomen, Münster 2002, 27–43.

24. W. Gebhardt, Jugendkultur und Religion, in: M. Pöhlmann (Hg.), Sehnsucht nach Verzauberung, EZW-Texte 170/2003, 7–19.

25. M. Hero, V. Krech, H. Zander (Hg.), Religiöse Vielfalt in Nordrhein-Westfalen, Paderborn 2008.

26. Gebhardt, Jugendkultur, 9.

27. W. Gebhardt, M. Engelbrecht, C. Bochinger, Die Selbstermächtigung des religiösen Subjekts, in: ZfR 13/2005, 133–151.

28. Ibid. S. 147.

29. Ibid. S. 142f: Der »Prototyp spätmoderner Religiosität« ist in gewissem Sinn überall zu finden. »In seiner Reinform ist er innerhalb der kirchlichen Landschaft sicherlich noch ein Minderheitenphänomen. Gleichwohl ist er in weniger spektakulären Mischformen bereits weit im kirchlichen Publikum verbreitet. Zudem ist zu vermuten, dass die in dem Idealtypus verdichteten Elemente des ›Wanderns‹ sich unter evangelischen und katholischen Kirchmitgliedern noch mehr ausbreiten werden als sie es jetzt schon getan haben.«

30. Repräsentative Studie der Identity Foundation über »Spiritualität in Deutschland« in Zusammenarbeit mit der Universität Hohenheim. www.identityfoundation.de; www.soziologie-hohenheim.de (25.02.2009)

31. Die Transformation der Religion dürfte sich in anderen westeuropäischen Staaten nicht wesentlich von der in Deutschland unterscheiden. M. Kalsky (Religiöse Flexibilität, in: R. Bernhardt, P. Schmidt-Leukel (Hg.) Multiple religiöse Identität, Zürich 2008, 219–242) referiert die Ergebnisse eines Forschungsprojekts in Holland von 2007: Seit 1996 hat sich die Zahl der Christen halbiert, aber Religion als Vermittlungsinstanz von Werten ist nach wie vor gefragt. Die Mehrheit der Niederländer praktiziert eine selbstbestimmte Religiosität, ohne eine kirchliche Dogmatik, die den Menschen als sündiges und schwaches Wesen sieht. 60 % von ihnen nennen sich gläubig, meinen damit aber nicht den traditionellen Glauben, sondern die Aufgabe, sich aus der Weisheit verschiedener Überlieferungen die individuell passende Spiritualität zusammenzusuchen. Der Glaube an einen persönlichen Gott nimmt ebenfalls immer mehr ab. »Mit anderen Worten: Gott wohnt noch in den Niederlanden, aber seine Adresse ist nicht mehr die traditionelle Kirche.« (230)

32. Bertelsmann Stiftung (Hg.), Religionsmonitor 2008, Gütersloh 2008.

33. In Ostdeutschland hat sich zwar eine generelle Resistenz gegenüber religiösen Institutionen und Einflüssen herausgebildet,

aber die intellektuelle Offenheit gegenüber Fragen nach der Existenz Gottes und dem Leben nach dem Tod ist vorhanden. Je älter die Personen, desto größer das Interesse am Wissen über religiöse Phänomene. Auch junge Leute interessieren sich nicht zuletzt durch Berichte über Nahtod-Erfahrungen für ein mögliches Leben nach dem Tod. Somit zeigt sich: Konfessionslosigkeit ist nicht gleich Religionslosigkeit. Siehe: M. Wohlrab-Sahr, Das stabile Drittel jenseits der Religiosität, in: Religionsmonitor, 95–102.

34. A. Nassehi (Erstaunliche religiöse Kompetenz, in: Religionsmonitor, 113–132) führte im Kontext einer qualitativen Untersuchung 49 Interviews mit Probanden durch. Nur »drei bis vier« der Interviewten folgen im Alltag tatsächlich den lehrmäßigen Erwartungen, die eine religiöse Institution an ihre Mitglieder stellt.
35. Die Verfolgung der heterodoxen Konfessionen des Buddhismus und Jainismus im Zuge der restaurativen Re-Hinduisierung ab ca. 800 war heftig, aber kurz. Für den Sieg des Hinduismus war sie nicht ausschlaggebend, zumal die eigentliche Vernichtung des Buddhismus von konservativen Muslimen ausging.
36. A. Michaels (Der Hinduismus, München 1998, 18) bringt es auf den Punkt: »Fast möchte man meinen, in Indien sei die religiöse Postmoderne verwirklicht: ›Anything goes‹.«
37. M. Weber, Religion und Gesellschaft, Frankfurt/M. o. J., 664.
38. Die bekanntesten Formen sind hindu-muslimische (Sikhismus), aber auch der indische Sufismus, hindu-buddhistische (Newar-Buddhismus), hindu-christliche wie der (ethische) Neohinduismus (Brahmo Samaj, Arya Samaj, Ramakrishna, Vivekananda, Aurobindo).
39. »Dem, das Eine Wahrheit ist, geben die Weisen viele Namen, sie nennen es Agni, Yama, Matarishvan.« (Rigveda 1,164,46)
40. R. A. Mall, Der Hinduismus, Darmstadt 1997, 12.
41. R. C. Zaehner, Der Hinduismus, München 1964, 15. P. Deussen stellt eine Analogie zur Hl. Schrift der Christenheit her. Nach seinen Worten sind die Veden das Alte Testament und die Upanishaden das Neue Testament des Hinduismus.
42. Chandogya Up. 5/3/1f.
43. H. Zander, Geschichte der Seelenwanderung in Europa, Darmstadt 1999, 24f.
44. Brhadaranyaka Up. 4/5/15, »Wo nämlich gleichsam eine Zweiheit auftritt, da sieht einer den anderen, da redet einer zum anderen ... Wo aber für einen das All nur Selbst geworden ist, womit sollte er dann wen sehen ... womit sollte er dann wen anreden ..., womit sollte er dann wen erkennen? Durch wen er dieses All erkennt, womit sollte er den erkennen? Dieser ist nicht so und nicht so (neti, neti), der Atman (das ›Selbst‹) ... Durch wen sollte man den Erkenner erkennen?« zit. nach K. Meisig, Shivas Tanz, Freiburg 2003, 48.
45. Ibid, 3/4/2, zit. nach: Upanishaden. Geheimlehre des Veda. In der Übersetzung von P. Deussen, hg. und eingeleitet von P. Michel, Wiesbaden 2006, 537.
46. A. Wilke, Ein Sein – ein Erkennen. Meister Eckharts Christologie und Shankaras Lehre vom Atman: Zur (Un-)Vergleichbarkeit zweier Einheitslehren, Bern 1995, 331ff.
47. Michaels, Hinduismus, 281.
48. Weber, Religion, 577.
49. U. Skoda, Kaste und Kastensystem in Indien (www.bpb.de, 27.09.2007). Andere Schätzungen gehen sogar von über 3000 berufsspezifischen Jati-Kasten aus.
50. L. Dumont, Homo Hierarchicus, Chicago 1980. S. und K. Kakar, Die Inder, München 2006, 18.
51. Kakar, Inder, 33, berichten von Latrinenreinigern, die in Privathäusern beschäftigt sind. Sie fühlen sich denen überlegen, welche in öffentlichen Anlagen arbeiten müssen.
52. E. Weber, Bauddha Dharma vs. Hindu Dharma? In: Journal of Religious Culture/Journal für Religionskultur, 24 (2000), 9. Weber kann belegen, dass sich Siddharta, der Stifter des Buddhismus, gegenüber seinen Mönchen als »Krieger von Geburt« präsentiert. Nicht nur auf Varna, den hierarchischen Rang, wird zur Legitimation

hingewiesen, sondern auch auf Jati, den Clan und die Familie. Im Lalitavistara finde sich die bis heute nicht zurückgenommene Äußerung, dass ein Bodhisattva unter keinen Umständen aus einer niederen oder gar aus einer Misch-Kaste stammen dürfe. Daher zieht Weber den Schluss, dass in der Frühzeit des Buddhismus das gemeinsame Erbe mit dem Brahmanentum (Dharma-Idee, Götterwelt und Sozialordnung) sehr lebendig war, und die radikale Gegnerschaft erst sehr viel später zurückprojiziert wurde.

53. Die Mitglieder christlicher Kirchen in Indien setzen sich fast vollständig aus ehemaligen Kastenlosen zusammen. Kakar (Inder, 33) haben trotzdem eine interne Hierarchisierung beobachtet: Ein »brahmanischer Katholik« hat in der katholischen Gemeinde von Goa ein ähnlich hohes Sozialprestige wie ein von Arabern oder Persern abstammender Muslim. Dieser schaut mit einer gewissen Verachtung auf jene Glaubensbrüder herab, die von Konvertiten der unteren Kasten abstammen.
54. Meisig, Shivas Tanz, 13: »Universalreligionen hingegen, wie – auf indischer Seite – der Buddhismus oder – wie die Religionen semitischer Herkunft – Judentum, Christentum und Islam, sind dadurch gekennzeichnet, dass man in sie eintreten kann.«
55. Neben der bereits oben erwähnten ISKCON zählen dazu in unterschiedlichen Abstufungen Ananda Marga, Brahma Kumaris, Sri Chinmoy, Meher Baba, Sahaja Yoga, Ravi Shankar u. a.
56. Laut C. Fuchs ist mit mindestens drei Mio. Yoga-Praktizierenden in Deutschland zu rechnen (www.yoga.de, 24. 03. 2009).
57. K. Baier (Die Mystifikation des Yoga, in: Ursache und Wirkung, 66/2008, S. 30) spricht von einer »Neuerfindung« des Yoga als Resultat des westlichen Einflusses auf die meditativ-asketische Tradition Indiens.
58. Der von Swami Sivananda 1936 in Rishikesh gegründeten »Divine Life Society« lag die harmonisierende Synthese verschiedener Yoga-Wege zugrunde. Viele Schüler Sivanandas wie Vishnu Devananda, Venkatesananda und Satchidananda lehrten in Europa einen vedantischen Yoga. In Deutschland stehen heute v. a. die Yoga-Vidya-Zentren in der Tradition der monistischen Advaita-Überlieferung Sivanandas.
59. D. Bittrich, C. Salvesen, Die Erleuchteten kommen, München 2002. Die Autoren führen in die Biografien der bekanntesten Lehrerinnen und Lehrer ein: A. Cohen, Arjuna, B. Katie, E. Tolle, E. Jaxon-Bear, Gangaji, J. de Ruiter, Madhukar, Mikaire, OM, Pyar, Ramesh Balsekar, Samarpan.
60. C. Schüle, Schrei nach Stille, in: Die Zeit 27/2004.
61. C. Salvesen, Advaita, Bern 2003.
62. U. Dehn, Suche nach der eigenen Mitte, in: R. Hempelmann et al. (Hg.) Panorama der neuen Religiosität, Gütersloh 2005, 315.
63. Laut REMID (www.remid.de, 30. 03. 2009) lebten in Deutschland 2005: 42 000–45 000 tamilische Hindus, 35 000–40 000 indische Hindus, 7500 westliche Hinduisten und 5000 afghanische Hindus.
64. M. Baumann, Götter, Gurus, Geist und Seele, in: Ders., J. Stolz (Hg.), Eine Schweiz – viele Religionen, Bielefeld 2007, 226. Baumann geht für 2005 von ca. 32 000 tamilischen Hindus, 8000 indischen Hindus, 5000 westlichen Konvertiten und einer unbekannten Zahl Yoga-Praktizierender aus. In Österreich ist der Organisationsgrad zwar gering, aber seit 1999 besitzen die mehrere tausend indische Hindus umfassenden Gruppen mit der Hinduistischen Religionsgemeinschaft in Österreich (HRÖ) eine Rechtskörperschaft.
65. Bereits 2002 existierten in der BRD insgesamt 25 hindu-tamilische Tempel, v. a. in NRW. Der größte ist der im südindischen Architekturstil errichtete Sri Kamadchi Ampal Tempel in Hamm mit ca. 20 000 Besuchern bei den großen Prozessionen. Laut Baumann bestanden in der Schweiz 2006 schon 17 Tempel. In Wien existieren drei hinduistische Tempel, die man sich als behelfsmäßig eingerichtete Räume vorstellen muss.
66. M. Baumann, B. Luchesi, A. Wilke (Hg.), Tempel und Tamilen in zweiter Heimat, Würzburg 2003.

67. A. Wilke, Hindu-Diaspora in Deutschland, in: L. Kaddor, B. Mussinghoff, T. Bauer (Hg.), Zukunft der Religion in Europa, Münster 2007, 115.
68. D. Kantowsky, Buddhismus, Braunschweig 1993, 76ff.
69. K. Meisig, Klang der Stille, Freiburg 1995, 57; H. Schmidt-Glintzer, Der Buddhismus, Gütersloh, 2005, 19.
70. Majjhima-Nikaya 22, in: P. Schmidt-Leukel, »Den Löwen brüllen hören«, Paderborn 1992, 483.
71. Eine der bekanntesten Lehrreden ist das »Anatma-Sutra«, in: Meisig, Klang, 59: »Jedwede Körper, ob vergangen, ob zukünftig, ob gegenwärtig, ob innen, ob außen, ob grob, ob fein ... alle (sind) nicht das Selbst, nicht der Aufenthaltsort des Selbst ... Und bei Gefühl, Wahrnehmung, Unterbewusstsein sowie Bewusstsein betrachtet man es genauso.«
72. K.-J. Notz, Das Lexikon des Buddhismus, Freiburg 1998, 371.
73. Majjhima-Nikaya 26.
74. M. Weber in: Schmidt-Glintzer, Buddhismus, 25.
75. Meisig macht die buddhistische Opposition gegenüber den sozialen und religiösen Strukturen der altindischen Gesellschaft an sechs Themenkomplexen fest: Antiklerikalismus, Antiritualismus, Antitheismus, Antimetaphysik, Antiasketismus, Antihedonismus.
76. Samyutta Nikaya, 15, 14–19, zit. nach: A. Weil, Buddhismus, Stammbach 2005, 138f.
77. Der in Pali, der Kirchensprache der frühbuddhistischen Quellen, abgefasste Kanon ist in drei Teile gegliedert: 1) Buddha zugeschriebene Lehrreden (Sutra-Pittaka: Digha-Nikaya, Majjhima-Nikaya, Samyutta-Nikaya, Anguttara-Nikaya, Khuddaka-Nikaya), 2) Ordensregeln (Vinaya-Pitaka) und 3) scholastische Abhandlungen (Abhidharma-Pittaka).
78. Meisig (Klang, 26f) referiert den sog. Agganna-Mythos von der Entstehung der Welt aus dem 4. Jh. v. Chr., welcher das buddhistische Menschenbild auf Basis einer Sozialtheorie der Gleichheit entwickelt.
79. Anguttara-Nikaya, 4,80, zit. nach: H. Okana, Die Bedeutung des Buddha aus feministischer Perspektive, in: P. Schmidt-Leukel (Hg.), Wer ist Buddha? München 1998, 159.
80. Okana, 166.
81. Vgl. den Einblick von M. von Brück, Einführung in den Buddhismus, Frankfurt 2007, 490, in die Phasen der Amerikanisierung des Zen. A. Watts, A. Ginsberg, J. Kerouac und G. Snyder waren die Wortführer des »Zen-Beats«.
82. Deshalb werden in manchen Klöstern die Sutren neben der Toilette aufbewahrt. Dem Patriarchen Bodhidharma wird folgender Vierzeiler zugeschrieben: »Eine besondere Überlieferung außerhalb der Schriften, unabhängig von Wort und Schriftzeichen: unmittelbar des Menschen Herz zeigen – die eigene Natur schauen und Buddha werden«, zit. nach: U. Richard, Schlaglichter auf Zen, in: Ursache und Wirkung, 67/2009, 9.
83. Einige der bekanntesten jüdischen Buddhisten sind: K. E. Neumann. Er übersetzte die Hauptwerke des Pali-Kanon ins Deutsche. F. Zimmermann publizierte einen buddhistischen Katechismus. Nyanaponika, geboren als S. Feninger, engagierte sich als Schüler von Nyanatiloka 1936 im »Zentralausschuss der Juden für Aufbau und Hilfe« in Berlin. Die Berliner Jüdin I. Kussel wurde nach dem Zusammentreffen mit Nyanaponika als Nonne und Meditationslehrerin Ayya Khema weltberühmt.
84. Buddhismus für alle?, in: Lotosblätter 3/2001, 42. Glassman, der vielleicht exponierteste Protagonist des Jewish-Dharma, überwindet die religiösen Grenzen auch in andere Richtungen. Er bestätigte 1999 die Echtheit und Tiefe des Erleuchtungserlebnisses (Satori) bei N. Brantschen SJ, welcher nun die Erlaubnis zur Ernennung neuer Zen-Lehrer hat.
85. Die ersten Gründungen im deutschsprachigen Raum waren das klösterliche »Tibet-Institut« in Rikon bei Zürich (1968) und das »Tibetische Zentrum Hamburg« (1977).

86. K. Bitter, Konversionen zum tibetischen Buddhismus, Göttingen 1988; E. S. Saalfrank, Geistige Heimat im Buddhismus aus Tibet, Ulm 1997.
87. D. D. Waskönig (Hg.), Mein Weg zum Buddhismus, München 2003.
88. S. Wetzel, Tara – Das weibliche Bild des Erwachens, in: Publik Forum, 5/2008, 50. Wetzel bietet in ihrer Arbeit mit Frauen das Beispiel der Grünen Tara als Identifikationsfigur an. Diese tibetische Prinzessin war in ihrer Meditation an einen Punkt geraten, wo sie ihre künftigen Leben selbst bestimmen konnte. Dann kamen Mönche und sagten »fein« als sie das hörten. »Dann kannst du ja Mann werden und endlich richtig praktizieren.« Darauf antwortete Tara: »Danke für die Glückwünsche. Aber ich lege jetzt das Gelübde ab, dass ich von nun an immer nur als Frau reinkarnieren will, zur Ermutigung meiner Geschlechtsgenossinnen.«
89. 130 000 deutschen Buddhisten stehen 60 000 aus Vietnam, 25 000 aus Thailand und 30 000 aus anderen asiatischen Ländern gegenüber (www.remid.de).
90. Österreich war das erste Land Europas, das den Buddhismus, vertreten durch die ÖBR, unter deren Dach alle in Österreich vertretenen buddhistischen Überlieferungen vereinigt sind, 1983 als Religion staatlich anerkannt hat. Wie in Deutschland und der Schweiz ist der tibetische Vajrayana die am meisten verbreitete Richtung.
91. Zwei Drittel der Buddhisten in der Schweiz sind Frauen. Das Ausmaß der Sympathien für den Buddhismus ist in der Schweiz so groß, dass in einer Umfrage 26,1 % der Schweizer angaben, dass sie sich ihm nahe fühlen. 84,9 % entschieden sich für das Christentum, wobei Mehrfachnennungen möglich waren (Berner Zeitung, 22. 04. 2000).
92. In der Selbstdarstellung des Dharma betont die SBU, dass sie einen »Anspruch auf alleingültige Wahrheiten« nicht erhebt.
93. F. Sen, H. Aydin, Islam in Deutschland, München 2002.
94. Die Reihenfolge entspricht in etwa auch dem weltweiten Maßstab, nach dem die Sunniten zwischen 85–90 % und die Schiiten knappe 10 % ausmachen. Für Deutschland gibt der Religionsmonitor 65 % Sunniten, 9 % Schiiten und 8 % Aleviten an.
95. S. Behloul, S. Lathion, Muslime und Islam in der Schweiz, in: Baumann, Schweiz, 198. Die Autoren berichten, dass die Volkszählung in der Schweiz im Jahr 2000 311 000 Muslime (4,3 % der Bevölkerung) registrierte; in Österreich waren es 338 988 (4,2 %). Die Mehrheit kam aus den Balkanstaaten und der Türkei.
96. Ein Problem des islamischen Religionsunterrichts in Österreich liegt darin, dass Unterrichtsinhalte und Lehrer nur von den Islamverbänden bestimmt werden und damit die Einflussmöglichkeiten des Staates sehr gering sind. Für Aufsehen sorgte die methodisch umstrittene Studie »Der Islamische Religionsunterricht zwischen Integration und Parallelgesellschaft« des liberalen Imams M. Khorchide, nach der eine große Zahl der Islamlehrer nur über eine mangelhafte pädagogische Ausbildung und ein gespaltenes Verhältnis zu Demokratie und Menschenrechten verfügt.
97. »Ibrahim war weder Jude noch Christ, sondern er war Anhänger des reinen Glaubens, ein Gottergebener und er gehörte nicht zu den Polytheisten.« (Sure 3,67) Mit Letzteren sind insbesondere die altarabischen polytheistischen Religionen mit ihren Stammesgöttern gemeint. Die »Beigesellung« (Shirk) Gottes, also seine polytheistische Kontaminierung, ist eine nicht vergebungsfähige Sünde.
98. Abu Bakr, Umar, Uthman und Ali (632–661) sind für die Sunniten die ersten rechtmäßigen Inhaber des Kalifats, für die Schiiten ist es nur Ali. Nach Alis Tod kam es zum blutigen Machtkampf um die Nachfolge, bei dem sein Sohn Husain den Märtyrertod bei Kerbela starb. Die Folge war die endgültige Spaltung der Gemeinde.
99. F. Schuon schloss sich in Algerien einem Sufi-Meister an, da es ihm wegen der Kastengesetze unmöglich war, einen Advaita-Guru zu finden.
100. Die Hanbaliten gingen mit den extrem

konservativen Wahhabiten in Saudi-Arabien die Form einer Staatsreligion ein, die eher rationalistischen Hanafiten beeinflussten die Dynastie der Osmanen, weshalb bis heute fast alle türkischen Sunniten sich zu dieser Schule bekennen. Die Schia brachte eine eigene, Dscharfariten genannte Rechtsschule hervor.

101. M. und U. Tworuschka, Die Welt der Religionen – Islam, München 2007, 135f.
102. U. Spuler-Stegemann, Muslime in Deutschland, Freiburg 2002, 227.
103. Dazu gehören u.a. der nach der Streichung des Religionsprivilegs 2001 verbotene »Kalifatsstaat« aus Köln, welcher in der Türkei den laizistischen Staat abschaffen wollte und die Betreiber von www.muslimrecht.org, hinter der Mitglieder der ebenfalls verbotenen Hisb at-Tahrir vermutet werden.
104. Von den in Deutschland lebenden Muslimen sind ca. 15 % in folgenden Verbänden organisiert: 1) DITIB, Türkisch-islamische Union der Anstalt für Religion (ca. 200 000 Mitglieder), 2) Islamrat (ca. 145 000), 3) Verband der islamischen Kulturzentren (ca. 24 000), 4) Zentralrat der Muslime (ca. 20 000). Die ersten drei Verbände sind türkische Interessenvertretungen, die letzte ist eine arabisch, multiethnische.
105. So der für kopftuchfreie Schulen werbende und vor muslimischen Parallelgesellschaften warnende Zentralrat der Ex-Muslime. Hier wird vorausgesetzt, dass das Kopftuch »immer« der Ausdruck familiären Zwanges ist und nicht die autonome Entscheidung von Frauen sein kann, ein selbstbestimmtes Leben zu führen. Dem hält M. Wohlrab-Sahr entgegen (Konversion zum Islam in Deutschland und den USA, Frankfurt/M. 1999), dass bei Konvertiten der Schleier auch Protest und Distanz zur westlichen Gesellschaft zum Ausdruck bringt. Konversion ist nicht allein Glaubensentscheidung, sondern zugleich Kampf und symbolische Emigration.
106. Innenminister Schäuble sagt: »DITIB ist in der jetzigen Struktur keine Religionsgemeinschaft, sondern eine Mischform zwischen einer religiösen Gruppierung und einer politischen.« (www.focus.de, 19.02.2009). Der Chef von DITIB Deutschland ist gleichzeitig türkischer Botschaftsrat für religiöse Fragen.
107. Der geplante Moscheebau in Köln, der auf große Widerstände stößt, ist ein DITIB-Projekt, in das die Bevölkerung viel zu spät einbezogen wurde. Im Gegensatz zu einer anderen DITIB-Moschee in Duisburg-Marxloh, wo ein breit angelegter Dialog mit der Nachbarschaft vor Baubeginn und Rücksichtnahme auf das Umfeld Ängste abbauen konnte.
108. Einen heimtückischen, wenn auch leicht durchschaubaren Propagandatrick haben Rechtsradikale in Köln bemüht. Für ihre fremdenfeindliche Agitation berufen sie sich auch auf die Äußerungen des jüdischen Holocaust-Überlebenden R. Giordano, der diese feindliche Übernahme nicht verhindern kann. Giordano zufolge gehe von muslimischen Sakralbauten ein Abschreckungseffekt aus. Sie würden Deutschland in eine »Plantage von Großmoscheen« verwandeln (www.fr-online.de, 27.10.2008).
109. C. Leggewie et al., Der Weg zur Moschee, Bad Homburg 2002, 36.
110. Dessen zentrale Elemente können Ängste der Mehrheitsgesellschaft reduzieren: Gleichberechtigung der Geschlechter, ein staatlich kontrollierter islamischer Religionsunterricht auf wissenschaftlicher Grundlage, mit dem Ziel selbstständig denkende Schülerinnen und Schüler zu erziehen, Abstand von allen Versuchen, die Scharia durchsetzen zu wollen, klare Distanzierungen von jeder Form von Terrorismus, der im Namen des Islam begangen wird.
111. S. Nökel, Die Töchter der Gastarbeiter und der Islam, Bielefeld 2002.
112. Religionsmonitor 2008, Muslimische Religiosität in Deutschland.
113. N. Brantschen, P. Gyger, Zen und christliche Mystik, in: P. Lengsfeld (Hg.), Mystik-Spiritualität der Zukunft, Freiburg 2005, 27.

## Agnostizismus

Der Begriff »Agnostizismus« ist eine Neubildung des 19. Jh.s; Th. H. Huxley verwendete ihn 1869, um die damals verbreitete positivistische Auffassung zu kennzeichnen, nach der metaphysische Wahrheitsprobleme nicht lösbar und insbesondere die Frage nach Gott nicht beantwortbar sei. Diese skeptische und restriktive Haltung wird in dem Wort *»ignoramus et ignorabimus«* (»wir wissen es nicht und wir werden es nicht wissen«) zum Ausdruck gebracht. Die katholische Theologie hat v. a. auch deshalb eine Auseinandersetzung mit dem Agnostizismus geführt, weil dieser die Erkennbarkeit Gottes – wie sie auf dem Ersten Vaticanum dogmatisch formuliert worden ist – ablehnt; er wurde vom Lehramt als Häresie verurteilt (vgl. DH 3004). Generell negiert der agnostische Standpunkt die Möglichkeit der Erkenntnis eines Übersinnlichen, des Transzendenten, da dieses prinzipiell mit den Mitteln der Rationalität nicht erkennbar sei, wie der griechische Ursprungsbegriff des Wortes Agnostizismus aussagt (*agnostos* = unbekannt; *agnoéin* = nicht wissen). Das Zweite Vatikanische Konzil hat den Agnostizismus in der Pastoralkonstitution über die Kirche in der Welt von heute *(Gaudium et Spes)* erwähnt und ihn in Zusammenhang mit dem Fortschritt von Naturwissenschaft und Technik gebracht, »die kraft ihrer Methode nicht zu den innersten Seinsgründen vordringen können« (Nr. 57). Das Konzil richtet sich gegen eine Verabsolutierung des Szientismus, während es sehr positiv den wissenschaftlichen Fortschritt im Interesse der Menschheit begrüßt.

Der Sache nach ist aber eine dem Agnostizismus vergleichbare Sichtweise schon früh in der Philosophiegeschichte anzutreffen. Mit dem Ausdruck »Skeptizismus« bezeichnete Richtungen haben in wichtigen Aspekten Ähnlichkeiten mit dem seit dem 19. Jh. als Agnostizismus erfassten Phänomen. Als eine ausgeprägte philosophische Position ist in der Antike diese Richtung bei den Skeptikern anzutreffen – so schon bei den Sophisten, wie Protagoras, von dem als Einziges (seine Bücher wurden nach einem Asebieprozess öffentlich verbrannt) der berühmte Satz vom Beginn seines Werkes *Perī theiōn* (Über die Götter) überliefert ist: »Über die Götter allerdings habe ich keine Möglichkeit zu wissen, weder dass sie sind, noch dass sie nicht sind, noch wie sie etwa an Gestalt sind; denn vieles gibt es, was das Wissen hindert: die Nichtwahrnehmbarkeit und dass das Leben des Menschen kurz ist.« Demnach enthält sich Protagoras jeder positiven Aussage über die Existenz oder Nichtexistenz von Göttern.

Skeptizistische Positionen gab es in der gesamten hellenistischen Zeit. Die am weitesten durchdachte historische Form der Skepsis scheint jene von Pyrrhon zu sein (Hossenfelder 1985). Diese Position führt auch bei religiösen Fragen zu einer Art Agnostizismus, der sich von einer Entscheidung über die Existenz Gottes im Grunde fern hält. Dabei werden die religiösen Aussagen als rein kultur- und geschichtsbezogene interpretiert; demnach ist keine »objektive« Aussage über die Welt der Götter und über die Mythen möglich. Zwar werden pragmatisch und undogmatisch im täglichen Leben Götter angenommen und verehrt, aber es wird angesichts der vielen Widersprüche der philosophischen und religiösen Auffassungen über Gott keine Aussage zu dessen Wesen getroffen. Schließlich ist es »unerkennbar, ob es Gott gibt« (*Grundriss der pyrrhonischen Skepsis* III, 9). Diese antike Form der Skepsis ist auch unter den Bedingungen der Gegenwart von großer Relevanz, da sie angesichts der Pluralität von religiösen Weltauffassungen eine philosophische Antwort zu geben versuchte.

In der Neuzeit war eines der wesentlichen Motive für die Kritik an metaphysischen Wahrheitsansprüchen die Orientierung am naturwissenschaftlichen Objektivitätsideal: So wurden in der analytischen Religionsphilosophie Sätze der Religion als sinnlos beurteilt, da ihr Wahrheitsgehalt empirisch weder beweisbar noch widerlegbar sei. Auch dort, wo das empiristische Wahrheitskriterium (Verifikationsprinzip) aufgegeben wird und an dessen Stelle das Falsifikationsprinzip tritt, wie es bei K. Popper und im Kritischen Rationalismus der Fall ist, wird bei religiösen Aussagen eine tendenziell agnostische Einstellung beibehalten, da sich solche Aussagen nicht falsifizieren ließen.

Im Unterschied zu und in kritischer Auseinandersetzung mit dem wissenschaftsanalytisch orientierten Agnostizismus arbeitet H. R. Schlette einen aporetisch-änigmatischen Agnostizismus aus (»Aporie« im Sinne von »Ausweglosigkeit«; »änigmatisch« bedeutet »rätselhaft«), der von den Problemen des Daseins ausgeht, insbesondere von Leiden und Tod, und sie zwar als nicht lösbar ansieht, aber nicht vor ihnen resigniert.

In einem weiten Sinn wurde im Zusammenhang mit nichtchristlichen Religionen gelegentlich von Agnostizismus gesprochen: Z.B. kennzeichne Konfuzius bei metaphysischen Themen eine skeptische Grundhaltung; Buddha verweigerte die Antwort auf solche Fragen, z.B. die nach der Art des Weiterlebens nach dem Tode, weil deren Beantwortung nicht heilsrelevant sei. Solche Tendenzen finden sich bei westlichen Buddhisten wie St. Batchelor, der – unter expliziter Anknüpfung an den Agnostizismus von Th. H. Huxley – zu einem agnostischen Standpunkt auch bei den Grundwahrheiten des Buddhismus, wie der Wiedergeburtslehre, kommt. Er konzipiert einen *»Buddhismus für Ungläubige«*. Für die Wiedergeburt gäbe es seiner Ansicht nach nicht nur die zwei Alternativen, sie zu glauben oder nicht, sondern auch die dritte Alternative, einfach zuzugeben: »Ich weiß es nicht.« Doch das sei etwas anderes als: »Ich lehne es ab.« Die Aussage »ich weiß es nicht« zeigt, dass hier eine Unentschiedenheit bei sog. letzten Fragen, wie jener des nach-todlichen Seins, gegeben ist.

Heute ist der Agnostizismus auch durch die pluralreligiöse Situation begünstigt, wie er auch umgekehrt diese selbst mitermöglicht hat. Religionsstatistische Erhebungen dokumentieren, dass der Anteil der Agnostiker (7–8%) etwa jenem der Gottesleugner (7%; ↗Atheismus) gleicht und somit 15% den Glauben an Gott nicht bejahen bzw. ihn offen lassen (Zulehner u.a. 2001). Daher hat die Unentschiedenheit bei religiösen und weltanschaulichen Themen in der Gegenwart eine nicht zu vernachlässigende Bedeutung, wenngleich dieser Indifferentismus nicht gleichbedeutend ist mit einem völligen Desinteresse an religiösen Fragen; es zeigt sich zwar eine wachsende religiöse Offenheit, die aber vielfach nicht zur glaubensmäßigen Entschiedenheit führt. Innerhalb der neureligiösen Situation bleibt so der Agnostizismus ein ernst zu nehmendes und zu beachtendes Phänomen; er ist eine wichtige Tendenz in der heutigen weltanschaulich-pluralistischen Situation, sowohl im theoretischen als auch im lebensmäßig-pragmatischen Sinn. Die Antwort auf ihn sollte in angemessener Weise im Kontext der gesamten neureligiösen Situation gegeben werden. Eine einseitig rationalistische Argumentation würde ihm aber nicht gerecht werden; vielmehr ist die Dimension der Erfahrung, eine Hinführung zur existenziellen Begegnung mit dem Transzendenten gefragt.

JOHANN FIGL

## Ahmadiyya

Die Ahmadiyya-Bewegung ist eine eigenständige, messianisch geprägte muslimische Erneuerungsbewegung. Sie entstand 1889 im damaligen Britisch-Indien, als Mirza Ghulam Ahmad (1835–1908) aus Qadiyan von seinen Anhängern den Treueeid (*bai'at*, d.h. Gehorsam gegenüber dem verheißenen Messias und die vollkommene Unterwerfung unter die Autorität des heiligen Korans) forderte. In ihm habe sich der im sunnitischen ↗Islam eschatologisch als Mahdi (Messias) erwartete Isa (Jesus), der Vishnu-Avatar Krishna sowie der zoroastrische Mesio Darbahmi verkörpert. Aus diesem Anspruch des Gründers wird die Aufgabe abgeleitet, den Islam von Verfälschungen zu säubern und innerhalb von 300 Jahren ohne jede Gewaltanwendung als die universale religiöse Lehre weltweit zu verbreiten.
Wegen einiger, im Hauptwerk des Stifters *(Barâhîn-i Ahmadîyya)* niedergelegter Sonderlehren, v.a. aber wegen dessen unerhörtem prophetischen Anspruch, stieß die Bewegung von Anfang an auf erbitterten muslimischen Widerstand. 1974 wurde die Ahmadiyya-Bewegung deshalb schließlich von der pakistanischen Nationalversammlung als Häresie verurteilt und ihre Anhänger auf der Konferenz der Mehrheitsvertreter des Islam in Mekka aus der muslimischen Umma ausgeschlossen. Entsprechende Strafgesetze verbieten es Ahmadis in Pakistan, sich als Muslime zu bezeichnen. Ihr Oberhaupt, das den Titel »Kalif des verheißenen Messias« trägt, residiert daher seit 1984 im Londoner Exil. Auch wenn sich mittlerweile die Situation in Pakistan entschärft hat, gibt es immer noch Übergriffe durch international agierende radikale Anti-Ahmadi-Organisationen wie *Khatame Nabuwat* (Siegel des Prophetentums).
Anfeindungen von Außen korrespondieren umgekehrt mit einem rigorosen Abgrenzungskurs der Bewegung: Frauen dürfen ausschließlich einen Ahmadi heiraten. Auch dürfen Ahmadis hinter keinem Imam beten, der nicht auch Ahmadi ist. Folge davon ist die Notwendigkeit, eigene Moscheen zu bauen (100-Moscheen-Plan).
Infolge ihrer regen, mit sozialen Projekten (Humanity First) verknüpften Missionstätigkeit, konnte sich die Bewegung trotz aller Anfeindungen bereits in über 100 Ländern auf allen Kontinenten ausbreiten. Während der Amtszeit des IV. Kalifen Mirza Tahir Ahmad (1982–2003) soll sich die Mitgliederzahl weltweit auf 20 Mio. verdoppelt haben. In Deutschland hat sie heute ihren Hauptsitz in Frankfurt/Main und betreibt zwischen 20 und 30 Moscheen. Seit 2003 hat die Bewegung in Hazrat Mirza Masroor Ahmad ihren V. Kalifen.
Das missionarische Engagement der Bewegung, das neben zahlreichen Schriften einen eigenen Fernsehsender (Muslim Television Ahmadiyya – MTA) zum Einsatz bringt, fordert die Mitglieder auch individuell in besonderer Weise. Nicht selten werden von Männern Ehen mit Andersgläubigen gezielt zum Zweck der Missionierung geschlossen. Nach dem Willen des Gründers sind von den Mitgliedern neben 6,25 % des Einkommens mindestens 10 % (maximal ein Drittel) des Vermögens testamentarisch der Gemeinde abzugeben.

WOLFGANG RÖDL

## Animismus

### Begriffsverständnis

Animismus (von lat. *anima, animus*, Seele, Geist) ist im weitesten Sinne des Wortes die Lehre von der Beseelung aller Erscheinungsformen des Kosmos, im engeren Sinne die Lehre von der Beseelung von Pflanze, Tier und Mensch. Animismus kann daher auch ganz allgemein als Lehre von einer naturimmanenten dynamischen Kraft bezeichnet werden, die sich von den kausalen Kräften der Materie unterscheidet und über eine relative Selbstständigkeit im jeweiligen Aktionsbereich verfügt.

Inhaltlich geht die ursprüngliche Bedeutung von *anima* und *animus* auf die griechischen Begriffe *psyche, thymos* und *pneuma* zurück. *Psyche* hatte zunächst die Bedeutung von Hauch, Lebenshauch, Atem, der den Gliedmaßen innewohnenden Lebenskraft, während *thymos* ursprünglich zur Bezeichnung von Seele als Träger bewusster Erlebnisse verwendet wurde und zudem die Lebenskraft und die Gemütsbewegungen (wie Erregung, Mut, Lust oder Drang) bezeichnete. *Pneuma* bezeichnet schließlich die elementare Natur und Lebenskraft, die als Luftstrom im Blasen des Windes wie im Einziehen und Aushauchen des Atems und daher übertragen als inspiratorisch erfüllender und enthusiastisch ergreifender Hauch des Geistes nach außen und innen wirksam ist. Dieser vielschichtige Bedeutungsgehalt von *psyche, thymos* und *pneuma* fließt über die lateinischen Begriffe von *anima* und *animus* in all jene Bedeutungsvielfalt hinein, die man mit dem Begriff Animismus zu bezeichnen sucht.

### Geschichte

Die erste Verwendung des Begriffes Animismus wird dem deutschen Mediziner und Chemiker G. E. Stahl (1660–1734) zugeschrieben, der in seiner *Theoria medica vera* angesichts der Unmöglichkeit der materialistischen Erklärung der organischen Vorgänge im Rückgriff auf die hippokratische und paracelsische Tradition eine Lehre von der unsterblichen Seele als erstem Prinzip des lebenden Organismus entwickelte, deren immaterielle Bewegungen alle organischen Vorgänge im menschlichen Organismus über Gehirn und Nervensystem steuern: Jeder Körperteil hat ein Leben für sich, da die Seele als *anima vegetativa* (Körperseele) nichts anderes sei als die Natur der Alten. Diese Vorstellung von der *anima vegetativa*, die an Aristoteles und Thomas von Aquin erinnert und bei W. Wundt ihren Niederschlag findet, kommt in sehr vielen volkstümlichen Anschauungen über Heilmittel und Heilung zum Ausdruck.

Der Begriff Animismus wurde dann vom englischen Ethnologen E. B. Tylor (1832–1917) übernommen. Nach ihm ist Animismus der Glaube an die Existenz geistiger Wesen mit oder ohne Körper, die Religion und Philosophie aller nicht zivilisierten Völker. Alle Ausdrucksformen der Religion und der mythischen Vorstellungswelt seien demnach in gegenseitiger Entfaltungsstimulation mit evolutionärer Zwangsläufigkeit aus dem Animismus nichtzivilisierter Völker, dem Uranimismus, erwachsen.

Diese Ansicht geht an der Tatsache vorbei, dass es sich beim Animismus um eine Deutung der Ursachen des jeweils nicht Erklärbaren handelt, die daher bis in die Gegenwart lebendig ist und nur im Materialismus eine Alternative hat. So ist auch die Theorie des Präanimismus, der zufolge der Mensch zunächst noch keinen Seelenglauben besaß, sondern die Natur nur allgemein für belebt hielt (Animatismus) und daher den einzelnen Dingen und Lebewesen eine besondere Ausstrahlungskraft zuschrieb (Emanismus), die das Kräftespiel in der Natur bestimme (Dynamismus) und durch Zauber vom Menschen in seine Macht gebracht werden könne (magischer Zauberglaube), kein Gegenargument gegen den Animismus, sondern vielmehr nur eine Teilbeschreibung.

Animistische Vorstellungen finden wir daher bei allen Natur- und Kulturvölkern, geht es hierbei doch letztlich um den Versuch einer umgreifenden Weltdeutung in Form von übergreifenden Beziehungen (Weltseele, Panpsychismus), Entsprechungen (Makrokosmos – Mikrokosmos) und Transzendierungen (Immanenz – Transzendenz).

**Kulturelle und individuelle Ausprägung**

Da in diesem Rahmen die entsprechenden Vorstellungen einzelner Kulturen sowie ethnologischer, philosophischer und theologischer Systeme bis hin zu den modernen naturwissenschaftlichen Theorien ohne unsachgemäße Verallgemeinerungen nicht angesprochen werden können, sei hier nur auf den chinesischen *Universismus* und die stark animistischen Züge der ursprünglichen japanischen Weltbetrachtung verwiesen, wie Geisterglaube, Verehrung von beseelten Naturdingen, Ahnenkult und Magie.
Im individuellen Bereich erfährt der Animismus im ↗ Schamanismus eine besondere Ausformung.

**Inhalt**

Seinem Inhalt nach geht der Animismus auf den Ursprung von Seele und Geist zurück. Die Zeit, die dem Seelen- und Geisterglauben vorausgegangen sei, wird als Präanimismus bezeichnet. Demnach herrschte hier die Auffassung vor, der Tote würde in der jenseitigen Welt ein rein körperliches Dasein führen, wie er es im Leben gewohnt war. Die Welt sei als stofflich gedacht worden. Eine solche Weltbetrachtung ist allerdings dem Grundempfinden des Menschen fremd, hat doch die neuere Entwicklungspsychologie nachgewiesen, dass Beseelung bzw. Beseeltheit ein primäres Erlebnis der kindlichen Psyche ist, zumal das kindliche Selbst und seine Umwelt noch wenig voneinander differenziert sind.

**Animismus, Okkultismus und Parapsychologie**

Diesem Überschreiten des Erklärbaren haftet der Verdacht von verborgenen, sog. okkulten Kräften an. So stand der Animismus von Anfang an im engen Zusammenhang mit dem Okkultismus und wurde in seiner heutigen Bedeutung und in seinem heutigen Verständnis wesentlich davon geprägt.
Neben dem sog. esoterischen Okkultismus entstand Mitte des 19. Jh.s mit dem Aufblühen des tierischen Magnetismus ein empirischer Okkultismus (der 1882 durch die Gründung der *Society for Psychical Research* in London einen wissenschaftlichen Rahmen erhielt). Die Erforschung der sog. »psychischen Automatismen« (unbewusste Handlungen) zeigte immer mehr, dass viele dieser unbekannten Phänomene auf unbewusst wirkende Fähigkeiten der betreffenden Person zurückgehen. Dies führte zu einer grundsätzlichen Kontroverse zwischen denen, die gewisse Ereignisse, v. a. im Zusammenhang mit Medien, »Jenseitigen« zuschreiben (Spiritismus), und jenen, die alles durch die psychischen Fähigkeiten des Menschen zu erklären suchen (Animismus). Diese psychologische Ausrichtung führte M. Dessoir 1889 zur Begriffsschöpfung »Parapsychologie» als Bezeichnung für jene Wissenschaft, die sich mit den Erscheinungen befasst, welche aus dem normalen Verlauf des Seelenlebens heraustreten. Diese Entwicklung führte dann zu Beginn des 20. Jh.s zu einer Abgrenzung des Begriffes »Okkultismus« vom Begriff »Spiritismus«: Die okkulten Phänomene schrieb man rein innerpsychischen Kräften zu, die Annahme jenseitiger Einwirkungen wurde als unwissenschaftlich abgelehnt. Hier wirkte sich bereits die aus dem Streit um den Mesmerismus siegreich hervorgegangene Auffassung aus, dass alles durch Suggestion und innere Kräfte des Menschen zu erklären sei. Diese Verlagerung des Paranormalen in den Innenraum des Menschen veranlasste schließlich den Begründer der experimentellen Parapsychologie, J. B. Rhine, dazu, das Psychische, auch Psi

genannt, als etwas Nicht-Physisches zu definieren, das trotzdem Teil des genetischen Systems des Organismus sei. Mit dieser Einschränkung auf das Psychische wurde jedoch ein wesentlicher Bereich des ursprünglichen Animismusbegriffes ausgeklammert, nämlich der spirituelle.
Das zunehmende Interesse an animistischen Vorstellungen ist angesichts der Grenzen des Machbaren eine Reaktion auf Rationalismus, Technik und Materialismus, die das Grundbedürfnis des Menschen nach einem Erleben der Einheit von Mensch, Kosmos und Jenseits verneinen.

ANDREAS RESCH

## Archaische Religiosität

### Begriff und Ausformung

Archaische Religiosität wird synonym mit anderen Begriffen verwendet: primitive, primale, elementare Religiosität, ↗Religion der Urgeschichte, Naturreligiosität, Stammesreligion, ethnische Religion, animistische Religiosität. Archaische Religiosität meint eine religiöse Betätigung von »Sozietäten« (Stämme, Gruppenverbände, Völker), die dem Ursprung (griech. *arché*) religiösen Bewusstseins und Praktizierens des Menschen nahe steht.
Die archaische Religiosität spiegelt das Selbst- und Weltbewusstsein des archaischen Menschen wider. Dies umfasst die religiöse und gesellschaftliche Positionierung von Mann und Frau, Kulthandlungen, Trancephänomene und *Rites de passage*. Sie ordnet den Menschen in seine geografische, biologische, soziale, kulturelle und wirtschaftliche Umwelt ein. Die archaische Religiosität ist meist schriftlos und besitzt auch keine schriftlich fixierte Lehre.
Die ↗Magie ist ein integraler Bestandteil der archaischen Religiosität. Sie umfasst rituelle Handlungen, mit denen Menschen versuchen auf Mächte, meist Geister oder Götter, einzuwirken. In der Magie erfährt auch die Natur eine animistische Interpretation (lat. *anima* = Seele) und wird als belebt angesehen. Im ↗Animismus werden immaterielle Geistwesen sehr häufig an materielle Objekte (Bäume, Felsen, Berge, Quellen, Flüsse u. a.) gebunden, durch die sie sich in der Lebenswelt der Menschen manifestieren. Entsprechend ambivalent ist die archaische Erfahrung dieser belebten Natur. Die archaische Religiosität ist durch den Mythos geprägt. In der religiösen Praxis wird die vorzeitliche Geschichte der Götter-, Welt- und Menschenentstehung erzählt, rituell repräsentiert und aktualisiert. Dieser Vorgang geschieht vor dem Hintergrund eines zyklischen Zeitverständnisses. In Festen kehren die Ereignisse der mythischen Urzeit wieder, die so einen Jahreskreislauf strukturieren.
Einen erschütternden Einschnitt in dieses zyklische Zeitverständnis ist die Erfahrung des Todes. In der archaischen Religiosität wird der Tod als ein unnatürliches Ereignis erlebt. Er ist der Übergang in die Existenzform eines Totengeistes in einem Totenreich, dessen Qualität wesentlich durch den rituellen Beistand und die Ahnenverehrung der Lebenden beeinflusst werden kann. Ein weiterer aus der Vorstellung der belebten Natur erwachsener Ausdruck der archaischen Religiosität ist der Totemismus (vom Algonkinwort *dodaim, ndodem* = Familienemblem, Schutzgeist). Durch die angenommene Verwandtschaft eines Menschen oder eines Stammes mit einem Tier, einer Pflanze oder einer Naturerscheinung wird ein variables System von sozialen Verhaltensweisen, Tötungs- und Speisetabus, Riten, Gebräuchen und Haltungsweisen begründet. Im Lebensgefühl der archaischen Religiosität sind alle Lebensbereiche religiös grundiert und der Einzelne

hat durch seine Einordnung in dieses religiöse Gesamtgefüge in Raum und Zeit kein Bewusstsein seiner Individualität.

**Archaische Religiosität und Inkulturation**
Historisch ist es mehrfach zu einer gegenseitigen Durchdringung archaischer Religiosität mit dem Christentum und auch anderen Religionen gekommen. Der Sklavenhandel vom 16.–19. Jh. führte zu einer Vermischung religiöser afrikanischer Anschauungen mit der katholischen Heiligenverehrung. Solche volksreligiöser Synkretismen ließen häufig neue Religionen entstehen, u. a. Umbanda, Macumba oder Candomblé in Brasilien und die Cargo-Kulte in Melanesien. Der Voodoo-Kult, v. a. im karibischen Raum, als eine solche neue Religion, ist ebenfalls ein ↗Synkretismus aus archaischen, westafrikanischen und katholischen Glaubensvorstellungen. Das Ende des europäischen Kolonialismus brachte einen Neuaufbruch archaischer religiöser Formen mit sich. Die Folge davon war ein Relativierungsprozess für das europäische Christentum, der die Frage nach der ↗Inkulturation der christlichen Botschaft in außereuropäische Kulturen neu aufwirft. Des Weiteren muss sich das Christentum heute mit der Revitalisierung überwunden geglaubter archaischer Religion im Kontext von Esoterik und Neuheidentum auseinandersetzen.

**Gegenwärtige Tendenzen**
In den (post-)modernen Gesellschaften des europäischen und angloamerikanischen Raumes ist seit den 1970er-Jahren v. a. im Umfeld der Esoterik und des Neuheidentums ein Aufleben eigenwilliger Projektionen von archaisch religiösen Formen festzustellen. Dieses Zurück zur »guten Naturreligion« (Crowley 1998) verfolgt das Ziel, der technologisch-rationalen »Entzauberung« der Welt, die für die gegenwärtigen globalen Krisen verantwortlich gemacht wird, eine natürlich-intuitive »Wiederverzauberung der Welt« (Berman) entgegenzusetzen. Individuell-subjektive Ansichten über »Ganzheitlichkeit«, »Matriarchat« und »Transpersonalität« dienen diesem Zweck. Solche Projektionen entsprechen eher einem heutigen Sinnbedürfnis als einer tatsächlichen archaischen Sicht. In esoterischem Denken kommt es zu einer kaum mit historischen oder religionswissenschaftlichen Argumenten zu belegenden Stilisierung der archaischen Religiosität. Der vermeintliche Ursprung der Religion bei den Ur- und Naturvölkern, bei Kelten, Germanen, Ägyptern und Indianern wird, im Vergleich mit den traditionellen ↗Weltreligionen (v. a. Judentum, Christentum und Islam), als die »bessere« Religion eingestuft, weil sie in der Segmentierung der modernen Lebenswelt eine neue uranfängliche Einheit von Mensch und Natur ermögliche. In den einschlägigen Esoterikmagazinen werden Ekstasetechniken, Heilpraktiken, Naturrituale, Trancezustände, schamanistische Schwitzhütten (↗Schamanismus) u. a. in Kursen angeboten. Schließlich greift man im Neuheidentum auf ein magisches Naturbewusstsein, auf bestimmte Vorstellungen vom Germanenkult und die angebliche Urreligion der Großen Göttin zurück. Eine so verstandene archaische Religiosität will sich als eine kulturpessimistische Grundhaltung verstanden wissen, die sich auch gegen das Christentum und die Kirchen richtet.

**Kritik**
Wird die archaische Religiosität ideologisch im Kontext der Esoterik und des Neuheidentums interpretiert, wird ihre ursprüngliche Bedeutung und Funktion ins Gegenteil verkehrt. Die archaische Religiosität setzt eine kollektiv animistisch-magisch aufgefasste Welt voraus. Eine solche animistische Weltdeutung kann heute nicht kontrafaktisch vom In-

dividuum konstruiert werden. Archaische Religiosität lässt sich auch nicht einfach in Seminaren oder Workshops vermitteln. Schließlich ist das Ziel der archaischen Religiosität die Verehrung und Anerkennung einer numinosen Macht und darin die religiöse Bewältigung alltäglicher Ereignisse (Krankheit, Jagdglück, Tod) und keine esoterische »Bewusstseinstransformation« in erleuchtete geistig-göttliche Zustände, die den Alltag hinter sich lassen will.

ECKHARD TÜRK

# Atheismus

## Terminologische Vorbemerkung

Um das Phänomen sowie das geschichtliche Vorkommen und die gegenwärtigen Erscheinungsformen des Atheismus erfassen zu können, bedarf es einer generellen Erörterung des Begriffs »Atheismus«. Der Begriff Atheismus ist von der latinisierten Fassung des griechischen Wortes *átheos* (wörtlich: »ohne Gott«, »gottlos«) abgeleitet und um 1600 entstanden; es meint die Negation, die Leugnung Gottes und des Glaubens an ihn. Es ist also wesentlich ein relationaler Begriff, dessen Sinn sich somit immer auch von dem durch ihn verneinten Gottesverständnis her ergibt. Was »A-theismus« ist, hängt somit immer von dem »Theismus«, den Vorstellungen von Gott (bzw. Göttern) ab, die verneint werden. Dies zeigt sich schon bei der frühesten Verwendung dieses Begriffs: in Platons *Apologie des Sokrates* ist das Wort *átheos* im Sinn von Leugnung der Existenz der Götter verwendet, wobei die Götter der Polis gemeint sind. Diese Bedeutung liegt auch dem Atheismus-Vorwurf zugrunde, der zu Asebieprozessen gegen mehrere griechische Philosophen (z.B. Anaxagoras und Protagoras) und Dichter geführt hatte und später gegen die Juden und Christen gerichtet wurde. In der Antike ist der Atheismus-Begriff also auf eine Vielfalt von Göttern bezogen und bedeutete Kritik am Anthropomorphismus dieses ↗ Polytheismus. Er meint aber noch nicht – wie in der Moderne – die Leugnung *jedes* Göttlichen. Denn in der griechischen Antike war eine numinose Weltauffassung in dem Sinn bestimmend, wie sie Thales von Milet formuliert hat: »Alles ist der Götter voll.« Da der Kosmos in diesem Sinn sakral verstanden wurde, war eine »absolute« Areligiosität kaum möglich; wohl aber wurden Fehlformen der Götterverehrung z.T. massiv kritisiert.

## Atheismus in außereuropäischen Kulturen

Der Atheismus hat vom griechischen Ursprungsbegriff her einen spezifisch abendländischen Kontext. Bei der Frage nach dem Vorkommen des Atheismus in außereuropäischen Kulturen und nichtchristlichen Religionen ist sollte zwischen einem Atheismus im Sinne der Religionslosigkeit als Leugnung jedes Göttlichen sowie des Wahrheitsanspruchs aller religiöser Vorstellungen einerseits und einem Atheismus bzw. Nicht-Theismus im Sinne der Ablehnung eines spezifischen ↗ (Mono-)Theismus andererseits unterschieden werden. Nichttheistische (a-theistische) Positionen sind durchaus in verschiedenen (fern-)östlichen Religionen anzutreffen, etwa ab dem gleichen Zeitraum (5. und 4. Jh. v.Chr.), ab dem in der griechischen Philosophie der Begriff des Atheismus anzutreffen war. Unter den orthodoxen Schulen der indischen Philosophie gilt das Sāmkhya als explizit atheistisch, ebenso lehnt die Mīmānsā-Schule den Theismus ab. Unter den heterodoxen Richtungen ist das Lokayāta (*loka* meint hier »sinnliche Welt«) zu einem Synonym für Materialismus geworden, also für eine Auffassung, die jegliche Jenseitsvorstellung negiert. Der Buddhismus lehnt die Annahme eines Schöpfergottes ab; für den Jainismus ist die Welt ewig und unvergänglich. Das Dasein von Göttern (als ein eigener Daseinsbereich) wird zwar in beiden zuletzt genannten Religionen konzediert, aber diese unterliegen dem Karma und so der Veränderung. Auch in anderen großen religiösen Traditionen Asiens (v. a. Daoismus, Konfuzianismus) treffen wir ein nicht- bzw. meta-theistisches Denken an. Bei diesen Religionen ist eher von einem A-theismus als von Atheismus zu sprechen, da letzterer Begriff meist im westlichen Sinn verstanden wird.

**Neuzeitlicher Atheismus**

Seit der ↗Aufklärung gibt es Atheismus als Selbstbezeichnung; die Aufklärungsphilosophen selbst aber verstehen sich nicht als Atheisten, sondern vielfach als Deisten (↗Deismus). Doch im Umfeld besonders der französischen Philosophie dieser Epoche kommt es zu radikalen materialistischen Positionen, wie in J. O. de Lamettries Werk *L'homme machine* (1748) oder in D. d'Holbachs *Système de la nature* (1770), in dem die Annahme eines Schöpfergottes nicht mehr notwendig ist, um die Ordnung des Kosmos zu erklären.

Als einer der wichtigsten Begründer des sog. »klassischen« Atheismus in der Moderne gilt L. Feuerbach. Das Originelle seiner Position ist es, dass er den Inhalt der religiösen Vorstellungen als eine verkappte Rede über das menschliche Wesen aufzeigen will. Abschließend zu seiner *Vorlesung über das Wesen der Religion* (1851) sagt er: »Wir haben bewiesen, dass der Inhalt und Gegenstand der Religion ein durchaus menschlicher ist, bewiesen, dass das Geheimnis der Theologie die Anthropologie, des göttlichen Wesens das menschliche Wesen ist.« Es kommt zu einer anthropologischen »Reduktion« religiöser und theologischer Rede.

Ein ebenfalls wirkungsgeschichtlich, besonders auch ideologisch bedeutsames Modell atheistischen Denkens stammt von Karl Marx, der die Religion auf soziale und ökonomische Faktoren zurückführt. Religiöse Vorstellungen erscheinen als sekundärer Ausdruck von gesellschaftlich bedingten Zuständen des Unrechts.

Eine weitere bedeutende Gestalt unter den Atheismen der Moderne ist jener von F. Nietzsche, dessen Wirkung bis in die Gegenwart spürbar ist. So sagt er, dass man »ehemals zu beweisen (suchte), dass es keinen Gott gebe, – heute zeigt man, wie der Glaube, dass es Gott gebe, *entstehen* konnte ...«. Doch das Eigentümliche seines Atheismus ist in der Folge unter der zum Schlagwort gewordenen Rede vom »Tod Gottes« allgemein rezipiert worden. Die mit dem »Tod Gottes« einhergehende Erscheinung des »Nihilismus« diagnostiziert Nietzsche zutreffend.

Die im 19. Jh. konzipierten Motive für die Religionskritik (↗Agnostizismus) wurden einerseits im 20. Jh. weitergeführt und andererseits durch neue ergänzt. Von besonderer Bedeutung ist die psychoanalytische Religionskritik von S. Freud, der die These vertritt, dass die Gottesvorstellung auf dem infantilen Wunsch nach dem Schutz des Vaters zurückgehe. Er ist der Überzeugung, dass die ↗Religion als Illusion dazu diene, die reale Welt der sinnlichen Erfahrung mittels einer Wunschwelt zu bewältigen.

Teilweise im Anschluss an Argumente Nietzsches wurde im Existenzialismus eines J. P. Sartre und A. Camus ein humanistischer Atheismus formuliert. Das Dasein Gottes wird in Sartres Menschenbild postulatorisch geleugnet, da sich ansonsten der Mensch in seiner Existenz von diesem göttlichen Wesen her entwerfen müsse, was den Selbstentwurf und die Selbstgestaltung des menschlichen Lebens unmöglich mache.

Ebenfalls besonders wirkmächtig sind im 20. Jh. der Neopositivismus und der

Kritische Rationalismus und dessen Religionskritik gewesen. In sprachanalytischen Argumenten versuchen die Vertreter des Wiener Kreises die Aussage, dass Gott ist, als eine Pseudoaussage zu entlarven, weil das damit gemeinte »X« nicht verifizierbar sei. Die Vokabel »Gott« fällt dem Sinnlosigkeitsverdacht anheim. Ähnliches gilt für den Kritischen Rationalismus: Religiöse Aussagen seien nicht falsifizierbar, und darin könne man – wie H. Albert meint – eine Immunisierungsstrategie erkennen, die die religiösen Aussagen, dem kritischen Anspruch der Vernunft entziehen möchte.

### Atheismus und neureligiöse Situation

In den letzten 30 Jahren hat sich eine signifikante Veränderung im Erscheinungsbild des modernen Atheismus vollzogen, sodass man zu Recht von einem Gestaltwandel desselben sprechen kann. Der Neuentwicklung in Richtung einer pluralen Religiosität entspricht auch die Entwicklung im Bereich des Unglaubens. Heutiger Atheismus ist weithin unpolemisch und wenig strukturiert; er ist nicht eigentlich und direkt antireligiös, sondern eher durch eine Mentalität der »Gottferne« gekennzeichnet; nicht »Gottes Tod« wird propagiert, sondern die Abwesenheit, das Fehlen Gottes gespürt; die Transzendenz eines unendlichen Gottes wird nicht dezidiert geleugnet, sondern die Immanenz in einen unendlichen Horizont ausgeweitet.

Der »klassische« Atheismus ist jedoch nicht wirkungslos geblieben: Einerseits gibt es den *Neuen Atheismus* (R. Dawkins, M. Onfray, S. Harris), andererseits ist der Atheismus gerade für die neureligiöse Situation neu zu interpretieren. Es kann festgehalten werden, dass sich die atheistische Religionskritik Europas mit Vehemenz gegen den monotheistischen Gottesbegriff des Christentums gewandt hat, dass dieser der größten Infragestellung ausgesetzt wurde und dass es der Gott des Christentums war, der für »tot« erklärt worden ist. Eine in diesem Sinn »nichttheistische« Position östlicher Religionen sowie monistischer neureligiöser Konzepte war darum naturgemäß vom europäischen Atheismus nicht in der frontalen Weise betroffen wie die christliche Tradition. Bei der Analyse der neureligiösen Situation in der Gegenwart kommt daher einer differenzierten Sicht des Atheismus und der Religionskritik eine tragende Bedeutung zu.

JOHANN FIGL

## Aufklärung

### Geschichtliche Entwicklung

Die Aufklärung steht mit religiösen Strömungen und Weltanschauungen in einem Zusammenhang, der über Gegensätzlichkeit oder innere Beziehungslosigkeit hinausreicht. In ihrer geschichtlichen Gestalt in den 150 Jahren vor der Französischen Revolution formierte sich die europäische Aufklärung selbst vielfach nach den Merkmalen einer religiös getönten, wenngleich philosophisch sich artikulierenden »Sondergemeinschaft« der Aufklärer, die ein elitäres Gruppenbewusstsein entwickelten und sich teilweise auch in Form von Weltanschauungszirkeln organisierten. Soziologisch gesehen, ging das über die bloßen Ideale einer »Republik der Aufgeklärten« hinaus und nahm in seinen Organisationsformen teilweise sogar sektenhafte Züge an.

### Religiöse und weltanschauliche Dimension

Schon der Begriff Aufklärung und die dazugehörige Erleuchtungsmetaphorik verweisen auf diese religiöse Dimension, zu der, wie v. a. W. Philipp gezeigt hat, auch eine Art religiöser Erfahrung gehörte. Es bestanden durchaus positive Beziehungen zum Pietismus. Die weltanschauliche Dimension der Aufklärung resultierte besonders aus ihrer Option für die »Vernunft«. Der sie leitende Vernunftbegriff war keineswegs nur formaler Art, sondern umschloss ethisch-axiomatische Inhalte und Ziele. So umfasste der Vernunftglaube grundlegend auch religiös-humanitäre Elemente und war sowohl in seiner kategorialen Ausprägung als auch *transzendentalen Konditioniertheit* ein weltanschauliches Gebilde. Deshalb bezeichnet der Begriff Vernunftreligion nicht primär ein dürres Verstandeskonstrukt im Sinne des Rationalismus, sondern ein ethisches Anliegen im Umgang mit der *Depraviertheit* real existierender Religionen, teilweise jedoch auch eine geradezu pseudoreligiöse Vergötzung der Vernunft und ihres emanzipatorischen Freiheitsinteresses.

**Dialektik der Aufklärung**

Paradoxe Sachzusammenhänge zwischen der Aufklärung und den sich gegen sie formierenden antiaufklärerischen religiösen Mentalitäten sind auch damit gegeben, dass Letztere im Sinne der Kontraproduktivität von der Aufklärung selbst mit heraufgeführt wurden. Zu denken ist hier nicht nur an den Rationalismus im engeren Sinn (der nur ein Teilphänomen der Aufklärung darstellt), sondern v.a. an spätneuzeitliche Entwicklungen, die mit den Begriffen Entzauberung der Welt, Säkularisierung des Heiligen, Versachlichung der Schöpfung, Instrumentalisierung der Vernunft, Verwissenschaftlichung des Daseins, gnadenlos rationale Kausalbetrachtung der Wirklichkeit und Reduzierung des Menschen auf Eindimensionalität umschrieben werden. Es bestehen kaum Zweifel, dass die verdrängten Mächte und unbefriedigten Bedürfnisse sich Ersatz schufen und schaffen in Form von desto irrationaleren Religionen. Fraglich ist jedoch, ob diese spätneuzeitlichen Entwicklungen zu recht, d.h. im Sinne eines logisch zwingenden oder nur eines faktisch anzunehmenden Bedingungszusammenhangs, der Aufklärung zur Last gelegt werden. Die von Horkheimer und Adorno konstruierte »Dialektik der Aufklärung«, der zufolge die Aufklärung im Vollzug ihrer eigenen Logik ihre Selbstzerstörung heraufführt, ist eher das Resultat von Deformationen der Aufklärung als eine genuine Folge derselben. Das gilt zumindest dann, wenn man jenen Begriff der Aufklärung, der in der Aufklärungszeit selbst entwickelt wurde, der Beurteilung zugrunde legt, denn dieser kennzeichnet ein Anliegen, das im Gegensatz zu jenen spätneuzeitlichen Entwicklungen steht.

**Bleibende Bedeutung**

Der im 18. Jh. entstandene Begriff der Aufklärung will im Sinne einer kulturkritischen Bewegung der Vernunft Geltung verschaffen. Dieser Vernunftbegriff ist als Gegenbegriff zu Unvernunft und zu widervernünftigen Verhältnissen gedacht, wie sie im Zeitalter der Religionskriege, der konfessionellen Querelen und des supranaturalistischen Offenbarungspositivismus in Erscheinung traten. Erst in diesem Kontext konnte die Vernunft auch als Gegeninstanz zu Offenbarung und Glaube erscheinen oder ein ebenso ideologischer wie *degenerativer* Rationalismus sich gegen sie formieren. Wesentlich zum originären Anliegen der Aufklärung gehört die Auffassung, dass auch über religiöse Ansprüche, sofern sie öffentliche Belange berühren, nur nach Kriterien vernünftiger Verantwortung zu befinden ist. In dieser Hinsicht bedeutet Vernunftverweigerung so viel wie ideologisch motivierter Obskurantismus. Es ist keine Äußerlichkeit, wenn die Begriffe Freiheit, Vernunft, Tugend, Gerechtigkeit, Menschenwürde und ↗ Toleranz als Zentralbegriffe der Aufklärung Geltung gewonnen haben oder wenn als Kennzeichen der Aufklärung ihr

Wahrheitsernst, ihr Aufklärungswille gegenüber allem, was vernünftiger Verantwortung sich verschließt, ihre Leidenschaft für die Erziehung zum Guten, ihr Sinn für die Würde des Menschen, das Prinzip der Gewaltentrennung, der Geist des Ökumenismus, die biblische und die liturgische Bewegung und nicht zuletzt ein umfassendes Bildungsanliegen gelten müssen. Dass Obskurantismus und Okkultismus in ihr keinen Partner haben können, spricht nicht gegen sie und ihre Anliegen. Die Verfemung der Aufklärung im Namen der ↗Religion ist deshalb mehr als fragwürdig.

MAX SECKLER

# Autorität

## Allgemein

Soziologisch steht Autorität zwischen zwei grundlegenden Sachverhalten menschlichen Zusammenlebens, dem Einfluss und der Macht. Über Macht verfügt eine Person, wenn sie das Verhalten anderer zumindest in einem bestimmten Ausmaß auch gegen deren Widerstand bestimmen kann. Sie beruht auf Überlegenheit, z. B. körperlicher Stärke. Die Chancen für stabile Machtverhältnisse steigen mit dem Grad der Anerkennung, den die Machtinhaber oder die Machtpositionen genießen. Macht alleine aus Überlegenheit ist sehr fragil, da sich die Kräfteverhältnisse jederzeit ändern können.

Einfluss entsteht in Gemeinschaften und gibt das Ausmaß wieder, in dem eine Person als besonderes Mitglied dieser Gemeinschaft angesehen wird. Ihr Verhalten gilt aus Sicht der Gruppe als vorbildlich und nachahmenswert, ihr Rat als nützlich. Einfluss erwirbt eine Person also, wenn sie die Werte der Gemeinschaft repräsentiert und lebt. Im Gegensatz zur Macht ist für Einfluss ein persönliches Vertrauensverhältnis grundlegend.

Werden Macht und Einfluss verbunden, dann handelt es sich um Autorität. Die Machtposition ist zusätzlich gestützt durch das Vertrauen der Gruppenmitglieder in den Machthaber und seine Loyalität zur Gruppe. Man spricht also von Autorität, wenn eine Person sowohl über die Macht verfügt, das Verhalten anderer zu bestimmen, als auch deren besonderes Vertrauen genießt, diese Macht nicht eigennützig, sondern weitgehend im Sinne der Gemeinschaft zu verwenden.

Autorität hat eine natürliche (persönliche) und eine formale (gesellschaftliche) Komponente. Sie verbindet das Ansehen einer Person mit der Berechtigung, über andere zumindest in Teilaspekten ihres Lebens zu bestimmen. Die Ausübung von Macht ist in modernen Gesellschaften zumeist an (Amts-)-Positionen gebunden, die mit geeigneten, qualifizierten Personen besetzt werden. Diese »funktionale Autorität« ist notwendig, da die moderne Gesellschaft hochdifferenziert ist und vielfach qualifizierte Menschen braucht. Doch auch eine Autorität »von Amts wegen«, die durch besondere Qualifikationen gestützt ist, kann durch den persönlichen Einfluss, den überzeugenden und vorbildlichen Charakter der Amtsinhaberin oder des Amtsinhabers gestärkt werden. Auch die funktionale Autorität gewinnt durch einflussreiche Personen; sie verliert an Ansehen durch farblose, inkompetente oder eigennützig agierende Amtsinhaber.

## Autorität in religiösen Gemeinschaften

Einfluss und Autorität sind gerade in religiösen Gemeinschaften grundlegende Mittel der Interaktion. Keine Gemeinschaft kommt ohne glaubwürdige persönliche Autorität aus, denn sie bringt das Besondere, Einzigartige der Gemeinschaft zum Ausdruck. Autoritätspersonen (z. B. Priester) sind Vorbilder, an denen sich die Gemeinschaft orientiert. Sie verkörpern Werte, Normen und religiöse Ansprüche ans Alltagsleben. Dies findet in einer modernen Gesellschaft allerdings weitgehend vor den Augen der Öffentlichkeit statt, die Stellung nimmt und Begründungen einfordert. Insbesondere neuere, wenig gefestigte religiöse Gemeinschaften stellt dies vor erhebliche Probleme.

Religiöse Autorität ist sowohl innerlich, aus der Gruppe, als auch äußerlich, aus der Gesellschaft, infrage gestellt. Die innere Bedrohung besteht darin, dass Autorität tendenziell in Richtung Macht abgleiten kann. Dann bringt die Autoritätsperson nicht mehr den Glauben der Gemeinschaft zum Ausdruck, sondern verteidigt autoritativ ihre Machtposition. Die Anforderungen des Machterhalts gewinnen die Oberhand über die Belange der Gemeinschaft. Sie löst sich innerlich auf und wird nur noch durch den äußeren Druck zusammengehalten. Eine solche Gruppe gibt in der öffentlichen Wahrnehmung Anlass zur Kritik, da sie ihre religiösen Anliegen anderen gegenüber nicht mehr plausibel machen kann. So stehen und standen religiöse Formen der Autorität (wie andere Formen von Autorität auch) immer in Gefahr, in autoritäre bzw. totalitäre Formen abzugleiten, die zu Recht kritisiert werden.

Allerdings ist diese Gefahr in modernen Gesellschaften deutlich erhöht. Eine »Entplausibilisierung« der Lehre einer Gemeinschaft droht eben auch von außen. Religiöse Gemeinschaften stehen in der Öffentlichkeit in Konkurrenz um Anerkennung, sowohl untereinander als religiöse Gemeinschaften als auch gegenüber säkularen Entwürfen des guten Lebens. In einer solchen Konkurrenzsituation ist die notwendige Transformierung einer neuen religiösen Lehre in eine lebbare Sozialgestalt erschwert. Die Öffentlichkeit akzeptiert die Würde neuer religiöser Autoritäten (ihre persönliche Autorität) nicht ohne weiteres. Sie verlangt Begründungen (Kompetenzerweise), vergleicht und bewertet diese. Neue Entwürfe stehen so unter besonderem Druck, da sie sich gegen viele andere schon mehr oder weniger bewährte Entwürfe behaupten müssen.

Die Modernität einer Gesellschaft bemisst sich so daran, wie sich Kritik und Toleranz die Waage halten. Autoritätskritik wird sonst zur generellen Religionskritik.

JÜRGEN EIBEN

## Bahai

### Geschichte

Die Bezeichnung Bahai steht für Anhänger des **Bahaismus** (auch **Bahai-Religion**), einer aus dem schiitischen ↗ Islam des heutigen Iran hervorgegangenen religiösen Gemeinschaft. Ihre Wurzeln hat sie in der ihr unmittelbar vorausgegangenen Bab-Religion. Der Gründer des Babismus, Sayyid Ali Muhammad (1819–1850) aus Schiras, rief 1844 das baldige Kommen des im schiitischen Islam seit 1000 Jahren erwarteten Imam Mahdi aus, dessen Sendung in der weltweiten Durchsetzung des »reinen« Schiitismus bestehen sollte. Ali Muhammad, weithin bekannt als Hazrat-i Bab (S. H. der Bab, d. h. »Türe« oder »Pforte« zum Imam Mahdi), sah sich zunächst in der Rolle eines Vorläufers und Wegbereiters zu diesem endzeitlichen Mahdi. Doch bald schon betrachtete er sich selbst als den verheißenen Messias. Mit seinen Werken *Qayyum al-asma* und *Bayan* (»Erklärung«) stellte er dem Koran eigene heilige Schriften zur Seite. Die im *Bayan* geforderte Errichtung eines theokratischen Mahdi-Staates und der gewaltsame Aufstand von Babs Anhängern gegen die Staatsgewalt (1848–1850) bewirkten das baldige Ende der babistischen Ära. Im Juli 1850 wurde Hazrat-i Bab öffentlich

hingerichtet und seine Anhänger grausam verfolgt. Der Bab selbst designierte seinen Nachfolger, Mirza Yahya, genannt *Subh-i Azal* (»Morgen der Ewigkeit«); dieser war jedoch mit seinen nur 19 Jahren zur Führung der Gemeinde nicht in der Lage, sodass sein 13 Jahre älterer Halbbruder Mirza Husain Ali Nuri (*1817) schließlich von ihm die Leitung übernahm. 1853 wurde das Brüderpaar aus Persien verwiesen und lebte fortan im Exil. Es kam zum Bruch, als Husain Ali Nuri seinem jüngeren Bruder die Leitung auch offiziell streitig machte. Ende 1866 beanspruchte Husain Ali Nuri, der vom Bab verheißene *Man yuzhiruhu'llah* zu sein; er nannte sich *Baha'ullah* (»Herrlichkeit Gottes«) und untermauerte seine prophetische Berufung mit zahlreichen Offenbarungen, die ihm von Gott zuteilgeworden seien.
Die osmanische Regierung verbannte Subh-i Azal und 14 Glaubensgenossen nach Zypern, wo dieser bis zu seinem Lebensende (1912) blieb, und Baha'ullah mit 77 Anhängern nach Akko (Palästina), wo auch er bis zu seinem Tode lebte. Hier ist seither die heilige Stätte der Bahai, wie sich nunmehr die Anhänger Baha'ullahs nannten. Als Baha'ullah 1892 starb, übernahm Abdul Baha (»Diener der Herrlichkeit«) (*1844) gegen den Widerstand seines Halbbruders Mirza Muhammad Ali die Führung. Es folgte 1921 Shoghi Effendi (1897–1957), der Enkel Abdul Bahas, als »Hüter der Sache Gottes« *(valī-i amr'ullāh)*. Nach seinem Tod gab es neue Nachfolgestreitigkeiten, die mit der Errichtung eines neunköpfigen Führungsgremiums (bereits im *Kitāb al-Aqdas* von Baha'ullah vorgesehen) beigelegt wurden (April 1963). So haben Bahaismus und Babismus immer wieder interne Rivalitäten, Machtkämpfe und Spaltungen erlebt wie auch den Antagonismus zur schiitischen Geistlichkeit und Staatsgewalt. Die Bahai erhielten im Iran nie die Religionsfreiheit. So kam es dort, zumal seit der islamischen Revolution (1979), immer wieder zu heftigen Verfolgungen des Bahaismus.

### Lehre

Blieb die Vorgängerreligion Babismus noch weitgehend in der Lehrtradition des Islam schiitischer Prägung, ging der Bahaismus vollends neue Wege. Der Babismus sieht sich noch eher als Erfüllung der schiitischen Heilserwartung; der Bahaismus sah sich nicht nur als islamische Verheißung, sondern teilt mit anderen ↗Weltreligionen das Selbstverständnis, Vollendung aller bisherigen Universalbekenntnisse zu sein. Die Lehre von Gott (Einheitsbegriff und absolute Transzendenz) teilt er unter Abstrichen mit dem Islam. Gott offenbart sich mittels seiner Propheten den Menschen immer wieder. Die Reihe der Propheten, der auch Jesus zugeordnet wird, endet nicht mit der Sendung des Propheten Mohammed, sondern wird durch die immer neue Wiederkehr göttlicher Offenbarung in aufeinanderfolgenden Geschichtsepochen ergänzt. Alle Religionen entspringen dem göttlichen Ratschluss, auch wenn sich ihre Inhalte infolge ihrer Zeitbedingtheit unterscheiden. Somit ist eine zu allen Zeiten gültige Religion nicht möglich. Doch sieht sich der Bahaismus als die alle anderen Weltreligionen integrierende Religion, während die früheren Religionen hinführende Funktion haben und relativiert werden. Das Nebeneinander unterschiedlicher Religionen gilt als vorläufig; das führt die Bahai-Mitglieder heute zu einer sehr aktiven Rolle im interreligiösen ↗Dialog. Wichtigstes Offenbarungswerk Baha'ullahs und grundlegende Schrift des Bahaismus ist das *Kitāb al-Aqdas*, das »Heiligste Buch«. Es erfüllt die Funktion des bahaistischen Religionsgesetzes. Um 1875 entstanden und 1891 in Bombay gedruckt, war die arabische Version des Buchs zwar den persischen Gläubigen in zahlreichen

Reproduktionen zugänglich, unterlag aber über 100 Jahre den Druckverboten in islamischen Ländern und erschien erst seit 1992 auf Englisch und in anderen westlichen Sprachen. Zahlreiche Bestimmungen des *Kitāb al-Aqdas* bedürfen einer Übersetzung in die Gegenwart und in westliche Gesellschaften. So spricht das Buch u. a. von der Todesstrafe, der Stigmatisierung von Dieben, der Enterbung von Nichtgläubigen, von Kontributionen, Strafgeldern für Vergehen usw. Insgesamt ist die Lehre der Bahai stark diesseitsbezogen und sozial ausgerichtet; den Gläubigen ist jedoch die aktive Teilhabe an der Politik untersagt, da die Ordnungen und Weltanschauungen sich als untauglich erwiesen haben und sich nicht zur Errichtung des angestrebten Weltgemeinwesens eignen. So konzentrieren sich die Bahai auf ein Engagement im Sinne einer weltumfassenden Gemeinschaft vergleichbar der UNO.

## Riten und kultische Handlungen

Die kultischen Regeln ähneln den »fünf Säulen« des Islam: das Glaubensbekenntnis *(shahada)*, das Gebet *(salat)*, das Fasten *(saum)*, das Almosengeben *(zakat)* und die Wallfahrt *(hajj)*. Der Bahai hat täglich die Auswahl zwischen drei verschieden langen Pflichtgebeten mit ihren jeweiligen Zeiten und Modalitäten, denen rituelle Waschungen vorausgehen. Die Fastenzeit dauert 19 Tage (Länge eines Bahai-Monats) im Jahr, das Almosengeben erfolgt in Form einer freiwilligen finanziellen Entrichtung von 19% des Nettoeinkommens (*huqūq'ul-lāh*, »Gottesrecht«, genannt). Die Pilgerfahrt zu den heiligen Stätten im heutigen Israel (Haifa und Akko) gilt als besonders verdienstvoll. Es herrscht grundsätzliches Alkoholverbot.

## Organisation

Die 36-jährige Zeit der »Hüterschaft« Shoghi Effendis seit 1921, geprägt von hoher Autorität und Unfehlbarkeit in der Lehre, ist eine entscheidende Phase für die bis dahin organisatorisch noch wenig strukturierte Gemeinschaft. Shoghi Effendi starb 1957, und das Bahaitum erhielt nach einer Interimsleitung 1963 mit der Einberufung des »Universalen Hauses der Gerechtigkeit« *(bait al-ādlia'zam)* eine kollektive Führung (9 Männer) mit Sitz in Haifa. Dieses oberste Gremium besitzt umfassende Vollmachten und ist mit Unfehlbarkeit in Bezug auf bestimmte Lehr- und Glaubensfragen ausgestattet. Kraft der von Gott verliehenen Vollmacht ist das Universale Haus die oberste Instanz der Bahai-Weltgemeinde. Auf Gemeindeebene führen die örtlichen »Geistigen Räte« die Geschäfte; ihnen sind in jedem Land die »Nationalen Geistigen Räte« übergeordnet.

Die Zahl 19 (19 Buchstaben der koranischen Basmala, 19 mal 6 Suren des Koran) dient zur Zeiteinteilung (das Jahr besteht aus 19 Monaten à 19 Tage und 4 oder 5 Tagen zum Ausgleich mit dem Sonnenjahr), die Zahl 9 ist der mystische Zahlenwert des Namens Baha sowie als höchste einstellige Zahl Symbol für Einheit und Vollendung. Sie ist angefangen von der minimalen Größe einer Gemeinde bis hin zum neunköpfigen »Universalen Haus der Gerechtigkeit« die Grundlage der Organisationsstruktur: Auch die Andachtshäuser bestehen aus je 9 Ausrichtungen, die die Ganzheit und Vielheit der Welt und der Religionen symbolisieren.

## Praxis

Um einer föderalen friedlichen Weltgemeinschaft willen ist grundsätzliches Ziel die Gewinnung aller Völker für eine humane Globalisierung mit allgemeiner kultureller Verständigungskompetenz: Viele Bahai sind in der Esperanto-Bewegung und auf UNO-Ebene engagiert. Eine Theokratie unter dem Banner der Bahai wird nicht angestrebt. Neben dem

Anliegen organisatorischer Geschlossenheit und der Weitergabe der Lehre gebührt der Mission aller Vorrang. Die theologische Vorgabe mit der Dreiheit Gott – Offenbarung und Offenbarer – Menschheit zielt entsprechend auf ein weltumspannendes friedliches Gemeinwesen. Die gleichzeitige Mitgliedschaft in einer anderen Glaubensgemeinschaft ist für den Bahai ausgeschlossen. Die Heirat mit einem Andersgläubigen ist möglich, doch soll die Eheschließung nach dem Ritus der Bahai erfolgen, und die Kinder sind im Bahai-Glauben zu erziehen. Es gibt keine weiteren Vorbedingungen für die Aufnahme in die Gemeinschaft, auch werden keine Kenntnisse des Glaubens abverlangt. Für die Zulassung reichen die Anerkennung Baha'ullahs und die durch Unterschrift bezeugte Loyalität zur Religionsgemeinschaft aus. Der Bahaismus ist eine Laienreligion ohne geistlichen Stand.

### Verbreitung

Mitgliedschaftsschätzungen von 1998 nennen weltweit etwa 6 Mio. Bahai, davon rund 300 000 im Ursprungsland Iran, im übrigen Mittelosten und Nordafrika; in Indien 1,9 Mio., in Schwarzafrika 1 Mio., in Lateinamerika 700 000, in Ost- und Südasien 320 000 und in Ozeanien 70 000. Für Nordamerika, Europa und den Anglopazifik werden rund 200 000 angegeben. Gab es bis zu Beginn der 1960er-Jahre die größte Verbreitung v. a. in Iran und Nordamerika/Europa, so hat sich das Wachstum seither immer mehr in die Länder der Dritten Welt verlagert. Die Zunahme stagniert in Nordamerika/Europa, aber auch in Iran, oder die Zahlen sind gar rückläufig. In Deutschland kann von 5000–6000 Mitgliedern ausgegangen werden.

ULRICH DEHN

## Bekehrung

↗Konversion.

## Bekenntnisgemeinschaften

↗Religionsgemeinschaften.

## Biografieforschung

### Theorien und Methoden der Biografieforschung

Biografieforschung ist ein weit gefasster Sammelbegriff für Verfahren, die biografisches Erleben zum Gegenstand oder Ausgangspunkt der Forschung machen. Theoretische Ansätze aus dem Symbolischen Interaktionismus, der Wissenssoziologie, Phänomenologie und Ethnomethodologie haben Eingang in die Biografieforschung gefunden. Sie arbeitet mit vielen empirischen, meist qualitativen Methoden. Als Datenmaterial kommen alle Dokumente in Betracht, die Auskunft über ein Leben geben. Für die Erhebung der Lebensgeschichte ist – zumindest im deutschsprachigen Raum – das von F. Schütze entwickelte »narrative Interview« von zentraler Bedeutung. Für die Auswertung solcher erzählten Lebensgeschichten hat sich die Kombination aus Erzählanalyse (F. Schütze) und Strukturaler Hermeneutik (U. Oevermann) oder der dokumentarischen Methode (R. Bohnsack) als weiterführend herausgestellt.

Der Biografieforschung geht es um die Rekonstruktion von Prozessstrukturen des individuellen Lebenslaufs. Gerade weil Biografien immer auch mit dem unmittelbaren Lebensschicksal zu tun haben, wird dieses in der »erzählten Lebensgeschichte« berücksichtigt und findet Eingang in die zu analysierenden Strukturen der subjektiven Orientierungen, Deutungen und Handlungen von Individuen.

### Biografieforschung als Analyseinstrument gesellschaftlicher Wandlungsprozesse

Seit Anfang der 70er-Jahre wurde die Biografieforschung zunächst von den Sozialwissenschaften als ein Konzept zur Analyse gesellschaftlicher Wandlungsprozesse entwickelt. In der Moderne hat sich der Schwerpunkt der unvermeidlichen Gestaltungsaufgabe des »Sozialen« in Richtung auf das Individuum (↗Individualität) verschoben. Zum dominanten Modus der Integration des Einzelnen in gesellschaftliche Zusammenhänge ist die Biografie mit ihren Chancen eröffnenden und Leistung fordernden Elementen geworden. Es wird zur Aufgabe des Einzelnen, selbstreferentiell eine je eigene – ggf. auch religiöse – Biografie zu entwerfen und realisieren (↗Identität).

Der strukturell vorgesehenen Entscheidungsoffenheit und individuell zugemuteten Autonomie des Entscheidens geht ein massiver Kontrollverlust gesellschaftlich relevanter Institutionen, v.a. der ↗Religion, und bisher plausibler Deutungsmuster der Welterklärung einher. Wenn man in bestimmten Phasen des Lebens auch der Religion Bedeutung zuweist, dann nicht, um die Bedeutung des Religiösen »an sich« zu belegen, sondern um damit die Relevanz der bedeutsam erscheinenden biografischen Passagen hervorzuheben.

Der Modernisierungsschub in westlichen Gesellschaften hat bei Individuen zu unterschiedlichen Aneignungsmodi von religiös besetztem Sinn und der Gestaltung ihrer Lebenspraxis geführt. Gerade im religiösen Bereich ist heute das gesamte Spektrum an Handlungsoptionen vorzufinden, angefangen von der herkömmlichen institutionellen Steuerung über individualisierte und postmoderne Formen der Biografiegestaltung bis hin zu regressiven Verläufen fundamentalistischer Orientierungen.

### Biografieforschung im Feld neureligiöser Bewegungen

In der öffentlichen und wissenschaftlichen Diskussion um neureligiöse Bewegungen war lange Zeit eine der zentralen Fragen, welche psychischen und sozialen Auswirkungen die Mitgliedschaft in diesen Gruppen und Milieus hat. Bestimmend in der Diskussion war oft ein Stereotyp, nach dem Menschen nicht freiwillig, sondern nahezu willenlos in eine psychische Abhängigkeit von neureligiösen Bewegungen geraten (Konzepte wie *brainwashing, mind control*). Sie wurden betrachtet als »totale Institutionen« mit von der Außenwelt nahezu abgeschotteten Gruppenkulturen und geschlossenen Mustern der Welterklärung. In diesem Modell wurde ein kausaler Zusammenhang zwischen abhängigem Individuum und bindungsfähiger Institution hergestellt.

Biografieforschung verfolgt einen anderen Ansatz (Fuchs-Heinritz u.a. 1998; Schöll/Streib 2000): Biografische Verläufe und Karrieren in neureligiöse Bewegungen und weltanschaulichen Milieus werden unter dem Aspekt betrachtet, welche lebenspraktischen Fragen und Probleme Individuen mithilfe dieser Gruppen, Bewegungen und Milieus bearbeiten. Der Fokus des Interesses richtet sich auf das »realitätsverarbeitende Subjekt«, das aktiv diesen Bearbeitungsprozess vorantreibt – auch unter Bedingungen eines geschlossenen und vereinnahmenden Systems. Als ein bestimmender Faktor hat sich die Bearbeitung von langfristig angelegten »Lebensthemen« herausgestellt. Darunter werden lebenspraktische Probleme und Herausforderungen und existenzielle Sinnfragen verstanden. Die Genese dieses jeder Biografie eigenen Lebensthemas reicht oft zurück in die Jugendphase und Kindheit, wobei die erworbenen und erlernten Muster des Umgangs mit dem Lebensthema bis ins Erwachsenenalter perpetuiert werden. Ein Wechsel der Lebenssituation ist oft Auslöser für eine Dynamisierung des Lebensthemas, das sich dann zu einer Lebenskrise steigern kann, weil sich das Problem mit den bisherigen Mustern nicht mehr lösen lässt. In dieser Krisensituation ist es im Einzelfall aber auch möglich, dass das Individuum aufgrund des gesteigerten Handlungsdrucks neue Zugangsweisen und Konzepte der Lebensbewältigung für sich entdeckt.

Die Modi der Bearbeitung von Lebensthemen reichen vom Rückzug in symbiotisch gelagerte Gesinnungsgemeinschaften über die Delegation von lebenspraktischen Entscheidungen an ein übergeordnetes System bis zu einer autonomen Gestaltung der Lebenspraxis. Im Verlauf einer Lebensgeschichte und der Karriere in neureligiösen Bewegungen können sehr wohl unterschiedliche Modi der Bearbeitung durchlaufen werden. Erst über Zuschreibungsprozesse durch die Individuen werden neureligiöse Bewegungen bzw. weltanschauliche Milieus zu bedeutsamen Kontexten. Über ein Passungsverhältnis werden unterschiedliche lebensgeschichtliche und soziokulturelle Bedeutungen und Sinnentwürfe von den Individuen mit den Lösungsangeboten der Gruppen in Verbindung gebracht.

Diese Perspektive führt zu einer veränderten Betrachtungsweise sowohl der Mitglieder neureligiöser Bewegungen als auch der Gruppen selbst: Indem die Sinn- und Bedeutungsmuster einbezogen werden, sind die Individuen nicht nur als passive Opfer bestimmbar, sondern auch als soziale Ko-Konstrukteure ihrer Lebensgeschichte. Entgegen der Annahme einer umfassenden Bindung und Kontrolle der Individuen durch neureligiöse Bewegungen erbringt das Individiuum die Integrationsleistung zunehmend selbst. Damit wächst die Verfügungschance des Individuums über die Institution, und die Integrationsleistung hängt als ungewollter Appendix an den Individuen und flexibilisiert zugleich die Institutionen.

Biografieforschung hat dazu beigetragen, dass die in früheren Jahren praktizierte Ausstiegsberatung (Deprogrammierung) zunehmend durch eine umfassendere Beratung ersetzt wurde, in der Lebensthemen bearbeitet werden und die gesamte Lebensgeschichte der Akteure berücksichtigt wird.

ALBRECHT SCHÖLL

## Brahma Kumaris

Die *Brahma Kumaris World Spiritual University* (BKWSU) ist eine weiblich dominierte, reformhinduistische Meditationsbewegung mit apokalyptischen Elementen. Ihr Gründer, Lekhraj Kripalani (1876–1969), ein Brahmane und Diamantenhändler, hatte im Alter von 60 Jahren Weltuntergangsvisionen. Er kündigte den Übergang vom *Kali Yuga* zum Goldenen Zeitalter *(Satya Yuga)* an und lehrte eine Form des *Raja-Yoga* als einzig rettenden Weg, damit der Mensch sich als Seele realisieren und im Goldenen Zeitalter (nicht erst später) wiedergeboren werden kann. Lekhraj Kripalani, verehrt als Dada Lekhraj, sammelte einen vorwiegend weiblichen Anhängerkreis um sich (Brahma Kumaris heißt Töchter Brahmas). Konflikte entstanden v. a. mit Ehemännern, die sich den asketischen Anforderungen an ihre Frauen widersetzten. Der Kreis ließ sich nach der Teilung Indiens in Mount Abu/Rajasthan nieder, wo sich seitdem das Weltzentrum *Madhuban* befindet. *Raja-Yoga*-Zentren wurden in Indien und in aller Welt gegründet. Dada Lekhraj schrieb Lehrreden, sog. *Sarkar murlis* (»Flöten«), die nach seinem Tod 1969 durch weitere Offenbarungen *(Avyakta murlis)* ergänzt wurden. Die Führungsfunktionen hatte er schon zu Lebzeiten

weiblichen Mitgliedern übergeben, z.B. Dadi Prakashmani.
Die Kosmologie der Brahma Kumaris stellt sich den Weltlauf als eine sich wiederholende Abfolge von vier Weltzeitaltern von je 1250 Jahren vor, ähnlich der hinduistischen Kosmologie (↗Hinduismus), aber viel kürzer. Das Goldene Zeitalter gilt als Zivilisation der Götter, das 3. Zeitalter *(Dwapara-Yuga)* bringt den Sündenfall: Körperbewusstsein und Begierde entwickeln sich; auch die Religionen sollen aus dieser Zeit stammen. Der gegenwärtige Übergang vom 4. Zeitalter *(Kali Yuga)* zum neuerlichen *Satya Yuga* ist ein Zwischenzeitalter *(Sangam Yuga)*. *Raja-Yoga* ist eine Meditation auf das Dritte Auge, durch die der Mensch seine ursprüngliche göttliche Natur als Seele realisieren und zu Shiva aufsteigen soll. Ein »reines« Leben dokumentiert sich in weißer Kleidung und vegetarischer Ernährung, im Verzicht auf Sexualität (auch in der Ehe), im gemeinsamen Leben und Dienen (Mitgliederwerbung u.a. Aktivitäten).
Die BKWSU gilt als Nichtregierungsorganisation und hat bei einigen UN-Organisationen einen konsultativen Status. In den 80er-Jahren begann sie, sich an Friedensbemühungen der UNO und interreligiösen Aktivitäten der ↗World Conference of Religions for Peace zu beteiligen.

REINHART HUMMEL

# Buddhismus

Der Begriff Buddhismus ist eine religionswissenschaftliche Kategorie und bezeichnet alle Lehrsysteme und Gemeinschaftsbildungen, die sich auf den historischen Buddha, Siddhārtha Gautama, beziehen. Der Buddhismus zählt zu den ↗Weltreligionen, wobei sein Religionscharakter bisweilen zu Unrecht bestritten worden ist. Typologisch ist der Buddhismus eine »nicht theistische Religion«, weil für das Erreichen des Heilsziels Gott oder Götter irrelevant sind. Er gehört zu den »gestifteten Religionen«, da mit Siddhārtha Gautama ein Stifter historisch bekannt ist, und er ist eine »universalistische Religion«, indem er sich an alle Menschen adressiert. Schließlich finden sich Lehre und Praxis des Buddhismus in normativen Schriften kodifiziert, sog. »Kanones« (im *Pāli-Kanon* für den theravadischen Buddhismus, im *Santsang* für China, im *Sanzo* für Japan und im *Kanjur* und *Tanjur* für den tibetischen Buddhismus), weswegen der Buddhismus zu den Buchreligionen zählt. Wegen seines Konzepts der Erlösungsbedürftigkeit aller Wesen zählt er unter die »Erlösungsreligionen«. Die Zahl seiner Bekenner schätzt man auf ca. 300 Mio.

## Entstehung

Der Begriff Buddhismus leitet sich von Buddha, dem Würdetitel des indischen Prinzen Siddhārtha Gautama ab (ca. 560–ca. 480 v.Chr., wahrscheinlicher 448–368 v.Chr.). Dieser habe im Alter von 29 Jahren seine Familie verlassen und sei ein Asket geworden. Der Titel eines Buddha bezieht sich auf die existenzielle Wende in der spirituellen Biografie Gautamas, die *bodhi* (Erwachen oder Erleuchtung), in der er die Uneigentlichkeit von Welt und Selbst durchschaut habe. In meditativer Erfahrung sei er zur Erkenntnis von Wiedergeburt und Tatvergeltung gelangt und zur Einsicht in die Vier Edlen Wahrheiten vom Leiden; dadurch wurde ihm die Gewissheit der Erlösung von Geburt und Tod und vom *karma* zuteil. In den folgenden 40 Jahren sammelte der Buddha eine Gemeinde aus Mönchen und Nonnen – sie bildet den buddhistischen Orden *(saṅgha)* – und von Laienanhängern. Die Mitglieder des *saṅgha* leben besitzlos, keusch, von der Welt zurückgezogen.

### Lehre

Die Lehre des Buddha *(dharma)* stellt die doktrinäre Gestalt des Buddhismus dar, die sich in ihrem Kern in allen Formen des Buddhismus, in allen »Fahrzeugen« (*Hinayana* oder »Kleines Fahrzeug«, *Mahayana* oder »Großes Fahrzeug«, *Vajrayana* oder »Diamant-Fahrzeug«), wiederfindet. Kernstücke der Lehre sind die »Drei Merkmale«, nach denen nichts in der Welt unwandelbar und unvergänglich und daher alles leidvoll sei und kein überdauerndes Selbst in dieser Welt auffindbar sei. Vielmehr sei alles ursächlich bedingt. Der Buddha weist in den Vier Edlen Wahrheiten vom Leiden auf den fundamentalen Leidenscharakter jeder Existenz in dieser Welt hin und zeigt den Weg zur Leidfreiheit. Der Welt der Vergänglichkeit und des Wandels steht als Heil und Erlösung das *nirvāna* gegenüber, ein unbedingter und überindividueller Zustand. Diese Weltsicht relativiert die Gottesidee: Die Götter, selbst im Kreislauf von Geburt und Tod befangen, sind nur eine Stufe möglicher Wiedergeburt, keineswegs absolut und ewig.

### Unterschiedliche buddhistische Traditionen

Das Fehlen einer zentralen Leitungsinstanz förderte die Ausbildung von Sondertraditionen. Aus unterschiedlichen Interpretationen der Lehre und Aktualisierungen der mönchischen Observanz, aber auch in der Frage der Heilssicherheit der Laien sind zwei große Richtungen entstanden: das »Große Fahrzeug« und eine kleinere Fraktion, die sich beharrlich Neuerungen verweigerte und die man abschätzig »Kleines Fahrzeug« nannte (diesen Begriff schaffte 1950 die Buddhistische Weltkonferenz ab). Klein ist dieses Fahrzeug aus mahayanischer Sicht, weil es gemäß dem Selbsterlösungskonzept des alten Buddhismus nur einem Heilssucher Platz bietet, was als Heilsegoismus missverstanden wird. Das »Große Fahrzeug« will alle Wesen retten durch Uminterpretation des Selbsterlösungsgedankens in ein Konzept, das mit dem *Bodhisattva* als Helfer zur Erlösung ein fremderlösendes Moment aufnimmt. Aus der Verbindung des ↗Tantrismus mit dem Buddhismus resultiert das dritte und jüngste »Fahrzeug«, das Vajrayana, das sich nur noch im tibetischen Buddhismus (↗Lamaismus) findet.

### Buddhismus in Deutschland

Im Westen war über den Buddhismus jahrhundertelang nichts oder nur Unzutreffendes bekannt. Mit A. Schopenhauer gewinnt der Buddhismus Interesse in Laienkreisen. Zur Bildung der ersten buddhistischen Gesellschaft in Deutschland kommt es 1903 in Leipzig mit dem *Buddhistischen Missionsverein*, ab 1906 umbenannt in *Buddhistische Gesellschaft für Deutschland*. 1903 wird A. F. W. Gueth (1878–1957) als erster Deutscher unter dem Mönchsnamen Nyanatiloka in Burma Mönch. Im Anschluss an die Leipziger Gründung von 1903 entstehen in deutschen Städten buddhistische Vereinigungen, u. a. der *Bund für Buddhistisches Leben, die Altbuddhistische Gemeinde* und der Neubuddhismus des Berliner Arztes P. Dahlke (1864–1928). Inzwischen bestehen in fast allen größeren deutschen Städten buddhistische Gemeinschaften. Seit den 1950er-Jahren hat sich die buddhistische Bewegung diversifiziert. So gibt es einen westlichen *Zweig* des *Arya Maitreya Mandala*, vom deutschen Lama Anagarika Govinda (1898–1985) gegründet, und seit der Flucht des 14. Dalai Lama aus Tibet nach Indien 1959 sind auch verschiedene Schulen des tibetischen Buddhismus hierzulande vertreten. Aus dem japanischen Buddhismus ist v. a. die ↗Zen-Schule in Deutschland verbreitet. Der amidische Buddhismus dagegen, die

*Schulen des Reinen Landes,* fand im deutschen Sprachraum kaum Resonanz. Seit 1958 nimmt die *Deutsche Buddhistische Union* (DBU) als Dachverband der buddhistischen Gemeinschaften in Deutschland übergeordnete Funktionen wahr.

### Bedeutung des Buddhismus in Sondergemeinschaften

Buddhistische Vorstellungen haben seit dem 19. Jh. westliche Gemeinschaften und Zirkel beeinflusst, besonders greifbar im Falle der Theosophischen Gesellschaft, deren Gründer, H. P. Blavatsky und H. S. Olcott, 1880 in Ceylon zum Buddhismus übergetreten sind. Olcott hat sich um die Buddhismus-Renaissance in Ceylon und Asien große Verdienste erworben, v. a. durch den Anstoß zur Gründung eines eigenen buddhistischen Bildungswesens. Andererseits hat er durch seine Schriften theosophisches Gedankengut in das Verständnis des Buddhismus hineingetragen. Der 1990 verstorbene indische Guru ↗Osho (vormals Shri Rajneesh), der sich auch wie der Buddha als *Bhagvan* (Bhagavat, der »Erhabene«) anreden ließ, reklamierte für sich zeitweilig den Würdetitel eines Buddha. Eine Rezeption erfuhr der Buddhismus auch im New Age bei Autoren wie K. Wilber, F. Capra, E. Jantsch, I. Prigogine u. a.

Insgesamt stellt sich der ↗Buddhismus dem Westen vor als eine dogmenfreie, anthropozentrische, autonom-ethische und erfahrungsbetonte Alternative zum Christentum.

KLAUS-JOSEF NOTZ

## Buddhismus im Westen

### Kulturelle Osmose

Die buddhistische Präsenz in Europa erscheint mehr als Ergebnis westlicher Ideengeschichte denn als Frucht einer systematischen Mission. Parallel zu den dogmatischen und institutionellen Formen der öffentlichen Religion haben christliche und humanistische Bewegungen eine Suche nach spiritueller Emanzipation, nach einer natürlichen Mystik und einem religiösen und ethischen Humanismus gepflegt, die mit der zunehmenden Kenntnis asiatischen Gedankengutes im ↗Buddhismus ihr integrierendes Element gefunden hat. Umrahmt von exotischem Flair, dient der Buddhismus weithin als ideologisierende Abstraktion und Projektion abendländischer Kulturkritik, lange vor einer wirklichen Begegnung mit der Vielzahl höchst unterschiedlicher Lebensvollzüge der Buddhalehre. Es erscheint darum grundlegend, nach dem jeweiligen Vorverständnis des Buddhismus als antiwestlicher Weltanschauung (v. a. bei Intellektuellen und im New Age) oder als orientalischer Kultur (v. a. von Asiaten gelebter Buddhaweg) zu fragen.

Die gegenwärtige Begegnung des Buddhismus mit der westlichen jüdisch-christlichen Kultur hat bereits Vorläufer im 1. Jh. Bis zur Neuzeit wurden weitere Kontakte dann v. a. durch den islamischen Einflussbereich unterbrochen. Nachdem bereits unter Kaiser Ashoka (3. Jh. v. Chr.) buddhistische Missionare nach Mazedonien und Epirus gelangt waren, findet sich eine erste Erwähnung des Buddha und seiner Lehren in den *Stromata* des Clemens von Alexandria (ca. 150–215) und wird bereits bei Hieronymus (ca. 347–420) in theologischer Argumentation verwendet. Neben dem Einfluss der buddhistischen *Jataka* über die Fabeln des Äsop auf die europäische Märchenliteratur gilt die Behandlung Buddhas als Motiv einer christlichen Heiligenlegende als erstaunliches Beispiel der Wanderung von religiösen Ideen. Ein dem Johannes von Damaskus (8. Jh.) zugeschriebener und über die mittelalterliche *Legenda aurea* in der gesamten Christenheit verbreiteter Mönchsroman über Barlaam und Josaphat (Transkription von *Bodhisattva;* Fest am 27. November) wurde zwar inzwischen als irrtümliche Zuordnung korrigiert, weist aber in seiner Betonung von mönchischer Askese, Konversion und mystischer Erfahrung auf einen gemeinsamen Fundus der beiden Spiritualitäten hin.

Über Jahrhunderte haben beide Traditionen eine faszinierende Methode der ↗Inkulturation (buddhistisch: *upâya*) entwickelt. Das Einwirken des Buddhismus auf die westliche Kultur darf daher nicht als Export seiner klassischen Formen missverstanden werden, sondern als deren dynamische Neuformulierung, zentriert um den Kristallisationskern abendländischer Sehnsucht nach reiner und unverfälschter religiöser Erfahrung. Nicht unähnlich der früheren Globalisierung religiöser Strömungen entlang der innerasiatischen Handelswege und seiner erfolgreichen Inkulturation in nichtindische Kulturen, steht der Buddhismus gegenwärtig im Begriff, den jüdisch-christlichen Kulturraum zu durchdringen und damit im vollen Sinn zur ↗Weltreligion zu werden. Abgesehen von einigen prominenten Predigern, geschieht diese Verbreitung weitgehend passiv, motiviert durch die Suche nach einer inneren Erfahrung. Wie bereits im *Milindapanha* (1. Jh. v. Chr.), dem klassischen Modell eines interkulturellen Dialogs zwischen dem Griechenkönig Menandros und einem buddhistischen Mönch, dokumentiert, vollzieht sich diese Osmose heute sowohl durch das Einströmen asiatischer Immigranten wie auch das Interesse von Europäern an einer neuen spirituellen Synthese von Ost und West. Diese Entwicklung eines postkolonialen *Euroyâna* stellt alle traditionellen Konfessionen *(Theravada, Mahâyâna, Vajrayâna)* vor die Herausforderung, inner-buddhistische Differenzen auszugleichen, eine westliche Terminologie zu entwickeln und eine neue Identität in den Umwälzungen des religiösen Bewusstseins zu finden.

**Faszination**

Wichtige Gründe für die Attraktivität buddhistischer Praxis im Westen sind zunächst im Hunger nach spiritueller Erfahrung zu suchen, der nach einer alternativen Religion Ausschau hält. Als unverbindliche Trendreligion von den Massenmedien inszeniert, umgreift die exotische Chiffre »Buddhismus« einen weiten Spielraum von Erwartungen an eine existenzialistische Lebensphilosophie und eine dogmen- oder institutionsfreie Religion sowie von Ideen politischer Gewaltlosigkeit und einer ökologisch-holistischen Sicht des Universums. Aus einer vielfältigen »Praxis«, in der sich die traditionellen Wege von Mönchen und Laien verbinden, kann jeder wählen, was ihm entspricht. Ernsthafte Sucher finden Antwort in einer universalen Ethik, die alle Wesen einschließt, und in einer subtilen Philosophie, die in einem Raum des Schweigens und der Meditation eine anspruchsvolle Bewusstseinskultivierung und eine Entfaltung von altruistischen Tugenden ermöglicht. Ästhetische Gefühle werden von Ritualen und künstlerischen Wegen (Ikebana, Kalligrafie, Teezeremonie) angesprochen, während zeremonielle Kampfkünste eine selbst-vergessene Harmonie von Körper und Geist unterstützen. Eine solche umfassende Lebensorientierung kann einer hektischen und immer komplizierteren Gesellschaft einen praktikablen Weg der Selbstfindung ohne absoluten Wahrheitsanspruch bieten.

Eine schillernde Faszination übt der tibetische Buddhismus (↗Lamaismus) aus. Während der 14. Dalai Lama aufgrund der besonderen politischen Situation und der Symbolkraft seiner geistlichen Führung weit über seine direkte

Anhängerschaft hinaus Anerkennung findet und für viele eine neu heraufziehende Leitkultur des Westens zu verkörpern scheint, werden andere Sucher gerade von der Tradition esoterischer Rituale und intensiver Meditation, von monastischer Disziplin und Initiation angezogen. Einerseits gibt es Versuche, durch Neugründungen eine spezifisch westliche Traditionslinie (*Vajradhâtu, Naropa-Institut* des Chögyam Trungpa (1939–1987); *Arya Maitreya Mandala* des Lama Anagarika Govinda [Ernst L. Hoffmann, 1898–1985]) zu etablieren; andererseits zeigt die Anerkennung des katalanischen Ösel Hita Torres (1987) als Wiederverkörperung des verstorbenen Lama Yeshe das Bemühen, dem asiatischen Buddhismus endgültig ein europäisches Gesicht zu geben. Davon zeugt auch der Bau des bislang größten Stupa Europas an der spanischen Costa del Sol (2003).
Tibet wird weithin als Utopie eines verlorenen Paradieses idealisiert, sei es in den theosophischen Mythen eines geheimnisvollen *Shambhala* oder in westlichen Träumen von einem nicht weniger fantasievollen *Shangri-La*. Mit der Flucht des Dalai Lama hat sich auch der Mythos des sakralen Tibets verlagert und globalisiert. Fiktive Meister (bei H. P. Blavatsky, A. Bailey), die als Geheimgesellschaft der *Großen Weißen Bruderschaft* vom Dach der Welt aus ihre spirituellen Energien ausstrahlen sollen, dienen vielen heutigen Neuoffenbarern als Legitimation ihrer Apokryphen. Als ein literarischer Betrug wurde der Roman *Die Lücke im Leben Jesu* von N. Notovitch (1894) über einen langjährigen Aufenthalt Jesu (Issa) als Schüler und späteren Wanderprediger im Himalaja entlarvt, der mittlerweile zum festen Bestand der New-Age-Literatur gehört. Mit der Intention, die gesamte Verkündigung Jesu als bloße Adaption östlicher Weisheit abzutun, werden ein »Wassermann-Evangelium« (L. Dowling, 1908) oder ein »Ur-Jesus« (Gruber/Kersten, 1994) konstruiert, sein erneutes Herabsteigen als theosophischer »Weltenlehrer« der Gegenwart postuliert (Creme, 1977) oder sein vermeintliches Grab in Kaschmir als Motiv antichristlicher Polemik *(Ahmadiyya)* benutzt.
Bei der Betrachtung des Buddhismus muss sorgfältig unterschieden werden zwischen einer ernsthaften Übernahme authentischer Traditionen und der populistischen Verbrämung einer orientalisierenden Spiritualität. Als solche ungerechtfertigte Vereinnahmung kann u. a. die wiederholte Berufung der Scientology auf vermeintliche buddhistische Wurzeln zur Rechtfertigung ihres religiösen Anspruches gelten, aber auch ein fahrlässiger Umgang mit einem »tantrischen« Symbolismus der menschlichen Sexualität. Sehr leicht verwechselt das westliche Interesse an Reinkarnation deren negative Bedeutung von Verdammung und Verstrickung in einen endlosen Daseinskreislauf mit dem optimistischen Lebensgefühl einer vom evolutionären Denken des New Age geprägten Potenzierung der eigenen Individualität.

### Begegnung mit dem westlichen Christentum

Wie der historische Beginn der buddhistischen Gemeinde wird auch der entstehende *Euroyâna* von fünf »Schülern« flankiert, die ein je unterschiedliches Verhältnis zum Christentum widerspiegeln. So gibt es überzeugte Buddhisten (meist asiatische Immigranten) oder Christen, die ihre jeweilige Glaubensidentität in dialogischer Offenheit leben. Daneben finden sich »buddhistische Christen«, d. h. Christen, die buddhistische Elemente in ihre christliche Glaubenspraxis zu integrieren suchen, aber auch »christliche Buddhisten«, d. h. zum Buddhismus konvertierte getaufte Christen mit dem typischen Verhalten, das jeden Religionswechsel auszeichnet. Eine weitere Gruppe bilden diejenigen Praktizierenden, die unterschiedslos jedes Element der beiden (oder mehrerer) Traditionen akzeptieren und ihre konfessionelle Bindung im Blick auf eine hypothetische Universalreligion »transzendieren«. Eine christliche Auseinandersetzung muss dieser zunehmenden Tendenz zur subjektiven Auswahlreligiosität differenziert antworten und dabei den unterschiedlichen Feldern des interreligiösen Dialogs gerecht werden.

Ein *Dialog des Lebens* entfaltet sich in gemischt-religiösen Familien, Nachbarschaften, Schulen und Begegnungen, aber auch in Initiativen der World Conference of Religions for Peace (WCRP), Weltkirchenrat oder in kirchlichen Bewegungen (Gemeinschaft Sant'Egidio, Fokolar-Bewegung). Das solidarische Zusammenleben von Generationen und Kulturen wird hier ebenso thematisiert wie Fragen nach der Gestaltung interreligiöser Riten (Hochzeiten) und Feiern oder Gebeten und der Erarbeitung didaktischen Materials für Schule und Erwachsenenbildung.

Der Dialog der sozialen Zusammenarbeit entwickelt sich als gemeinsames Zeugnis der Ehrfurcht vor dem Leben im Kontakt mit dem losen Netzwerk Engagierter Buddhisten sowohl an sozialen Brennpunkten (sozialer Zen, initiiert von Roshi Bernhard Glassman; humanitäre Hilfe der Risshō Kōseikai in Bosnien) wie auch im Bemühen um ganzheitliche Bildung. Die Kommunität des vietnamesischen Mönches Thích Nhất Hanh versucht, nach dem Vorbild der Taizé-Bewegung, eine »Kontemplation in Aktion« zu leben. Motiviert von der Tugend des universalen Mitgefühls im Hinblick auf Umwelt, Gerechtigkeit und Friedenserziehung, engagieren sich westliche Buddhisten, auf der Linie der christlichen Theologie der Befreiung, gegenüber einer materialistischen »Kultur des Todes«.

Die Ernsthaftigkeit des theologischen Dialogs ist bereits von R. Guardini (*Der Herr*, 1937) und H. de Lubac (*Amida*, 1955) angesprochen worden, lange vor der ersten Erwähnung des Buddhismus im Zweiten Vaticanum (*Nostra aetate* [1965], 1) und bevor ihm Johannes Paul II. (*Tertio millennio adveniente* [1994], 38) einen »Erlösungscharakter« zusprach. Theologische Begegnungen haben seitdem intensive Fortschritte gemacht, nicht zuletzt durch die kontinuierlichen Dialogforen der internationalen Cobb-Abe Group (seit 1984), der amerikanischen Society for Buddhist-Christian Studies (seit 1988) und ihrer europäischen Entsprechung Europäisches Netzwerk für Buddhistisch-Christliche Studien (1996). Zeitgenössische Philosophen wie E. Husserl, M. Heidegger oder M. Blondel haben bleibende Impulse zu einem Ost-West-Gespräch gegeben. Die japanische *Kyoto-Schule*, begründet von Kitaro Nishida (1870–1945), hat, basierend auf der Philosophie der Leere, die religionsphilosophische Grundlage zur Entwicklung eines westlichen Buddhismus gelegt. Abendländische Philologie und Exegese haben wichtige Beiträge zur akademischen Forschung geleistet, beginnend mit der Übersetzung des *Lotus-Sutra* durch E. Burnouf (1852), der Herausgabe der *Sacred Books of the East* durch F. M. Müller und den Publikationen der Londoner Pâli Text Society.

Der Dialog der religiösen Erfahrung trägt vielleicht die wertvollsten Früchte eines Dialogs aus der »Herzmitte« (A. Pieris) der beiden Traditionen. Aufgrund ihres gemeinsamen Anliegens einer radikalen Metanoia (neues Bewusstsein) haben beide Religionen eine monastische Tradition entwickelt. Seit 1977 hat sich ein intensiver spiritueller Austausch zwischen den am *Dialogue Interreligieux Monastique (DIM)* beteiligten Klöstern entwickelt. Der Dialog in der Zen-Praxis ist v. a. mit Yamada Kôun Rōshi (1907–

1989) verbunden, der eine ganze Generation christlicher Zen-Meister, u. a. H. M. Enomiya-Lassalle (1899–1990), geformt hat, aber auch mit Taisen Deshimaru Rōshi (1914–1982). Zen ist eher als anspruchsvoller Weg zur Alltagsheiligung denn als Kontemplation im christlichen Sinn zu verstehen. Ein Dokument der vatikanischen Glaubenskongregation *Über einige Aspekte der christlichen Meditation* (1989) anerkennt diese Methode unter der Voraussetzung einer sorgfältigen Unterscheidung. Wenngleich nichtchristliche Gebetsformen normalerweise auch deren Lehrinhalte vermitteln, so können ↗Yoga und ↗Zen, da sie als Methoden bereits vorgängig zu ihren Traditionen bestehen, als wertvolle Vorbereitung zur christlichen Gottesbegegnung in Stille und innerer Erfahrung dienen, vorausgesetzt, man verwechselt nicht psychologische Technik und menschliche Anstrengung mit dem Wirken der Gnade Gottes.

Die christliche Begegnung mit dem Buddhismus eröffnet eine neue Phase der Religionskritik. Die Fragestellung richtet sich auf ein personales oder atheistisches Verständnis von Transzendenz, nicht als Verneinung, sondern in der Radikalität einer anthropozentrischen Wende bei der Suche nach der höchsten Wirklichkeit. Dem christlichen Verständnis der Person steht ein relationales und funktionales Menschenbild (Thích Nhất Hanh: »Inter-sein«) gegenüber, aus dem sich eine verantwortungsvolle Ethik, aber keine Gottesbegegnung ableiten lässt. Andererseits begegnen sich die beiden Heilswege in der Selbstlosigkeit der offenen Leere des menschlichen Herzens, frei von jeglicher Anhänglichkeit, dem sich die trinitarische Selbstentäußerung (*kenosis*, Phil 2, 5–11) in Freiheit zu schenken vermag.

In der katholischen Kirche haben sich 1999 und 2002 zwei Konsultationen des Rats der Europäischen Bischofskonferenzen *(CCEE)* mit der pastoralen Herausforderung buddhistischer Präsenz in Europa befasst. Während auf der einen Seite eine positive Betrachtung der buddhistischen Tugenden als »Früchte des Geistes« frühere, irritierende Äußerungen von Johannes Paul II. (in *Die Schwelle der Hoffnung überschreiten*) und Kardinal J. Ratzinger überwindet, werden auf der anderen Seite ein dialogischer Pilgerweg im Dienst an der Wahrheit (Enzyklika *Fides et ratio*, 2) ein verstärktes gegenseitiges Kennenlernen sowie eine erneuerte Initiation in christliches kontemplatives Gebet (Enzyklika *Redemptoris missio*, 91) empfohlen. Interreligiöse Begegnung zielt nicht primär auf Harmonisierung, sondern auf das Gewinnen einer dialogfähigen Identität.

MICHAEL FUSS

## Chinesische Religiosität

### 1. Allgemeine Grundlagen

Die chinesische Religiosität ist ein komplexes und paradoxes Phänomen. Als die ursprüngliche chinesische Religiosität darf man den Ahnenkult betrachten, der aus diversen Traditionen besteht, die ihre je eigene Geschichte haben. Dazu gehören die buddho-daoistische Volksreligiosität und die drei großen Traditionen des ↗Daoismus *(daojiao)*, Konfuzianismus *(rujia* bzw. *rujiao)* und des aus Indien stammenden ↗Buddhismus *(fojiao)*, die in der chinesischen Geschichte in einem unterschiedlichen Verhältnis zueinanderstanden. Hinzu kommen die religiösen Traditionen der zahlreichen ethnischen Minderheiten sowie die »Fremdreligionen«, zu denen der Islam und das Christentum gehören; Letzteres wird als zwei Lehren – Katholizismus *(tianzhujiao)* und Protestantismus *(jidujiao)* – begriffen. All diese religiösen Traditionen werden in China als *jiao* (Lehre, Doktrin) bezeichnet und die drei großen Traditionen in der Formel *san jiao heyi* (die drei Religionen [Konfuzianismus, Daoismus und Buddhismus] bilden eine Einheit) zusammengefasst.

### Chinesischer Kontext

Bei der Betrachtung der chinesischen Religiosität ist es wichtig, immer den besonderen chinesischen Kontext zu beachten. Bei der immer intensiveren Begegnung der asiatischen und westlichen Kulturen fallen v.a. die mannigfaltigen Unterschiede zwischen den Mentalitäten und religiösen Haltungen auf, die nicht zuletzt im diskursiv-begrifflichen Denken des Abendlandes und dem intuitiv-symbolischen Denken des Ostens gründen. So hat z.B. die Anwendung der intuitiv-symbolischen Denkweise dazu geführt, dass sich im chinesischen Denken keine Lehre von Geist und Materie, Subjekt und Objekt, Transzendenz und Immanenz usw., sondern von komplementären Kräften – Himmel, Mensch und Erde, *yin* und *yang*, fünf Elemente *(wuxing)* usw. – entwickelte. Mangelndes Wissen um solche interkulturellen Unterschiede führt häufig zu Missverständnissen.

Die chinesische Religiosität war immer eng in das Gefüge von Familie, Gesellschaft und Staat verwoben, sodass sich über die unterschiedlichen philosophischen und institutionellen Grundlagen der einzelnen Religionen hinaus gemeinsame Praktiken auch im Ritualwesen entwickelt haben, z.B. Ahnenverehrung, Familienriten und Totenriten.

### Geschichtliche Zuordnung

Mitte des 19. Jh.s wurde in China der herkömmliche Naturalismus durch westliche Ideen und die (Natur-)Wissenschaften infrage gestellt. Die im Ahnenkult religiös fundierte Familienstruktur zerfiel infolge der Industrialisierung und des damit einhergehenden Wandels des Gesellschaftssystems; die Wirksamkeit der Götter und Rituale wurde infrage gestellt. Nach dem Zusammenbruch des Kaiserreichs 1911 verschwand auch das System des konfuzianischen Staatskultwesens. Jedoch weder der Konfuzianismus noch der Kommunismus (mit den Verfolgungen in der Kulturrevolution) konnte die synkretistische Religiosität (↗Synkretismus) der Chinesen verdrängen. Davon zeugt das nach 1980 zu beobachtende Wiederaufleben dieser Religiosität in der VR China, die allerdings mit Blick auf die Zukunft der chinesischen Gesellschaft in China selbst wegen ihrer Mangelhaftigkeit hinterfragt wird. Im Westen werden dagegen selektiv einige Elemente der chinesischen Religiosität hervorgehoben und als Bausteine entweder diverser neureligiöser Phänomene oder aber des Weltethos genutzt.

### Inhaltliche Schwerpunkte

Zu den Grundzügen der verschiedenen Formen der chinesischen Religiosität gehören das homogene magische Weltbild, Zeit- und Raumvorstellungen, die Konzeption der Natur und der Rolle des Menschen in der Welt und der Gesellschaft. Hervorzuheben ist hier v.a. das Entsprechungssystem zwischen dem Makro- und Mikrokosmos sowie die ihm zugrunde liegende Komplementarität von *yin* und *yang* sowie der fünf Elemente bzw. Wandlungsphasen (*wuxing:* Wasser, Feuer, Holz, Metall, Erde), die im Westen stellvertretend für das ganze chinesische Weltverständnis rezipiert werden. Dieses Entsprechungssystem besagt, dass die Natur durch die Wechselwirkung, d.h. durch Ineinandergreifen und Zusammenspiel der bipolaren Kräfte *yin* und *yang* (Hell und Dunkel, Hitze und Kälte, männlich und weiblich, kräftig und schwach usw.) wirkt. Mit der Bipolarität von *yin* und *yang* war eines der fruchtbarsten Prinzipien gefunden, das den Chinesen ermöglichte, eine Struktur in die unendliche Fülle der Erscheinungen und Wandlungen des Universums zu bringen. In dieser Kosmologie war kein Platz für einen »schöpferischen Eingriff von außen«, sodass es im chinesischen Denken keine Gottheit gibt, die mit dem transzendenten Gott der monotheistischen Religionen verglichen werden könnte. Weder das *Dao*, der Himmel *(Tian)* noch das kosmische Prinzip *li*, die pantheistisch bzw. panentheistisch konzipiert wurden, erfüllen diese Funktion. In der chinesischen Religiosität gibt es aber eine reale, unsichtbare Dimension der geistigen Wesen, deren Wahrnehmung im Alltag eine große Rolle spielt. Diese geistige Dimension umfasst die Vorfahren (Ahnen) ebenso wie die guten und bösen Geister und hervorragende Persönlichkeiten (Konfuzius, Laozi, u. a.).

Obwohl es in der chinesischen Religiosität zahlreiche Götter, Geister, Heilige und Unsterbliche, Bodhisattvas (z. B. Guanyin) u. a. Wesen gibt, erfüllt keine dieser Gottheiten bzw. Geister die Funktion eines Erlösers. Für einen solchen ist kein Platz, da der Mensch als von Natur aus gut, also nicht mit einer (Erb-)Sünde belastet, betrachtet wird. Die chinesische Religiosität kennt auch kein festgelegtes offizielles Glaubensbekenntnis *(Credo)*, ist sie doch mehr Privat- bzw. Familienangelegenheit als ein dogmatisches Lehrsystem. Da die für die westliche Philosophie grundlegende Kategorie der Person im chinesischen Denken fehlt, ist die Familienreligiosität ausgeprägter als die individuell orientierte religiöse Praxis.

Die traditionelle chinesische Religiosität, auch in den heute wiederauflebenden Formen, enthält sowohl naturalistische als auch animistische Elemente (↗Animismus) und konzentriert sich vornehmlich auf den Menschen (hier v. a. auf die Ethik in Form von Riten, die die zwischenmenschlichen Beziehungen betreffen) und die Natur. Es handelt sich um Vorstellungen, Erkenntnisse, Lehren und Übungen, die sich auf alle Lebensbereiche erstrecken und in denen sich das »chinesische Wesen« am dichtesten manifestiert.

## 2. Chinesische Religiosität im Westen

### Geschichte

Die chinesische Welt mit ihrer Religiosität fasziniert das Abendland seit der Antike. Seither datieren auch die diversen Einflüsse der chinesischen Kultur auf die abendländische Welt. Mit der Expansion der Mongolen im 13. Jh. drang China bis nach Europa vor. Die Franziskanermissionare, die in dieser Zeit China erreichten, übermittelten erste Berichte. Später berichtete Marco Polo in seinem *Il Milione* über Cathay (China). Schon in diesen Beschreibungen wird China als ein ideales Land geschildert, in dem u. a. große religiöse Toleranz herrscht. Die Kontakte seit der Zeit der Jesuitenmission in China im 16./17. Jh. verstärkten dieses idealisierte Bild, sodass China als Kulturland zum integralen Bestandteil der intellektuellen Diskurse im Europa der Aufklärung wird. Chinesische Motive waren auch in der Kunst sehr verbreitet (Chinoiserie). Der sog. Ritenstreit war die historisch bekannteste Form westlicher Auseinandersetzung mit der chinesischen Religiosität. Nach den Opiumkriegen (1840–1842) und dem Taipingaufstand (1851–1864) sowie im Zusammenhang mit dem europäischen Kolonialismus und Imperialismus erschien China zunehmend in einem negativen Licht. Die Berichte der Missionare des 19. und 20. Jh.s über China als einem »Götzenland« verstärkten dieses Bild. Dies änderte sich erst allmählich. Max Weber versuchte als Erster aus moderner soziologischer Sicht die chinesische Philosophie und Religion zu erforschen. Nach dem Ersten Weltkrieg begann man sich für den philosophischen Daoismus zu interessieren, und die Übersetzungen von Richard Wilhelm

(1873–1930) in Deutschland (und schon früher in England durch James Legge, 1815–1897) trugen dazu bei, dass China und seine Religiosität in Europa objektiver wahrgenommen wurden. Zu einem Paradigmenwechsel kam es dann in Zuge der Gründung der Volksrepublik China (1949) und zur Zeit der Kulturrevolution (1966–1976), während der in Europa der Maoismus (»Mao-Bibel«) mit dem »neuen Menschen« zu einer Ersatzreligion avancierte und zahlreiche Apologeten auch im Westen fand.

### Gegenwärtiges Interesse

Das gegenwärtige Interesse des Westens an der chinesischen Religiosität beruht wohl v. a. auf der Überzeugung, dass man aus der chinesischen religiösen Tradition das Bewusstsein für die Einheit von Mensch und Natur (*Tian ren heyi*, d. h. die Einheit des Himmels und des Menschen) sowie die Grundhaltung, die ganze Welt als eine Familie zu begreifen, lernen könne. In China selbst wird diese Art der Religiosität in die von der Partei propagierte Idee der »harmonischen Gesellschaft« *(hexie shehui)* integriert.

Im Zusammenhang mit der Modernisierung Chinas und der Globalisierung der Welt wurde auch dem Konfuzianismus mit seiner Ethik eine Rolle zugesprochen. Chinesisches Denken und chinesische Religiosität finden auch im Kontext der Theologie zunehmend Beachtung. Sie erweisen sich als relevant für theologische Ansätze im ostasiatischen Kontext; so wird z. B. *Dao* als *Logos* bzw. *Verbum* interpretiert, die Theologie der Einheit wird als Ergänzung der abendländischen Kategorie der Person begriffen, die *yin/yang*-Theorie bildet die Grundlage einer Theologie des Sowohl-als-auch, auf dem Begriff *ren* (Menschlichkeit, Humanität) wird eine Theologie des kosmischen *ren* (verstanden als *agape* oder Liebe) aufgebaut und eine sinochristliche Pneumatologie auf der Verbindung des Begriffes *qi* (Atem, Odem) mit dem Heiligen Geist.

Im Anschluss an die chinesische Philosophie und Religiosität (verstanden als »altchinesische Weisheit«) finden sich heutzutage aber auch vermehrt Versuche, unter Berücksichtigung der chinesischen Medizin und geheim-mystischer (auch sexueller) Praktiken eine Neubestimmung des Menschen und der Welt vorzunehmen. So finden sich verschiedene Elemente der chinesischen Religiosität in den verschiedensten Lebensbereichen des heutigen Lebens im Westen, sei es in der Philosophie und Theologie, in den Naturwissenschaften, in den Medien oder in der täglichen Praxis von Heilkunde, Psychotherapie und Meditation. Elemente des chinesischen Denkens bzw. chinesischer Religiosität, v. a. die *yin/yang*-Lehre und das zum Kultbuch gewordene ↗ *Yijing* (Buch der Wandlungen), wurden zum Kern der Philosophie der New-Age-Bewegung. Wiederum andere Elemente der traditionellen chinesischen Religiosität in meditativem, ökologischem oder quasi-sportlichem Gewand sind im Rahmen der Esoterikbewegung integrale Bestandteile westlichen Lebens geworden: Wahrsagerei anhand von *Yijing*, Astrologie und Horoskope, *taijiquan* (»Schattenboxen«), *qigong* (meditative Gymnastik und Atemübungen; ↗ Falun Gong), *gongfu* (*kungfu*, die Kunst des meditativen Kampfes), die Kunst des Kampfes der buddhistischen Shaolin-Mönche und schließlich *fengshui*, die chinesische Geomantie, die im Rahmen »ganzheitlicher Wohnkultur« Bedeutung erlangt hat und im römisch-katholischen Dokument von 2003 als eine »okkulte chinesische Methode« beurteilt wird.

Im Westen geschieht oft eine, auf einem »prinzipiellen Missverständnis« (R. Wilhelm) basierende, unkritische Übernahme von Elementen des chinesischen Denkens, die als Reaktion auf die »Krise des Westens« interpretiert wird, doch nicht als »kreatives Missverständnis« schöngeredet werden darf. H. Küng und J. Ching warnen (1988) davor, »alles mit allem zu vermischen, um sich je nach dem Bedürfnis bei der einen oder anderen Religion zu bedienen«.

ROMAN MALEK

## Daoismus

Mit dem Begriff Daoismus (Taoismus) bezeichnet man die neben dem Konfuzianismus und ↗Buddhismus dritte große geistige Tradition Chinas (↗Chinesische Religiosität). In der Regel unterscheidet man den philosophischen Daoismus *(daojia)* und den religiösen Daoismus *(daojiao)*. Der Daoismus in seiner philosophischen und mystisch-religiösen Form wird im Westen heute gern als eine alternative Philosophie betrachtet. Solche »esoterische« Art der Rezeption entwickelte in den letzten Jahrzehnten eine eigene Dynamik, die dem Daoismus aber nicht gerecht wird.

### Geschichte und Lehre

Das Schriftzeichen *Dao* bedeutet ursprünglich einen Weg, der nur Menschen mit feinem Spürsinn zugänglich ist. Konfuzius (551–479 v. Chr.) bezeichnete mit *Dao* einen idealen Lebensmodus, den er ständig zu erreichen suchte: »Könnte ich eines Morgens das richtige *Dao* erfahren, so wäre ich bereit, noch am Abend desselben Tages zu sterben« (*Lunyu* 4/8).

Beginnend mit dem 3. Jh. v. Chr. entfaltete sich in China eine Kategorie von Literatur, die den Namen *daojia* (Lehre/Schule des *Dao*) erhielt. In einer Ausweitung der ursprünglichen Bedeutung des Begriffes wurde das *Dao* in dieser Tradition zum Weg des Universums, zum Gang der Natur, zum Urgrund des Seins und schließlich zur Bezeichnung des Unbenennbaren schlechthin. Es hieß nun: Das *Dao*, welches man benennen, definieren kann, ist nicht das unwandelbare *Dao*, die unsichtbare Quelle und der Urgrund, aus dem Himmel und Erde entstanden sind und beständig weiter entstehen und aufgrund dessen aber all die partikulären Phänomene der Welt ihr Sein haben. Dieses *Dao* bedingt die Ordnung in der sichtbaren Welt im gleichen Maße wie im unsichtbaren Bereich. Das *Dao* ist also ein »Mysterium«, die Ursache aller Dinge. Dabei ist das *Dao* einerseits »Sein« *(you)* und andererseits »Nichtsein« *(wu)*. Zu beachten ist jedoch, dass das *Dao* als »das unpersönliche Prinzip« *(li)* keine (ausschließlich) »transzendente Gegebenheit« ist. Das *Dao* ist der Weg hinter allen Wegen, das Prinzip, das allen Prinzipien zugrunde liegt, die Wahrheit, auf die sich alle Wahrheiten gründen. Das *Dao* ist nur insofern »transzendent«, als es allen Dingen vorausgeht (»vor dem Himmel entstanden«), ohne Ursache ist (»geboren aus dem Geburtslosen«), unfassbar, unsichtbar und unhörbar. Gleichwohl ist es »immanent«, insofern es universal, extensiv oder durchdringend ist: Es gibt »keinen Ort, an dem es nicht ist«. Es ist also immanent und zugleich transzendent, »geheim«, doch auch überall verbreitet, groß, unendlich. Seine Fähigkeit zur Verwandlung und Erneuerung stellt ein weiteres wichtiges Merkmal dar; es ist Vater und Mutter, Ahn und Quelle: »In ihm ist alle Essenz, es birgt das Versprechen«.

Diese *Dao*-Lehre ist v. a. in zwei Werken überliefert: dem *Daodejing* (*Tao-te-king;* Das Buch vom *Dao* und der Tugend), das dem Laozi (nach der Überlieferung 6./5. Jh. v. Chr.) zugeschrieben wird, und dem Buch *Zhuangzi*, das auf den Philosophen Zhuangzi (um 365–290 v. Chr.) zurückgeht. Diese Richtung hat sich mit der politisch einflussreichen Lehrtradition des Gelben Kaisers (Huangdi) verbunden und wurde seitdem Huang-Lao-Schule genannt. Ihre Verehrung des Laozi als Ahnherrn der ganzen Schule wurde Ausgangspunkt der Idee des vergöttlichten Laozi, den man als Manifestation des *Dao*, als den *Taishang Laojun* (den Erhabenen Herrn Lao) in Riten verehrte und damit den Anfang des Daoismus als einer chinesischen einheimischen Religion *(daojiao)* markierte. Die Kodifizierung der religiösen Riten um das *Dao* erfolgte zwischen dem 2. und 4. Jh. n. Chr. Die liturgische Verehrung des *Dao* in seinen verschiedenen Hypostasen ist seitdem das Kernstück der daoistischen Religion.

Der Daoismus als ↗ Religion ist durch die Kanonisierung des *Daodejing* und die Vergöttlichung des Laozi (Laojun) unter Aufnahme volksreligiöser und buddhistischer Elemente entstanden. Als Gründergestalt gilt Zhang Daoling (2. Jh. n. Chr.), der erste Himmelsmeister *(tianshi)* des Daoismus. Der Daoismus entwickelte sich zunächst gewissermaßen anarchisch. Von Anfang an erkennt man in ihm Einflüsse von Literaten, Einsiedlern, Schamanen sowie der religiösen Lokaltraditionen. Der Daoismus nahm z. B. die Konzeption der Unsterblichkeit, die Idee der Langlebigkeit und andere antike Konzepte in sich auf, die im späteren Daoismus eine erweiterte Bedeutung erhielten. Der Daoismus war niemals als ein dogmatisches System organisiert, trotz der Sammlung kanonischer Schriften, des *Daozang*, der 1464 Titel (Texte) umfasst. Im Laufe der Zeit haben sich zahlreiche daoistische Gruppen (»Sekten«) gebildet, die sich aber ausnahmslos auf die Offenbarung des *Dao* durch den Herrn Lao (Laozi) und auf Zhang Daoling berufen.

## Praxis

Zur Verehrung des *Dao* zelebrieren die daoistischen Priester aller Richtungen ein ↗ Ritual nach einer alten Liturgie, deren geheime Überlieferung sie von Generation zu Generation bewahrt haben. Sie vollziehen ihre Zeremonien bei Begräbnisfeiern und während der großen wiederkehrenden Kommunalfeste *(zhaijiao)*. Der Großteil der Zeremonien vollzieht sich jedoch im Inneren der Tempel. Die Laienanhänger verbrennen Weihrauch, rezitieren Texte, pflegen Meditation und Wohltätigkeit.

Kern daoistischer Lebenspflege sind Methoden, die Bereiche wie Hygiene, Diätetik, Medizin, Alchemie und Meditation umfassen. Es handelt sich hier um Methoden der Atemführung, Körpergymnastik, sexuelle Techniken sowie pharmazeutische und vorwissenschaftliche metalltechnische bzw. makrobiotische Versuche (z. B. zur Herstellung des Elixiers der Langlebigkeit). Frühere sexuelle Techniken und Drogenaufnahme wurden im Zuge verschiedener Reformen innerhalb des Daoismus aufgegeben. Die Meditationsformen, z. B. die Konzentration des Geistes auf die inneren Körperorgane oder die sie bewohnenden Gottheiten, betrachtet man im Daoismus als ein Ausströmen der vom *Dao* stammenden ursprünglichen Energie bzw. des Atems *(qi)*. Mit dieser Energie sind wiederum andere Übungen *(qigong)* verbunden, die einen besonderen Anklang im Westen fanden. Im Daoismus wurde allerdings stets zwischen innerem *(neiqi)* und äußerem *(waiqi) qigong* sowie »weichem« und »hartem« *qigong* unterschieden. Das innere *qigong* wurde und wird für sich selbst praktiziert, das äußere zur Behandlung von Patienten. Das weiche *qigong* bezieht sich auf Heilzwecke, das harte auf Kampf- oder Kraftgymnastik, dient also der Erzeugung von außerordentlichen Fähigkeiten. *Qigong* war und ist auch eng mit dem Glauben an die daoistischen Geister und Götter verbunden.

### Westliche Rezeption

Im Westen wird der philosophische Daoismus nicht nur im Kontext der New-Age und Esoterikbewegung rezipiert, sondern erfreut sich auch im Zusammenhang mit dem Konzept des Weltethos und der interkulturellen Philosophie zunehmenden Interesses. Man spricht gar von einem »Eurodaoismus«. Der religiöse Daoismus ist zwar noch recht unbekannt, aber bestimmte Praktiken werden selektiv übernommen.

Innerhalb der interkulturellen Philosophie bzw. Theologie werden im Westen v. a. das *Dao* (verstanden als »das Absolute«), *ziran* (»Spontaneität«) und *wuwei* (»Nichthandeln«) diskutiert, nicht zuletzt, weil man sich auf diesem Wege Anregungen für ein neues Denken und Handeln erhofft, in dem mystische Erfahrung und naturwissenschaftliches Weltverständnis zusammenfinden.

Von den Praktiken des Daoismus sind v. a. verbreitet *taijiquan* (meditative Selbstverteidigung bzw. Gymnastik), *qigong* (Atemübungen und -techniken), Meditationstechniken, *fengshui* (Geomantie) und andere einzelne Praktiken wie Massage, Moxibustion und Akupunktur, für die zahlreiche Schulen und Institute (z. B. Feng Shui Institute, Feng Shui Guld, Therapeutengemeinschaft für Medizinisches Qigong, *qigong*-Gesellschaften) existieren. Es gibt ein Netzwerk von Praktizierenden aller Schulen des *qigong* oder auch der traditionellen chinesischen Medizin. Beginnend mit Fritjof Capras *Das Tao der Physik* (1976) erschien eine Unzahl von meist oberflächlichen Büchern, die eine »daoistische« Einstellung für alle Lebensbereiche empfahlen (»Das *Dao* des Geldes«, »Das *Dao* der Liebe« oder »Das *Dao*-Kochbuch«).

Als die besonders anziehenden Aspekte des Daoismus gelten im Westen neben seiner Mystik auch Diätetik und Makrobiotik, weil sie als Gegenentwurf zur Apparatemedizin verstanden werden. Was die *qigong*-Techniken angeht, darf nicht aus dem Blick verloren werden, dass damit nicht bloß bestimmte Atemübungen gemeint sind, sondern es sich um einen integralen Bestandteil der daoistischen Spiritualität handelt, der von den übrigen im Daoismus als komplementär begriffenen Ideen und Praktiken nicht isoliert werden darf.

Konkrete Aussagen über den Nutzen der daoistischen Praktiken sind schwer zu machen. Im Daoismus selbst kommt dem Lehrer/Meister die entscheidende Bedeutung zu. Bei den Praktiken des Daoismus und der traditionellen chinesischen Medizin geht es immer um die Harmonie zwischen *yin* und *yang*, um das Gleichgewicht zwischen Makro- und Mikrokosmos, da Welt wie Mensch eingebettet sind in das Entsprechungssystem von Himmel und Erde. Sie bilden zusammen eine Einheit *(Tian ren he yi)*. Harmonie ist übrigens auch das erklärte Ziel der chinesischen Geomantie *(fengshui)*, die vom Daoismus aufgenommen wurde.

Das daoistische Denken ist für den Menschen des Okzidents so faszinierend, weil es mehr an Konsens und Harmonie orientiert ist als das westliche. Gerade »der geistige Gehalt des Daoismus und der psychologische Wert bestimmter seiner Äußerungen (die dem ↗Yoga eng verwandt sind) sind es, die uns als Antithese unserer Existenz bedeutsam erscheinen« (M. Kaltenmark). Gleichwohl birgt die oft willkürlich-eklektische Weise, mit der daoistische Inhalte und Praktiken unter Verkennung des dahinter stehenden monistischen Weltbildes vielfach rezipiert werden, die Gefahr eines Relativismus und ↗Synkretismus in sich (»Glaubenscocktail«, »Patchworkreligion«).

ROMAN MALEK

# Deismus

## Phasen und Aussagen des Deismus

Der Deismus ist ein mit der christlichen Offenbarungsreligion nicht vereinbarer Entwurf einer natürlichen Religion als Maßstab jeder positiven ↗Religion. Er hat sich in mehreren geschichtlichen Phasen entwickelt und enthält eine Reihe verschiedener Aspekte, die auch in der neureligiösen Szene aktuell sind.

Grundlage des Deismus ist die seit dem 16. Jh. aufkommende neue Geisteshaltung, die sich von einer Kosmozentrik und Theozentrik mehr und mehr auf die Anthropozentrik konzentriert. Der Deismus entstand durch das Aufkommen der Naturwissenschaften, v. a. der Astronomie, und damit verbunden der Einsicht in die festen Regeln der Naturgesetze. V. a. im 17. Jh. (Kepler, Galilei) – aber auch schon früher – wird der Schöpfergott als »Mathematiker« verstanden; das Funktionieren seiner Schöpfung ist durch die immer bessere Kenntnis von Gesetzmäßigkeiten nachrechenbar und deshalb für das menschliche Denken verstehbar. Kepler und andere verstehen um diese Zeit Welt und Universum nicht mehr in Analogie zu einem Lebewesen, sondern nach der Art eines Uhrwerks. So wie ein Uhrwerk wird die (unbestrittene) Schöpfung verstanden, wobei Gott selbst jedoch nur als der »Uhrmacher« gilt: Alles läuft durch das Ineinandergreifen der unterschiedlichen Gesetze, die »Weltuhr« ohne ein zusätzlich nötiges Eingreifen oder ein Mitwirken Gottes.

Wichtiger ist jedoch das Verständnis des Deismus als einer »natürlichen« Religion, was eng mit der ↗Aufklärung zusammenhängt. H. von Cherbury bringt den Begriff der natürlichen Religion nach England; der Ire J. Toland entfaltet die Gedanken einer natürlichen Religion in seinem Werk *Christianity not Mysterious* (1696), dessen Grundüberzeugung von der Meinung geprägt ist, dass die Vernunft Grundlage aller Religion ist, damit aber auch das Christentum nichts enthält, was nicht wenigstens grundsätzlich auch der Vernunft zugänglich wäre. Für die französische Aufklärung ist der Hauptvertreter des Deismus Voltaire, dessen Grundhaltung schon in der Stoa zu finden ist: So wie die positive Gesetzgebung nur die Vereinzelung des allgemeinen Naturrechts ist, so sind die verschiedenen Religionen nur Vereinzelungen einer Naturreligion. Für Voltaire ist die natürliche Religion eine ewig gleich bleibende Normalwahrheit von Moralsätzen. Sie kann aus dem Vernunftinstinkt durch rationales Denken abgeleitet werden. Voltaire bestreitet weder die Existenz Gottes noch die Unsterblichkeit der Seele, lehnt aber alle über das allgemein sittliche Naturgesetz hinausgehenden Religionslehren ab. Religion wird auf Moralität reduziert. Die deutsche Aufklärung (Leibniz, Ch. Wolff) sieht die Welt als notwendige Schöpfung Gottes und gleichzeitig als vollkommen an. Die Gesetzmäßigkeiten sind unveränderlich, und die natürliche Religion ist die Erhellung und Entfaltung eines angeborenen dunklen Gottesbegriffs.

## Zur Aktualität des Deismus

Der Deismus ist eine religiöse Einstellung zu Gott, der unter diesem Namen heute zwar nicht mehr in Erscheinung tritt, jedoch von bleibender praktischer Bedeutung ist. Der moderne Mensch nämlich gewann und gewinnt mehr und mehr die Überzeugung, dass Gott weder durch Wunder noch durch Gebetserhörungen ins Weltgeschehen oder in Menschenschicksale »eingreift«. Viel eher scheint sich alles nach ehernen Gesetzen abzuspielen, und so liegt die Geisteshaltung des Deismus dem heutigen Menschen nicht fern, die da lautet: Gott hat die Welt zwar erschaffen. Einmal geschaffen, läuft das Universum, laufen Welt- und Menschheitsgeschichte jedoch ohne ein merkliches Eingreifen oder Mitwirken Gottes. Zwar ist es heute weitverbreitete theologische Meinung, dass Gott nicht als »Zweitursache«, d.h. direkt und ursächlich, in irdisches Geschehen eingreift (in diesem Punkt ist dem Deismus in der Ablehnung eines Lückenbüßergottes zuzustimmen), dennoch aber ist Gottes Wirken als »Erstursache« (Gott bewirkt, dass die Dinge wirken) in vielfacher Hinsicht zu postulieren. Ausdrücklich mit dem Glauben unvereinbar freilich ist die deistische Ablehnung einer freien Schöpfung durch Gott sowie die einer übernatürlichen Offenbarung Gottes. Auch der Gedanke, alle Religionen seien nur Entfaltungen einer »natürlichen« Religion, ist heute, angesichts eines bekannt gewordenen Pluralismus von Religionen (↗ Pluralistische Religionstheologie), dem modernen Menschen, zumindest wenn er Nichtchrist ist, nicht unbedingt fremdartig. Die wesentliche Einheit aller Religionen wird auch in der sog. neuen Religiosität des New Age und der Esoterik vorausgesetzt. In der hier vertretenen Wiedervergöttlichung der Welt findet sich eine gewisse Gegenbewegung zum deistischen Verständnis. Dieser Betonung der Immanenz des Göttlichen fehlt aber die im christlichen Glauben wesentliche Vorstellung göttlicher Transzendenz und Personalität.

KARL-HEINZ WEGER

# Dialog

## 1. Philosophisch-theologische Grundlegung

### Begriffsskizze

Dialog, seit den platonischen Dialogen Weg und Methode gemeinsamen Mühens um die Wahrheit und literarische Gattung, erhielt, auch durch Impulse des sog. »dialogischen Personalismus« (M. Buber, F. Rosenzweig, G. Marcel, in jüngster Zeit v.a. E. Levinas), eine zentrale Bedeutung im durch das Zweite Vatikanische Konzil initiierten Reformprozess der katholischen Kirche. Dialog ist ein Weg gemeinsamen Findens und Anerkennens der Wahrheit und benutzt dazu auch institutionalisierte Verfahrensweisen. Er zielt auf eine Einigung in einer strittigen Sache, wobei es um die solide Haltbarkeit eines erreichten Konsens geht, mindestens um einen Ausgleich aufgetretener Gegensätze. Der Dialog verläuft nach den Prinzipien des Findens der Wahrheit und der Wahrung der Freiheit. In ihm hat jeder Teilnehmer gleiche Chancen. Der Dialog gelingt nur durch die Antizipation, dass »beide Parteien auf der Ebene grundsätzlicher Gleichberechtigung und Freiheit und in voller Offenheit miteinander zu sprechen bereit sind« (O. F. Bollnow). Äußere Überlegenheit und der Zwang des Mächtigeren dürfen bei der Wahrheitsfindung keine Rolle spielen. Wer sich auf einen Dialog einlässt, muss ein gewisses symmetrisches Verhältnis von Hören und Sprechen wahren und auf jede Form von »Gewaltanwendung« außer der Kraft der Argumente verzichten. Über Sachverstand hinaus muss der Dialog von Aufrichtigkeit und Freimut, von Aufnahmebereitschaft im Hören der Wahrheit und vom Willen zur Selbstkorrektur getragen sein. Dies verlangt, sich von der gemeinsam erkannten Wahrheit umstimmen bzw. verändern zu lassen oder mindestens in der Wahrheitserkenntnis zu wachsen. Ohne eine solche Veränderungsbereitschaft verkümmert der Dialog. Ein wirklicher Dialog ist also sehr anspruchsvoll, wird leicht verletzt und gelingt darum vielleicht gar nicht so oft. Der wahre Dialog vergrößert die Einsicht in das Fragmentarische endlicher Wahrheitserkenntnis und in den größeren Reichtum der Wahrheitserkenntnis wahrer Gemeinschaft. Er fördert so die Kommunikation vieler in der einen Wahrheit.

Ein Bekenntnis braucht im Dialog seine Entschiedenheit nicht einzubüßen. Dialogpartner mit einem klaren Profil haben eine größere Chance, auch wenn der Dialog streckenweise hart ist. Partielle Unstimmigkeiten sind fast immer überwindbar. Sie können sich auch als Zeugnis legitimer Vielfalt herausstellen. Ohne ein letztes tragendes Einverständnis gibt es für einen Dialog freilich keine zuverlässige Basis. Es ist deshalb immer wieder miteinander in Erfahrung zu bringen, ob ein bestimmter Dissens möglicherweise auf fundamentale Differenzen zurückführbar ist.

### Das Zweite Vatikanische Konzil

Dialog wird zum zentralen Stichwort der durch das Zweite Vatikanische Konzil (1962–1965) intendierten Erneuerung der katholischen Kirche. Die Öffnung der Kirche nach innen und nach außen sollte vornehmlich mithilfe des Dialogs erfolgen. Bezugsfelder sind die innerkirchliche Erneuerung, der ökumenische Dialog, der Dialog mit den nichtchristlichen Religionen sowie mit Nichtglaubenden und Atheisten und schließlich ein neues Verhältnis der Kirche zur »Welt von heute«. Neben den Konzilstexten, v. a. der Pastoralkonstitution (GS 19, 21, 23, 25, 28, 43, 92), dem Ökumenismusdekret (UR 9, 11, 14, 18, 19, 21–23), der Erklärung über das Verhältnis zu den nichtchristlichen Religionen (NA 2, 4), dem Dekret über die ↗ Religionsfreiheit (DH 3) u. a. ist v. a. die erste Enzyklika Papst Pauls VI. *Ecclesiam suam* (1964) auch terminologisch von Bedeutung. In deren Übersetzungen tritt Dialog zunehmend an die Stelle eines Nebeneinander von *»dialogus«* (durchgängig in UR) und *»colloquium«*, »Gespräch« (GS 19, 21, 23; NA 2, 4, beide Begriffe in GS 43 und 92). Die Fähigkeit zum Gespräch ist ein maßgebliches Erziehungsziel (GE 1, OT 19) für die Entfaltung der Menschheitsfamilie (GS 25). Auch die Beziehung des Menschen zu Gott kommt in der Form des Dialogs zum Ausdruck (DV 8, GS 19). Das Verhältnis der Kirche zur Welt und zu allen Menschen, die universale Öffnung, wird nicht selten eng mit der Beschreibung der Kirche als Grundsakrament für das Heil der Welt verbunden (LG 1, 9, 48, 59). Weil die Kirche ihren Grund in der Selbstoffenbarung Gottes in Jesus Christus und im Heiligen Geist hat, ist sie dazu gesandt, dies dialogisch allen Menschen und in alle Welt zu bezeugen und zu vermitteln. *Ecclesiam suam* entfaltet dies konsequent unter dem Stichwort Dialog (bzw. lat. *colloquium*), spricht vom »transzendenten Ursprung des Dialogs« in Gott (Nr. 72), sieht die Heilsgeschichte als »Dialog des Heils« (*colloquium salutis* – Nr. 74) und versteht von daher die Sendung der Kirche und den ihr aufgegebenen Dialog (Nr. 89 ff.).

### Dienst und Dialog

Damit können zwei Angelpunkte der konziliaren Erneuerung benannt werden, Dienst und Dialog. Dienst ist eine Grundkategorie im Verständnis des Handelns der Kirche in der Welt. Dienst und Dialog als Vollzugsweisen des Kircheseins kreisen nicht um sich selbst. Sie verdoppeln nicht einfach das, was die Welt schon selbst weiß. Das Evangelium von der rettenden Nähe ergeht in Jesus Christus, dem »treuen Zeugen« des Vaters. Im Sohn ist grundsätzlich alles gesagt, was Gott dem Menschen von sich selbst enthüllt und mitteilt. Dienst und Dialog sind die Weisen, wie das Evangelium zur Welt kommt. Es ist ganz und gar Dienst an dem, was als verloren gilt und gerettet werden soll; es ergeht besonders wirksam im Dialog mit der Welt. Der Dialog wurzelt bereits im Geheimnis der Menschwerdung: Gott selbst tritt als das in die Welt gesandte Wort in die Geschichte ein. Da die göttliche Offenbarung selbst eine dialogische Gestalt hat, besteht ein grundlegender Zusammenhang zwischen dem Dialog und der Wahrheitsfindung im Glauben. In der Betonung des Dialogs zeigt sich ein Stilwandel in der Auseinandersetzung mit der Moderne. Grundlegende neuzeitliche Orientierungen, die im Übrigen auf Anstöße des biblischen Glaubens selbst zurückgehen, wie das Prinzip der Menschenwürde, des Ranges menschlicher Freiheit und der Autonomie irdischer Sachbereiche, finden Anerkennung. Die Anerkennung moderner Gegebenheiten geschieht freilich nie pauschal, sondern im Sinne eines wechselseitigen Prozesses von Anknüpfung und Widerspruch. Die »Zeichen der Zeit« werden in einer Unterscheidung der Geister gelesen, gedeutet und beurteilt.

### Dialogpartner – Dialogebenen – Dialogziele

Je nach Partnern und Art der Verbundenheit mit ihnen unterscheiden sich die Ebenen und Ziele des Dialogs. Das Konzil unterscheidet, wenn es vom »Dialog mit allen Menschen« spricht (GS 92), den innerkirchlichen, den ökumenischen, den (inter-)religiösen und einen humanitären Dialog (die Reihenfolge entsprechend LG 14–16), in umgekehrter Reihenfolge spricht *Ecclesiam suam* von vier konzentrischen Kreisen. Der ökumenische Dialog, der sich um die Einheit der Christen bemüht, ist vom interreligiösen Dialog, worin wiederum v.a. der Dialog mit dem ↗Judentum, sodann das Gespräch mit dem ↗Islam eine eigene Struktur haben, deutlich zu unterscheiden. Zunehmende Bedeutung werden die Dialoge auch mit dem ↗Buddhismus und dem ↗Hinduismus erhalten. Im interreligiösen Dialog (↗Pluralistische Religionstheologie) geht es um ein tieferes wechselseitiges Verstehen angesichts der Verschiedenheit der Religionen, das aber die Suche nach Gemeinsamkeiten nicht ausschließt (Gott als Grund und Ziel unseres Lebens, Religionsfreiheit, ethische Fragen). In einer zunehmend globalisierten Welt erhält der interreligiöse Dialog zusätzliche Bedeutung als ein Instrument der Friedenssicherung angesichts eines von manchen befürchteten »Krieges der Kulturen« (Huntington). In diesem Zusammenhang sind die beiden durch Papst Johannes Paul II. initiierten interreligiösen Begegnungen, die »Assisi-Treffen« (1986, 2002), besonders zu erwähnen. Dass »Dialog und Verkündigung« einander nicht ausschließen, unterstreicht das gleichnamige wichtige vatikanische Dokument (1991). Es unterscheidet vier Dialogebenen: den Dialog des Lebens, des Handelns, des theologischen Austausches und der religiösen Erfahrung (DuV 42). Zum Verhältnis von Dialog und Mission ist zu sagen, dass der dialogische Ansatz jede Form von Mission verbietet, die die menschliche Person, ihre Würde und ihre Freiheit missachtet oder verletzt.

### Innerkirchlicher Dialog

Unter verschiedenen Stichworten wurde nachkonziliar ein Anliegen diskutiert, das das Konzil selbst so beschrieben hatte: Es soll die Kirche »zum Zeichen jener Brüderlichkeit (werden), die einen aufrichtigen Dialog ermöglicht und gedeihen lässt. Das aber verlangt von uns, dass wir v.a. in der Kirche selbst, bei Anerkennung aller rechtmäßigen Verschiedenheit, gegenseitige Hochachtung, Ehrfurcht und Eintracht pflegen, um ein immer fruchtbareres Gespräch zwischen allen in Gang bringen, die das eine Volk Gottes bilden, Geistliche und Laien. Stärker ist, was die Gläubigen eint, als was sie trennt. Es gelte im Notwendigen Einheit, im Zweifel Freiheit, in allem die Liebe« (GS 92). Das Anliegen einer »geschwisterlichen« Kirche berührt alle Ebenen kirchlichen Lebens. Ohne dass hier schon in jeder Hinsicht befriedigende Lösungen erreicht wurden, ist doch – gegen alle Schlagworte – darauf hinzuweisen, in welch tief greifender Form dialogische Umgangsformen und Strukturen das Binnenleben der Kirche nach dem Konzil verändert haben.

## 2. Dialoginitiativen

### Institutionalisierung

Mit dem Konzil begann die Gründung der Päpstlichen Sekretariate bzw. Päpstlichen Räte für den Dialog: der Päpstliche Rat zur Förderung der Einheit der Christen (bereits seit 1960), für den interreligiösen Dialog (1964, zunächst für den Dialog mit den Nichtchristen, jetziger Name seit 1988) und für den Dialog mit den Nichtglaubenden (1965), jetzt Teil des Päpstlichen Rats für die Kultur (1993). Inzwischen gibt es vergleichbare Institutionen auf vielen Ebenen, wobei v. a. die zahlreichen bilateralen und multilateralen ökumenischen Dialoge hervorzuheben sind. Auf Weltebene ist hier die Kommission für Glaube und Kirchenverfassung »Faith and Order« des Weltkirchenrates (ÖRK) bedeutsam. Nicht zuletzt unter dem Eindruck der Schoah entwickelte sich in den christlichen Kirchen ein tieferes Bewusstsein für den christlich-jüdischen Dialog, institutionell vielfach ökumenisch verortet. Engagiert sind hier z. B. die Gesellschaften für christlich-jüdische Zusammenarbeit, kirchliche Hochschulen und Akademien, die Christlich-jüdische Arbeitsgemeinschaft (Schweiz) und der Koordinierungsausschuss für christlich-jüdische Zusammenarbeit (Österreich). Der christlich-islamische Dialog wird durch Initiativen und Beauftragte der evangelischen Landeskirchen und katholischen Bistümer gefördert. Angestoßen durch die Arbeitsmigration und bleibende Präsenz von Muslimen in westlichen Ländern haben sich christlich-islamische Gesellschaften gegründet, die den Dialog zwischen Christen und Muslimen meist auf regionaler Ebene initiieren und führen. Die 2001 vom Rat der Europäischen Bischofskonferenzen und der Konferenz Europäischer Kirchen unterzeichnete Charta Oecumenica betont die Bedeutung des interreligiösen Dialogs, wobei Judentum und Islam auch terminologisch akzentuiert sind (»Gemeinschaft« bzw. »Beziehungen«).

### Gebetstreffen

Angesichts des Zusammenlebens unterschiedlicher Religionsgemeinschaften und religiöser Bewegungen und im Anschluss an interreligiöse Begegnungen entsteht bisweilen der Wunsch, gemeinsame Gebetstreffen oder sog. interreligiöse Gottesdienste zu feiern. Die christlichen Kirchen betonen eindringlich, dass nach ihrem Verständnis ein gemeinsamer Gottesdienst nicht möglich ist, da zu große Unterschiede im Gottesverständnis und im liturgischen Verständnis vorhanden sind. Wohl ist bei gegebenen Anlässen ein »Beten im Angesicht des Anderen« möglich. Dezidiert lehnt die katholische Kirche jede Form eines »interreligiösen Gottesdienstes« ab. Das »Modell Assisi«, das Bezug nimmt auf die Einladung von Papst Johannes Paul II. an Vertreter der großen Religionen nach Assisi 1986 und 2002, besagt, dass Vertreter der Religionen in Eintracht zusammenkommen, um in der jeweiligen Tradition zu beten. Die positiven Erfahrungen dieser Treffen nimmt die internationale Laiengemeinschaft Sant'Egidio auf und lädt regelmäßig auf regionaler Ebene zu Folgetreffen ein.

## 3. Dialog mit neureligiösen Bewegungen

Das vatikanische Dokument *Dialog und Verkündigung* (1991) bietet eine grundlegende Standortbestimmung der katholischen Kirche in Fragen des Dialogs. Ausdrücklich wird in diesem Dokument allerdings betont, dass bei den Ausführungen nicht der Dialog mit den neuen religiösen Bewegungen in den Blick genommen wird (Nr. 13). Zu unterschiedlich sind diese Gruppen in ihren religiösen und humanen Werten, zu neu und unbeständig in ihrer Entwicklung, als dass sie mit den ↗Weltreligionen gleichgestellt und gleich behandelt werden könnten.

Grundsätzlich stellt sich die Frage der Begrifflichkeit im Kontakt mit neuen religiösen Bewegungen und Weltanschauungsgruppen. Die Bezeichnung »interreligiöser Dialog« bleibt als Fachterminus den Beziehungen und Kontakten zwischen den Weltreligionen vorbehalten, während »Gespräch«, »Begegnung« u. ä. adäquate Bezeichnungen für die Kontakte mit Vertretern der neureligiösen Bewegungen sein können.

### Voraussetzungen für den Dialog

Jeder Dialog ist an Voraussetzungen gebunden, zu denen grundlegend Dialogbereitschaft und -fähigkeit gehören. Aber ein Kennzeichen von sektiererischen Gruppen ist gerade ihre Abschottung nach außen: Die Grenzen der Gruppe bestimmen auch die Grenzen der Kommunikation. Sektiererische und fundamentalistische Gruppen sind von ihrer Haltung her zu einem Dialog nicht fähig, aber auch nicht an ihm interessiert, da für sie der Dialog mit Anderen ein Zeichen von Schwäche oder gar Verrat an der eigenen Wahrheit bedeutet. Überheblichkeit und ein Überlegenheitsgefühl, aber auch Selbstzufriedenheit und ein Mangel an Offenheit stellen Hindernisse für den Dialog dar, ebenso wie Misstrauen, eine polemische Gesinnung, Intoleranz und Machtstreben einen Dialog unmöglich machen.

Kein Dialog kann mit Gruppierungen geführt werden, die in ihrem Verständnis vom Menschen den Respekt und die Achtung vor dem Anderen vermissen lassen, so etwa wenn eine rassistische oder rein instrumentelle Sicht des Menschen vorherrscht.

### Zielsetzung des Dialogs

Das Ziel eines jeden Dialogs, auch des interreligiösen, muss klar sein. Der ökumenische Dialog unterscheidet sich in der Zielsetzung entscheidend vom interreligiösen. Während die ↗Ökumene die Einheit der Christen anstrebt, kann aus christlicher Sicht nicht eine Welteinheitsreligion das Ziel des interreligiösen Dialogs sein. Eine solche universalreligiöse Ausrichtung, wie sie sich u. a. in Strömungen der Theosophie, der Vereinigungskirche oder auch in vielen neuen esoterischen Richtungen und im New Age findet, wird von den Kirchen abgelehnt und kann nicht Ziel eines Dialoges sein. Unter Bedingungen, die den Anderen lediglich vereinnahmen wollen, ist kein Dialog möglich.

Der Dialogprozess selbst muss differenziert betrachtet werden, die unterschiedlichen Arten des Dialoges (Dialog des Lebens, des Handelns, des theologischen Austausches und der religiösen Erfahrung) müssen berücksichtigt werden. Auch sind die verschiedenen Stufen des Dialoges zu beachten. *Kennenlernen:* die Beschäftigung mit den Inhalten und Werten der anderen religiösen Überzeugung durch Lektüre und Studium der jeweiligen Schriften und Veröffentlichungen; *Erstkontakte:* das Kennenlernen des Anderen durch Informationsbesuche und Erstkontakte; *Begegnung:* das Gespräch über Glaubensinhalte und Praxis, über Gemeinsames und Trennendes; *Dialog:* die dialogische Beziehung in einem lebendigen Austausch über einen längeren Zeitraum. An diesem gestuften Weg wird deutlich, dass nicht jede Begegnung schon als »Dialog« bezeichnet werden kann.

Auch wenn aus den oben genannten Gründen mit einer Gruppierung auf institutioneller Ebene kein Dialog möglich ist, so kann doch mit einzelnen Mitgliedern aus pastoralen Gründen ein Dialog aufgenommen werden. Hier ist allerdings deutlich zwischen dem Gespräch mit Einzelnen und dem mit der Institution zu unterscheiden.

KARL LEHMANN (1),
WERNER HÖBSCH (2, 3)

## Eckankar

Eckankar wurde 1965 vom US-Amerikaner Paul Twitchell († 1971), einem initiierten Schüler Kirpal Singhs, als »Wissenschaft des Seelenreisens« und »Weg der totalen Bewusstheit« gegründet. Twitchell hat die Abhängigkeit von Kirpal Singh und anderen indischen Gurus (↗ Guruismus) verborgen. Quelle seines esoterischen Wissens sollen *»Rebarzar Tarzs«* und andere fiktive ECK-Meister sein. C. Lane zufolge sind etliche frühe Bücher Twitchells weithin Plagiate aus J. P. Johnsons *Pfad der Meister,* einem Standardwerk des ↗ Sant Mat. Aus dessen Tradition stammen überwiegend Eckankars Bewusstseinstechniken (Seelenreisen, Astralprojektion, ↗ Yoga des Klangs und des Lichts, Meditation auf das Bild des Meisters im Dritten Auge) und seine Kosmologie (kosmische Sphären, durch die die Seele mithilfe geheimer Mantras aufsteigt), sogar der Name: *Ek-Omkar* (vom Sanskritwort für 1 und dem Mantra *Om*), bei den *Radhasoamis* eine Bezeichnung des hörbaren Lebensstroms, auf den sich der Meditierende einstimmt. Dazu kommen Einflüsse von Scientology, Theosophie u. a. Wichtig ist, den heiligen Namen Gottes *(»HU«)* zu singen und unter der Leitung des ECK-Meisters Traumreisen zu unternehmen.
Nach Twitchells Version ist er 1965 von *»Rebarzar Tarzs«* zum 971. ECK-Meister geweiht und dadurch zum Träger uralten Wissens gemacht worden (1971 folgte ihm Darwin Gross, 1981 Harold Klemp). Der ECK-Meister versteht sich als einziger »Meister des Zeitalters« *(Satguru)* und sieht seine Aufgabe darin, der Seelenführer der von ihm initiierten Jünger zu sein, die Verwaltung ihres Karmas zu übernehmen und sie durch die kosmischen Sphären zu geleiten, sodass sie von dort, aus der Distanz des unbeteiligten Beobachters, ihr irdisches Geschick steuern und neue karmische Verstrickungen vermeiden können. Das Ziel besteht darin, in totaler Freiheit und Bewusstheit die eigene Göttlichkeit zu realisieren. Eckankar ist durch Center, Studiengruppen und Initiatoren auch in Mittel- und Osteuropa aktiv.

REINHART HUMMEL

## Eklektizismus

↗ Synkretismus.

## Erlösung

### Neureligionen

Die Anwendung jüdisch-christlicher Erlösungsvorstellungen auf die Begriffssysteme von Neureligionen umschließt sehr heterogene Vorstellungen über die Verfallenheit von Mensch und Welt sowie über Weg und Ziel der ersehnten Vollkommenheit im Sinne einer Heilsvermittlung durch einen Meister oder einer subjektiven Erfahrung von Befreiung.
Neureligionen indischen Ursprungs folgen den klassischen Erlösungswegen durch Werke *(karma-mârga),* Erkenntnis *(jñâna-marga)* und liebender Verehrung *(bhakti-mârga).* Im schrittweisen Bewusstwerden der Wesenseinheit des individuellen Selbst mit der formlosen Wirklichkeit geschieht Befreiung *(moksha)* aus dem gnadenlosen Daseinszyklus *(samsâra).* Die meisten Gurus sind am ↗ monistischen Weltbild orientiert oder verstehen sich selbst als göttliche Manifestation *(Avatâra).* Die ↗ Transzendentale Meditation stützt sich auf ein evolutionäres Potenzial an Kreativität durch das »transzendentale Bewusstsein«, wel-

ches das Alltagsleben übersteigt und in eine Integration mit der kosmischen Seinserfahrung einmündet.
Für die theistische ↗ISKCON ist das Erwachen zum Krishna-Bewusstsein der Beginn der Erlösung. Durch Singen des Hare-Krishna-Mantras und dienende Hingabe wird die Seele mit der ursprünglichen Glückseligkeit erfüllt.
Die ↗Osho-Bewegung reduziert in ihrer schillernden Verbindung von Humanistischer Psychologie und tantrischer Weltsicht Erlösung auf die Eliminierung gesellschaftlicher Zwänge und Prägungen zugunsten einer Bewusstheit im Jetzt der liebenden Hingabe. Da Sexualität und Spiritualität als zwei Pole der einen Energie gesehen werden, wird Erlösung zum Einschwingen in den kosmischen Energiestrom.
In der Esoterik ist die Erlösung Jesu Allegorie für eine geistige Wiedergeburt. In der Theosophie wird sie zum Ideal für die eigene Selbstverwirklichung. Die Anthroposophie sieht, ausgelöst vom Christus-Impuls, eine Höherentwicklung des Menschen in vielen Reinkarnationen, bei denen die Schuld des Karmas abgearbeitet wird. Das New Age zielt auf eine »Transformation« zum transpersonalen Bewusstsein. Die Summe der in einem Netzwerk verwobenen und erleuchteten Individuen bewirkt als »globales Gehirn« den erlösenden Paradigmenwechsel in der Gesellschaft. Wellness als ganzheitliches, ökopsychosomatisches Wohlbefinden ersetzt zunehmend traditionelle Erlösungsvorstellungen.
Nachchristliche ↗Neureligionen schließen allgemein alle Nichtmitglieder von der Erlösung aus. Die Grundlegung von Erlösung in der Inkarnation wird durch die Leugnung der Gottessohnschaft Jesu aufgehoben, wie auch das Heilsziel der Gottesebenbildlichkeit in der Dynamik der trinitarischen Liebe durch eine leistungsbezogene Auffassung menschlichen Wohlverhaltens ersetzt wird. Die Lehre der Mormonen von einer progressiven Vergöttlichung des Menschen ordnet das Erreichen einer der drei »himmlischen Stufen« der Anstrengung des Menschen zu. Erlösung kann rückwirkend durch die Totentaufe für Verstorbene vollzogen werden. Die Parallelität von diesseitiger und göttlicher Welt verleiht dem innigen Familienleben einen ewigen Wert, wobei das Siegel der Ehe zum Unterpfand der Erlösung wird. Die Zeugen Jehovas binden Erlösung an den »göttlichen Plan der Zeitalter«, nach dem während des Tausendjährigen Reiches alle Toten sich frei für Gott entscheiden können. 144 000 Mitglieder sind zur Mitregentschaft im Himmel berufen, die übrigen leben auf einer paradiesischen Erde. Der Gründer der Vereinigungskirche, San Myung Mun, sieht sich im Höhepunkt des göttlichen »Planes der Wiederherstellung« der wahren Familie als zweiten Messias. Das Universelle Leben spricht in gnostisch-spiritualistischer Weise vom Erlöserfunken in jeder Seele, der in einem initiatorischen Schulungsweg zur himmlischen Vereinigung führt. Diese Heimholung geschieht mittels außerirdischer »Brüder des Alls« und des Christus, der die göttliche Kraft wieder in die Materie einbringt.

MICHAEL FUSS

## Falun Gong

Falun Gong (oder *falun dafa*) ist eine synkretistische Bewegung (↗Synkretismus), die 1992 in der VR China entstanden ist und buddhistische, daoistische und traditionelle chinesische Elemente aufweist (↗Chinesische Religiosität). Gründer und »Meister« der Bewegung ist Li Hongzhi (aus Nordostchina, heute in den USA), der in seinem Hauptwerk *Falungong* die Lehre der Bewegung darstellt.
Falun Gong machte außerhalb Chinas

erstmals von sich reden, als am 25. April 1999 rund 10 000 Anhänger vor dem Sitz der Parteiführung in Peking für ihre Anerkennung demonstrierten. Der Einfluss von Falun Gong hat seitdem in der ganzen Welt – nicht zuletzt wegen der drastischen Maßnahmen der VR China gegen die Bewegung – beträchtlich zugenommen, sodass es inzwischen kein rein innerchinesisches Phänomen mehr ist. Das belegt u. a. die zunehmende Zahl der Internetseiten von Anhängergruppen in der westlichen Welt. Laut eigenen Angaben hatte die Bewegung 1999 allein in China ca. 70–100 Mio. Mitglieder, nach Angaben der chinesischen Regierung allerdings nur rund 2 Mio.

Der Name der Bewegung setzt sich aus dem buddhistischen Begriff *falun* (»Rad des *dharma*«, d. h. der Lehre [des Buddha]) und *(qi)gong* zusammen. Im Zentrum der Praxis stehen die *Qigong*-Übungen, eine Mischung aus Atemgymnastik und Meditation zu prophylaktischen oder therapeutischen Zwecken, die auf traditionelle chinesische Heilsvorstellungen zurückgehen. V. a. wird die Befreiung von den verschiedenen Leiden des menschlichen Lebens (Krankheit, Alterung, Sorgen und Tod), der Erwerb übernatürlicher Kräfte und menschliches Glück propagiert.

Nach Lis Überzeugung wurde die menschliche Zivilisation bereits 81-mal ausgelöscht und stets von wenigen Überlebenden neu aufgebaut. Außerirdische Lebewesen, welche die irdische Menschheit vernichten wollen, spielen nach Li dabei eine wichtige Rolle. Sie haben den Menschen moderne Technologie, Wissenschaft und Medizin gebracht, sodass die Menschheit immer mehr an diese glaubt. Endziel der Außerirdischen ist es, an die Stelle der Menschheit zu treten, was ihnen durch das Klonen von Menschen gelingt, sodass die Menschen schließlich durch Außerirdische ersetzt werden. Aufgabe des Menschen ist es daher, sich auf diese Situation durch die Kultivierung von *qigong* vorzubereiten. Diese Selbstkultivierung zielt zunächst auf die positive Veränderung des körperlichen Befindens, um so Krankheiten zu beseitigen. Im Anschluss daran geht es auf höherer Stufe um die geistige Selbstkultivierung des Menschen; dazu setzt Meister Li den Anhängern ein *falun* (»Rad der Lehre«) und verschiedene »Energien« ein als Voraussetzung zur Erlangung von Verdiensten. Das »Rad der Lehre« ist nach Li ein intelligentes, im Unterbauch rotierendes Feld von hoher Energie. Am Ende des Durchgangs durch zahlreiche Selbstkultivierungsebenen steht die Befreiung von Krankheit, Alter und Tod. Der so »Kultivierte« erreicht dann schon zu Lebzeiten »Erleuchtung« und damit den »unsterblichen Körper« und entgeht dadurch auch der Vernichtung der Welt.

Li selbst schreibt sich übernatürliche Kräfte zu; er steht in ständiger Verbindung mit allen Göttern des Kosmos. Nur er allein kann das *falun* und die Energien einsetzen; er verfügt über *fashen* (»Körper der Lehre«) und beschützt dadurch die anderen; er kann das »Himmelsauge« der Menschen öffnen, das die Sicht auf weit entfernte Dinge und in der Zukunft liegende Ereignisse ermöglicht.

Wie bei Li selbst bildet sich auch über dem Kopf eines »Erleuchteten« eine unsichtbare *Gong*-Säule. Letztlich ist aber der Meister selbst der alleinige Beschützer. Wer sich wirklich kultiviert, Lis Bücher liest, seine Videokassetten ansieht, die Tonbänder hört und die Übungen praktiziert, kann ein *falun* bekommen. Zugleich wird demjenigen, der *qigong* praktiziert, die Fähigkeit verheißen, einen »im materiellen Raum existierenden Gegenstand in einen anderen umzuwandeln«. Ferner ist es für die Anhänger Lis möglich, »kosmische Sprachen« zu erwerben. Falun Gong schützt überdies vor Tieren, die sich »an den Körper eines

Menschen heften«, bewirkt eine Lebensverlängerung und führt zur Erlangung eines »unsterblichen Körpers«, weil durch die Übung von Falun Gong alle Moleküle der Zellen unter den Einfluss eines Feldes von hoher Energie gelangen. Die Folge ist, dass die Zellen nicht mehr absterben, der Mensch also von diesem Augenblick an nicht mehr älter wird. Zugleich wird er nie mehr krank. Krankheit wird letztlich auf ein intelligentes aber »schreckliches« Wesen zurückgeführt, das sich in einer anderen Dimension befindet. Die Heilung mittels *falungong* (unter Ausschluss moderner Medizin) zielt direkt auf seine Vernichtung.

Die oben angeführten besonderen Fähigkeiten werden zur Begründung der Einzigartigkeit der Bewegung und der Absonderung ihrer Mitglieder angeführt. Dadurch und durch die Konsequenzen des »Austritts« aus der Bewegung soll das Gruppenbewusstsein der Mitglieder gestärkt werden. Die Bewegung soll in Zellen von je zehn Personen organisiert sein, die die Mitglieder anderer Zellen nicht kennen. Li Hongzhi steht an der Spitze der Bewegung, die Anhängerschaft gliedert sich in Gruppen verschiedener Selbstkultivierungsgrade. Jedem Grad entsprechen unterschiedliche Fähigkeiten. Mit zunehmenden Fähigkeiten wächst auch der Grad an Macht über Menschen und Umwelt. Es wird sogar angedeutet, dass die Selbstkultivierung durch *falungong* Menschen in Götter zu verwandeln vermag. Wer allerdings die Zugehörigkeit zu Falun Gong aufgibt, verliert sofort alle Verdienste und jeglichen Schutz.

Verschiedene Faktoren haben zum raschen Erstarken der Bewegung beigetragen. Ein Grund ist die Tatsache, dass Li Hongzhi fünf einfache *Qigong*-Übungen mit dem Versprechen hoher Wirksamkeit propagiert hat. So rekrutieren sich die Anhänger von Falun Gong v.a. aus der großen Gruppe der Menschen in China und im Westen, die *qigong* praktizieren und sich von Meditation angesprochen fühlen.

Falun Gong ist nach ihrem Selbstverständnis eine »spirituelle Meditationsbewegung«, die sich der Verbreitung von »Wahrhaftigkeit, Barmherzigkeit und Nachsicht« verschrieben hat. In der Lehre von Li vermischen sich animistische Vorstellungen mit traditionellen Moralvorschriften (Verbot von Alkohol, außerehelicher Sexualität und Glücksspiel, Warnungen vor Homosexualität).Die chinesische Regierung stuft die Bewegung als »heterodoxe«, »böse« Sekte *(xiejiao)* ein. Religionswissenschaftlich gesehen handelt es sich um eine synkretistische Lehre und Praxis, die als »Heilsgemeinschaft« und »religiöse Revitalisierungsbewegung« gekennzeichnet werden kann. Li Hongzhi selbst spricht nicht von Religion, sondern von »Selbstkultivierungsmethode«. Ungeachtet der Tatsache, dass Falun Gong erklärt, sie sei eine unpolitische Bewegung, mobilisiert sie ihre Anhänger immer wieder zu organisierten Protesten in China und weltweit. Darüber hinaus führt die Doktrin von Falun Gong zu einem Rückzug ihrer Anhänger aus gesellschaftlichen Strukturen.

ROMAN MALEK

## Fest

Fest und Feier strukturieren Zeitabläufe. Das englische Wort für Feiertag *(holy day)* markiert das Herausgehobensein des Festtages aus dem normalen Tagesrhythmus. Das Fest erhält damit einen die alltägliche Wirklichkeit überschreitenden Charakter und führt vom *pro-fanum* zum *fanum*, vom Gewöhnlichen zum Heiligen. Das jeweilige ↗Ritual ermöglicht gleichzeitig einen unmittelbaren Zugang zum Transzendenten, zum Göttlichen.

In den Festen vermitteln letztlich alle religiösen Traditionen eine bestimmte Deutung der Welt und des Lebens. Die Antwort auf die Grundfragen aller Menschen nach dem Woher, Warum, Wozu und Wohin des Lebens findet so praktischen Ausdruck in den Festriten. Über das Nachvollziehen des Ritus wird die Identität des am Fest Teilhabenden als Teil einer bestimmten (religiösen) Gemeinschaft gestärkt.

**Feste im Jahreskreis**

Alle Religionen haben in vierfacher Hinsicht spezielle Festkalender entwickelt:
1) *Kreisläufe der Natur und im Kosmos:* Das religiöse Jahr ist nicht nur im Christentum mit Naturrhythmen verbunden. So wirkt etwa bis heute in Indien die vielfältig entfaltete Struktur des Hindu-Jahres prägend, in Europa, im Mittleren Osten und in Afrika das sehr unterschiedlich akzentuierte christliche Kirchenjahr in Verbindung mit dem islamischen Jahr, oft mit vorchristlichen und vorislamischen Riten verbunden. In Ostasien spielt die kosmische Bedeutung des Jahres für Glück und Unglück eine große Rolle. Ungewöhnliche Naturereignisse wie Erdbeben, Vulkanausbrüche, Sonnenfinsternisse, lebensbedrohende Trockenzeiten und regelmäßige Phänomene wie Saat und Ernte finden in der zyklisch wiederkehrenden Feier ihren Ausdruck:
2) *Heilige Geschichte(n):* Hierher gehören festliches Erinnern bestimmter mythischer oder historischer Ereignisse, die als identitätsstiftend empfunden werden, z. B. Ostern oder Ramadan, die monatliche Puja im Hinduismus usw.
3) *Heilige Zeiten:* Besondere Zeiten aus dem Alltag herauszuheben, ist Kennzeichen aller Religionen, z. B. Neujahrsfeste wie Nowrus im Mittleren Osten, chinesisches Neujahr, jüdisches Rosh Hashana.
4) *Heilige Orte:* An bestimmten Orten haben sich Legenden festgesetzt, die teilweise mit den genannten Kreisläufen und Ortsgeschichten zusammenhängen und durch festgelegte Rituale, besonders Wallfahrten und Prozessionen, geprägt sind.

**Lebensbegleitende Feste**

Schon in frühester Zeit wurden wichtige Schritte im Leben des Menschen religiös gedeutet und begleitet. Wegen dieser Begleitfunktion sprechen wir von Passageriten *(rites de passage)*. Geburt, Erwachsenwerden bzw. Eintritt in die Mündigkeit, Heirat und Tod sind die Stationen, die mit entsprechenden Riten gewürdigt werden. In einigen Religionen werden noch erheblich mehr Stationen auf dem Lebensweg festlich begangen. Dabei kann sich der Blick auf einen vorgeburtlichen oder nach-todlichen Bereich erweitern (Reinkarnation). Die säkularisierten Weisen des Begehens vieler Ereignisse haben fast überall Elemente aus religiösen Traditionen entlehnt.
Ungeachtet der Ähnlichkeit der Anlässe für diese Feste und Feiern am Lebensweg erhalten diese von der jeweiligen Religion einen unverwechselbar eigenen Zusammenhang. Nicht zufällig halten auch Menschen und Familien, die sich innerlich weit von den ursprünglichen Überlieferungen der Kultur bestimmenden Religion entfernt haben, an den Passageriten dennoch fest, wie das im säkularisiert-christlichen Bereich Konfirmation und Jugendweihe oder im islamischen Bereich die Beschneidung der Jungen auffallend zeigen.
Trauer- und Bestattungsriten scheinen eine besonders feste Tradierung zu erfahren. Sie werden immer wieder in den unterschiedlichsten Formen von Beerdigung, Verbrennung, regelmäßigem Versammeln am Grabe, Translationen (Überführungen), Verehrung der Ahnen usw. praktiziert.

### Religiöse Traditionsbezogenheit von Festen

Folgende Haupttraditionslinien – oft mit synkretistischen Veränderungen – lassen sich erkennen:

- Jüdischer-christlicher Hintergrund mit dem auffälligsten Beispiel von Sabbat und Sonntag und deren »Begehungen«.
- Islamischer Hintergrund, besonders in der Verbreitung des Ramadan-Fastens und in der Akzeptanz von Sufibewegungen mit ihren teilweise ekstatischen Gebetsformen.
- Indischer Hintergrund (mit Sikhismus, Jainismus und Hinduismus) mit dem Feiern etwa des Diwali-Festes in deutschen Kontexten.
- Buddhistischer Hintergrund (in Theravada- oder Mahayana-Tradition), v.a. bei tibetisch orientierten Gruppierungen, die Teile des tibetischen Festkalenders übernehmen.
- Ostasiatischer Hintergrund mit Einflüssen aus den traditionalen Religionen der Region, in Verbindung mit Shintoismus, Daoismus, Konfuzianismus, Buddhismus, teilweise in stark synkretistischer Ausprägung.
- Einflüsse traditionaler Religionen in der Alltagskultur durch Aufleben von ursprünglich alten Riten etwa in Sonnenwendfeiern oder durch magische Praktiken, wo ethnisch verwurzelte Bräuche in einem veränderten Zusammenhang aufgenommen werden (z.B. Feiern der neuen Druidenpriester).
- Feste aus mehr säkularen Traditionen, die sich teilweise national, zivilgesellschaftlich und/oder konsumorientiert zeigen, z.B. Muttertag, Nationalfeiertage, Valentinstag (14.2.), Tag des Kindes usw.

### Zur Bedeutung religiöser Feste und Gedenktage

In pluralistischen Gesellschaften verlieren religiöse Feste zunehmend ihren *Heilscharakter* und werden in *Heilungs- und Glückshoffnungen* umfunktioniert und instrumentalisiert. So hindert die starke ↗Individualisierung der Gesellschaft, dass sich der Einzelne mit einem Fest religiös (völlig) identifiziert. Das hat zur Folge, dass viele Menschen bestimmte Elemente eines Festes für sich oder im Blick auf die eigene Gruppe übertragen und so versuchen, neue Identität zu finden. Das führt zu verschiedenen Bedeutungsebenen desselben Festes, was im Verlauf der Festgeschichten immer schon so gewesen ist. Auch das Christentum Mitteleuropas hat eine Reihe keltischer und germanischer Riten »getauft« und dadurch einen Bedeutungswandel herbeigeführt, der sich kontinuierlich fortsetzt. Beispiele sind die Wintersonnenwende und Weihnachten, wo in diesem Kontext aus der germanischen Weltenesche der immer grünende Tannenbaum wurde, oder im Zusammenhang von Sommersonnenwende und Johannistag (= Tag Johannes' des Täufers).

### Aktuelle Trends

Die Situation hat sich im 21. Jh. gegenüber der vorausgegangen Zeit insofern verändert, als neue religiöse Bewegungen kaum eine eigene Festkultur hervorbringen, sondern bestimmte Elemente aus vorhandenen Riten werden zur Stabilisierung der eigenen Gruppenidentität genutzt, z.B. an »heiligen oder magischen Orten«. Besonders auffällig ist jedoch der Pilgertrend, der inzwischen Hunderttausende auf den Jakobsweg nach Santiago de Compostela führt(e). Das ursprünglich irisch-keltische Fest Halloween (*All Hallows Eve* = *All Saints Eve/Evening* = Vorabend von Allerheiligen) ist inzwischen konsumorientiert und medienwirksam vermarktet worden.

Auffällig ist auch das Wiederaufleben alter Osterbräuche in bestimmten Re-

gionen (z. B. Feuerräder zu Tal fahren lassen), aber auch bei der Inanspruchnahme der Walpurgisnacht (30. 4.) für erneuerten Hexenzauber, feministische Umgestaltung und neuheidnische Szenerien. Hintergrund der Walpurgisnacht dürfte das Fest der Überführung *(translatio)* der Reliquien der hl. Walburga (einer angelsächsischen Nonne, die als Äbtissin im Kloster Heidenheim wirkte) nach Eichstätt im Jahre 870 sein.
In den letzten Jahren hat die Attraktivität des Buddhismus dazu geführt (auch bedingt durch die hohe Popularität des jetzigen Dalai Lama und des vietnamesischen Mönchs Thích Nhất Hanh), dass durch öffentliche buddhistische Veranstaltungen klassische Feste (z. B. Buddhas Geburtstag = Vesakh-Fest) zuweilen Tausende von Teilnehmern bei Open-Air-Veranstaltungen haben. Selbst der Hinduismus zieht Interessierte an, besonders dort, wo neue Tempel erbaut wurden (z. B. in Hamm-Uentrop).
Auch wenn der religiöse Zusammenhang kaum noch erkennbar ist, gehört selbst Karneval/Fasching in den überwiegend katholischen Gegenden zu denjenigen Festen, die auch unter säkularen Bedingungen eine religiöse Typik aufweisen. Auch andere Religionen kennen solche Feste der Ausgelassenheit bezogen entweder auf ein geschichtliches oder jahreszeitliches Datum oder bezogen auf Elemente wie Feuer und Wasser.
Säkularisiert oder traditionell eingebunden zeigen alle Festrituale eine Struktur, die zum Mitmachen (oft unter initiatorischen Bedingungen) herausfordern: Der Bezug zum Jahr oder der (Heils-)Geschichte, das Verlassen des Alltags, verstärkt durch Riten mit ekstatischen und meditativen Elementen, die je nach Anlass zwischen Freude und Trauer, Essen, Trinken und Fasten schwanken.

REINHARD KIRSTE

# Fundamentalismus

Der Begriff des Fundamentalismus bezieht sich auf religiöse Bewegungen und Gemeinschaftsbildungen der Moderne, die eine von ihnen wahrgenommene moralische Krise durch »exakte« Rückkehr zu ewig gültigen, heiligen Prinzipien und Gesetzen zu überwinden suchen. Diese Prinzipien und Gesetze werden in der Regel mit patriarchalischen Ordnungs- und Moralvorstellungen identifiziert, die vermeintlich in einer exemplarischen Gemeinschaft einst verwirklicht waren (Riesebrodt 1990, 2001).

## Zur Geschichte und Problematik des Begriffs

Der Fundamentalismusbegriff wurde ursprünglich im frühen 20. Jh. in den USA zur Bezeichnung einer Allianz orthodoxer protestantischer Gruppen geprägt, die dann z. T. den Fundamentalismusbegriff als Selbstbezeichnung übernahmen (Marsden 1980). Diese Bewegung bekämpfte zunächst modernistische Phänomene innerhalb ihrer Kirchen, wie etwa die Bibelkritik oder sozialreformerische Deutungen des Christentums. Darüber hinaus wandte sie sich gegen die Kultur moderner Großstädte, die sie als allgemeinen Sittenverfall, wie Alkoholkonsum, Wettspiel oder Prostitution, wahrnahm. Weiterhin bekämpfte der Fundamentalismus die Verbreitung der Evolutionstheorie an öffentlichen Schulen, die Philosophie F. Nietzsches, die Frauenemanzipation und den Sozialismus.
Seit den 1980er-Jahren erfuhr der Fundamentalismusbegriff eine enorme Popularisierung. Der protestantische Fundamentalismus in den USA hatte sich neu organisiert und zu politischen Zwecken mit rechtskonservativen Katholiken, Juden und Mormonen zur *»Moral Majority«* zusammengeschlossen. Etwa zur gleichen Zeit hatten sich radikale is-

lamische Bewegungen formiert, auf die der Begriff übertragen wurde. Schließlich weitete man ihn auf religiöse Gruppierungen in nahezu allen religiösen Traditionen aus (Kienzler 2002; Marty/Appleby 1991, 1993a, 1993b). So entwickelte sich der Fundamentalismusbegriff zu einem politischen Schlagwort, das nicht selten der Stigmatisierung religiöser Gemeinschaften und Bewegungen dient.

Dies hat Anlass zu legitimen Bedenken gegeben. Einige Autoren wollen auf den Begriff völlig verzichten, andere schlagen vor, ihn nur für Gruppen innerhalb des Protestantismus oder zumindest der abrahamschen Traditionen zu verwenden (Lawrence 1989). Die entscheidende Frage ist jedoch nicht, welchen Begriff wir verwenden, sondern ob die Gruppen, die wir jeweils mit dem Begriff des Fundamentalismus oder alternativen Begriffen bezeichnen, strukturelle Gemeinsamkeiten aufweisen, aufgrund derer wir sie von anderen religiösen und säkularen Gemeinschaftsbildungen sinnvoll unterscheiden können. Dies erscheint möglich, wobei eine solche Abgrenzung aufgrund ihrer Allgemeinheit zwangsläufig einen idealtypischen Charakter besitzt (Riesebrodt 2001).

### Zur Abgrenzung des Fundamentalismus

Zunächst kann man den Fundamentalismus von säkularen Bewegungen abgrenzen, etwa ethnisch-nationalistischen und sozialreformerischen bzw. sozialrevolutionären. Der Fundamentalismus teilt mit ethnisch-nationalistischen Bewegungen die Orientierung an einem Mythos eines »Goldenen Zeitalters« der ursprünglichen Harmonie. Während ethnisch-nationalistische Ideologien diese Ordnung auf Kategorien wie Volk, Blut, Abstammung, Sprache oder Kultur gründen, beruhen fundamentalistische Bewegungen in der Regel auf religiösen Prinzipien, die sich von einem tatsächlichen oder mythischen Stifter und dessen Offenbarung herleiten. Im Fundamentalismus dominieren religiöse Sinnstrukturen, die einerseits die Ideologie, das Ethos und die Ziele des Fundamentalismus prägen und andererseits Kriterien der Mitgliedschaft, der Führungsauslese und der Beziehungen zu anderen sozialen Gruppen formulieren. Freilich gibt es Mischformen zwischen fundamentalistischen und ethnisch-nationalistischen Bewegungen. Fundamentalismus lässt sich auch von sozialreformerischen oder sozialrevolutionären Bewegungen unterscheiden. Im Unterschied zu ihnen organisiert er sich nicht auf der Grundlage geteilter sozioökonomischer Interessen oder wirtschaftlicher Schicksale, sondern integriert Menschen unterschiedlicher sozialer Herkunft auf Basis religiöser Ideale der Lebensführung in neue Gemeinschaften. Beim fehlenden Klassenbewusstsein des Fundamentalismus handelt es sich deshalb um eine bewusste Zurückweisung der »unbrüderlichen« utilitaristischen und materialistischen modernen Kultur, die durch Moralreform überwunden werden soll.

Fundamentalismus unterscheidet sich gleichfalls von anderen religiösen Bewegungen sowie religiösem Traditionalismus. Auch religiöse Reformbewegungen konstituieren sich in Auseinandersetzung mit Krisenerfahrungen und suchen die Lösung durch Bezugnahme auf eine authentische Ordnung der Vergangenheit. Jedoch wollen Reformer nicht das Modell der Urgemeinde kopieren, sondern deren »Geist« verwirklichen. Sie setzen sich deshalb oft für den Abbau von sozialen Hierarchien, eine Überwindung von Klassengegensätzen und eine soziale Gleichstellung der Frau ein. Ihr Ansatz ist »utopisch«, ihre Ethik primär eine Gesinnungsethik. Im Gegensatz dazu wollen Fundamentalisten die Gesellschaft restaurieren. Sie tasten in der Regel Klassengegensätze nicht im Kern an und vertreten die soziale und religiöse Ungleichheit der Geschlechter. Aufgrund der Konkretheit ihrer rechtlichen Regelungen neigen sie zu einer relativ rigiden Gesetzesethik. Fundamentalismus unterscheidet sich auch vom Traditionalismus, denn er kreiert aus der Spannung zwischen Tradition und Moderne eine neue Synthese. Dabei wird der Traditionalismus nicht nur reformiert, sondern häufig radikalisiert.

### Strukturmerkmale fundamentalistischer Gemeinschaftsbildungen

Neben diesen Unterscheidungsmerkmalen gibt es weitere Grundzüge, die den Fundamentalismus in verschiedenen religiösen Traditionen kennzeichnen, v. a. sein Geschichtsbild und seine Anthropologie. Ein Großteil der Dynamik und der Radikalität des Konfliktes zwischen modernistischem und fundamentalistischem Milieu speist sich aus der Einbettung von Idealen und Praktiken frommer Lebensführung in ein heilsgeschichtliches Szenario. Der Fundamentalismus setzt der modernistischen Zukunftsvision materiellen Fortschritts und zunehmenden Wohlstandes eine heilsgeschichtliche Vision spirituellen und moralischen Verfalls entgegen, welche nicht nur die kognitive Ebene kultureller Deutungsmuster formt, sondern zugleich eine abweichende Einstellung zur »Welt« und zum Leben prägt.

Dem anthropozentrischen Geschichtsbild zunehmender Verwirklichung von Modernität, Aufklärung, Wirtschaftswachstum und menschlicher Autonomie wird ein theozentrisches Weltbild entgegengestellt, aus dessen heilsgeschichtlicher Sicht Geschichte als Degeneration, als Abfall von ewig gültigen Ordnungsprinzipien erscheint. Der gegenwärtige Konflikt ist demzufolge kein wirtschaftlicher Verteilungskampf, sondern ein apokalyptischer Kampf zwischen göttlichen und satanischen Mächten, zwischen Gläubigen und Ungläubigen.

Die Eigenheit des Fundamentalismus tritt besonders stark in seiner Anthropologie hervor. Fundamentalisten lehnen den modernen geschlechtsneutralen Individualismus ab und setzten ihm einen Geschlechterdualismus entgegen (Riesebrodt 2001). Dieser Geschlechterdualismus gilt religiös wie sozial. Mann und Frau sind füreinander geschaffen. Die Familie stellt demzufolge eine heilige Institution dar, in der es eine vorherbestimmte Arbeitsteilung und Autoritätsbeziehung gebe. Der Mann ist das Oberhaupt, zuständig für den Schutz und die Versorgung der Familie, die Frau dem Manne untertan und für Heim, Herd und Kinder verantwortlich. Ein Großteil der fundamentalistischen Ideologie befasst sich daher mit Fragen von Geschlechterbeziehungen und Sexualmoral (wie Pornografie, Prostitution oder Homosexualität) sowie mit der Verhüllung des weiblichen Körpers (Göle 1995). Frauen gelten auch religiös als minder qualifiziert, weshalb sie bestimmte religiöse Funktionen nicht ausüben dürfen, etwa Rituale vollziehen, predigen oder heilige Texte autoritativ auslegen. Unter Umständen gelten sie als rituell »unrein«.

### Variabilität und Wandel im Fundamentalismus

Obgleich Fundamentalismus häufig mit politisierter Religion oder gar Gewalt assoziiert wird, finden sich die genannten Grundzüge in vielfältigen Organisationsformen, wie etwa Kommunen, Subkulturen, religiösen Bewegungen, Geheimgesellschaften oder politischen Parteien. Die Geschichte des Fundamentalismus im 20. Jh. weist interessante Wandlungsprozesse innerhalb seiner sozialen Zusammensetzung auf. Die erste Generation der Fundamentalisten entstammt meist dem traditionalistischen Milieu, das im Modernisierungsprozess einen enormen Prestige- und Autonomieverlust erlitten hatte (Riesebrodt 1990). Später verschiebt sich der Schwerpunkt hin zur neuen Mittelschicht, wobei oft moderne Massenuniversitäten Kristallisationszentren sind (Kepel 1995). Einerseits finden wir hier die Grenzgänger zwischen modernistischem Milieu von Schule, bürokratisiertem Arbeitsplatz und Universität und andererseits traditionalistischem Elternhaus. Daneben gibt es auch Neubekehrte, die sich dem Fundamentalismus als einer Ideologie der Opposition gegen den säkularen Staat oder das säkulare Elternhaus zuwenden.

### Zur Kulturbedeutung des Fundamentalismus

In ihrem Bemühen, die ideale Ordnung der Urgemeinde wiederherzustellen, erweisen sich Fundamentalisten als Reformatoren religiöser Praktiken und Autoritätsstrukturen. Gestützt auf eine bemerkenswerte Mobilisierung religiöser Laien bildet sich eine neue Schicht von religiösen Intellektuellen heraus, welche die speziellen Beschwerden und Forderungen sozialer Gruppen und Personenkategorien artikulieren, die zuvor weitgehend von der Teilnahme am öffentlichen Leben ausgeschlossen waren. Entgegen der fundamentalistischen Ideologie sind auch Frauen in diese öffentliche Mobilisierung in bedeutendem Maße miteinbezogen (Riesebrodt 2001). Jedoch geht es beim Fundamentalismus keineswegs primär um politische Mobilisierung und öffentlichen Einfluss, sondern oft weit stärker um die Formung der Person durch fromme Lebensführung und die Kultivierung eines spezifischen religiösen Ethos. Fundamentalistische Religiosität dient dann religiösen Zielen, die aufgrund des Glaubens an ihren Eigenwert verfolgt werden, wie etwa moralisch gut, fromm und tugendhaft zu sein (Mahmood 2005).

Durch seine Propagierung eines religiösen Habitus und einer intellektuellen Auseinandersetzung mit der Tradition trägt der Fundamentalismus in großem Umfang zur Rationalisierung der Lebensführung religiöser Laien bei. Der Fundamentalismus motiviert religiöse Laien dazu, heilige Texte selbst zu lesen und zu interpretieren sowie ihr eigenes Leben bewusst nach ethischen oder rituellen Vorschriften auszurichten. Diese Überwindung religiösen Analphabetentums, die Formung eines spezifischen Ethos und die aktive Gestaltung der Lebensführung wird auch unter Personengruppen verbreitet, die zuvor dem Traditionalismus oder der »Volksfrömmigkeit« zuneigten. Auch hier ist wiederum die Einbeziehung von Frauen von besonderer Bedeutung, weil sie durch ihre zentrale Rolle im Sozialisationsprozess dieses neue Ethos an künftige Generationen weitergeben. Die Mobilisierung religiöser Laien könnte deshalb der interessanteste und auf Dauer kulturell folgenschwerste Aspekt des religiösen Fundamentalismus sein.

MARTIN RIESEBRODT

## Gewalt

Spätestens seit dem 11. September 2001 wird ↗ Religion in der spätmodernen globalisierten Öffentlichkeit nicht mehr allein mit Begriffen wie Humanismus oder Caritas, sondern auch mit Begriffen wie Gewalt oder ↗ Fundamentalismus verbunden. Hinzu kommt, dass auch bei Konflikten mit nichtreligiösem Ursprung die religiöse Legitimationen von Gewalt Friedensbemühungen massiv beeinträchtigen, etwa im Nahostkonflikt. Auch historisch gibt es markante Verbindungen zwischen Religion und Gewalt; im christlichen Raum stehen dafür Kreuzzüge, Hexenverbrennungen oder Judenpogrome. Zugleich wohnt gerade religiös motiviertem Verhalten ein authentisches

Pazifizierungspotenzial inne, das angesichts von Gewalt als Globalisierungsfaktor eine hohe Bedeutung besitzt. Das Verhältnis von Religion und Gewalt ist deshalb stets bipolar.

**Der Ursprung von Gewalt**

Es ist unklar, woher Gewalt kommt. Es gibt dazu viele philosophische (Nietzsche: Wille zur Macht), genealogische (Foucault: diskursive Ausschließung), psychologische (Freud: Es und Über-Ich), rechtliche (Benjamin: mythische Sprache), ökonomische (Marx: Privateigentum), soziallogische (Agamben: einschließende Souveränität), anthropologische (Girard: Mimesis) und politische (Huntington: Widerstreit von Zivilisationen) Theorien. Die spezifisch religiös gestellte Frage nach dem Ursprung der Gewalt ist selbst wiederum gefährlich, weil religiöse Ursprungsmythen oft neue Legitimationsketten zum Gewaltgebrauch erzeugen. Solche Ideen über den Ursprung von Gewalt, die glauben, Gewalt kontrollieren zu können, locken Religionen von innen her zum Gewaltgebrauch. Gewalt scheint dann durch religiösen Gewaltgebrauch besiegbar, wird aber nur auf eine geheiligtere Ebene überführt. So spielte Evas Verführung in Gen 3 eine verhängnisvolle Rolle bei der Hexenverfolgung.

Jede Religion steht insofern unausweichlich vor dem Problem der Gewalt. Gewalt zeigt ihrerseits ein Machtproblem auf, gegen das keine Religion immun ist. Was R. Otto religionsphänomenologisch (↗Religionswissenschaft) als typisch religiöse Erfahrung beschreibt, die Überwältigung durch etwas Heiliges, belegt die Beteiligten eines religiösen Zusammenhangs mit Ohnmacht und zugleich mit der Not, darauf zu reagieren. Gerade deshalb wollen, gestalten und benötigen Religionen Macht. Daher steht jede Religionsgemeinschaft in jeweils spezifischer Weise vor Gewalt als der Schattenseite von Macht; die jeweiligen religiösen Codes versuchen, dieses Problem zu lösen. Die Lösungen sind so vielfältig und haben keinen gemeinsamen Nenner. Gleichwohl gibt es verwandte Strategien wie die goldene Regel, welche religiöse Koalitionen gegen Gewaltgebrauch ermöglichen. Zugleich bietet ein gewaltsames Vorgehen gegen andere Religionsgemeinschaften (wie im christlichen Antijudaismus) stets eine naheliegende religiöse Option, um das eigene Binnenleben zu stärken. Gewalt kann religiös jedoch weder nach innen isoliert noch nur nach außen verlagert werden, ohne dass ihr Gebrauch entweder nach außen oder nach innen zu- oder zurückschlägt. Sie fordert deshalb alle kreativen Potenziale von Religionen heraus. Das kann sich nach außen an eine gewalttätige Welt wenden (so beim Weltethosprojekt), das muss aber auch nach innen dem Gewaltgebrauch der eigenen Religion gegen andere widerstehen (so beim päpstlichen Schuldbekenntnis 2000).

**Religiöser Widerstand gegen Gewalt**

Für Religionsgemeinschaften geht es deshalb primär darum, durch ihre Positionen Strategien des Widerstandes gegen Gewalt zu entwickeln. Das bedeutet nicht, den Gründen der Gewalt nicht nachzuforschen. Auch wenn es keinen Einblick in den *Ursprung* von Gewalt gibt, also keine religiöse Formeln existieren, um Gewalt endgültig auszurotten, so können religiöse Positionen gleichwohl die *Herkunft* des Problems benennen, also Orte der Gewalt angeben, an denen sie zugleich eingedämmt werden kann. Für die Paradieserzählung ist ein solcher Ort die Verhältnisbestimmung von Menschen zu Gott. Sobald Gott im Dialog zwischen der Schlange und Eva (Gen 3, 1–6) als Macht zum Thema wird, erwuchsen das Gewaltproblem unter Menschen (nachbiblisch in der christlichen Erbsündenlehre gedeutet). Gott wird dabei nicht zum Ursprung der Gewalt, aber in der sprachlichen Darstellung Gottes kann ein besonders mächtiger Herkunftsort für das Problem der Gewalt liegen. Die Macht des Gottesnamens lässt sich nachhaltig für Gewalt nutzen; sein Gebrauch ist gefährlich (deshalb: Bilderverbot). Aber ebenso kann diese Rede eine Macht sein, um der Gewalt zu wehren. Der Gewaltgefahr im Gottesnamen kann sogar nur mit diesem Namen selbst nachhaltig begegnet werden. Die Rede von Gott erzeugt Wissensformen, wie der Gewalt nach außen und innen widerstanden werden kann, so in der jesuanischen Feindesliebe (Mt 5, 43–48).

Religiöse Positionen stellen in jedem Fall eine Sprache bereit, um sich auf die Macht der Gewalt zu beziehen. Damit wächst ihnen zugleich die Gefahr zu, mit ihren eigenen Zeichen Gewalt zu befördern. Diese Gefahr wird nicht erst durch personale Fehlleistungen erzeugt, sondern ist in die Textur von Religionen eingewoben. Hier lauert ein *circulus vitiosus:* Es kann jeder Religionsgemeinschaft geschehen, dass sie ausgerechnet mit dem, womit sie Gewalt überwinden will, der Gewalt neue Nahrung gibt. So stifteten die Kreuzzüge unter maßgeblicher Billigung der Kirche (*treuga Dei,* Papst Urban II.) einen inneren Frieden unter den abendländischen Herrschern, aber erzeugten den Geist eines zivilisatorischen Gegensatzes zum Islam, von dem immer noch politischer Gebrauch gemacht werden kann.

Religiöse Wege sehen wegen des tief in Existenz und Sozialformen hineinreichenden Gewaltproblems auch nur eine Erfolg versprechende Strategie vor: der Gewalt nicht ausweichen und ihre Macht nicht aus den eigenen Wissensformen und Lebenspraktiken ausschließen. Religionsgemeinschaften, die sich wegen höherer Erwählung außerhalb der Gewaltgefahr positioniert glauben, verstricken sie sich gerade durch diese Auslagerung in Gewalt (so beim gemeinschaftlichen Selbstmord von Heaven's Gate 1997). Religiös wird Gewalt im Geschehen der Gewalt bekämpft; für das Christentum wird das mit dem Kreuz Jesu markiert. Deshalb können religiöse Menschen ihre jeweiligen Religionsgemeinschaften nicht gegen Gewalt stärken, ohne sich der Gefahr auszusetzen, Opfer von Gewaltzusammenhängen zu werden. Die Zivilisationsgeschichte hat trotz Rechtsstaat und aufgeklärter Kultur keine dazu alternative Strategie entwickelt, die in der Lage wäre, Gewalt unter Menschen loszuwerden. Es gehört zum inneren religiösen Geschehen, ein Verhältnis zur Gewalt zu erzeugen. Die Formen sind dabei ganz verschieden; man vergleiche etwa die Realisierung des Nichts im Zen, die Opferung Isaaks im Judentum, das Kreuz Jesu im Christentum, den Dschihad im Islam.

### Gewalt und Opfer

Eine Schlüsselstellung nimmt das ↗Opfer ein. Bei Opfern kann es sich um *victimes* handeln, die der Gewalt anderer Personen oder der eigenen Tat anheim fallen. Oder es handelt sich um *sacrifices,* die von anderen Menschen oder durch sich selbst einer Gewalt hingegeben werden, um ein Gewaltproblem zu lösen. Unmittelbar religiös ist das *sacrifice,* anonym religiös sind die *victimes.* Besonders in der Erinnerung an *victimes* im Fall von Krieg, Katastrophe, Mord wird diese anonyme Qualität offenkundig. In der Solidarität mit *victimes* lassen sich deshalb *sacrifices* begründen. Wenn mit dem Schicksal des Opfers einer Gewalttat der Protest gegen eine Gewaltpolitik begründet wird, dann verändert sich das *victime* in ein *sacrifice.* Das verändert den Status des *victime;* aus Repräsentanten persönlichen Leides werden Orte gesellschaftlicher Auseinandersetzung. Das kann sowohl zur Abkehr von Gewalt als auch zur Rache führen: Die Balkankriege von 1992–1998 wurden mithilfe der Erinnerung an eine verlorene Schlacht 600 Jahre zuvor entfacht; der deutsche Volkstrauertag trägt viel zur gesunkenen Kriegsbereitschaft bei. Ein Opfer ist als *victime* sowohl Repräsentant von Gewalt wie als *sacrifice* ein möglicher Ort, um Gewalt zu widerstehen. Ein *sacrifice* vollzieht eine heilige Gewalt, die selbst hochgradig von der Ambivalenz der religiösen Macht durchzogen ist. In der Durchführung von *sacrifices* und in der Solidaritätsforderung gegenüber *victimes* weicht eine Religion der Gewalt nicht aus, sondern macht Gewalt zum Faktor ihrer Identität. Gewalt kann noch gesteigert oder in ihrer Funktionsweise außer Kraft gesetzt werden, wie im Fall von Sündenbock und Martyrium. Dabei ist es von elementarer Bedeutung, den Modus zu unterscheiden, mit dem von Gewalt Gebrauch gemacht wird. Sündenbock und Martyrium, das andere mit in den Tod reißt, repräsentieren einen Gewaltgebrauch im Modus der Macht, jenes Martyrium dagegen, das andere nicht mit in den Tod reißt, sondern sie – etwa als Sündenbock – davor bewahren will, gebraucht Gewalt im Modus von Ohnmacht. Allein der ohnmächtige Gewaltgebrauch, ein widerständiges Erleiden der Macht von Gewalt, braucht diese Macht auf und stellt sich so der Weitergabe von Gewalt in den Weg. Deshalb sind solche religiösen Gewaltverhältnisse eine große spirituelle Herausforderung und werden mit intensiven Askeseformen verbunden. Herausragende moderne Beispiele sind die Ahimsa bei Mahatma Gandhi und der gewaltlose Widerstand bei Martin Luther King. Solche Praktiken verkörpern keine Todestechniken, sondern religiöse Lebensformen.

HANS-JOACHIM SANDER

# Gnosis

Die beiden Begriffe Gnosis und **Gnostizismus** werden bisweilen synonym, bisweilen einander ausschließend gebraucht. Nach dem Vorschlag des Gnosis-Kongresses in Messina (1966) soll der Begriff »Gnosis« ein Wissen um das Göttliche bezeichnen, das sich teils auf Offenbarung, teils auf spekulatives Wissen gründet und elitär im Sinne des Vorbehaltenseins für wenige Auserwählte ist. Demgegenüber stellt der Name »Gnostizismus« eine Sammelbezeichnung für alle aus der Perspektive des frühen Christentums häretischen Bewegungen dar. Freilich verbindet die Wertschätzung des Mythos Gnosis und Gnostizismus. Der gegenwärtige Sprachgebrauch subsumiert unter der Rubrik »Gnostizismus« v. a. jene (aus dem frühen Christentum hervorgegangene) Gruppe gnostischer Systeme aus dem 2. Jh., die sich mit Namen wie Barbelo, Basilides, Markion und Valentinus verbinden, während alle spätantiken Bewegungen, die um die Möglichkeit einer »↗ Erlösung durch Erkenntnis« kreisen, nach wie vor als »Gnosis« angesprochen wird. Die Gemeinsamkeiten mit dem spätantiken Gnostizismus beruhen in diesem Falle weniger auf inhaltlicher Übereinstimmung als vielmehr auf der formalen Unterscheidung zwischen Esoterik und Exoterik, sodass das Begriffspaar »Gnosis – Gnostizismus« vielfach zum Synonym für »Geheimlehre«, verborgenes, nicht allen zugängliches »Wissen besonderer Art« geworden ist.

## Wurzeln, geschichtliche Entwicklung, Merkmale

Viele neutestamentliche Belege lassen vermuten, dass eine ursprüngliche, heute schwer zu fassende Gnosis schon sehr früh, also im 1. Jh., als Bedrohung empfunden worden ist. Die einschlägigen Belege (Kol 2,8.18; 1 Tim 1,4; Apg 8,9 ff.; Apk 2,6.15) lassen keinen Zweifel daran, dass »Häresie« für die frühchristlichen

Gemeinden identisch mit dem Wurzelgrund des Gnostizismus war. Neben Systemen, die eher zufällig mit dem Christentum in Berührung kamen (Naassener, Peraten, Karpokrates), schließen sich seit dem 2. Jh. bereits ausformulierte Entwürfe enger ans Christentum an, die für einen überschaubaren Zeitraum selbst zu Repräsentanten des Christentums werden (Markion, Valentinos, Tatian, Bardesan, Hermogenes), ebenso wie Texte wie die *Pistis Sophia*, das *Perlenlied* oder das *Thomasevangelium* es in ihrem autoritativen Anspruch mit dem entstehenden Corpus der neutestamentlichen Überlieferung aufnehmen konnten.

Während sich das Christentum einen latenten Monophysitismus zu eigen machte, der im Volksglauben zur Ineinssetzung von Gott und Christus führte, wurde die Christusgestalt im Gnostizismus zu einer Illustration der vielen gnostischen Erlösergestalten, die man aus dem polymorphen mythologischen Umfeld der Spätantike gewann, etwa als eine Personifikation des Heilsbringers Seth. Auch hier führte die Marginalisierung der Christusfigur zur schrittweisen Leugnung der Menschlichkeit Jesu.

Für den, der die wahre Heimat gefunden hat, wird die Welt belanglos; die viel zitierte Weltnegativierung durch die Gnosis gründet nicht in einer wie immer ontologisch vorgängigen Auffassung vom »Wesen der Welt«, sondern geschieht von einer dem Pneumatiker neu zugewachsenen Dimension aus: Erst der von der Welt wirklich Erlöste erkennt die Welt als Widerpart des Göttlichen und als in sich schlecht. Das ist auch der Grund, warum es für den Gnostiker kein Interesse an der Welt in praktisch- politischem oder sozialem Sinne geben kann.

Der Gnostiker wird selbst zum Offenbarer, der nun befähigt ist, in den ihm Begegnenden den göttlichen Funken zu erwecken und sie ihrerseits zu Offenbarern werden zu lassen. Für die Differenz zwischen Christentum und Gnostizismus bedeutet dies, dass Letzterem die Figur des Christus als des Mittlers entbehrlich geworden ist. Die doketistische Deutung Christi gewinnt von hierher ihre Plausibilität ebenso wie die Zurückweisung der christlichen Eschatologie. Für den Gnostiker ist mit dem Ruf von oben und der *Mitteilung des Wissens* die Zeit schon jetzt gänzlich überwunden. Er hat bereits Anteil an der Ewigkeit.

### Der Dualismus als Sonderweg des Gnostizismus

Dualistische Erklärungen der Welt nehmen neben einem guten ein böses Weltprinzip an, das die Gestalt eines »Gegengottes« annehmen kann. Der religionsgeschichtlich folgenreichste Dualismus ist die *zoroastrische Religion*, aber auch die ältere chinesische Religion enthält dualistische Elemente (die Zuordnung der Prinzipien Yin und Yang). Im spätantiken ↗Synkretismus können als dezidiert dualistische Religionsbildungen v.a. der Manichäismus und die Lehre Markions gelten. Auch die von den Verdunkelungen der institutionalisierten christlichen Religion sich frei dünkende mittelalterliche pseudohäretische Bewegung der Katharer, Albigenser und Bogumilen ist wesentlich dualistisch.

Ein zentrales Motiv dualistischer Welterklärungen ist das Problem des Leidens und des Bösen, v.a. in Gestalt des unaufhebbar scheinenden Widerspruchs zwischen der Allgüte Gottes angesichts des Negativen in der Erfahrungswelt. Eine mögliche Entlastung Gottes vom Vorwurf, für das seiner angenommenen Güte widerstreitende Böse verantwortlich zu sein, führt im Dualismus zur Annahme widergöttlicher Mächte (Demiurg, Teufel), denen die als fehlerhaft empfundene Schöpfung angelastet wird. Damit wird die Welt zum Kampfplatz zwischen Gut und Böse.

**Wichtige gnostische Strömungen nach dem Ende der Antike**

In den spätantiken gnostischen Bildungen spielte die jüdische Tradition, in der Vermittlung durch Philon, eine bedeutende Rolle. Bis zum Mittelalter kann von einer spezifisch jüdischen Gnosis gesprochen werden, zu deren bezeichnenden Dokumenten der *Sohar* und der *Talmud* gehören. Auch die Chassidim im Ostjudentum sind in diesem Verständnis Gnostiker. Die jüdische Gnosis verbindet sich daher mit dem Begriff der Kabbala, die sich durch eine Zahlen- und Buchstabensymbolik auszeichnet, der es um den Nachweis von Entsprechungen zwischen der Bibel und der sichtbaren Welt (dem Buch der Natur) zu tun ist.

Vermutlich stand der frühe Islam mit gnostischem Gedankengut in Verbindung; der Koran selbst ist ja als eine synkretistische Komposition im Verein mit bestimmten gnostischen Strömungen anzusehen. Schon die rein äußere Form deutet diese verborgenen Einflüsse an, etwa die Gliederung des Koran in 114 Suren, die Entsprechung zur Einteilung des in wesentlichen Teilen gnostischen und in Arabien verbreiteten *Thomasevangeliums* in 114 Kapitel. Dabei hat der Islam neben der Mystik des Sufismus primär auf dem Gebiet des heutigen Irak in der Ausbildung der *»Zwölferschia«* eine unübersehbar gnostische Ausrichtung erfahren. Die *Ismaeliten* schließlich verbinden den islamischen Gnostizismus mit einem sozialrevolutionären Impetus (so im Drusentum des heutigen Libanon) und einer weitgehend allegorischen Koraninterpretation unter Hintansetzung der rigiden Gesetzes- und Kultvorschriften der Scharia (heute v.a. in der Türkei mit ihrem betont säkularen Islam).

Im europäischen Mittelalter ist das gnostische Denken der Spätantike, gleichsam unterirdisch, am unmittelbarsten im Katharismus präsent, den die christliche Kirche bis zur fast vollständigen Ausrottung verfolgt hat (unser Wort »Ketzer« ist eine an den Begriff »Katharismus« [= die Bewegung der Reinen] angelehnte derbe Wortschöpfung). Seine Hauptverbreitungsgebiete waren Südfrankreich, Oberitalien, Spanien, das Rheinland (Köln, Trier) und die Niederlande.

Gnostisch-katharisches Gedankengut überlebte gleichsam »unterirdisch« auf dem Wege über die »Templerlegende«. Der 1119 von Hugo von Payens gegründete Templerorden wurde 1128 als Ritterorden anerkannt und erhielt durch Bernhard von Clairvaux eine Ordensregel. Der Orden entfaltete eine über die Kreuzzüge weit hinausgehende politische und ökonomische Wirksamkeit, die ihn in Konflikt mit den Machthabern der Zeit brachte, die v.a. an den Reichtümern des Ordens interessiert waren. Beim Prozess 1307, gemeinsam von Philipp den Schönen und dem Papst angestrengt, wurde der Orden – auch aufgrund einer unterstellten Nähe zu den Katharern und zur islamischen Gnosis – aufgelöst. Der letzte Großmeister, Jacques de Molay, wurde 1314 in Paris verbrannt, ein Vorgang, der große Parallelen zur Auslöschung der Katharer zeigt und in einer historischen Verzeichnung zur Identifikation beider Bewegungen führte (u.a. im Vorwurf des Libertinismus, der Götzenverehrung [Anbetung des *Baphomet*] und des Dualismus). Die Gralslegende führte in einer Adaption in der Neuzeit zur einseitigen Wahrnehmung des Gnostizismus, v.a. über die Bewegungen der Freimaurer und der Rosenkreuzer. Obwohl über die Ursprünge der Freimaurer nur vage Spekulationen möglich sind, gilt doch ihr Selbstbezug auf die Templer als gesichert, besonders wegen ihres Festhaltens an einer hermetischen Philosophie und Symbolik sowie an quasi-gnostischen Aufstiegsriten, die das Freimaurertum als eine neuzeitspezifische

Variante eines initiationsgebundenen Mysterienkultes ausweisen. Die Rosenkreuzer, ihrerseits eine Quelle des Freimaurertums, entstanden im 17. Jh. als »Kollegium der Weisen« und beschäftigten sich v.a. mit der damals blühenden Alchemie, deren Symbolik sie mit einem esoterisch geläuterten Christentum (die »Chymische Hochzeit« als die Durchdringung der Natur mit dem »Gottesgeist«) in Verbindung brachten. Diese Bewegung lebt als esoterische »Bruderschaft« bis in die Gegenwart fort, wobei die Überschneidungen mit der Theosophie des 19. Jh.s augenfällig sind. Ihre Idee einer Heiligung der Natur ist nicht frei von politischen Interessen, wie die v.a. klandestinen Anknüpfungspunkte zur »völkischen Gnosis« im 19. und 20. Jh. gezeigt haben. Generell gilt, dass die Zusammenhänge zwischen Gnostizismus, Rassismus (als radikalisierte Esoterik und anfänglich nur »spirituelle Ungleichheit«) bzw. Antisemitismus einerseits und NS-Ideologie anderseits zu wenig im öffentlichen Bewusstsein präsent sind. Die einseitige Betonung des abendländisch-christlichen Antijudaismus übersieht gerne die offen zutage liegende Abhängigkeit des rassistischen Antisemitismus des 20. Jh.s von einem Denken, das sich selbst auf die Traditionen der Gnosis bezogen hat.

### Gnostische Elemente in den »neuen religiösen Bewegungen«

Im 19. Jh. kommt es zum Wiederaufleben gnostischer Denkfiguren, v.a. die theosophische Bewegung von H. P. Blavatsky und seit Beginn des 20. Jh.s die Anthroposophie R. Steiners, aus der ein durch und durch gnostisches Religionsgebilde hervorgegangen ist, die »Christengemeinschaft«. Steiners neuen Begriffsgebrauch belegt seine Zeitschrift *Lucifer-Gnosis*. Inhaltlich fasst er unter »Gnosis« ein Denken, das v.a. von einer »höheren Warte« aus als die Philosophie, die Erkennen und Wirklichkeit willkürlich auseinanderreiße, zu einer »einheitlichen Schauung« befähigt. Sie eröffnet, darin dem spätantiken Gnostizismus vergleichbar, nicht etwa nur einen Heilsweg, sondern ist selbst immer schon das Heil. Die unterschiedlichen Gnostizismen, die gegenwärtig unter dem Sammelbegriff »New Age« auftreten, stimmen ungeachtet sonstiger Differenzen in dieser Sichtweise überein. Angesichts der postmodernen sog. frei vagabundierenden Religiosität spricht für ihre Zuordnung zum gnostischen Paradigma nicht so sehr die Präsenz bestimmter Versatzstücke aus dem Arsenal der historischen Gnosis (Dualismen), die bisweilen vorkommt, sondern die Insistenz auf einem höheren Wissen.

Für diese neue und »höhere« Form des Wissens (Gnosis) steht z.B. der Name G. Trevelyan. Kern seiner Botschaft ist die Verkündigung eines neuen Zeitalters (»New Age«), in dem alles zu Licht wird und die Erde sich selbst als lebendiger Organismus zu erkennen gibt. Eine spirituelle Energie, die von außen auf die Erde eindringt, transformiert die Menschheit und verleiht der Zeit eine vergessene apokalyptische Dimension.

Die »neue Gnosis« zeichnet sich wie schon der spätantike Gnostizismus samt seiner Rezeption in der frühen Neuzeit durch eine Nähe zum Christentum – in seiner kirchlichen Verfasstheit – aus, der eine ebenso gleichbleibende Distanz entspricht. Die gegenseitigen Bezüge sind problematisch: Beide arbeiten an der Ausbalancierung von Glaube und Wissen, beide sind zur Auseinandersetzung mit dem Index von »Heil und Unheil« verurteilt, beide leiden an der Unerfülltheit ihrer Heilsversprechungen im »Je-Jetzt«. Das traditionelle Christentum behauptet im Unterschied zu allen gnostischen Bewegungen jedoch kein Wissen höherer Ordnung, das sich rationalen Plausibilitätskriterien entzieht, sondern setzt auf eine Lebenspraxis, die weniger die fragwürdig hohe Erkenntnis sucht, sondern eine Botschaft vermittelt, die im nachneuzeitlichen Lebenszusammenhang befremdlich wirkt: »Will mir jemand nachfolgen, dann verleugne er sich selbst und nehme sein Kreuz auf sich« (Mt 6, 24).

CARL-FRIEDRICH GEYER

# Grundrechte

**Fünf notwendige Differenzierungen**
Grundrechte sind wesentliche Bestandteile moderner demokratischer Staaten. Sie konstituieren eine politische Ordnung, geben dem wechselseitigen Verhältnis zwischen Individuum und ↗Staat Orientierung und dienen dem politischen Handeln als Maßstab und Ziel. Fünf rechtlich-politologische Differenzierungen sind zu einem angemessenen Verständnis der Grundrechte notwendig:

1) Grundrechte haben eine objektiv-rechtliche und korrespondierend dazu eine subjektiv-rechtliche Dimension. Erstere legt dem Staat eine Handlungs- bzw. Unterlassungspflicht zum Schutz des Individuums auf, Letztere begründet das ↗Recht des Einzelnen, vom Staat zu verlangen, ein ihn beschränkendes Tun zu unterlassen (Abwehrrechte) oder ihm bestimmte Rechte einzuräumen (Anspruchs- und Partizipationsrechte).

2) Grundrechte können eher als feststehende, in der Verfassung festgeschriebene und damit als solche zu bewahrende Normen oder mehr als dynamische, jederzeit gefährdete, damit zu Kritik und Veränderung provozierende Regeln verstanden werden. Dabei werden sie ihrerseits selbst vom politisch-gesellschaftlichen Wandel in Formulierung und Wirkung beeinflusst.

3) Charakteristisch für die Grundrechte ist, dass in ihnen unveränderliche und unveräußerliche Merkmale mit zeit- und umstandsbedingten Elementen zusammentreffen. Die Entscheidung, ab wann in den Wesensgehalt eines Grundrechtes eingegriffen wird, was nach Art. 19 Abs. 2, GG in keinem Fall zulässig ist, wird trotz der rechtlich definitiven Formulierung immer kontextabhängig zu treffen sein.

4) Grundrechte können in ihrer abstrakten Benennung – z. B. dem Recht auf Leben und der Unantastbarkeit der menschlichen Würde – mit allgemeiner Zustimmung rechnen. Je konkreter jedoch die daraus resultierenden Forderungen werden, umso konfliktträchtiger wird ihre Interpretation. Dies gilt insbesondere für sog. Grundrechtekollisionen und Grundrechte als Regularien für Konflikte zwischen Individuen und/oder gesellschaftlichen Gruppen (Drittwirkung). Entscheidend ist, dass im alltäglich notwendigen Grundrechtekompromiss das unbestrittene Rechtsgut der menschlichen Würde Maßstab der Konfliktregelung bleibt.

5) Der »letzte Grund« für die Verbindlichkeit von Grundrechten als Bedingung legitimen staatlichen Handelns kann seinerseits nicht verbindlich vorgeschrieben werden. Grundrechte sind nicht majorisierbar, müssen jedoch bei der Anwendung im Einzelfall häufig mit Mehrheitsentscheidungen ausgelegt werden. Konsens besteht darüber, dass den Grundrechten andere Kriterien als Nützlichkeit, Zweckmäßigkeit oder auch Staatsraison zugrunde liegen und dass sich in ihnen die ethische Grundlage eines Staates abbildet. Was der Einzelne aus dem Spektrum möglicher Quellen der Verbindlichkeit (Christentum, Humanismus, Naturrecht oder Aufklärung) als für sich gültig ansieht, steht in seinem Ermessen, nicht jedoch, ob er die Verbindlichkeit als solche anerkennt. Sie ist dem demokratischen Diskurs entzogen und schafft die Voraussetzung, dass Grundrechte ihre Funktion erfüllen können.

**Theorie und Typologie**

Am jeweiligen Verständnis des erwähnten »Wesensgehalts« (Art. 19 Abs. 2 GG) lassen sich differierende theoretische Zugänge zu den Grundrechten festmachen. Da sich »das Wesen des Wesens« nicht bestimmen lässt, plädiert die »relative Wesensgehaltstheorie« dafür, auf den Versuch einer solchen Definition zu verzichten und statt einer starren Festlegung das theoretische und juridische Bemühen auf eine grundrechtekonforme Festlegung der Grenze zwischen nicht antastbarem Kern und veränderbaren oder gar aufgebbaren Randelementen zu richten. Wenn jedoch die Zeitumstände mal mehr, mal weniger Eingriffe zulassen oder erforderlich machen – wenn z. B. in Zeiten des Terrorismus die Rasterfahndung die Unschuldsvermutung generell obsolet werden lässt –, wird aus dem nicht anzutastenden Wesensgehalt eine von anderen abhängige Größe, was dem Wortlaut des Grundgesetzes widerspricht. Deswegen plädiert die »absolute Wesensgehaltstheorie« dafür, an einem von historischen Situationen und aktuellen Ereignissen unabhängig bestimmbaren Kern der Grundrechte festzuhalten. Das Innerste dieses Kerns bildet die letztlich nicht disponible Menschenwürde. Sie erhält ihre konkrete Geltung, indem sie als Grundnorm der Verfassung dem Einzelnen eine »personale Grundausstattung« garantiert, deren Einhaltung er, ebenfalls grundrechtlich abgesichert, einklagen kann. Wenn auch zunächst, vom Text des Grundgesetzes ausgehend, die »Absolutisten« gegenüber den »Relativisten« im Recht zu sein scheinen, so lässt sich der Auftrag des Grundgesetzes, Grundrechte im politischen Handeln Realität werden zu lassen, nicht mit abstrakten Diskursen, sondern letztlich nur durch rechtliche und politische Entscheidungen unter Einbeziehung und Abwägung des konkreten Sachverhalts erfüllen.

Ein drittes Modell ist die »institutionelle Wesensgehaltstheorie«, die die Grundrechte im Sinne des Art. 19 Abs. 2 GG nicht als subjektives Recht des einzelnen Grundrechteträgers, sondern als Garantie eines Rechtsinstituts, z. B. des Asylrechts, verstehen will. Damit umgeht sie zwar das Dilemma zwischen Absolutisten und Relativisten, bietet jedoch ihrerseits kein hinreichend operationalisierbares Modell der Grundrechte, das deren Aufgabe des Individualschutzes gerecht wird. Unter der Maßgabe, dass Grundrechte v. a. funktional sein sollen, wird dagegen eine relationale Grundrechtetheorie einen Erfolg versprechenderen Weg bereitstellen können. Aus dem Zwiespalt zwischen versteinerndem, festgeschriebenem Wesensgehalt und Annährung an Beliebigkeit führt die Idee Thomas von Aquins (*Summa Theologica I*, 116, 2) heraus, dass Ordnung nicht Substanz, sondern Beziehung sei. Grundrechte erhalten ihre primäre Bedeutung weder als individuelles Recht noch als staatliche Rechtsnorm, sondern aus ihrer Ordnung stiftenden Wirkung.

Eine weitergehende Typologie der Grundrechte erleichtert deren effektive Durchsetzung als Ordnungsfaktoren. Anknüpfend an die eingangs erwähnte Differenzierung wird man sowohl innerhalb der subjektiv-rechtlichen als auch objektiv-rechtlichen Funktionen mehrere Arten von Grundrechten unterscheiden können. Innerhalb der Ersteren findet sich der historisch älteste Typ der Freiheits- oder auch Abwehrrechte sowie der in der Folge entstandene Typ der Gleichheitsrechte. Zu den subjektiv-rechtlichen Funktionen der Grundrechte zählt man zudem die Mitwirkungs- und Leistungsrechte, zu denen ihrerseits die sozialen Grundrechte gehören. Letztere sind, außer der allgemeinen Festlegung des Sozialstaatprinzips im Grundgesetz der Bundesrepublik Deutschland, allerdings kaum zu finden. Hier eröffnen sich freilich mit den Entwürfen für eine konstitutionelle Grundlage der Europäischen Union neue Perspektiven individuell einklagbarer sozialer Grundrechte. Zu den objektiv-rechtlichen Funktionen der Grundrechte gehört die Schutzpflicht des Staates auch im Sinne einer heute im Gesamtzusammenhang der Grundrechte anerkannten Drittwirkung. Wenn die Grundrechte insgesamt eine Wertordnung bilden, so lässt sich daraus die Pflicht des Staates ableiten, für deren Durchsetzung auch bei der Regelung von Konflikten zwischen Privatpersonen Sorge zu tragen.

**Der Fall »Religionsfreiheit«**

Art. 4 Abs. 1 und 2 GG beinhalten mit der Glaubens- und Religionsfreiheit eines der ältesten Grundrechte, das in der Folge der Reformation und fundiert durch die Ideen der Aufklärung wesentlich zur Ausbildung der modernen Grundrechteentwicklung beigetragen hat. Bei der Entstehung des Grundgesetzes war es nach den Erfahrungen der NS-Zeit einerseits unumstritten, dass das religiöse Bekenntnis nicht nur kein Anlass zur Diskriminierung sein dürfe (Art. 3 Abs. 3 GG), sondern dass dessen Freiheit unter dem besonderen Schutz des Staates stehen sollte. Andererseits war ebenso klar, dass es kein Staatskirchentum geben dürfe, d. h., dass auch die Freiheit, ohne ↗Religion zu leben, geschützt sein müsse und dass sich der Staat deswegen bei der Förderung von Religion neutral zu verhalten habe. Zu diesem Zeitpunkt war der größte Teil der Bevölkerung noch – oder wieder – an eine der christlichen Konfessionen gebunden, sodass die Vorteile, die die Amtskirchen aus dem Komplex religionspolitischer Regelungen (institutioneller Schutz des Religionsunterrichts an öffentlichen Schulen, Gestaltung innerkirchlicher Arbeitsverhältnisse gemäß dogmatischer Vorgaben, Hinnahme der Benachteiligung der Frau bei der Berufswahl etc.) zogen, weder als Privilegierung gegenüber anderen Religionen noch als unangemessene Bevorzugung gegenüber religiös nicht gebundenen Gruppierungen wahrgenommen wurden. Dies hat sich einerseits durch die mit der Wiedervereinigung verstärkt abnehmende Kirchenbindung, andererseits durch die Pluralisierung der ↗Religionsgemeinschaften, unter denen in Deutschland inzwischen die drittgrößte der Islam ist, und schließlich durch die Entstehung neuer Gemeinschaften wie Scientology oder der »Mun-Bewegung« (Vereinigungskirche), die ebenfalls von den Vorzügen der ↗Religionsfreiheit profitieren wollen, grundlegend verändert. Art. 4 GG kommt bei den daraus entstehenden Fragen – Schulkreuz, Kopftuch islamischer Frauen, Bau und Kontrolle von Moscheen, Funktion des Ethikunterrichts, Warnung vor Sekten mit manipulativen Strategien – selbst dahingehend auf den Prüfstand, ob seine Freiheits- und Schutzgarantien ebenso wie seine Grenzsetzungen als Maßstab und Orientierung noch ausreichen bzw. für manche Konflikte überhaupt tauglich sind. Auf jeden Fall ist die Notwendigkeit einer kontextbezogenen Fortentwicklung bis hin zur Neuinterpretation bei gleichzeitigem Erhalt seiner wesentlichen Schutzfunktionen unverkennbar. Dazu ist wiederum eine differenzierte Wahrnehmung hilfreich.

Die Beispiele zeigen, dass dem Art. 4 GG bei neuen Formen religiöser Organisationen spezifische Aufgaben zukommen, die über die ursprünglich gemeinten Abwehr- und Schutzfunktionen hinausgehen. Zu deren sachadäquater Wahrnehmung ist es notwendig, neue Grundrechtskollisionen und neue Konfliktlinien zwischen Staat, Gesellschaft und Individuum (↗Individualisierung) aufzuzeigen. Schwierige Probleme stellen sich einerseits bei der Gleichstellung auch derjenigen Religionen, die nicht dem durch Humanismus und Aufklärung geprägten europäischen Kulturkreis entstammen: Kann die Ausdehnung der Freiheits- und Schutzwirkung des Art. 4, GG auch auf solche Religionsgemeinschaften erfolgen, die weder die Trennung von Religion und Staat noch eine Freiheit des Individuums zu religionsfreiem Leben akzeptieren? Andererseits sind mit neureligiösen Gruppierungen (↗Neureligionen) Glaubens- und Weltanschauungsformationen entstanden, bei denen Kollisionen mit anderen Grundrechten (freier Wille, Familie, Eigentum) so evident sind, dass der weitreichende Schutz, den Art. 4 GG den Religionsgemeinschaften zuspricht, früher infrage gestellt und damit beschränkt werden wird als bei herkömmlichen Konfessionen. Schließlich haben sich durch die Säkularisierung der Bevölkerung soziale Verhältnisse und Lebensweisen in einer Weise verändert, dass die gesellschaftliche Legitimation für die aus der Nachkriegssituation entstandene Privilegierung der christlichen Konfessionen schwächer wird, Art. 4 GG also auch deshalb einer ständigen Neuorientierung bedarf.

HANS-OTTO MÜHLEISEN

## Guruismus

### Begriff und Phänomen

Als Guruismus wird eine Form von Religion bezeichnet, in der der religiöse Meister und die Unterwerfung unter seine ↗Autorität zum dominierenden Faktor geworden sind. Mit dem Zurücktreten von Kaste, Bilder- und Tempeldienst ist die Bedeutung des Gurus gewachsen und der Guruismus (Sanskrit: *guruvada*) zum Kennzeichen vieler religiöser Bewegungen geworden. Parallelen zum Guru sind der Lama im tibetischen Buddhismus bzw. ↗Lamaismus, der Rōshi im ↗Zen-Buddhismus und der Pir bzw. Sheikh im ↗Sufismus. Als Charismatiker sind sie weiterhin Träger der missionarischen Aktivitäten asiatischer Religionen im Westen. Damit ist der Guruismus zu einem zentralen, jedoch auch umstrittenen Phänomen der gegenwärtigen missionarischen Religionsbewegung im Abendland geworden. Die Fremdheit asiatischer Religionen wird v.a. dort empfunden, wo in der autoritätskritischen Kultur des Westens religiöse Führergestalten auftauchen, die auf dem Boden autoritär geprägter Kulturen gewachsen sind (in Indien ist der Guru allerdings diejenige Vatergestalt, die frei gewählt werden kann). Meditation und Guruverehrung bilden vereint ein machtvolles Potenzial persönlicher Veränderung, aber auch der »mystischen Manipulation« (R. J. Lifton). Die Grenze zwischen beidem ist schwer zu bestimmen, muss jedoch sorgfältig beachtet werden. Keinesfalls dürfen Meditation und Guruverehrung ausschließlich als Mittel der Manipulation betrachtet werden.

### Bedeutung des Gurus

Der **Guru** (wörtlich: eine »gewichtige« Respektsperson) war ursprünglich der religiöse Familienlehrer der Hindus. Als *Acharya-Guru* (Lehrer-Guru) führt er Heranwachsende in religiöses (teilweise auch weltliches) Wissen ein. Als *Diksha-Guru* (Initiations-Guru) vollzog er die verschiedenen Einweihungen, als *Purohita-Guru* (Priester-Guru) auch priesterliche Zeremonien. In den Upanishaden wuchs dem Guru die Aufgabe zu, Jünger anzunehmen und sie mithilfe yogischer Techniken zur Erkenntnis des *Atman*, des göttlichen Selbst, zu bringen. Er wurde der Mystagoge auf dem Yogaweg zur Befreiung *(Moksha-Guru)*.

Später konnten einzelne Gurus unter dem Einfluss des ↗Tantrismus und der Bhakti-Bewegung zu »*Adigurus*« werden,

zu Gründern einer eigenständigen Tradition *(sampradaya)* mit einer Kette von Nachfolgern. Heute können sie sogar eine in die Millionen gehende Anhängerschaft um sich sammeln. Der ursprünglich enge Kontakt des Jüngers *(sishya* oder *chela)* mit seinem Guru reduziert sich dann auf einige Riten der Guruverehrung wie *darshan* und Feiern seines Geburtstages. Selbst die ↗Initiation wird unter Umständen durch Bevollmächtigte des Gurus erteilt.
Im Tantrismus wurde die Funktion des *Diksha-Gurus* (Initiations-Gurus) besonders wichtig. Die schon in einigen Upanishaden ausgesprochene Identifizierung des Gurus mit Gott steigerte sich noch. Der Guru wurde (funktional) wichtiger als Gott.

**Qualifikationen des Gurus**

Der Guru soll ein Kenner der heiligen Schriften und der Mantras sein (ein Kriterium, dem viele heutige Gurus nicht genügen), Mitleid mit allen Kreaturen und Liebe zu seinen Jüngern besitzen. Eine ähnliche Hochschätzung wie im Tantrismus wurde dem Guru in der Tradition des ↗Sant Mat zuteil, der Kastentrennung und Bilderverehrung ablehnt. Dazu gehören die Sikhs und die Kabir-Anhänger, aus denen sich der Radhasoami Satsang entwickelt hat. Nachdem die Guruverehrung Anfang des 19. Jh.s unter westlichem Einfluss teilweise in Verruf gekommen war, wurde sie später rehabilitiert, v. a. unter dem Einfluss von Sri Ramakrishna und Swami Vivekananda.
Heute gilt der im Westen tätige indische Guru in der Regel als eine Manifestation des Göttlichen. Er ist bereits am Ende jenes Weges angekommen, den der Jünger mit seiner Hilfe beschreiten möchte. Er hat die Göttlichkeit »realisiert«, die dem Jünger angeboren ist. Er ist der, der aus der Finsternis *(gu)* rettet *(ru)*, wie eine gängige Volksetymologie des Gurubegriffs sagt. Wichtig ist auch die »Gnade des Gurus« *(gurukripa)*, sowie die liebende Hingabe *(gurubhakti)* an ihn und der Dienst *(guruseva)* für ihn. Mit dem göttlichen Spiel seiner Launen zerbricht der Guru den Eigenwillen des Jüngers, gemäß dem Sufi-Ausspruch: »Der Jünger ist in der Hand des Meisters wie die Leiche in der des Leichenwäschers.«

**Gefahren**

Trotz der wechselseitigen Prüfung zwischen Guru und Jünger ist die Gefahr groß, an einen fragwürdigen Meister zu geraten. Jeder findet den Guru, den er verdient hat und der seiner karmischen Disposition entspricht – so sagt es die Hinduüberlieferung. Weithin anerkannte Kriterien sind, dass der Guru in einer Gurutradition stehen muss (Ramana Maharshi und andere sind jedoch bekannte Ausnahmen), dass sie sich nicht mit Geld abgeben dürfen (eine Regel, die sich leicht unterlaufen lässt) und dass sie nicht selbst missionierend Anhänger suchen dürfen: Der Durstige kommt zum Brunnen, nicht umgekehrt. Reichtum und Ungeduld des Westens haben diese bewährten hinduistischen Grundlagen weitgehend unterminiert.

**Guruismus im Westen**

Die Geschichte der modernen Gurubewegungen im Westen beginnt 1893 mit dem Weltparlament der Religionen in Chicago. Swami Vivekananda, der Gründer der Ramakrishna-Mission (1897), hat wichtige Themen der Hindu-Mission im Westen angestoßen: die Zivilisierung des materialistischen Westens durch indische Spiritualität und die Verbreitung indischer ↗Toleranz durch die Lehre von der (neohinduistisch geprägten, inklusivistisch verstandenen) Einheit aller Religionen. Von diesen Gedanken ist der *monistische Typ* der Gurubewegung geprägt, z. B. Swami Sivanandas Divine Life Society. Zu diesem Typ zählt auch die *Self Realization Fellowship* (1935 durch

Swami Yogananda gegründet), die den *Kriya-Yoga* propagiert.
Bei einem anderen Typ, den *Evolutions-Gurus*, steht die religiöse Entwicklung im Mittelpunkt. Dazu zählen z. B. Aurobindos Integraler Yoga, ↗Sri Chinmoy und die ↗Transzendentale Meditation. Ein verwestlichter, am wenigsten guruistisch geprägter Typ kann den Guru durch Amtsträger und Organisationsstruktur ersetzen. Das gilt auch für den *ordensähnlichen Typ*, dem die ↗ISKCON angehört. Auch in ihr konnte der Verlust des Gründer-Gurus durch Institutionalisierung aufgefangen werden, wobei die Amtsträger jedoch eine guruartige Funktion wahrnehmen. Die ISKCON unterscheidet sich von anderen Gurubewegungen dadurch, dass sie eine Art Kulturmission zur weltweiten Etablierung der Kastengliederung betreibt. Der Ananda Marga ist ein ordensähnlicher Kampfbund mit politischer Zielsetzung.
Der Typ des *Heilsmittler-Gurus* findet sich v. a. bei den Sadgurus des Sant Mat, ähnlich auch bei den ECK-Meistern von ↗Eckankar und in der Divine Light Mission des Guru Maharaj Ji. Heilsbedeutung unterschiedlicher Art wird dem *Guru-Avatara* zugeschrieben. (*Avatara*, wörtlich »Herabkunft«, bezeichnet die irdische Erscheinung eines Gottes zum Zweck der Wiederaufrichtung der Weltordnung.) Sathya ↗Sai Baba gilt sogar als »integraler Avatara« nach dem Vorbild Krishnas und beansprucht, alle Religionen in sich selbst zu vereinigen. Faktisch verdrängt der Heilsmittler-Guru Christus und alle anderen Religionsgründer, z. B. der Sai-Religion (Sathya Sai Baba) oder von Sahaja Yoga (Nirmala Devi). Auch Shri Rajneesh, ein völlig unorthodoxer Guru ohne Tradition, beanspruchte eine Heilsmittlerfunktion und füllte sie mit unterschiedlichen Rollen (Buddha, Jesus usw.). Er gehörte am ehesten zum *tantrischen Typ*, der v. a. durch Kundalini-Erweckung, Chakra-Meditation und *shaktipat* (Kraftübertragung vom Guru auf den Jünger durch Berührung, Blick usw.) vitale Kräfte weckt, sie für starke Erleuchtungserfahrungen fruchtbar macht und oft eine intime, fast symbiotische Beziehung zu Jüngern pflegt, sodass es, noch eher als sonst, zu sexuellen Kontakten kommen kann (Swami Narayanananda). Der tantrische Typ wirkt im Westen v. a. in den Bereich von Körpertherapien und Transpersonaler Psychologie hinein (Siddha Yoga Dham des verstorbenen Swami Muktananda; Yogi Bhajan mit seiner *»Healthy-Happy-Holy-Organization«* [3HO] und seinem »Sikh-Dharma der westlichen Hemisphäre« sowie Guru Ma Chidrilasananda aus Ganeeshpuri).
Die meisten westlichen Gurubewegungen haben Mutterorganisationen in Indien und sind dort verwurzelt, überwiegend in der Tradition des mittelalterlichen, volkstümlichen ↗Hinduismus (Kabir, Chaitanya usw.). Synkretistische Gurus fragwürdiger Statur sind nicht die Regel. Transzendentale Meditation und ISKCON finden Beifall und Unterstützung in hindunationalistischen Kreisen, welche ausländischen Konvertiten durch eine Reinigungszeremonie den Übertritt ermöglichen. Obgleich die Faszination etlicher Gurus über die Grenzen des Hinduismus hinausreicht, sind sie doch nicht religionsneutrale bzw. -transzendierende Heilige, sondern Träger der Hindumission oder zumindest hinduistischer Inhalte und sollten als solche ernst genommen werden.
Die jüngste Phase des Guruismus im Westen bilden westliche Schüler indischer Meister, die selbst Gurufunktionen ausüben. Meister werden kann ein wichtiges Ziel der Jüngerschaft sein. Die sog. Satsang-Lehrer (Deutsche, US-Bürger u. a.) sind teils aus Oshos »Mysterienschule« hervorgegangen, teils Schüler anderer Meister gewesen; einige haben ohne Hilfe eines Meisters »Erleuchtung«

erlangt. Als indische Gurus und Vorbilder werden häufig der bereits 1950 verstorbene Ramana Maharshi sowie Sri Nirsargadatta Maharaj, Ramesh Balsekar und H. W. L. Poonja anerkannt. Inhaltlich ist eine stärkere Öffnung zum Advaita Vedanta und zum Buddhismus festzustellen, insgesamt ein stärkeres Interesse an Fragen der Identität (»Wer bin ich?«). Da Free John hat sonst unübliche Organisationsstrukturen ausgebildet.

REINHART HUMMEL

# Heilige, das

## Zum Begriff

Etwas oder jemanden als »heilig« zu bezeichnen, bedeutet ihm eine spezifische Erfahrungsqualität zuzuschreiben. Der Begriff des Heiligen ist der Zentralbegriff der religionsphänomenologischen Richtung der Religionswissenschaft. Folgende Merkmale begleiten die Erfahrung des Heiligen:

*Kraft:* Das Heilige wird als wirksame Kraft erfahren (z. B. als Schöpfungsdynamik, Lebensenergie, Naturphänomen usw.).

*Erscheinung:* Das Heilige offenbart sich; zum Gegenstand der Hierophanien (Eliade) kann prinzipiell alles werden (Steine, Pflanzen, Orte, Zeiten, bestimmte Menschen usw.).

*Übermacht:* Die Offenbarung des Heiligen überwältigt und zwingt ihre Zeugen in ein Reaktionsverhältnis. R. Otto spricht vom »Kreaturgefühl« und dem Gefühl »schauervoller Scheu«.

*Doppelgesichtigkeit, Ambivalenz:* Die Erfahrung des Heiligen hat neben der überwältigenden eine für sie genauso charakteristische abschreckende, weil den Menschen überführende Seite. Otto spricht vom *mysterium tremendum* (= erschreckendes), *fascinans* (anziehendes, begeisterndes) *et augustum* (= orientierendes, erhabenes).

*Kult:* Um den Reaktionszwang auszuagieren, beginnt der Mensch eine umfassende symbolische Aktivität, etwa in Form von Ehrfurchtshandlungen, Opfern oder dem Anfertigen von Repräsentationen der Hierophanie (Bilder, Statuen, Tänze usw.). So wird ein neues Verhältnis zur Daseinsordnung und zur eigenen Verortung in der »Welt« gestiftet. Es bildet sich die spezifisch religiöse Durchbrechung der ontologischen Ebenen, indem der Gegensatz von »heilig« und »profan« (bzw. transzendent–immanent) gebildet wird. Das Heilige begründet einen neuen Modus der Wirklichkeitserfahrung an sich, der sowohl räumlich (heiliger Ort, Heiligtum), wie auch zeitlich (kosmischer Kreislauf, Festzyklus [↗Fest]) und sozial (Mittler des Heiligen, Priester) ausbuchstabiert wird.

## Wichtige Konzeptionen des Heiligen

Gegen szientistische Versuche, ↗Religion als Täuschung kulturell hinter sich zu lassen, wenden sich Schleiermachers »Reden über die Religion« von 1799. Hier wird das Heilige als Phänomen aus sich selbst heraus erklärt und nicht funktional etwa aus der Geisterfurcht abgeleitet. Diese Gegenrichtung zum aufklärerischen Rationalismus wird als irrationaler (nicht: arationaler!) Zugang bezeichnet, weil als Orte der Heiligkeitserkenntnis das Gefühl »schlechthinniger Abhängigkeit« und die daraus folgenden Anschauungen behauptet werden. Das Heilige steht bei Schleiermacher für den Universalzusammenhang selbst, vor dem das religiöse Subjekt sich als endlich und passiv bestimmt. Bevor es *be*greift, wird das Subjekt von der Offenbarung einer außersubjektiv wirksamen Kraft *er*griffen. Wichtig für die so irrational rehabilitierte Rede vom Heiligen ist es, die Rezeptionsfähigkeit des religiösen Subjektes (bei Otto sogar: der religiösen Elite) zu betonen und das Erlebnis des

Heiligen gegen Kant von moralisch-sittlichen Bezügen zu trennen. Das Heilige ist bei Otto nicht einfach das an sich Gute, weil Göttlich-Personale (wie von M. Scheler behauptet), sondern es hat eine überaus abschreckende, gewaltsame Seite, die den Menschen überfordert und in Ohnmacht versetzt.

Einen anderen Akzent setzt M. Eliade mit seiner Konzeption einer archaischen Ontologie (↗Archaische Religiosität). Eliade arbeitet in der Fülle des religionsgeschichtlichen Materials unveränderliche, zeitlos gültige symbolische Grundstrukturen heraus. Nach Eliade definieren sich die traditionellen Kulturen vom jeweiligen Heiligen her ontologisch. Das Heilige strukturiert den Raum, indem um den Punkt seiner Verehrung herum die »Weltachse« errichtet wird, welche Orientierung und Struktur stiften kann. Die Mythen und ↗Rituale deuten die so gegründete Welt, sodass der traditionelle Mensch in einen vertrauten und sich ihm zuneigenden kosmischen Sinnzusammenhang eingegliedert ist. Genau diese Grunderfahrung hat der moderne Mensch nach Eliade verloren.

Beim Gewaltaspekt (↗Gewalt) des Heiligen setzen die Konzeptionen von R. Callois und R. Girard an. Bei Callois ist das Heilige eine eruptive Energie mit hohem Verheißungs- wie Gefahrenpotenzial. Wer sich der Gunst des Heiligen für seine Pläne versichern will, muss den Umgang mit dieser so unberechenbaren Kraft erlernen. Hierzu dienen Tabuvorschriften und Rituale. Callois betont in der Schule Durkheims die subtilen Ordnungsleistungen, die das Heilige für ein soziales Kollektiv übernimmt. Insbesondere betont er, dass das Heilige ein Kollektiv nicht einfach nur statisch integriert, sondern dass sich immer wieder eine Dialektik von ordnenden Imperativen und anarchischen Übertritten dem Heiligen gegenüber einstellt. Gerade in Ausnahmen zum Normalmaß – also im Bruch von Tabus, in Sakrilegen oder in exzessiven Verschwendungen von Lebensressourcen – wird die Kraft der Regel umso deutlicher. Auf der Suche nach Äquivalenten solcher archaischen Dialektiken hat Callois moderne »Feste« beschrieben: die Ferien, den Karneval, besonders aber den Krieg.

Girard führt die Rede vom Heiligen auf das grundlegende Aggressionspotenzial des Menschen zurück. Da Menschen sich untereinander nachzuahmen versuchen und sich die Nachahmungsdynamik auf die jeweils auch vom Rivalen begehrten Objekte und dann gegen diesen selbst richtet (sog. Mimesis), geraten sie notwendig in eine für das ganze Kollektiv destruktive Gewaltspirale. Erst wenn sie ein gemeinsames ↗Opfer finden, in dem sich ihre interaktive Aggression gegen ein Drittes ausagiert, kommt die Mimesis zur Ruhe. An diesen Opfern kristallisiert sich die Rede vom Heiligen aus. Denn die Opfer sind zum einen verflucht – ihnen wird stellvertretend die gesamte Aggression der mimetischen Krise zur Last gelegt –, zum anderen werden sie verehrt, denn das Kollektiv weiß sich durch sie versöhnt und geeint (Sündenbockmechanismus). Die Verehrung des Heiligen, etwa durch mythische Texte, ist dabei nach Girard bereits die erste Verschleierung der vorangegangenen Gewalttat gegen das unschuldige Opfer. Girard bezieht sich in diesen Analysen auf die letztlich bei É. Durkheim ansetzende Intention, dass alle sozialen Zusammenschlüsse durch implizit oder explizit religiöse Bindungskräfte integriert werden.

### Religionsphilosophische Probleme mit dem Begriff des Heiligen

Religionsphilosophisch problematisch ist zum einen die Behauptung der Erkenntnis eines Heiligen, zum anderen die Frage nach seiner tatsächlichen (im Sinne einer empirisch wie auch immer messbaren) Realität. Der erkenntnistheoretische Themenkomplex hinterfragt kritisch, inwiefern die Behauptung eines Heiligen abhängig ist von psychologischen Interpretationen (so C. G. Jung) oder kulturellen Kontexten, die z. B. unerklärliche Naturerscheinungen religiös überhöhen. Die wichtigsten Denker des Heiligen wie Schleiermacher, Otto, Scheler, van der Leeuw oder Eliade berichten von eigenen Heiligkeitserlebnissen und deuten die Hierophanien anderer von ihrem eigenen Erleben her. Dies ist analytisch unbefriedigend, da mehrdeutig und historisch variabel. Gefragt wird zudem, inwiefern eurozentrische Projektionen die Erkenntnis des Heiligen anleiten. Auch sei nicht einsehbar, inwiefern man über die irrationalen Erkenntnismöglichkeiten des Heiligen zu wissenschaftlich universalisierbaren Erkenntnissen über Religion kommen soll. Heutige ↗Religionswissenschaft bemüht sich daher, die Idee des Heiligen mit dem Gedanken der Geschichtlichkeit und damit der Pluralität von Erscheinungsformen und Interpretationen zu verbinden (Gantke 1998).

Fest steht, dass das Heilige nicht in einem eindimensional auf Ursache-Wirkungsketten fokussierten Rationalitätsdenken erfasst werden kann. Ob es das Heilige jenseits des Selbstverständnisses der Gläubigen und ihrer Kultformen tatsächlich, also empirisch-ontologisch »gibt«, kann nur mit Anerkenntnis auch anderer Rationalitätstypen entschieden werden. Der Diskurs über das Heilige bekommt damit eine rationalitätskritische Funktion. Immerhin bleibt festzuhalten, dass alle bekannten traditionellen Kulturen eine grundsätzliche Verwiesenheit ihres kollektiven Daseins auf eine andere, höhere Realität behaupten und diese in der Erfahrung eines wie auch immer »Heiligen« versprachlicht haben. Ob die Moderne auf diese, offensichtlich für eine humane und auch rationale Existenz fundamentale Semantik verzichten kann, kann mindestens bezweifelt werden (vgl. Habermas 2001).

### Das Heilige in der Gegenwart der Moderne

Der Sprung von traditionellen Gesellschaften hin zur Moderne, die sich gerade aus der Befreiung von Religion entwickelt und einen säkularen Entwicklungspfad eingeschlagen hat, ist überaus problematisch. Mit Sicherheit kann für die Moderne keine Resakralisierung im umfassenden Sinn prognostiziert werden (Hildebrandt u. a. 2001). Trotzdem zeigen sich Spuren mindestens einer Sehnsucht nach dem Heiligen auch in der Gegenwart. Dabei steht das Heilige zumeist als Chiffre für das »Ganz andere« (Otto) der Moderne, für ihr gegenübergestellte Sphären der Unverfügbarkeit. Solche Sphären werden etwa im modernen Kultmarketing symbolisch-ästhetisch inszeniert. Im ökologischen Zusammenhang wird die Forderung nach einer sakralen Scheu vor der Natur erhoben (Sheldrake); im bioethischen Zusammenhang geht es um den Respekt vor der fundamental unberührbaren Heiligkeit des Lebens; und im esoterischen Zusammenhang erschließt man sich den (zumeist) individualpsychischen Zugang auf verschüttete Quellen heiliger Weisheitslehren (Kamper/Wulf 1987). Im politischen Zusammenhang zeigen gerade die gewalttätigen Konflikte zwischen den Religionen und deren überaus pluralen Heiligkeitsvorstellungen (heilige Stätten, Heiliges Land, Heiliger Krieg, Heiliger Vater usw.), dass die modernen Wissensgesellschaften schon im Interesse ihres eigenen Überlebens zu einer neuen Auseinandersetzung mit ihren religiösen Traditionen, mit ihren Fundamentalwerten und den weitestgehend abgelegten Heiligkeitsansprüchen genötigt sind.

MATTHIAS SELLMANN

# Hinduismus

Von den weltweit rund 800 Mio. Hindus leben schätzungsweise 80% im Ursprungsland Indien. Als drittgrößte Religionsgruppierung wird der Hinduismus zu den ↗Weltreligionen gezählt, doch ist der Singular im Grunde irreführend. Die vielleicht hervorstechendste Eigenart der indischen Kultur ist ihre einzigartige Vielfalt regionaler Kulturen, synthetischer Religionsformen und sakraler Literaturen in Sanskrit und Regionalsprachen. In ganz Indien verbreitet sind die Hochgottheiten der Sanskritliteraturen (Shiva, Vishnu/Krishna/Rama, Ganesha und Formen der Devi, der »Göttin«), die großen Strömungen des Shivaismus und Vishnuismus, die Verehrung einer Göttin als absolute Macht (Shaktismus) und die Smarta-Tradition, in welcher alle Hochgottheiten integrativ verehrt werden, wobei immer eine im Zentrum steht. All diese Religionsformen sind aber je nach Traditionen und Regionen sehr unterschiedlich realisiert. Neben den Großgottheiten und dem brahmanischen Wertesystem spielen volkssprachliche Kulte regionaler Gottheiten, vergöttlichter Ahnen, Geister und Dämonen sowie die Verehrung von Bäumen, Flüssen, Bergen, aber auch von Menschen – sei es in Form religiöser Lehrer oder in Form von Medien einer Gottheit – eine vitale Rolle. All diese Überlieferungen haben eigene Ausdrucksformen, zugleich gibt es zahlreiche gemeinsame Elemente, Wechselbeziehungen und Kontinuitäten. Weder trifft also der Singular »Hinduismus«, der sich erst im 19. Jh. durchsetzte, die Sache, noch ist der Plural »Hindureligionen« eine wirklich zufriedenstellende Alternative. Sowohl Traditionenvielfalt als auch ein religiöses Dispositionsmuster, das von einer prinzipiellen Identität verschiedener Glaubensanschauungen und einer allumfassenden göttlichen Präsenz ausgeht, machen die Besonderheit des Hinduismus aus und erklären sich aus der Dynamik einer über 3000-jährigen Religionsgeschichte, die weniger durch Ausschlussmechanismen als durch Inklusivismen und Reinterpretationen charakterisiert ist.

## Indische Religionsgeschichte und kontinuierlicher Gegenwartsbezug

### Veda und Vedanta

Der heute bekannte Hinduismus mit seinen Gottheiten und seinem Tempelkultus formierte sich erst am Anfang der christlichen Zeitrechnung, aber die indische Religionsgeschichte geht in prähistorische Zeit zurück. Wichtigste Quelle ist der Veda (von Sanskrit *vid*, »wissen«), die älteste Sakralliteratur Indiens. Orthodoxen Brahmanen gilt er als verfasserloses, von den alten »Sehern« erschautes ewiges Wissen und im Unterschied zu den späteren Offenbarungsschriften als Uroffenbarung, Shruti (»das Gehörte«). Obgleich er auf eine kulturelle Elite beschränkt und keineswegs für alle Hindutraditionen die zentrale Offenbarungsschrift ist, haben die unterschiedlichsten Gruppierungen ihre Sakralliteraturen positiv oder abgrenzend über den Veda definiert, sei es als Überbietung des Veda oder als wahrer Urveda, als volkssprachlicher Veda, als fünfter Veda. In der Neuzeit, als sich mit Nationalstaatsbildung (1885) und Unabhängigkeit (1947) die Frage stellte, was Hindus überhaupt eine, fanden urbane Bildungsschichten die Antwort wiederum im Veda.

Historisch formierten sich die vedischen Sammlungen in einem über 1000-jährigen Prozess, ohne ein einheitliches Textkorpus darzustellen. Der Veda der Moderne bezieht sich i. d. R. nur auf den letzten Teil, die Upanishaden (ab ca. 700 v. Chr.), die einen Umbruch in der indischen Kulturgeschichte markieren. Die Upanishaden setzten dem kosmisierten

Feueropferkult eine Verinnerlichung des Opfers entgegen. Im Unterschied zur früheren vedischen Ritualliteratur handelt es sich um eine Philosophie, die ein ganz neues Erlösungsideal (↗ Erlösung) propagiert: den Ausstieg aus dieser Welt des Leidens. In den Upanishaden finden sich erstmals Vorstellungen, die aus der indischen Religionsgeschichte fortan nicht mehr wegzudenken sind: *karma*, Wiedergeburt, Befreiung durch Entdeckung der eigenen Transzendenz, Einheit von Selbst (Atman) und absolutem Seinsgrund (Brahman), zusammengefasst in der Formel *tat tvam asi* (»Das bist Du«). Das Wort Vedanta (»Ende der Veden«) bezeichnet sowohl die Einheitslehre der Upanishaden als auch ihre Systematisierungen. Wichtigster Kommentator ist der Wanderasket Shankara (8./9. Jh. n. Chr.), der mit seinem strengen Nondualismus *(advaita)* zum berühmtesten Philosophen Indiens wurde. In popularisierter Form wurde sein Advaita-Vedanta im neuzeitlichen urbanen Indien zu einer weitverbreiteten, individualistischen Mittelschichtenreligiosität und spricht auch viele Nicht-Hindus im Westen an.

### Theismus und Vielfalt gelebter Religionspraxis

Bemerkenswerterweise hat im traditionellen Indien selbst der ursprünglich nontheistische Vedanta eine starke theistische Überformung erfahren. Nicht das apersonale Absolute der Upanishaden prägt die gelebte Religiosität der Mehrheit, sondern eine Vielfalt von Gottheiten und Heilsvorstellungen. Die theistische Wende stellt den entscheidendsten historischen Umbruch dar. Sie schlug sich in neuen Sakralliteraturen nieder (Puranas, Agamas, Tantras, devotionale Hymnik) und ließ den Hinduismus, wie er in der Landbevölkerung Indiens noch heute praktiziert wird, erst entstehen. Mit veränderten politischen Strukturen (herrschaftliche Großreiche), der Entwicklung eigenständiger Regionalkulturen (ab ca. 1. Jh. n. Chr.) und einer brahmanischen Renaissance, die den damals verbreitetsten Religionen ↗ Buddhismus und Jainismus den Rang streitig machte und allmählich den Sieg davontrug, setzten sich etwa gleichzeitig die Hochgötter Shiva und Vishnu/Krishna und in enger Verbindung mit dem Shivaismus zunehmend auch die Verehrung der Göttin durch. Eine neue Form von Gottesdienst *(puja)*, in welchem die Gottheiten wie königliche Gäste verehrt werden, Tempelkultus, Wallfahrtswesen und persönliche, liebende Gottesbeziehung *(bhakti)*, lösten das vedische Opfer ab. Von entscheidender Bedeutung war, dass die *bhakti*-Religiosität die Integration zahlreicher lokaler Dorf- und Stammesgottheiten in den Hinduismus ermöglichte. Oft wurden die Regionalgottheiten durch mythische Umdeutung mit den Großgöttern identifiziert – etwa als deren »Inkarnation« *(avatara)* oder als Erscheinungsweise der einen großen Göttin erklärt –, wobei das Wissen um ihre tribale Herkunft selten ganz erlosch. Der Zeitraum von der Gupta-Dynastie (3.–6. Jh.) bis zum Sultanat in Delhi (13. Jh.) gilt heute als Höhepunkt gesamtindischer Geschichte.

Formal lassen sich vom brahmanischen Sanskrithinduismus hinduistische Volksreligionen und diverse von Asketen gestiftete Religionen unterscheiden, doch sind die Grenzen flüssig. Man kann von überlappenden sozioreligiösen Sinnsystemen mit wechselnden Positionen sprechen: Je nachdem, welche Personengruppe und welche Richtung gemeint ist, steht eine andere Religionsform und eine andere Gottheit im Zentrum. Jede Tradition kennt eigene Riten, z. T. hochkomplexe Theologien und eine Vielfalt symbolischer Formen. Innerhalb der shivaitischen, vishnuitischen und Göttinnentraditionen gibt es dualistische und nonduale, monotheistische und polytheistische Lehren und Praktiken. Nicht nur anthropomorphe Kultbilder, die als narrative Theologien gelesen werden können, sondern auch abstrakte Repräsentationen (z. B. Sivalingam), Diagramme *(yantra)* und nonsemantische Klänge *(bija-mantra)* machen eine Gottheit präsent. Ebenso vielgestaltig sind die Verehrungsweisen: Rituale, die alle Sinne miteinbeziehen, devotionale Gebetsformeln und -gesänge, spirituell-meditative Praktiken, Visualisierungen, individuelle Gelübde und Fastenriten, zahlreiche kollektive Feste. Damit die Riten ihre Wirkung voll entfalten können, wird der Zeitpunkt ihrer Durchführung astrologisch bestimmt.

Neben dieser Vielfalt zeigt sich im Sanskrithinduismus eine starke vereinheitlichende Tendenz. Im Mittelpunkt stehen brahmanische Priester, familiäre Riten, Haus- und Tempelkultus, der Veda und eine Reihe weiterer autoritativer Sanskrittexte. Sowohl Übergangsrituale (Geburt, ↗Initiation, Hochzeit, Tod) als auch die Verehrung der Hochgötter werden weitgehend einheitlich zelebriert. Der Glaube an die Wiedergeburt verbindet alle Hindus, aber in der praktischen Religionsausübung spielt die Reinkarnationslehre eine eher marginale Rolle: Was man sucht, ist die Abwehr von Unheil, göttliche Hilfe und Schutz. In der dörflichen Lebenswelt sind Götter und Geister lokalisiert – in Steinen, Bäumen oder Insignien. Alle Lokalgottheiten zeichnen sich im Unterschied zu den universalistischen, transzendenten Hochgottheiten durch ihre ausgeprägte Territorialität aus, welche ihre Macht auf ein bestimmtes Gebiet konzentriert. Ihr wundersames Erscheinen am jeweiligen Ort wird in regionalsprachlichen Entstehungsmythen mündlich tradiert. In den Augen ihrer Verehrer sind sie für Heil wie für Unheil zuständig, reagieren positiv oder negativ auf menschliches Verhalten, greifen ins Leben des Ortes ein. Oft haben sie nicht brahmanische Priester, versetzen bestimmte Männer und Frauen in Trance, die von dem Gott oder der Göttin ergriffen zu deren Sprachrohr werden. Neben Verehrungsformen, die vom Sanskrithinduismus abweichen und hier gar als unrein gelten, gibt es gemeinsam geteilte, denn brahmanische und volkstümliche Elemente haben sich wechselseitig überformt. In den Sanskrit- und Volkshinduismus wird ein Hindu hineingeboren; in die von Asketen und Heiligen gestifteten Religionen hingegen, die oft antibrahmanisch und partiell kastenresistent sind, kann man als Erwachsener bewusst eintreten. Solche Religionsgemeinschaften entstanden vermehrt seit der muslimischen Besatzung.

### Kulturkontakte und »universaler Hinduismus«

Mit der Muslimherrschaft in Nordindien kam es zu einem neuerlichen Paradigmenwechsel. Zwischen dem 10. und dem 12. Jh. verschwand der Buddhismus aus Indien. Nur wenige Hindus konvertierten zum ↗Islam, aber die Tempelzerstörungen zwangen zu neuen Religionsformen, verstärkten eine ↗Individualisierung von Religion und eine verinnerlichte Gefühlsreligiosität. Viele neue devotionale Gruppierungen entstanden und eine Intensivierung regionalkultureller Entwicklungen setzte ein. Die beständige Wiederholung von Gottesnamen und das gemeinsame Singen devotionaler Lieder haben seit dieser Zeit ihren »Sitz im Leben«. Ab ca. dem 14. Jh. etablierte sich in Nordindien Rama als Gott schlechthin, und unter den Einflüssen muslimischer Sufi-Heiliger entwickelten sich hindumuslimische Synkretismen (↗Sikhismus).

Eine weitere Umbruchphase waren britische Kolonialherrschaft und Unabhängigkeitsbestrebungen. Mit dem englischen Verwaltungs- und Bildungssystem entstand eine neue urbane Bildungselite, die den sog. Neohinduismus oder Neovedanta hervorbrachte. Neu war v. a., dass der Vedanta in den Dienst kolonialer Opposition, sozialer und religiöser Reformen und nationaler Identität gestellt wurde und die brahmanischen Elite- und Entsagerkreise verließ, um mittels englischer Übersetzungen auch massenwirksam zu werden. Erstmals entstand ein missionarischer Hinduismus. Bedeutete Hindu zu sein traditionellerweise, in eine bestimmte Kaste hineingeboren zu werden, begannen Reformbewegungen des 19. Jh.s, die universalistischen Züge des Hinduismus zu betonen. V. a. in der Einheitslehre des Vedanta, aber auch im *bhakti*-Devotionalismus fand man Traditionsstränge, mit denen sich die Irrelevanz der Kastenzugehörigkeit legitimieren ließ.

Im zeitgenössischen, postkolonialen Indien sind unterschiedliche Tendenzen zu beobachten: Eine moderne, säkularisierte Verfassung steht neben traditionellen Lebensformen, in denen Religion alle Lebensbereiche umfasst und sakral und säkular ineinanderfließen; ein Hinduismus, unabhängig von Nationalität, Kaste und Geschlecht, steht neben der klassischen *dharma*-Lehre, nach der nicht alle Menschen gleich sind und deshalb unterschiedliche soziale Gruppen, Lebensalter, Männer und Frauen eigene Pflichten haben, denen zu folgen religiös verdienstvoll und sogar erlösungswirksam ist; neue religiöse Bewegungen stehen neben Bestrebungen, traditionelle Gruppierungen in einer Hinduökumene zu vereinen; ein Hindukommunalismus, der sich gewalttätig gegen die Minderheitenreligionen Christentum und Islam richtet, steht neben milderen Formen, die für den Hinduismus als eine Religion der Integration und Pluralität werben; gebildete Städter, die volksreligiöse Praktiken als abergläubisch stigmatisieren, stehen neben der Vitalität traditionsgebundener Religiosität v. a. in der Landbevölkerung. Die Adaptionsfähigkeit, die dem Hinduismus seit seinen Anfängen eignete, zeigt sich in vielen Anpassungsstrategien an moderne Lebensbedingungen.

### Soziorituelle Organisationsstruktur und religiöse Gegenwelten

Die im Wandel begriffene sozioreligiöse Ordnung erzeugt neue Handlungsspielräume, aber auch Verluste. Für traditionsgebundene Hindus bedeutet Kaste in erster Linie eine Solidargemeinschaft, die Halt und Identität gibt. Das Kastensystem als soziorituelle Ordnung darf nicht mit dem brahmanozentrischen, idealtypisch-hierarchischen Schema der vier Stände *(varna)* verwechselt werden (Brahmanen, Krieger/Aristokratie, Händler/Handwerker, Bedienstete/Bauern). Im realen Leben standen und stehen keineswegs nur Brahmanen an der Spitze der Gesellschaft, vielmehr sind die dominante ökonomische Gruppe die Landbesitzer. Ein System von Patronage, ökonomischer, politischer und ritueller Austauschprozesse und unterschiedlicher Hierarchien bestimmt das traditionelle Zusammenleben. Der Status einer Kaste bestimmt sich dadurch, mit welchen anderen Kasten man welche Beziehungen pflegt. Immer funktionieren Kasten als soziale Systeme nur in einem begrenzten Gebiet und sind regional sehr unterschiedlich organisiert.

»Kaste« ist ein europäischer Fremdbegriff (portug. *casta*, lat. *castus*, »keusch«). Für die reale Gesellschaftsordnung ist die »Abstammung« (*jati*, wörtlich »Geburt«) der Zentralbegriff, d. h. die patrilinear ausgerichtete Großfamilie und ein weiter Kreis von Blutsverwandten als Teil einer Subkaste. Die soziale Organisation basiert im Wesentlichen auf Heiratsregeln, Speisegeboten und Tischgemeinschaft, rituellem Austausch von Dienstleistungen und Waren. Dieses territorial begrenzte System wechselseitiger Verpflichtungen und ritualisierter Arbeitsteilung ist aus brahmanischer Perspektive durch Reinheitsnormen strukturiert. Unreinheit erzeugen v. a. Leder, Tod und Körperausscheidungen (Schweiß, Samen, Blut, Exkremente), weshalb Wäscher, aber auch brahmanische Totenpriester einen sehr niederen sozialen Rang einnehmen und Lederverarbeiter sowie Latrinenreiniger als »Unberührbare« gelten. Gandhi nannte sie *Harijans* (»Kinder Gottes«), und die Selbstbezeichnung *Dalits* (»die Zerbrochenen, Unterdrückten«) zeigt, dass sie sich als Benachteiligte fühlen und zunehmend gegen die traditionelle Ordnung opponieren. In dieser übernehmen – etwa bei der Organisation von Festen – unterschiedliche soziale Gruppen verschiedene Funktionen und leisten einen eigenen Beitrag für die kollektive Ordnung. Die Unterordnung der Einzelinteressen unter das Kollektivinteresse war bzw. ist auch notwendig für ein harmonisches Funktionieren der Großfamilie, der Solidargemeinschaft im engeren Sinne. Traditionellerweise wohnt die Großfamilie zusammen oder nah beieinander, teilt Essen, Arbeit und Besitz, hat gemeinsame Überlieferungen, verehrt einen eigenen Clan- oder Familiengott, unterhält rituelle und ökonomische Beziehungen zu bestimmten Familien und Berufsgruppen, besonders zum Hauspriester, Barbier, Landarbeiter und Latrinenreiniger.

Die Landbevölkerung Indiens – fast drei Viertel der Gesamtbevölkerung – ist nach wie vor zum großteil in die überkommene Ordnung der Kasten eingebunden. Allerdings führt eine zunehmende Abwanderung in die Industriestädte zu einer Erosion tradierter Relevanzsysteme und bedeutet für die Arbeitsmigranten Verzicht auf den sozialen und religiösen Zusammenhalt ihrer Familienverbände. Im urbanen Indien ist vieles im Wandel: Erbliche Berufsspezialisierung und Großfamilien lösen sich auf. Bei Hochzeiten spielt Bildung zunehmend eine wichtigere Rolle als Kastenzugehörigkeit. Neben arrangierten Ehen gibt es Liebesheiraten und sogar »Singles« – in früherer Zeit eine Undenkbarkeit.

Mit dem *dharma*-Begriff und Kastensystem ist allerdings auch traditionsgebundene Religiosität nur unvollständig erfasst, denn selbst der klassische Sanskrithinduismus kennt eine Differenzierung von Religion und Gesellschaft. Nach dem brahmanischen Wertesystem steht *dharma* zwar über den »Lebenszielen« Lust *(kama)* und Wohlstand *(artha)*, aber dem *dharma* übergeordnet ist Befreiung *(moksa)*. Während *dharma*- und Kastensystem rigide und hierarchisch dem Kollektiv verpflichtet sind, bildet das religiöse Symbolsystem das Sozialsystem nicht nur ab, sondern schafft auch Gegenwelten, in denen Freiheit, Egalität und Individualität schon immer möglich waren.

ANNETTE WILKE

## Hinduismus im Westen

Der Hinduismus außerhalb Indiens ist durch unterschiedliche Traditionen und Organisationen geprägt, bei der Bevölkerungsgruppen unterschiedlicher Herkunft und Abstammung eine Rolle spielen. Klarer als der vereinheitlichende Begriff »Hinduismus« drückt der Plural »Hindureligionen« die Vielgestaltigkeit und große religiöse Unterschiedlichkeit in Glaubens- und Praxisformen aus.

### Geschichte

Erste Kenntnisse über indische Kulturen und Religionen waren seit dem 12. Jh. durch die Faszination europäischer Gelehrter in den Westen gelangt. Doch erst seit dem 17. Jh. kann von einer Rezeption aufgrund von Reise- und Missionsberichten gesprochen werden. Die europäisch-kolonialen Expansionen nach Südasien führten u. a. zu Textübersetzungen, welche Philosophen und Gelehrte

begeistert aufnahmen. J. G. Herder idealisierte Indien als »Wiege der Menschheit«. Deutsche Romantiker wie Novalis priesen Indien als Ort ursprünglicher Spiritualität, Weisheit und Unschuld. Im frühen 19. Jh. entstanden die Prototypen der Verherrlichung, die bis in die 1960er-Jahre als Begeisterung für Indien und das »Morgenland« wirksam bleiben sollten.
Parallel zur literarisch-glorifizierenden Rezeption Indiens in Europa und Nordamerika setzte mit dem britisch-kolonialen Vertragsarbeitersystem die globale Verbreitung hinduistischer Traditionen ein. Die Verschiffung von etwa 1,5 Mio. Indern und Inderinnen zwischen 1834 und 1917 brachte Hindus und ihre Götter und Göttinnen nach Ost- und Südafrika, in die karibische und die malaiisch-pazifische Region. Dort bestehen zu Beginn des 21. Jh.s bevölkerungsstarke hinduistische Gemeinschaften, welche je eigene »Übersee«-Hinduismen ausbildeten.

### Hinduismus als missionarische Religion

Bedeutend für die Rezeption hinduistischer Glaubens- und Praxisformen im Westen sollten organisatorische Neubildungen und religiöse Uminterpretationen in Indien selbst werden. Diese, allen voran Swami Vivekananda (1863–1902) und die von ihm 1886 gegründete Ramakrishna-Mission, wurden Vorreiter und Wegbereiter, die nach orthodoxer Auffassung exklusive, rein geburtsbegründete Zugehörigkeit zu Hindureligionen für alle Interessierten zu öffnen. Vivekanandas Vortragsreisen durch Europa und die USA trugen die von ihm propagierte Vedanta-Philosophie in breite Kreise des Bildungsbürgertums. Sie ließen diese spezifische Interpretation als allgemeingültig für alle hinduistischen Traditionen erscheinen. Der Gründung von Vedanta-Gesellschaften1884 in New York und 1899 in San Francisco folgte 1906 der Bau des ersten Hindutempels in Nordamerika, dem Vedanta-Tempel in San Francisco. Mit Yogananda (1893–1952; ab 1920) und der von ihm konzipierten Science of Religion sowie Maharishi Mahesh Yogi (1918–2008; ab 1959) und seiner ↗Transzendentalen Meditation kamen weitere indische Lehrer und Lehren in die USA.
Nach der Änderung der US-amerikanischen Zuwanderungsbestimmungen 1965 kamen weitere hinduistische ↗Gurus und Swamis (Lehrer), ebenso indische Mediziner, Facharbeiter und Ingenieure. A. C. Bhaktivedanta Swami Prabhupada, Gründer der International Society for Krishna Consciousness (↗ISKCON, 1966 in New York), folgte Swami Prakashanand Saraswati mit seiner Society for Divine Love, Guru Maharaj Ji mit der Divine Light Mission, Bhagvan Shri Rajneesh (↗Osho) sowie zahlreiche weitere indische Lehrer. Meistens zogen diese kosmopolitischen Swamis junge, weiße Mittelschichtenamerikanerinnen und -amerikaner an. Nur in den Tempeln der Krishna-Gemeinschaft finden sich neben Euroamerikanern auch indischstämmige Amerikaner (gleiches trifft für Europa zu). Diese neohinduistischen Gruppen und Bewegungen kamen in den 1970er-Jahren publikumswirksam nach Europa und fanden hier erste Anhänger. Nach einem schnellen Zuwachs und der Gründung zahlreicher Zentren ging das Interesse an den spirituell-meditativen Angeboten und Praxisformen in den 1990er-Jahren merklich zurück. In den Nordamerika und Europa bestehen zwar weiterhin Gruppen und Zentren der Krishna-Gemeinschaft, Brahma Kumaris, Ananda Marga, TM, Divine Light Mission, Sahaja Yoga, Neo-Sannyas, Sathya Sai Baba und weiterer neohinduistischer Gurus und Traditionen. Im Vergleich zur aus Indien und Sri Lanka stammenden Zahl von Hindus in westlichen Ländern ist die Anzahl von Mit-

gliedern in neohinduistischen Gruppen und Traditionen verschwindend gering.

### Migration und Flucht

Hindureligionen im Westen dürften zu mehr als 90 % von Zuwanderern aus Südasien und ihren Nachfahren gebildet werden. Nach Großbritannien als ehemalige Kolonialmacht in Indien kamen ab den 1950er-Jahren indische Arbeiter, der Großteil von ihnen Hindus. Erste Hindutempel entstanden Ende der 1960er-Jahre. Die Vertreibung der in den ehemaligen ostafrikanischen Kolonien lebenden Indern führte zu einer zweiten Zuwanderungswelle in den frühen 1970er-Jahren. London und die industriellen Midlands wurden zu Zentren der Ansiedlung. Intern ist die hinduistische Bevölkerung Großbritanniens nach Herkunftsregion (Gujarat, Punjab u. a.), religiöser Tradition, Kastenzugehörigkeit und nationaler Fortzugregion hochgradig fragmentiert. Den größten Hindutempel Europas errichtete 1995 die Swaminarayan Hindu Mission UK mit einem in traditionellem Gujarati-Stil erbauten *mandir* (Tempel) in Neasden (London). Leben in Großbritannien ca. 700 000 Hindus, so belaufen sich Schätzungen für die Niederlande auf etwa 110 000 Hindus. Zum größten Teil sind Letztere Zuwanderer aus dem 1975 unabhängig gewordenen Suriname.

Neben indischen Hindus sind tamilische Hindus aus Sri Lanka in Europa stark vertreten. Sie flohen seit Mitte der 1980er-Jahre vor dem singhalesisch-tamilischen Krieg. Von den ca. 200 000 tamilischen Asylsuchenden in Europa sind drei Viertel Hindus. Innerhalb kurzer Zeit errichteten sie zahlreiche Tempel, in Deutschland v. a. im Ruhrgebiet. Am bekanntesten ist der 2002 eröffnete, in traditioneller Architektur gebaute Sri Kamadchi Ampal Tempel in Hamm. Zum jährlichen Tempelfest kommen ca. 20 000 Tamilen aus ganz Europa.

In den USA, Kanada und Australien fanden die tamilischen und ostafrikanisch-indischen Flüchtlingsgruppen ebenso Aufnahme. Prägend für die hinduistische Bevölkerung der USA ist jedoch der nach Ausbildung und Berufsqualifizierung gesteuerte Zuzug von Indern. Die zumeist mittelständischen, gebildeten Inder haben sich vielerorts in hinduistischen Gesellschaften organisiert und erbauten repräsentative Tempel u. a. Pittsburgh, New York und Chicago.

### Verbreitung

Etwa 98 % der gegenwärtig ca. 800 Mio. Hindus leben in Südasien, weniger als 1 % im Westen. Schätzungen gehen von ca. je 1 Mio. Hindus in Europa und den USA, je ca. 700 000 Hindus in Südafrika und im karibischen Raum (Trinidad, Guyana, Suriname), ca. 200 000 Hindus in Kanada und 60 000 Hindus in Australien aus.

MARTIN BAUMANN

## Identität

Der aus der Philosophie kommende Begriff der Identität wird heute vorwiegend im psychologischen und sozialwissenschaftlichen Sinne benutzt und ist eng mit dem Begriff des Selbst verknüpft. Es ist schwierig, eine allgemeingültige Definition von Identität zu finden, jedoch geht es auf der Ebene des Individuums immer um die subjektive Beantwortung der Frage »Wer bin ich?«. Diese muss in einem Prozess beantwortet werden, der sich im Spannungsfeld zwischen individuellem Sein über die Zeit einerseits und soziokulturellen Bedingungen und Erwartungen andererseits vollzieht. Die gelungene Balance zwischen persönlicher Identität, wie sie in der unverwechselbaren Biografie zum Ausdruck kommt, und sozialer Identität, die sich in der Zugehörigkeit zu verschiedenen

Bezugsgruppen äußert, kann als Ich-Identität (z. B. J. Habermas) bezeichnet werden. Gelingt diese Integrationsleistung nicht, so kommt es zu Identitätskrisen und Identitätsdiffusion.

### Identität in der Postmoderne

Während früher individuelle Identität sehr über klare Zugehörigkeiten zu sozialen Klassen, Religionen etc. vorgegeben war, wird sie in der postmodernen Gesellschaft zunehmend zur Aufgabe des Einzelnen. Auch wenn Faktoren wie Geschlecht und Herkunft die Identität prägen, so kann und muss das Individuum doch in der Vielfalt des Angebots an Möglichkeiten seinen eigenen Platz finden. Die erhöhten Anforderungen an die Identitätsbildung werden u. a. in der Wissenssoziologie thematisiert und sind eng mit der Frage verbunden, ob unter den gegebenen Bedingungen überhaupt noch eine (einheitliche) Identität ausgebildet werden kann. Es wird von multiplen oder Patchwork-Identitäten (Keupp) gesprochen, die in lebenslanger Identitätsarbeit konstruiert werden müssen. Die Fragmentierung der Gesellschaft spiegelt sich psychologisch in einem Verbund mehrerer Teil- bzw. Rollenidentitäten, wobei die Notwendigkeit eines Mindestmaßes an Kontinuität und Kohärenz besteht, damit das Individuum in seiner psychischen Gesundheit nicht beeinträchtigt wird und handlungsfähig bleibt.

Die gesellschaftlichen Bedingungen zeigen sich auch im religiös-weltanschaulichen Bereich: Nach der jahrhundertelangen Dominanz des Christentums als Quelle individueller und kollektiver Identität ist ↗Religion nunmehr nur ein gesellschaftliches Teilsystem unter vielen. Die Vielfalt religiöser und weltanschaulicher Bewegungen nimmt rapide zu und eine homogene religiöse Sozialisation und Identität sind keine Selbstverständlichkeit mehr. Es ist Aufgabe des Einzelnen mit seinem individuellen Bedürfnis nach Sinn und Zugehörigkeit, aus dem Angebot der alten und neuen Weltdeutungen eine eigene religiöse oder auch nichtreligiöse Identität zu bilden (↗Individualisierung).

### Bedeutung von Religion und Glaube in Identitätskrisen

Vor diesem Hintergrund sind neureligiöse Gemeinschaften und Psychogruppen ebenso wie traditionelle Religionen als Angebote zu verstehen, die dem Individuum sowohl eine persönliche als auch eine soziale Identität anbieten – Angebote, die insbesondere in (Identitäts-)Krisen relevant werden können. In der (manchmal nur vorübergehenden) Hinwendung zu diesen kann der Einzelne ein neues Verständnis des eigenen Selbst, eine Strukturierung sozialer Beziehungen und ein Gefühl von Kontinuität erlangen. Die Attraktivität neureligiöser Gemeinschaften besteht dabei häufig in der Klarheit und Eindeutigkeit, mit der Lehren und Werte vor dem Hintergrund eines gesellschaftlichen Vakuums vertreten werden. Durch das Angebot der exklusiven Partizipation an der Gemeinschaft wird die gleichzeitige Realisierung der beiden in einem Spannungsfeld stehenden Dimensionen von Identität, Besonderheit und Zugehörigkeit, möglich. Zu den krisenhaften Lebensphasen, in denen der Mensch sich mit der Frage nach seiner Identität auseinandersetzen muss, gehört die Adoleszenz, die bereits der Psychoanalytiker E. Erikson als das zentrale Stadium für die Identitätsfindung, auch in religiöser Hinsicht, herausgestellt hat. Häufig wird die in dieser Phase auftretende »Verwirrung der Werte« als Ursache für die sog. Kultanfälligkeit von Jugendlichen gesehen; jedoch reicht die Adoleszenzkrise alleine nicht als Erklärung für den Beitritt zu neureligiösen Gemeinschaften oder Psychogruppen, da die Mehrheit der Jugendlichen diesen Bewegungen nicht beitritt.

### Identität und religiöse Veränderung

Die Hinwendung zu einem neuen Glauben kann das Selbstverständnis einer Person entscheidend verändern. Es kann zu graduellen Veränderungen und Erweiterungen der Identität oder einem radikalen Wandel derselben, etwa im Falle von ↗Konversion (oder Dekonversion), kommen. Die identitätsstiftende Funktion religiöser Konversion betonte schon W. James. Er definiert Bekehrung als einen schrittweisen oder plötzlichen Prozess, »durch den ein bisher gespaltenes und sich schlecht, unterlegen und unglücklich fühlendes Selbst seine Ganzheit erlangt und sich jetzt, stärker gestützt auf religiöse Wirklichkeiten, gut, überlegen und glücklich fühlt« (James 1997).

Der Prozess der Identitätsveränderung ist komplex und enthält oft verschiedene Elemente: Auf kognitiver Ebene wird neues Wissen aufgenommen, auf der Verhaltensebene sind Veränderungen des Tagesablaufs und der Wertigkeit von Tätigkeiten beobachtbar, auf sozialer Ebene verändern sich Beziehungen und auf affektiver Ebene ist eine Identitätsveränderung häufig von intensiven Gefühlen begleitet. Im Rahmen einer Konversion wird die gesamte Biografie und Identität vom Konvertiten oft im Sinne der neu erworbenen Glaubensüberzeugungen reinterpretiert (↗Biografieforschung).

Ein religiöses, geschlossenes Referenzsystem kann in hohem Maße identitätsstiftend und -festigend wirken, aber auch dazu führen, dass Personen durch Glaubenskonflikte und -enttäuschungen oder die Konfrontation mit anderen Weltanschauungen eine hohe Bedrohung ihrer Identität erleben. So sind z. B. Aussteiger aus exklusiven Gemeinschaften in ihrer Identität oft erschüttert und müssen sich eine neue Identität erarbeiten.

SUSSAN NAMINI, SEBASTIAN MURKEN

## Individualisierung

### Soziologische Definition

In soziologischer Perspektive meint Individualität (und Individualisierung als deren Zunahme) weder die Subjektivität im Sinne philosophischer Theorien noch (im Sinne der alltagssprachlichen Verwendung) die Singularität bzw. Vereinzelung oder gar Vereinsamung eines Menschen. In dieser Hinsicht ist Individualität eine soziale Zurechnungskategorie (einschließlich der Selbstzurechnung), und Individualisierung bezeichnet die Zunahme der sozialen Zurechnung von Entscheidungen auf einzelne Menschen. Auf dem Wege der Fremd- und Selbstzurechnung konstituiert sich das Individuum als eine Sozialform. Über Art und Ausmaß dessen, was einem Individuum zugerechnet wird oder was es sich selbst zurechnet, entscheiden sozial- und gesellschaftsstrukturelle Bedingungen. Insofern bildet Individualisierung kein Gegenüber von Vergesellschaftungsprozessen, sondern ist deren Bestandteil. Sie ist das Korrelat sozialer und gesellschaftlicher Differenzierung und Pluralisierung.

### Systematische Unterscheidungen im Prozess der Individualisierung

Prinzipiell gilt es, zwischen zwei Dimensionen des Individualisierungsprozesses zu unterscheiden: der *Sozial-* und der *Sachdimension.* Die Individualisierung in der *Sozial*dimension, die man als Privatisierungsprozess bezeichnen kann, besteht darin, dass Entscheidungen nicht mehr nur von den traditionellen Institutionen und Organisationen vorgegeben sind, sondern mehr und mehr zur Sache des Einzelnen werden. Die Individualisierung in der *Sach*dimension,

die als Subjektivierungsprozess bezeichnet werden kann, besteht darin, dass der Einzelne mehr und mehr thematisch und das Selbst zentraler Gegenstand sozialer Sinnbildung wird.
Mit der erstgenannten *Unterscheidung in vielfacher Weise verschränkt ist die* Differenz von öffentlicher und privater Sphäre. Einerseits führt die Individualisierung zu einer stärkeren Differenzierung zwischen Öffentlichem und Privatem (allerdings nicht im Sinne einer Trennung, sondern als Unterscheidung). Das gesellschaftsstrukturelle Moment der Individualität ermöglicht demokratische Inklusion (z. B. Wahlrecht, Bürger- und Menschenrechte) und Schutzräume (etwa die Wahrung der physischen, psychischen und sozialen Integrität einer Person). Unter den Bedingungen gesteigerter Individualität wird vieles als Zumutung empfunden, wenn es Gegenstand öffentlicher Kommunikation wird. Andererseits und paradoxerweise wird Intimität in zunehmendem Maße öffentlich kommuniziert und inszeniert – insbesondere im Fernsehen (z. B. in Talkshows oder Sendungen wie »Big Brother«), sodass die Differenz von Öffentlichem und Privatem nivelliert wird und es zu einem medialen »Terror der Intimität« (R. Sennett) kommt.

**Religion und Individualisierung**

Nachdem die Sozialstrukturanalyse einen umfassenden Individualisierungsprozess registriert hat, verzeichnet seit geraumer Zeit auch die religionssoziologische Forschung eine vergleichbare Entwicklung auf dem Gebiet der Religion. Angeregt durch das Konzept der *invisible religion* von Th. Luckmann (1991, engl. 1967), notiert die Religionssoziologie seit Ende der 60er-Jahre einen über die traditionellen Formen hinausgehenden Pluralisierungsprozess, den sie in einen Zusammenhang mit Individualisierungs- und Subjektivierungstendenzen stellt. Die angeführten systematischen Unterscheidungen im Prozess der Individualisierung lassen sich folgendermaßen auf das religiöse Feld übertragen: *Unterscheidung zwischen Sozial- und Sachdimension:* Religiöse Individualisierung in der *Sozial*dimension bedeutet, dass Religion mehr und mehr zur Sache des Einzelnen wird: Indem er unter Bedingungen eines religiösen Pluralismus wählt und aus den verschiedenen Angeboten religiöser Deutungsmuster individuell kombiniert, kommen religiöse Sinnbildungen erst auf individueller Ebene zu verbindlicher Geltung. Diese Entwicklung dokumentiert die ↗Religionssoziologie seit den 60er-Jahren, indem sie den Übersetzungsprozess von religiösen Inhalten aus den Faktenzusammenhängen außerhalb des Individuums in die »Binnenwelt« seines Bewusstseins nachzeichnet (P. L. Berger). In der Folge dieses Prozesses wird ↗Religion zur Sache der individuellen Überzeugung; der und die Einzelne hat sie selbst – vor sich und anderen – zu verantworten und zu legitimieren. Innerhalb des Rahmens einer religiösen Tradition wird großer Wert auf Entscheidungs- und Kombinationsspielräume (»Patchwork-Religiosität«) gelegt, und »normative Ansprüche religiöser Organisationen müssen von Individuen immer erst als eigene Verpflichtung und Leistung rekonstruiert werden« (Krüggeler 1993).
Religiöse Individualisierung in der *Sach*dimension bedeutet, dass der Einzelne mehr und mehr zur Sache der Religion und dass das Selbst zentraler Gegenstand religiöser Sinnbildung wird. V. a. die Konjunktur asiatischer Religionen im Okzident, »religioide« oder religiös aufgeladene Meditations- und Therapiepraktiken sowie die religiösen Segmente des New Age, die alle auf die Thematisierung des Selbst, auf »Selbsterfahrung« und »Selbstverwirklichung« als letzten

Wert und damit auf die »Sakralisierung des Ich« (Knoblauch in: Luckmann 1991) abzielen, sind hier zu nennen. Im Gefolge des Subjektivierungsprozesses von Religion treten Forschungen auf die wissenschaftliche Bildfläche, die das Verhältnis von ↗Religion zu Biografie und ↗Identität analysieren (↗Biografieforschung). In diesem Sinne identifiziert F.-X. Kaufmann Identität und Selbstverwirklichung als quasi religiöse Metaphern und sieht in der Selbstbehauptung durch Selbstreferenz eine neue Form der Religiosität (Kaufmann 1989). A. Nassehi macht dementsprechend in der Biografie das Bezugsproblem des Religionssystems aus (Nassehi in: Wohlrab-Sahr 1995).

*Unterscheidung zwischen öffentlicher und privater Sphäre:* Religion ist im Zuge der Individualisierung nicht mehr nur eine Privatsache, sondern wird zunehmend zu einem intimen Sachverhalt: Über religiöse Fragen spricht man nicht ohne Weiteres – im Unterschied etwa zu sexuellen Themen. Religion erweist somit eine Sensibilität für das exkludierte Individuelle, das sich nicht einfach vergesellschaften lässt. Im Unterschied zu anderen gesellschaftlichen Bereichen berücksichtigt Religion die individuelle Erfahrung der Differenz zu Vergesellschaftungsprozessen und ermöglicht gegenüber den tendenziellen Totalitätsansprüchen von häufig untereinander divergierenden Rollenanforderungen eine Distanzierung – konsequent realisiert in der Mystik, ferner im Schweigen oder auch im Transfer des Religiösen in den Bereich des Intimen. In gewissem Sinne bringt Religion die Individualität eines Menschen kontrafaktisch zur Geltung (Drehsen 1975). Die christlich-religiöse Sprache bringt dies mit der Unterscheidung von Person und Werk zum Ausdruck. Zugleich birgt der Prozess der »Exklusionsindividualität« die Tendenz, dass die kollektive Dimension der religiösen Identität, etwa ihre kommunikative Verfasstheit und institutionelle Anbindung, aus dem Blick geraten. Andererseits ist in letzter Zeit zu beobachten, dass Religion – v.a. in ihrer politisierten Gestalt – wieder zu einem öffentlichen Sachverhalt wird. Insofern steht das Konzept der *public religion* (Casanova 1994) der religiösen Individualisierung und der Theorie der unsichtbaren Religion entgegen oder stellt jedenfalls auf einen anderen Sachverhalt ab.

Gegen die Prominenz der Individualisierungsthese in der Religionssoziologie ist außerdem – zumindest einschränkend – einzuwenden, dass religiöse Individualisierung sowohl in der Sozial- als auch in der Sachdimension ganz überwiegend ein Phänomen westlicher Kulturkreise ist. Islamisch geprägten Kulturen etwa ist dieser Prozess – mit Ausnahme des ↗Sufismus – weitgehend fremd. Aber auch im Westen sind religiöse Gruppenbildungsprozesse zu verzeichnen, die als Reaktion auf individualisierte Religionsformen zu verstehen sind. Außerdem wenden sich fundamentalistische Bewegungen (↗Fundamentalismus) als Reaktion auf Modernisierungsprozesse dezidiert gegen eine »Individuenreligion«. Schließlich lässt die Individualisierungsthese den empirischen Befund außer Acht, dass die religiöse Einstellung des großen Teils der unentschiedenen und halb distanzierten Kirchenmitglieder typischerweise durch soziale Herkunft, Gewohnheit, Unbestimmtheit und Indifferenz geprägt ist (Pollack in: Gabriel 1996).

VOLKHARD KRECH

## Initiation

Die Initiation ist ein zentraler ↗Ritus (fast) aller Religionen und Kulturen. Abgeleitet vom lat. *initium* (= Beginn, Einführung) ist darunter die Aufnahme und

Einweihung in die Praxis sowie die (Mythen-)Überlieferung einer Gemeinschaft zu verstehen. Damit ist die soziale Statusänderung, oft die symbolische Todes- und Auferstehungserfahrung der Einzuweihenden verbunden. Nach A. van Gennep haben *Rites de Passage* die regulative Funktion, Beeinträchtigungen des Gemeinschaftslebens zu verhindern, die dann auftreten können, wenn der Einzelne sich aus dem Familienverband löst und zwischen verschiedenen Alters- und Berufsgruppen wechselt. Ihm zufolge weisen die raumzeitlichen Übergänge zwischen Lebensabschnitten eine dreigliedrige Struktur auf: die Trennungsphase, bei der die Initianden von der bisherigen Lebenswelt getrennt werden, das krisenhaft verlaufende Schwellenstadium und die Eingliederungsphase. Bei den Riten kultischer Initiation ist die u. U. jahrelange Schwellenphase sehr stark ausgeprägt. Die Pubertät kann mit Mutproben, Tabuvorschriften und physischen Quälereien beendet werden.

Fruchtbarkeits-, Bestattungs- und Todesriten sowie die Vorstellung, man werde zu einer neuen Existenz geboren, beziehen sich auf den Kreislauf von Geburt, Sterben und Wiedergeburt. Im Schrecken des symbolischen Todes macht der Initiand die Erfahrung neuen Lebens. Die Einweihung ist im »Initiationstod« ein *regressus ad uterum*. (Eliade).

### Initiation im Hinduismus

Nicht die biologische Geburt, sondern die rituelle Zweite Geburt *(dvija)* macht einen jungen Mann zum vollen Mitglied der Hindu-Gemeinschaft (Michaels 1998). Ohne den lebenszyklischen Passageritus der Initiation *(upanayana)* konnte man nicht in vollem Umfang am sozialen Leben teilnehmen und fiel v. a. als Heiratspartner aus. Deswegen war der Veda-Lehrer *(guru)* wichtiger als der leibliche Vater, und die Identifikation mit ihm durch den Vollzug des selbstwirkenden Ritus des *upanayana* führt zu Heil und Vollkommenheit. Agni, der Gott des Feuers und das Opferfeuer selbst, gehört im Veda zu den bedeutendsten Göttern des hinduistischen Henotheismus. Daher bewirkt auch die Identifikation mit ihm oder – wie in späteren Phasen der Upanishaden – mit dem gestaltlosen Brahman die Partizipation an der Unsterblichkeit des Absoluten. Im Unterschied zur androzentrischen Dominanz der orthodoxen Schulen entsteht bereits am Ende der spätvedischen Periode eine Literaturgattung, die dem Weiblichen einen grundsätzlich positiven Stellenwert einräumt. Komplexe Initiationsriten müssen durchlaufen werden, um die als »fünften Veda« bezeichneten Tantras zu verstehen. Das Heilsziel, die Vervollkommnung im Absoluten *(moksha* oder *mukti)*, hat sich nicht geändert, aber die Einweihungen schließen eine umfangreiche tantrische Praxis ein. Zur engen Bindung an einen *diksha-guru* kommen noch die Methoden der Rezitation von Lautsilben *(mantras)*, die Ausführung ritueller Handbewegungen *(mudras)*, die Bewusstseinsarbeit mit Diagrammen *(mandalas)* und einer ätherischen Physiologie *(chakras)*. Im Zentrum der tantrischen Einweihungen steht die Selbstidentifikation mit Gottheiten, die im Shaktismus meist einen Doppelcharakter, d. h. einen freundlichen und furchterregenden Aspekt aufweisen. Shaktismus ist ein anderer Name für die *vamacarins* oder den linkshändigen Zweig, der Sexualität durch Sexualität überwinden will. Für die *dakshinacarins* oder den rechtshändigen Weg spiegelt die sexuelle Symbolik ebenfalls die polare Verfasstheit der empirisch wahrnehmbaren Welt wider, aber anders als bei den *vamacarins* kommt es nur auf dem Weg der Visualisierung zur Konfrontation mit den Triebkräften.

## Initiation im tibetischen Buddhismus

Der Mahayana-Buddhismus im Allgemeinen und der Vajrayana- oder tibetische Buddhismus im Besonderen ist ohne die Aneignung hinduistischer, v. a. tantrischer Elemente, undenkbar. Das Ideal des mitfühlenden Erleuchtungswesens *(bodhisattva)*, die Auffassung von der Nichtsubstanzialität der Dinge *(shunya)*, genauer der Zusammenfall von Vergänglichkeit und höchster Wirklichkeit, also die Identität von *samsara* und *nirvana*, stellen mit der Lehre von der allumfassenden Buddha-Natur den Schlüssel zur Deutung des Lehrgebäudes der buddhistischen Tantras dar. Jenseits der Welt von Raum, Zeit und Kausalität liegt nach buddhistischer Auffassung die absolute Existenz. Den langwierigen Weg zur Realität jenseits von Sein und Nichtsein kann man durch die riskanten Methoden der Tantras abkürzen. Die tantrische Wirklichkeit ist sozusagen eine Etappe zwischen *samsara* und *nirvana*, symbolisiert im Mandala, der Umgebung tantrischer Gottheiten, die in Vater-Mutter-Stellung mit ihren Shaktis die Dualität des empirischen Universums aufheben. Die Mandalas der Dhyani-Buddhas sind der Versuch, mit den Mitteln der sinnlich erfahrbaren Realität das zu beschreiben, was diese Realität transzendiert. Das ist der Hintergrund des Kalachakra-Rituals, das als das bedeutendste Einweihungsritual des ↗Lamaismus gilt. Entstanden ist das zum Anuttarayoga gehörende Kalachakra-System im 9./10. Jh., wobei sich die historische Erfahrung der islamischen Eroberung Indiens v. a. in Verbindung mit dem Mythos von Shambhala in einem apokalyptischen Geschichtsbild niederschlägt. Die Auffassung, dass die gewaltsamen Auseinandersetzungen zwischen den Mächten des Guten und des Bösen mit dem Sieg der buddhistischen Ordnung im Friedensreich von Shambhala enden werden, hat zu verschwörungstheoretischen Spekulationen Anlass gegeben. Das Initiationsritual zur Verbreitung des Weltfriedens sei in Wirklichkeit nur der Deckmantel für »buddhokratische« Weltherrschaftsansprüche, behaupten Kritiker unter Berufung auf eine bizarre Argumentationsweise (Trimondis 1999). Mit dem Vorwurf, das Ritual diene der sexualmagischen Ausbeutung von Frauen, zweifeln sie die Aussage der Gelugpa-Lamas an, die tatsächlich vorhandene sexuelle und kriegerische Symbolik werde durch Visualisierung sublimiert und verweise auf die letztendliche Einheit von relativer und absoluter Wirklichkeit. Ohne den hermeneutischen und historischen Kontext einzubeziehen, wird man den eigentlichen Inhalt des Kalachakra-Rituals, den Versuch, zu einer Synthese der Widersprüche im Bereich von Raum und Zeit zu kommen, verfehlen (v. Brück 1999). Das fast eine Woche dauernde Ritual setzt sich aus 15 Einzelinitiationen zusammen, an deren Anfang die Meditationsmethode der Überlagerung der Selbst- und Fremdwahrnehmung durch göttliche Figuren steht, um die eigene Buddha-Natur zu realisieren. Der Initiand projiziert die Qualitäten der Kalachakra-Gottheit sowohl auf den Lama als auch auf sich selbst. Die Selbstidentifikation mit dem Göttlichen wird in Analogie zum Reifungsprozess des Kindes über Einweihungen der Dhyani-Buddhas mit ihren Partnerinnen, Reinigungsrituale in Bezug auf Körperflüssigkeiten und die Imagination sexueller Vollzüge in Kombination mit der Chakren-Physiologie angestrebt. Weitere Initiationen wie die Namensgebung (Reinigung durch »zornvolle Gottheiten«) und die »Ermächtigung« *(abisheka)* zeigen, dass es sich beim Kalachakra-Tantra um einen vielschichtigen Prozess handelt, dessen Hauptziel darin besteht, das Buddha-Sein des Initianden zu bestätigen.

HARALD BAER

# Inkulturation

Inkulturation ist die Integration der christlichen Erfahrung einer Ortskirche in die Kultur des Volkes. Sie drückt sich nicht nur mit den Elementen einer bestimmten Kultur aus, sondern wird im Innern dieser Kultur auch zu einer Kraft, welche die Kultur erneuert. Die Inkulturation beinhaltet möglicherweise eine Kritik an den jeweiligen Kulturen, aber auch eine Kritik der Kulturen an die Adresse der Kirchen.

Der missionswissenschaftliche Begriff »Inkulturation« geht auf die missionarische Praxis und die entsprechende theologische Reflexion v. a. im katholischen Umfeld in den 70er-Jahren zurück (Crollius 1978). Einem ähnlichen Anliegen dienen aufseiten des »Ökumenischen Rates der Kirchen« die Arbeiten zum Begriff »kontextuelle Theologie«.

## Umfassende Realität

Alle theologischen Disziplinen arbeiten über die Inkulturation der christlichen Botschaft, also nicht nur Liturgie und Katechese. Die Inkulturation des christlichen Glaubens betrifft nicht bloß die »Kultur« einer Gemeinschaft oder eines Volkes im engeren Sinn, schon gar nicht etwa bloß irgendwelche folkloristischen Traditionen. Sie verbindet sich mit verschiedenen Anliegen, wie jenen von Befreiung, Gendergerechtigkeit, Frieden, Ökologie oder interreligiöser Arbeit. Sie weiß um die Risiken von Verbindungen von Religion und Nationalismus.

Die Bemühungen um die Inkulturation sind eine Voraussetzung für die Glaubwürdigkeit der Kirchen, gerade im bestehenden »Konkurrenzverhältnis« zu den Sonderkirchen, neureligiösen Bewegungen und nichtchristlichen Religionen.

## Modelle von Inkulturation

Die Inkulturationsbemühungen fußen auf unterschiedlichen Grundlagen. Das »Übersetzungsmodell« betont den unveränderlich feststehenden (westlichen) Inhalt der christlichen Botschaft, der in die Ausdrucksformen der verschiedenen Kulturen übersetzt werden soll. Das »kulturfunktionale Modell« (auch »indigenistisches«, »anthropologisches« [Bevans] oder »ethnografisches Modell« [Schreiter] genannt) versteht die kulturelle Identität als letztes Kriterium der Inkulturation. Es geht davon aus, dass die göttliche Heilsoffenbarung in den menschlichen Kulturen immer schon präsent ist. Das »Korrelationsmodell« impliziert eine ständige Pendelbewegung zwischen christlicher Botschaft und dem jeweiligen kulturellen Selbstverständnis. Nach A. Peter (2000) ist dem »Korrelationsmodell« der Vorzug zu geben. Danach ist zwischen dem christlichen Glauben und den aktuellen Erfahrungen der jeweiligen Kultur eine kritische Wechselbeziehung herzustellen. Diese Dialog- und Lernbereitschaft ist nicht in allen christlichen, theologischen und kirchenamtlichen Kreisen gegeben. Im Gegenteil, das Anliegen der Inkulturation steht nicht selten unter ↗ Synkretismusverdacht.

Die Darlegungen zur Inkulturation stützen sich auf verschiedene theologische Begründungen. Es wird vorwiegend christologisch, v. a. unter Bezugnahme auf den Begriff Inkarnation argumentiert. Für andere bildet der Schöpfungsglaube die Grundlage jeglicher Inkulturation. Eine andere Argumentation greift auf die Pneumatologie zurück. Das von G. Collet (2000) kritisch betrachtete christologische Modell gewichtet stark die Tradition. Die von den außereuropäischen Theologen bevorzugten pneumatologischen Modelle beachten mehr die verschiedenen Religionen und Kulturen.

## Inkulturation im Kontext der neuen religiösen Entwicklungen

Entstehung oder Ausbreitung der christlichen Sondergemeinschaften, neureli-

giösen und nichtchristlichen Religionsgemeinschaften haben neben dem Migrationshintergrund in gewisser Hinsicht mit einer ungenügenden Inkulturation der christlichen Botschaft und einer sinkenden Glaubwürdigkeit von christlicher Theologie und christlichen Kirchen in der heutigen Gesellschaft zu tun. Die Inkulturationstheologie studiert die Entwicklungen in der Gesellschaft und hilft, theologische und pastorale Fehleinschätzungen zu überwinden.
Auch für christliche Sondergemeinschaften, neureligiöse und nichtchristliche Gemeinschaften ist die Inkulturation ein Thema. Ihre Attraktivität kann gewinnen durch die Verweigerung von Inkulturation der eigenen Überzeugung, unter Betonung der radikalen Alternative zum bisherigen großkirchlichen Weg, oder durch die Bemühungen um Inkulturation im Sinne einer Verbindung der eigenen philosophischen und spirituellen Ideen mit den Werten der traditionellen westlichen Träger von Religion, Spiritualität und Philosophie.

FRITZ FREI

## ISKCON (International Society for Krishna-Consciousness)

Die »International Society for Krishna-Consciousness« (ISKCON, dt.: »Internationale Gesellschaft für Krishna-Bewusstsein«, auch Hare-Krishna-Bewegung) wurde 1966 von A. C. Bhaktivedanta Swami Prabhupada (1896–1977) in New York gegründet, um das Krishna-Bewusstsein bzw. die »vedische Kultur« im Westen zu verbreiten. Zentren entstanden zuerst in den USA und Europa, später in Indien (Weltzentrum in Mayapur), Afrika und Osteuropa. Nach Prabhupadas Tod wurden elf Nachfolgegurus ernannt, die dem obersten Leitungsgremium, der Governing Body Commission, angehören. Etliche von ihnen mussten ihr Amt wegen Verfehlungen aufgeben, einer wurde zu 30 Jahren Gefängnis verurteilt. Daraufhin begannen in den 90er-Jahren ein Reformkurs und Bemühungen, die Außenbeziehungen zu normalisieren. 1994 bedauerte ISKCON/Deutschland »gravierende Fehler« der früheren Jahre und verwies auf eingetretene Wandlungen.
Die ISKCON ist ein missionarischer Ausläufer der Gaudiya-Vaishnavas, einer bengalischen Bhakti-Bewegung, die um 1500 vom Erneuerer der Krishna-Verehrung Caitanya ausging. Er hatte das gemeinsame »Chanten« des Krishna-Namens als Heilsweg für das Kali Yuga, das vierte Weltzeitalter, und als Mittel der Mission eingeführt. Er wird als Avatar des Kali Yuga verehrt.
Für die ISKCON ist Krishna der »höchste persönliche Gott« (Shankaras Unpersönlichkeitslehre wird bekämpft). In der Gottesliebe (Bhakti) sieht sie eine Gemeinsamkeit mit dem Christentum. »Krishna-Bewusstsein« ist die in jedem Menschen schlummernde Beziehung zu Krishna. Sie ist pervertiert zu Sinnengenuss und Materialismus und muss durch Chanten erweckt und wieder auf Krishna gerichtet werden. Die »vier regulierenden Prinzipien« verbieten das Essen von Fleisch, Rauschmittel, Glücksspiel und außereheliche Sexualität.
Die im Westen ausgebreitete »vedische Kultur« besteht faktisch in einer spiritualisierten Kastenordnung und im Verbot von Tierschlachtung und Alkohol. Neben zölibatär lebenden Mönchen gibt es eine wachsende Zahl verheirateter Devotees. Das Leben in den Tempeln, Farmgemeinschaften und ISKCON-eigenen Schulen (Gurukulas) kreist um die ekstatische Gottesverehrung vor den »Bildgestalten« Krishnas, um Herstellung und Vertrieb von religiöser Literatur sowie Geldsammeln. (Frühere?) Konflikte mit dem Gesetz hingen mit Sammelmethoden, Autoritätsmissbrauch und

einem elitären Überlegenheitsgefühl gegenüber der »tierischen« Außenwelt zusammen. In England werden westliche ISKCON-Tempel und Wagenfeste auch von Auslandsindern in Anspruch genommen. Einrichtungen: Bhaktivedanta Bock Trust; Akademie für Vaishnava-Kultur; Food-for-Life-Programm; ISKCON-Foundation (für Förderer).

REINHART HUMMEL

# Islam

Der Islam ist nach dem Christentum die zahlenmäßig stärkste ↗Weltreligion (ca. 1,2 Mrd. Gläubige). Er ist die Religion, die aus Sicht der Muslime das letzte Glied in der Reihe der Offenbarungen darstellt, die Gott – angefangen von Adam über Noah, Abraham, Moses und Jesus bis Mohammed – den Menschen kundgetan hat, um sie zu lehren, wie sie ihm dienen sollen. Somit sieht sich der Islam als Fortsetzung und Vollendung der biblischen Prophetentradition. Der Islam begründet die Notwendigkeit verschiedener Offenbarungen damit, dass die im Kern jeweils gleiche Botschaft oft lückenhaft und entstellt weitergegeben wurde und erst so als Heilige Schrift (z.B. Tora, Evangelium) schriftlich festgehalten wurde. Daher sind immer wieder Korrekturen notwendig gewesen, bis die von Mohammed (570–632) vorgetragenen Offenbarungen fehlerfrei im Koran zusammengestellt waren, sodass keine weiteren Korrekturen mehr erforderlich sind. Mohammed beschließt nach dem Glauben der Muslime die Reihe der Propheten endgültig bzw. er »besiegelt« sie.
Der Islam ist heute von Marokko bis Indonesien verbreitet, außerdem in der Türkei sowie in Teilen der ehemaligen Sowjetunion und Schwarzafrikas. Durch Arbeitsmigration und Konversionen ist er seit Mitte der 1950er-Jahre auch in Westeuropa und Amerika anzutreffen.

### Glaube und religiöse Praxis

Traditionellerweise lassen sich Glaube und religiöse Praxis aus Sicht der meisten Muslime durch eine Handvoll Prinzipien zusammenfassen, die fünf Säulen des Islam: Glaubensbekenntnis *(shahada)* als das Bekenntnis zum einen Gott und zu Mohammed als dem Gesandten Gottes, das rituelle Gebet *(salat)* fünfmal am Tage, das Fasten *(saum)* während des Monats Ramadan, die Pflichtabgabe *(zakat)* als Zeichen der Solidarität der Wohlhabenden mit den Armen und die Wallfahrt nach Mekka im Wallfahrtsmonat *(hagg)*.
Diese Prinzipien sind nur ein kleiner Ausschnitt aus der islamischen Lebenswirklichkeit, denn alle Bereiche des Lebens sind durch Vorschriften und Anweisungen aus dem Bereich der Religion geregelt. Für alle Lebenssituationen bestehen konkrete Hinweise und Orientierungen, die sich jedoch in der Moderne nicht immer problemlos anwenden lassen, sondern Modifizierungen erforderlich machen. Allerdings ergibt ein genauer Vergleich mit der konkreten Lebenspraxis der Muslime in verschiedenen Ländern, dass schon in der Vergangenheit viele regionale Varianten existiert haben, sodass der Islam keineswegs ein monolithisches Gebilde, sondern schon immer recht facettenreich gewesen ist.

### Inhalte des Korans

Der Koran ist das heilige Buch der Muslime. Die 114 Kapitel *(Suren)* des Korans lassen sich nach der islamischen Überlieferung den beiden Verkündigungsphasen im Leben Mohammeds zuordnen: der erfolglosen von Mekka (610–622) und der des islamischen Gemeinwesens/Staates *(umma)* von Medina (622–632).
Die mekkanischen Suren betonen, dass es nur einen Gott gibt und der Mensch für seine Taten im Gericht am Ende der

Zeiten Rechenschaft ablegen muss. Sie richten sich so gegen Vielgötterei (und eine tritheistisch verstandene Trinitätslehre) und bekämpfen die Vorstellung, dass mit dem Tode des Menschen alles aus sei, ebenso wie die Stammesmoral der Araber, der zufolge gut war, was dem Stamme nützte. Die Eschatologie des Korans verspricht den Guten das (ewige) Paradies und droht den Bösen mit Höllenstrafen.

Die medinesischen Suren gehen von der Gründung der *umma* 622 (Beginn der islamischen Zeitrechnung) aus und geben konkrete Orientierungen für das rechte Verhalten. Neben allgemeinen ethischen Prinzipien im Sinne der Zehn Gebote finden sich darin zahlreiche Rechtsvorschriften und Hinweise für gesittetes Verhalten. Der Tendenz nach werden alle Bereiche des menschlichen Verhaltens angesprochen. Die systematische Ausfaltung dieses Totalanspruches *(sharia)* liegt im Koran noch nicht vor, sondern erfolgt durch spätere Generationen unter Zuhilfenahme nichtkoranischer Prophetensprüche *(hadit)*, des Gelehrtenkonsenses *(igma)* und des Analogieschlusses *(qiyas)* sowie manch anderer Maximen der damaligen Zeit.

### Verhältnis zu Juden und Christen

Da im Koran das Wort Gottes Buch geworden ist, sind spätere Verfälschungen ausgeschlossen und weitere Propheten nach Mohammed überflüssig, weshalb die Muslime die ↗Bahai-Religion und die ↗Ahmadiyya-Bewegung ablehnen und ihre Anhänger oft grausam verfolgen. Durch die schriftliche Fixierung der Offenbarung im Koran erfolgt nach islamischer Vorstellung die Korrektur früherer Offenbarungsüberlieferungen, einschließlich jener der Juden und Christen, die als Empfänger göttlicher Offenbarung nach islamischer Überzeugung dadurch über den Heiden stehen, sich aber von den Muslimen unterscheiden, weil sie die Offenbarung nicht fehlerfrei überliefert haben. Als »Leute des Buches« werden sie innerhalb der *umma* geduldet (↗Toleranz).

### Ausbreitung des Islam

Beim Tode Mohammeds (632) war fast die gesamte Arabische Halbinsel unter islamischer Herrschaft. 100 Jahre später erstreckte sich das islamische Reich vom Indus bis nach Südfrankreich, später folgte die Ausbreitung nach Südostasien und nach Afrika südlich der Sahara. Die Rückeroberung *(Reconquista)* der Iberischen Halbinsel machte eine fast 700-jährige kriegerische Anstrengung notwendig, und noch bevor sie siegreich abgeschlossen war, kamen muslimische Heere vom Osten her auf Europa zu (1453 Fall Konstantinopels und Vordringen des Osmanischen Reiches auf dem Balkan).

Seit dem Zweiten Weltkrieg ist eine Zunahme der Muslime in Westeuropa zu beobachten. Sie ist einerseits Folge von Entkolonialisierung (Großbritannien aus Indien, Pakistan und Bangladesh, Niederlande aus Suriname und Indonesien, Frankreich aus Nordafrika, Portugal Muslime indo-pakistanischer Herkunft aus Moçambique bzw. afrikanischer Herkunft aus Guinea-Bissau), andererseits das Ergebnis von Arbeitsmigration (v. a. die Türken in Deutschland, Belgien, Frankreich und in Skandinavien). Beide Phänomene – zu denen noch zahlreiche politische Flüchtlinge aus dem Nahen und Mittleren Osten kommen – haben die religiöse Landschaft West-, Mittel-, Nord- und Südeuropas grundlegend verändert und bewirkt, dass der Islam heute dort überall als zweit- bzw. drittstärkste Religionsgemeinschaft präsent ist.

Die Angst der Europäer vor dem Islam hat seit den 1970er-Jahren kontinuierlich zugenommen, zugleich ist das Islambild der Europäer immer negativer geworden, insbesondere seit den terroristischen Anschlägen vom 11. September 2001 (↗Islamismus). Gesellschaftliche »Reizthemen« wie die »Kopftuchfrage«, der Moscheebau, die schulische Integration und der islamische Religionsunterricht in den Schulen machen die Spannungen und Probleme deutlich, die in westlichen Gesellschaften die Präsenz des Islam hervorruft. Auch in Deutschland bildet der Islam keineswegs einen einheitlichen Block, sondern besteht aus vielfältigen Richtungen, wobei sich in Deutschland der weitaus größte Teil der Muslime zu den Prinzipien des deutschen Staates bekennt und das Grundgesetz ohne Abstriche bejaht.

Die Muslime wählen in Europa als Organisationsform die des Vereins und passen sich somit den Strukturen der europäischen Gesellschaft an (Tiesler spricht daher von einer Europäisierung des Islam). Die Auflistung der unterschiedlichen islamischen Organisationen in Deutschland bei Spuler-Stegemann und Şen/Aydın zeigt die enorme organisatorische Vielfalt.

### Konversionen und Mission

Dem Islam ist ursprünglich eine systematische Missionierung von Nichtmuslimen, wie wir sie aus der Christentumsgeschichte kennen, fremd. Vielen Muslimen jedoch kommt ihre Religion so evident vor, dass sie sich nur vorstellen können, dass Menschen entweder aus Böswilligkeit oder mangels ausreichender Information Nichtmuslime sind bzw. werden. Die Muslime vertrauen darauf, dass ihr Beispiel bzw. der häufige Kontakt mit ihnen beeindruckend genug sind, um Menschen anderen Glaubens für den Islam empfänglich zu machen. Die Zahl der Konversionen zum Islam ist in Deutschland, in der Schweiz und in Österreich recht gering.

Problematisch für Muslime ist die freie Entscheidung für einen Religionswechsel. Der Islam hindert klassisch seine Gläubigen an der ↗Konversion zu einer anderen Religion, obwohl der Koran (2, 256) erklärt, dass es in der Religion keinen Zwang gibt. Der ↗Dialog ist für viele Muslime eine gute Gelegenheit, ihren Glauben darzustellen. Ihr Hauptanliegen ist dabei der Wunsch, die Unterstützung der christlichen Gemeinden für ihre praktischen Sorgen im Alltag zu finden. Theologische Auseinandersetzungen sind ihnen bisher kein großes Anliegen, was sich möglicherweise in Zukunft ändern mag.

PETER ANTES

## Islam im Westen

### Geschichte

Etwa 100 Jahre nach dem Tod Mohammeds (570–632) bringen muslimische Heere, von Nordafrika kommend, Spanien unter ihre Herrschaft und dringen bis Südfrankreich vor; seit dem 9. Jh. sind auch Sizilien und zeitweise Süditalien von Arabern besetzt. Im Gegensatz zum christlichen Osten, wo bereits sehr früh eine inhaltliche Auseinandersetzung mit den Lehren des Islam einsetzt (Johannes von Damaskus, †750), bleibt die Religion der Eroberer dem lateinischen Kulturkreis völlig unbekannt. In den Annalen und Chroniken des 8.–10. Jh.s, selbst dort wo Christen und Araber lange Zeit nebeneinander leben und sich bekämpfen, begegnen die *Saraceni* lediglich als fremde Eindringlinge an den Grenzen. Die erste genauere Bemerkung über den Islam findet sich im Westen erst 400 Jahre nach Mohammeds Tod (Radulf Glaber, 950–1050).

Dies änderte sich grundlegend mit dem 1. Kreuzzug (1096–1099) und der Reconquista, die nach dem Zerfall und der Auflösung des Kalifats von Córdoba 1031 auf der Iberischen Halbinsel begann. Dort entwickelte sich auf Betreiben des aufgeschlossenen Erzbischofs Raimund (1125–1152) Toledo zu einem Zentrum intensiver Übersetzertätigkeit und interreligiöser Gelehrsamkeit. Auf Veranlassung des Abtes von Cluny, Petrus Venerabilis, entstand hier 1143 die erste lateinische Übersetzung des Korans durch Robert von Ketton. Sie war Bestandteil der *Collectio Toledana*, einer Sammlung von Übersetzungen muslimischer, jüdischer und christlicher Schriften aus dem Arabischen, die erstmals im Westen eine nach damaligen Maßstäben wissenschaftliche Auseinandersetzung mit den Lehren des Islam ermöglichte. Aus dem Heiligen Land gelangten dagegen durch die Kreuzfahrer polemisch-entstellende und fantastische Erzählungen nach Europa, deren Karikaturen bzw. Schreckensbilder z. T. bis heute das Islambild im Westen prägen.

Während die christliche Rückeroberung in Spanien voranschritt, um nach der Kapitulation der Mauren in Granada 1492 nahezu alle Muslime von westlichen Territorien zu vertreiben, verbreitete sich in Europa eine neue Welle von Angst vor dem Islam, als die Osmanen im 14. Jh. begannen, die christlichen Länder des Balkans zu erobern. 1453 gelang ihnen die Einnahme der Hauptstadt des Byzantinischen Reiches, Konstantinopel, und »Türkenfurcht« blieb ein Hauptthema in der europäischen Öffentlichkeit, bis nach der zweiten erfolglosen osmanischen Belagerung Wiens (1683) die christlichen Mächte, allen voran die Habsburger, zunehmend in die Offensive gingen und das Osmanische Reich in einer langen Phase seinen Niedergang erfuhr. Nach der Niederlage der Achsenmächte im Ersten Weltkrieg löste sich das Osmanische Reich 1923 endgültig auf.

Zwischenzeitlich hatte der Kolonialismus die meisten islamischen Länder in Einflusszonen europäischer Mächte, v. a. der Briten, Franzosen, Holländer und Russen, aufgeteilt – eine Tatsache, deren Auswirkungen aus muslimischer Perspektive das Verhältnis zur westlichen Welt bis heute nachhaltig belasten. Bereits damals kamen Muslime aus den Kolonien als Bildungsmigranten nach Europa. Tendenziell suchten sie die Länder ihrer ehemaligen Kolonialherren auf, blieben häufig in den Gastländern und konnten sich mehr oder weniger erfolgreich integrieren.

Auch Länder ohne koloniale Besitzungen in der muslimischen Welt wurden Ziel islamischer Migration. In den USA leben daher 6–10 Mio. Muslime. Hier gewann der Islam eine bedeutende Rolle im Kampf gegen die Rassendiskriminierung. Die *Nation of Islam*, gegründet in den 1930er-Jahren, arbeitete an der Schaffung eines »schwarzen Islam«, der einen stark synkretistischen Charakter aufwies und zeitweise eine große Anhängerschaft besaß. Einer ihrer prominentesten Sprecher war Malcolm X (1925–1965), der u. a. aufgrund schwieriger Lebensumstände und von Erfahrungen rassistischer Bedrohung zum Islam konvertierte.

## Islamische Präsenz in Europa

In Europa führte v. a. die Arbeitermigration, die aufgrund des wirtschaftlichen Aufstiegs nach dem Zweiten Weltkrieg auch aus islamisch geprägten Ländern einsetzte, zu einer nachhaltigen islamischen Präsenz (ca. 25 Mio.) im Westen: Denn nachdem die Mitglieder der Europäischen Gemeinschaft 1973 beschlossen, die weitere Anwerbung von Arbeitern zu beenden, führte dies bei vielen Muslimen zu einer dauerhaften Verbleibperspektive, die aufgrund von Familiennachzug die Organisation der religiösen Betreuung in den Gastländern erforderte. Meist übernahmen die bereits bestehenden Gastarbeitervereine die wichtigsten Aufgaben einer Moschee: das gemeinschaftliche rituelle Gebet, v. a. am Freitag, und den Koranunterricht. Sie wurden so zu wichtigen Orten islamischen Gemeinschaftslebens und der gemeinnützige, eingetragene Verein zur regulären Rechtsform islamischer Gemeinden. Verschiedene überregional agierende Organisationen aus den Heimatländern boten sich an, die Ortsvereine zu unterstützen. Entsprechend der nationalen und konfessionellen Vielfalt ergab sich im Laufe der Jahre ein buntes Bild unterschiedlicher Organisationen, die mittlerweile darum bemüht sind, regionale Verbände zu bilden bzw. sich zu landesweiten Dachverbänden zusammenzuschließen. Sie entfalten umfangreiche Aktivitäten im Hinblick auf die Erfordernisse einer Lebensweise nach dem islamischen Recht, der Scharia. Ob sich dabei im Islam unveränderliche Grundsätze finden, die mit wesentlichen Erfordernissen europäischer Rechtsordnungen unvereinbar sind, ist abschließend noch nicht geklärt (↗Recht, ↗Staat). Da Muslime jedoch in wachsendem Maße die Staatsbürgerschaft ihrer Gastländer erwerben, werden entsprechende neuralgische Themenfelder immer häufiger in der Öffentlichkeit diskutiert. Angst vor religiöser, kultureller und politischer Überfremdung, in den letzten Jahren zudem genährt von spektakulären Terrorakten aus der islamischen Welt (↗Islamismus), sorgt entsprechend für Emotionen. Ob Moscheebau, Muezzinruf, Kopftuch, Schächten oder islamischer Religionsunterricht, stets wird befürchtet, Muslimen ein Zuviel an Entfaltungsmöglichkeiten zuzugestehen; haben doch weder das westliche Verständnis von ↗Religionsfreiheit noch das der gesellschaftlichen Gleichstellung der Geschlechter im Islam Tradition. Beteuerungen, dass Muslime dort, wo sie freiwillig außerhalb der islamischen Welt leben, gegenüber der herrschenden Rechtsordnung loyal sein müssen, wird kaum Glauben geschenkt: einerseits gibt es keine repräsentative Institution, die dies verbindlich garantieren und verantworten könnte, andererseits machen in allen Gastländern immer wieder Extremisten von sich reden, die offen deren Rechtsordnungen sowie jegliche Integration ablehnen (»Kalifatsstaat«).

### Integration und Dialog

Eine verträgliche Integration im Westen, die zweifellos auch vom bei weitem größten Teil der Muslime gewünscht ist, bleibt eine vorrangige Herausforderung. Nach wie vor steht diesem Anliegen ein tiefes beiderseitiges Misstrauen im Wege. Bisherige Integrationskonzepte und -projekte konnten offensichtlich nicht viel ausrichten. Politischer Druck, wie er teilweise auch praktiziert wird, schafft erst recht soziale Verweigerung und Parallelstrukturen. Damit sich bereits bestehende Separationstendenzen nicht weiter verfestigen und so erst wirklich gefährliche Konfliktpotenziale entstehen, erscheint daher ein grundsätzliches Umdenken erforderlich: Nur wer sich die in den jeweils eigenen Traditionen beförderten Vorurteile bewusst macht, kann lernen, den anderen in seinem Selbstverständnis wahrzunehmen und zu respektieren. Dies gelingt ausschließlich in direkter Begegnung und sachlichem ↗Dialog. Die religiös-spirituelle Dimension des Dialogs wird dabei gerne unterschätzt, ja oft belächelt. Dem steht jedoch ein breites, von der Öffentlichkeit kaum wahrgenommenes Erfahrungsspektrum entgegen, das aufweist, dass besonders dieser Aspekt des Dialogs – ehrlich eingebracht – geeignet ist, notwendiges Vertauen zu schaffen.

WOLFGANG RÖDL

## Islamismus

### Ideologie

Mit dem Begriff Islamismus wird der Versuch unternommen, die Religion des ↗Islam von einer sich ebenfalls auf dieselben Quellen berufende Ideologie ab-

zugrenzen. Deren Beschreibung als islamischer ↗Fundamentalismus, Integrismus oder politischer Islam konnte sich nicht allgemein durchsetzen.
Zwar stellt der Islamismus so wenig wie der Islam selbst einen monolithischen Block dar, doch lassen sich Grundhaltungen ausmachen, die in unterschiedlicher Gewichtung das Weltbild seiner Anhänger prägen. Dazu zählt die Betonung einer künstlichen Dichotomie islamischer und nichtislamischer Gesellschaftskonzepte. In einem dualistischen Weltbild steht der Verwirklichung islamistischer Utopien die Realität westlicher Hegemonie entgegen. Mit der Errichtung einer im islamistischen Verständnis gerechten und gottgewollten Gesellschaftsordnung lassen sich v.a. die Konzepte Demokratie, Menschenrechte, Trennung von Staat und Religion, Marktwirtschaft und Akzeptanz eines gesellschaftlichen Pluralismus nicht harmonisieren. Als deren Konsequenz konstatieren Islamisten eine westlichen Gesellschaften inhärente Neigung zu Dekadenz und sittlichem Verfall, die sie in engem Bezug zu religiöser und weltanschaulicher Orientierungslosigkeit sehen.
Mit der islamistischen Weltsicht kann sich zusätzlich der aktive Einsatz für ihre praktische Verwirklichung (Extremismus) sowie die Bejahung oder gar die Anwendung von ↗Gewalt (Terrorismus) zur Durchsetzung ihrer Ziele paaren.

### Demokratie

Ziel islamistischer Bestrebungen ist die Errichtung eines Herrschaftsmodells, das im vermeintlichen Rückgriff auf die Lebzeiten des Propheten Mohammed und die islamische Frühzeit einen an den Maßstäben von Koran und Sunna ausgerichteten Staat darstellt. Nach islamistischem Verständnis besteht dieser in der Wiedererreichung des untergegangenen Kalifats. Dieses wird als eine Herrschaftsform interpretiert, die Ausdruck göttlicher Souveränität ist und sich somit mit demokratischen Vorstellungen nicht zur Deckung bringen lässt. In der Ablehnung der Demokratie spielt dieses Argument im islamistischen Diskurs die größte Rolle. Demnach darf die Macht nicht vom Volke ausgehen, sondern allein göttlich legitimiert sein. Nuancen lassen sich in der Frage ausmachen, ob die politische Partizipation in demokratischen Gesellschaften dann erlaubt ist, wenn sie deren Unterminierung dient. Sowohl eine dezidierte Ablehnung jeglicher Teilnahme an demokratischen Prozessen als auch die Gründung eigener islamistisch orientierter Parteien lässt sich beobachten. Als Beispiele für die Teilnahme am parlamentarischen System können in der Türkei die Anhänger der Bewegung um Necmettin Erbakan und in Algerien die Islamische Heilsfront, *(Front Islamique du Salut)* gelten. Für eine vollständige Ablehnung stehen etwa der in Köln ansässige, seit 2001 verbotene *Kalifatsstaat* oder die weltweit operierende Partei der Befreiung, *Hizb ut-Tahrir.*

### Menschenrechte

Der Islamismus als Ideologie, die dem Kollektiv den Vorzug vor dem Individuum gibt, steht den unveräußerlichen Grund- und Freiheitsrechten des Einzelnen äußerst kritisch gegenüber, wo deren Vereinbarkeit mit der Scharia nicht offensichtlich ist. Das Grundrecht auf Leben und auf körperliche Unversehrtheit kann in dieser Weltsicht nicht mitgetragen werden, da sich aus Koran und Sunna Körper- und Todesstrafe unmittelbar herleiten lassen. Weitere Konfliktpunkte sind Meinungs- und ↗Religionsfreiheit, die Gleichberechtigung von Mann und Frau sowie das Recht auf freie Partnerwahl. Bei der Frage der Gleichberechtigung führt die Einbindung von oft gebildeten jungen Frauen in die islamis-

tische Bewegung zu paradoxen Entwicklungen, da zwar traditionalistische Werte das Verhältnis der Geschlechter prägen sollen, Islamistinnen diese aber karikieren, wenn sie sie öffentlichkeitswirksam propagieren.
Die Menschenrechte werden des Weiteren abgelehnt, da sie zuerst im westlichen Kulturkreis formuliert wurden und den Anspruch erheben, jenseits religiöser Begründungen universelle Gültigkeit für alle Menschen zu haben.

### Trennung von Staat und Religion

Der Islamismus steht den verschiedengestaltigen Entwürfen westlicher Gesellschaften, Staat und Religion in ein Verhältnis zu setzen, kritisch gegenüber. In oft polemischer Verkürzung werden Säkularismus und Laizismus in ihren verschiedenen Ausformungen pauschal als mit dem Islam unvereinbar abgelehnt.

### Marktwirtschaft

Die unzweifelhaft bestehenden Ungerechtigkeiten, die sich in der gegenwärtigen globalen Verteilung von Armut und Reichtum widerspiegeln, schreiben Islamisten dem Versagen aller nichtislamischen Wirtschaftsordnungen zu. Mit dem Zusammenbruch des Kommunismus trifft dieser Vorwurf im Wesentlichen das kapitalistische Wirtschaftssystem und die freie Marktwirtschaft. Unter Bezugnahme etwa auf das koranische Zins- und Wucherverbot werden wirtschaftliche Parallelstrukturen errichtet, die das nichtislamische Finanzwesen umgehen sollen. Wirtschaftliche Tätigkeiten, namentlich Beteiligungen an Firmen und vorgeblich nach islamischen Regeln wirtschaftenden Holdings sichern den Bestand islamistischer Organisationen zunehmend auch in Europa. Transnationale Finanztransfers zur Unterstützung islamistischer Organisationen in der islamischen Welt finden am Rande der Legalität durch Spendensammelaktivitäten und bis hin zur Geldwäsche statt. Nicht selten werden gutgläubige Muslime um ihr Vermögen betrogen.

### Pluralismus

Eng verknüpft mit den o. g. Problemkreisen ist die Unfähigkeit des Islamismus, die faktisch existierende Pluralität nicht nur westlicher Gesellschaften positiv zu würdigen. Die gleichberechtigte Existenz unterschiedlicher Lebensentwürfe und Weltanschauungen lässt sich mit der angeblich gottgewollten gesellschaftlichen Führungsrolle, in der Islamisten sich sehen, nicht vereinbaren. Ein Indikator sind zunehmend gewalttätige Reaktionen auf Emanzipationsbestrebungen muslimischer Homosexueller. Wo eine Akzeptanz der Pluralität vorgegeben wird, erstreckt sie sich allenfalls auf die in der Frühzeit des Islam unter muslimischer Herrschaft lebenden Gemeinschaften vorislamischer monotheistischer Religionen. Nichtmuslimen wird somit allein der vormoderne Status des Schutzbefohlenen *(dhimmi)* gewährt.
Islamisten beanspruchen die Definitionshoheit über die Zugehörigkeit zum Islam. Der Vorwurf des Unglaubens *(kufr)* wird auch dann erhoben, wenn es sich um Muslime handelt, die die Auffassungen der Islamisten nicht teilen. Soziale Ausgrenzung bis hin zu Verfolgungen lassen sich so legitimieren. Muslimische oder aus dem Islam hervorgegangene Strömungen werden gleichsam anathematisiert, sodass im Extremfall Muslime wie Nichtmuslime den Aktionen militanter Islamisten zum Opfer fallen.

### Christentum

Die islamistische Ideologie wirft dem Westen zwar einerseits Gottlosigkeit und daraus resultierenden moralischen Verfall vor, rekurriert andererseits jedoch auf ein Bild des Christentums als eines korrumpierten Monotheismus, der sich willig mit den militärischen und kolonialen Interessen westlicher Mächte arrangiert. Gegenwärtig hat das Motiv des neuzeitlichen Kreuzzugs des Westens gegen den Islam nicht allein in die islamistische Rhetorik Eingang gefunden, sondern es wurde von christlichen Fundamentalisten aufgegriffen und widergespiegelt.

### Antisemitismus

Eingang ins islamistische Weltbild haben auch Spielarten des Antisemitismus gefunden. Der Kolonialismus brachte antisemitisches Gedankengut in die islamische Welt, das dort auf fruchtbaren Boden fiel und sich u.a. mit aufkommenden Nationalismen verquickte. Bekannt waren die Beziehungen des Großmuftis von Jerusalem zum Naziregime. Dem Staat Israel stehen Islamisten unversöhnlich gegenüber und verneinen dessen Existenzrecht. Antisemitische Propagandaschriften wie die sog. »Protokolle der Weisen von Zion« dienen zur Untermauerung ihrer Verschwörungstheorien, die bis in die Gegenwart wirksam sind.

### Geschichte

Die Ablehnung zahlreicher mit ihrem westlichen Ursprung identifizierter Konzepte und Vorstellungen geschieht unter Rekurs auf die Frühzeit des Islam, die als eine Art »Goldenes Zeitalter« glorifiziert wird. Unter Ausblendung des größten Teils der islamischen (Geistes-)geschichte und der sekundären Rechtsquellen wird eine unmittelbare Vorbildhaftigkeit des Lebens des Propheten Mohammed sowie seiner Gefährten suggeriert. Die Rekonstruktion dieses Ideals bietet die Antwort auf die Probleme der Menschheit, zusammengefasst im islamistischen Slogan: »Der Islam ist die Lösung.«
Seinen Ursprung fand der Islamismus in der Reaktion muslimischer Intellektueller auf die Konfrontation mit der technischen, wirtschaftlichen, militärischen und in vielen weiteren Lebensbereichen empfundenen Überlegenheit Europas. Die Invasion Napoleons in Ägypten ließ dies 1798 schockartig ins muslimische Bewusstsein treten. Die Schwäche und Zersplitterung der islamischen Welt, insbesondere der Untergang des Osmanischen Reiches und die Unterwerfung weiter Teile der islamischen Welt durch westliche Kolonialmächte, zwangen muslimische Denker zur Suche nach Reformmöglichkeiten und Alternativen.
Als wichtige Vordenker des Islamismus gelten Dschamaluddin al-Afghani (um 1838–1897), Muhammad Abduh (1849–1905) und Raschid Ridha (1865–1935). Sie sahen den Weg aus der Krise in der Rückwendung zu den Anfängen des Islams. Ridha befürwortete den aufkommenden Puritanismus der Wahhabiten. 1928 gründete Hasan al-Banna (1906–1949) in Ägypten die *Muslimbruderschaft*. Durch Sayyid Qutb (1906–1966) nahm die sich rasch ausbreitende Bewegung eine militante und revolutionäre Dimension an. Ebenfalls bedeutsam wurde der aus Indien stammende Sayyid Abul-A'la Mawdudi (1903–1979). Er gründete 1941 in Pakistan mit der *Jama'at-e Islami* eine weitere einflussreiche islamistische Gruppierung. Seiner Auffassung nach basiert die politische Ordnung im Islam »auf drei Grundsätzen, nämlich: auf der Einheit Gottes *(Tauhid)*, dem Prophetentum *(Risala)* und dem Kalifat *(Khilafat)* … Dieser Grundsatz der Einheit Gottes verneint die Vorstellung jeglicher gesetzlicher oder politischer Gewalt des Menschen, sei es des Einzelnen oder der Gemeinschaft« (Maududi 1996).

### Sunnitisch-schiitische Ökumene

Die Überwindung der Spaltung der weltweiten Gemeinschaft der Muslime, der *umma*, in Sunniten und Schiiten wäre zwar im Sinne islamistischer Kräfte und wurde in der Vergangenheit angestrebt, konnte sich aber trotz des »erfolgreichen« Modells der Islamischen Revolution im Iran 1979 nicht durchsetzen. Kontakte bestehen allerdings.

### Neue Medien

Wie zahlreiche Sondergruppen nutzen auch islamistische Organisationen und Einzelpersonen häufig die sich durch die (Neuen) Medien ergebenden Möglichkeiten, ihrer Botschaft Gehör zu verschaffen. Dieser Trend hatte bereits die Islamische Revolution im Iran begünstigt, als Predigten des Ayatollah Khomeini auf Audiokassetten große Verbreitung fanden, und setzt sich in der kostengünstigen Reproduzierbarkeit elektronischer Medien fort. Durch das Internet werden auch islamistische Inhalte global zugänglich und finden ihre Grenzen mehr in Sprachbarrieren oder begrenzten technischen Standards als in staatlicher Kontrolle. Die Vorzüge, die sich durch Anonymität und Vernetzung bieten, wurden sehr rasch ergriffen. Extremistische und militante Gruppierungen nutzen das Internet ebenfalls, um eine breite Öffentlichkeit zu erreichen, indem etwa Attentatsankündigungen, Bekennerschreiben oder Videos im Internet veröffentlicht werden.

MELANIE MIEHL

## Japanische Religionen

### Ursprünge

Die eigentliche Religionsgeschichte Japans beginnt mit der Einführung des ↗Buddhismus im 6. Jh. n. Chr. Bis dahin war die Nationalethik des Shintō (↗Shintoismus) mit seinem Kaiserkult und die Individualethik des Konfuzianismus vorherrschend. Der Buddhismus hat den alten Shintō-Konfuzianismus nicht etwa ausgelöscht, sondern nur sich mit ihm vermischt. Die Integration vollzog sich seit dem 9. Jh. im sog. Ryōbu-Shintō, in dem die Shintōgottheiten (Kami) allmählich mit den Buddhas und Bodhisattvas verschmolzen und in »Götterschreinen« verehrt wurden. Auch im täglichen Leben waren beide Religionen bald gleichwertig: Der Shintō als »Weg der Götter« blieb die Religion von Leben, Diesseits und Natur, der Buddhismus wurde zur »Religion des Haushalts« (Arai Ken), in der man die ernsten Dinge des Lebens, Leiden und Tod und die Verehrung der Ahnen, am besten aufgehoben fand. Auf die Frage nach seinem religiösen Bekenntnis gibt der heutige Japaner in der Regel beide Religionen an. Die konfuzianische Ethik hat jedoch nach wie vor in den japanischen Familien, in der japanischen Gesellschaft und – neuerdings – in der japanischen Wirtschaftsordnung ihre unbestrittene Gültigkeit. Man kann den Konfuzianismus sogar als Mittler der beiden Religionen bezeichnen, weil er den Shintoismus und den Buddhismus in einer synkretistischen Einheit zusammenfasst.

### Bedeutung der Ko

Beispielhaft für die religiöse Erneuerung der säkularisierten Massen im 19. Jh. sind die Ko, die Laiengruppen oder Hauskreisen vergleichbar sind. In ihnen wird der heilige Buddhaname rezitiert und die Hoza abgehalten, ein Gruppentreffen, das aus dem buddhistischen Seelsorgemodell hervorgegangen ist. Die Leitung der Ko liegt in den Händen einer charismatisch begabten Person, der zuweilen außerordentliche religiöse und psychische Fähigkeiten zugeschrieben werden. Die Ko ersetzen vielen entwurzelten, ihrer dörflichen Traditionen beraubten Japanern die Heimat; oft treten diese Zirkel an die Stelle der zerbrochenen Großfamilie. Ihre Mitglieder, zunächst nur zehn bis zwanzig Personen, bildeten im 19. Jh. die Keimzellen für die neuen religiösen Laienbewegungen in Japan, die *Shinkō Shūkyō*, die »neuerdings entstandenen

Religionen«, auch einfach *Shin Shūkyō* genannt.

**Neuzeitliche Gründungen**

Drei große Laienbewegungen lassen sich in Japan feststellen: Die erste entstand, als sich die Meiji-Herrscher seit 1868 anschickten, der Shintō-Religion zur japanischen Nationalreligion zu machen. Die Folge war eine religiöse Intoleranz, die häufig in Buddhistenverfolgungen ausartete. In dieser und z. T. bereits vor dieser Zeit entstand eine Reihe von Neugründungen, die im offenen Konflikt zum Absolutheitsanspruch des Staats-Shintō mit seiner Kaiserverehrung, dem »Tennoismus«, standen oder – wenn sie keinen anderen Ausweg mehr sahen – sich als Shintō-Sekten tarnten. Hierher gehören die *Tenrikyō* (gegründet 1838), die *Konkōkyō* (gegründet 1859) und die *Omotokyō* (gegründet 1892).

Eine zweite Bewegung entstand, als zu Beginn des 20. Jh.s die Landflucht einsetzte. Aus dieser Zeit stammen die Gründungen der *Seicho-No Ie* (»Haus des Wachstums«, 1929), der *Sekai Kyūsei-kyō* (»Lehre von der Rettung der Welt«, 1926) und der *Reiyūkai* (»Gemeinschaft der Freunde des Geistes«, 1925).

Vor und nach dem Zweiten Weltkrieg kam es zu einer dritten Gründungswelle, die eine wahre Flut von »Neureligionen« entstehen ließ, z. B. die mächtige ↗ *Sōka Gakkai*, die »Gesellschaft zur Erschaffung von Werten« (1930), und die ↗ *Risshō Kōseikai* , die »Gesellschaft zur Errichtung von Recht und Pflege der Gemeinschaft« (1938), die *Tensho Kotai Jingukyō*, die »Tanzreligion« (1945), und die ↗ *Mahikari*, das »Licht der Wahrheit« (1959). Alle verstehen sich als Friedensbewegungen, die unter dem Eindruck der Atombombenangriffe ihr besonderes Charisma entfalteten und heute z. T. viele Millionen Mitglieder haben. Auch sie sind einst aus einem Ko hervorgegangen, in dem man den Buddhanamen rezitierte und das Mantra »Namu Myoho Rengekyo«, »Anbetung sei dem Lotus-Sutra«, rezitierte.

Gemeinsame Aspekte

Die neuen japanischen Religionen sind nicht originäre Neuschöpfungen, sondern setzen nur bestimmte Akzente neu. Zwölf gemeinsame Aspekte lassen sich für die neuen Religionen feststellen: Alle Religionen berufen sich auf Offenbarungen, ihre Stifter bezeichnen sich als auserwählt, alle neuen Religionen sind synkretistisch bzw. eklektizistisch (ein typisches Merkmal der japanischen Religionsgeschichte überhaupt), simplifizieren ihre Verkündigung, ergänzen sie aber gleichzeitig durch schamanistisch-magische Elemente, sind diesseitig orientiert, auch in ihrer Eschatologie, ihre Mitglieder sind begeisterungsfähig, praktizieren das Laienpriestertum, die neuen Religionen wurzeln alle in der japanischen Tradition und sind häufig vom japanischen Nationalismus geprägt, ↗ Schamanismus und »Aberglauben« spielen eine große Rolle, die Frauen sind gleichberechtigt, und eine wesentliche Aufgabe sehen die neuen Religionen in der Glaubensheilung (Offner/van Straelen 1963); jedoch scheint Letzteres gerade in jüngster Zeit zugunsten anderer Zielsetzungen zurückzutreten (Dumoulin 1990).

Diesseitsreligionen

Die neuen japanischen Religionen verkündigen ein diesseitig erfülltes glückliches Leben. Sie kehren häufig an die heiligen Orte zurück, von denen ihre Bewegung einmal ihren Ausgang nahm. So brachte der Stifter des Kodo Kyodan, Okano, das Ewige Licht aus dem Tendai-Kloster mit und entzündete es in seiner Pagode in Yokohama, um die Einheit von Mutter- und Tochterreligion zu dokumentieren; Nikkyō Niwano, der Mitbegründer der *Risshō Kōseikai*, pilgerte zum Tempel von Minobu, wo die sterblichen Überreste des buddhistischen Reformators Nichiren aufbewahrt werden. Die alten Religionen reflektieren die Buddha-Lehre und die Shintō-Ethik, die neuen Religionen entfalten sie in der Praxis. Beide sind nicht voneinander zu trennen; die »Theologie« ist auf die Laien angewiesen.

### Stifterreligionen

Ihrer Herkunft nach weisen die Religionsstifter bestimmte Gemeinsamkeiten auf: Sie stammen fast durchwegs aus einfachen Verhältnissen und haben eine äußerst bescheidene Schulbildung (nur M. Taniguchi von *Seicho-No Ie* besuchte die Universität). Die Persönlichkeitsstrukturen der Religionsstifter ähneln einander durch eine außergewöhnliche psychopathologische Sensibilität: Ausgelöst zumeist durch einen schweren Schicksalsschlag, erfolgt eines Tages die Berufung in Form von Ekstasen, Visionen und Auditionen. Wenn die Gottbesessenheit vorüber ist, berichten die Stifter von ihrer Begegnung mit der Gottheit und dem, was sie ihnen aufgetragen hat: die Verkündigung einer neuen Weltordnung, die Heilung der Menschheit von Krankheit und Schuld, die Androhung des Gerichts.

Zwei Typen von Stiftergestalten lassen sich in der neueren japanischen Religionsgeschichte feststellen, der Kami-Typ und der charismatische Typ.

Die Anhänger des Kami-Typs verehren ihren Stifter bzw. ihre Stifterin als Gottheit. Häufig gelten Frauen als Inkarnation der Gottheit. Sie sind bei Schamanen in die Lehre gegangen, so außer Nao Deguchi auch Miki Nakayama, die Stifterin der *Tenri-Religion*, und Kimi Kotani, die Stifterin der *Reiyūkai*. Organisation und Aufbau der Gemeinde übernehmen dann häufig charismatisch begabte Männer, die die Stifterin jeweils beruft.

Die Stifter des Kami-Typs sind von einem außerordentlichen Sendungsbewusstsein erfüllt. Einige vergleichen sich mit Mose, Christus, Buddha und berühmten japanischen Kaisern und lassen sich als »Messias der Welt« (Kotama Ōkada von der *Mahikari-Religion*), als Mond-Sonne, Tsuki-Hi (Miki Nakayama von der *Tenri-Religion*), als »Lebender Buddha«, Ikibotoke (Myoko Naganuma von der *Risshō Kōseikai*) usw. verehren.

Zum charismatischen Typ zählen diejenigen Stifter und Stifterinnen, die trotz besonderem Sendungsbewusstsein ausdrücklich eine Vergottung ihrer Person ablehnen; z. B. Masaharu Taniguchi von der *Seicho-No Ie*, Kakutaro Kubo von der *Reiyūkai*, Nikkyō Niwano von der *Risshō Kōseikai* und – in gewissem Sinne – die Leiter von *Sōka Gakkai*.

### Entwicklung von Tradition

Die eigentliche Kraftprobe beginnt für die Gläubigen in dem Augenblick, in dem der Stifter oder die Stifterin stirbt. Nur wenige Religionen überleben dann, darunter in der Regel diejenigen, welche die Offenbarungen der Stifter kodifiziert haben und schriftlich an die Gemeinde weitergeben können. Einige sog. christliche *Shinkō Shūkyō* (*Tōitsu Kyōkai* und *Genshi Fukuin*) sind bedeutungslos geblieben.

Im Übrigen bietet auch die Registrierung einen Schutz vor allzu schnellem Untergang. Die beim Staat registrierten Shinkō Shūkyō (etwa 200–250 von 610, Stand 1993) sind in der *Union of New Religions* zusammengeschlossen, die ihrerseits den klassischen japanischen Religionen gleichgestellt ist. Die *Union der Neuen Religionen* bereichert das ohnehin schon bunte Bild der japanischen Religionsgeschichte um einen weiteren Aspekt.

Alle japanischen neuen Religionen haben mit ihrer missionarischen Ausbreitung Schwierigkeiten, weil sich ihre typischen Denk- und Glaubensstrukturen (»zyklisches bzw. apersonales Bewusstsein«) nicht ohne Weiteres auf westliches

Denken übertragen lassen. Sie bedienen sich daher verständlicherweise bestimmter Umdeutungen und versuchen z. B. buddhistische Heilslehren auf westlich-säkulare Erwartungshaltungen einzustellen. Dabei scheinen sie auf Dauer nicht erfolglos zu sein. Offenbar kommt ihnen die Kritik zumal der jungen Generation am naturwissenschaftlichen Wirklichkeitsverständnis, die Sehnsucht nach irrationaler Sinngebung sowie eine unreflektierte Empfänglichkeit für fernöstliche religiöse Phänomene entgegen. Tatsache ist, dass die *Shinkō Shūkyō* aufgrund ihrer Flexibilität und Assimilationsfähigkeit in Europa und in den USA Fuß zu fassen beginnen.

PETER GERLITZ

# Jesiden

### Geschichte

Die Herkunft der Bezeichnung »Jesiden« (Yeziden) ist umstritten. Religion und Geschichte der Jesiden sind weitgehend unerforscht. Ihr Hauptsiedlungsgebiet befindet sich im Nordirak; weitere Gemeinschaften leben in Syrien, in der Südosttürkei (Provinzen Mardin, Siirt, heute fast verlassen), Armenien und Georgien. Über die Anzahl der Jesiden in Deutschland gibt es nur Schätzungen (etwa 30–40 000).

Die Jesiden sind von der Volkszugehörigkeit Kurden. Wegen ihrer Religion, des engen Zusammenhalts und aufgrund von Missverständnissen (»Satansanbeter«) wurden sie als besonderes Volk angefeindet und verfolgt. Jeside wird man durch Geburt.

### Leitung und Struktur

Durch die Reformen des Scheichs Adi Ibin Musafir (um 1075–1162) gibt es verschiedene Klassen und Kasten, in die Jesiden hineingeboren werden: die Kasten der Kleriker *(Sheikhs* und *Pirs)* und der Laien *(Murids)*. Der über die weltliche und religiöse Macht verfügende jeweilige *Mir* gehört seit dem 17. Jh. dem *Chol-Clan* an. Das geistliche Oberhaupt ist der *Baba Scheich*. Die Priester haben bestimmte Aufgaben für die Glaubensweitergabe und regeln Fragen des Zusammenlebens. Die Mehrzahl der Jesiden sind *Murids*, erblich bestimmten Scheichs und *Pirs* zugeordnet und abgabepflichtig. Dadurch bilden sie Gemeinden. Der Kontakt zwischen den einzelnen Kasten ist heute v. a. die einzige Möglichkeit, die Religion zu bewahren.

### Lehre und Praxis

Die Jesiden selbst verstehen sich meist als Nachfahren altiranischer Religionen. Der Glaube wurde nur in mündlicher Überlieferung bewahrt, wesentliche Inhalte waren lange nur den oberen Priesterklassen bekannt. Dadurch kam es zu abweichenden, manchmal divergierenden Traditionen zwischen Gruppen der *Murids*, die nur die Glaubenspraxis (z. B. Gebete, Fastenzeiten, Feste) übten. Wegen einer fehlenden schriftlichen Offenbarung sind Jesiden für den ↗ Islam nicht Anhänger einer Buchreligion und zählen nicht zu den »geduldeten« Religionen.

Die religiöse Bücher, das *Meshafa Res* (»Schwarze Buch«) und das *Kiteb-e Jilwa* (»Buch der Offenbarungen«) von denen es verschiedenen Textvarianten gibt, sind vielen Jesiden unbekannt. Deren Erforschung und die schriftliche Fixierung der mündlichen Glaubensüberlieferung haben erst in den letzten Jahren begonnen, um so das gemeinsame Glaubensgut zu erhalten.

### Tausi-Melek

Die jesidische Religion soll auf eine direkte Offenbarung Gottes an Adam zurückgehen. Jesiden glauben nur an einen Gott, der allmächtig ist und die Welt erschuf. Er hat aus seinem Licht sieben Engel geschaffen. Nach jesidischer Mytho-

logie hat er die Engel aufgefordert, sich vor Adam niederzuwerfen und ihn anzubeten. Die Engel folgten dem Befehl Gottes – außer *Tausi-Melek* (auch: *Melek Ta'us*). Dieser widersetzte sich mit der Begründung, dass er sich einzig dem allmächtigen Gott unterordne. Daraufhin erklärte Gott *Tausi-Melek* zum Obersten der Engel. Über *Tausi-Melek* gibt es verschiedene Erzählungen. Gott selbst hat sich nach dem ursprünglichen Schöpfungsakt zurückgezogen. *Tausi-Melek* ist nun der aktive Teil in Gottes Schöpfung und Wirken, nimmt eine Art Stellvertreterfunktion Gottes ein und ist an der Gestaltung der Welt und an der Schöpfung der Ureltern Adam und Eva beteiligt. Er wird durch einen Pfau symbolisiert.
Andere Religionen sehen in dem »ungehorsamen« Engel den Widerpart Gottes und identifizieren ihn mit dem Bösen. Die Jesiden wurden deshalb als Satans- oder Teufelsanbeter bezeichnet. Da es aber für Jesiden kein Wesen geben kann, das Gott gleich ist, ist selbst der Name »Satan« *(»Shaitan«)* bei Jesiden streng tabuisiert. Diese Tabuisierung wurde lange Zeit Jesiden als Geheimhaltung des wahren Glaubens unterstellt.
*Tausi-Melek* verkörperte sich in einer Kette von Propheten und Führern des Volks, zuletzt im Scheich Adi, dessen Grab in *Lalesh* (nahe Mossul) das wichtigste Heiligtum ist.

### Religiöses Leben

Das religiöse Leben kennt Übergangsriten (»Taufe«, Beschneidung, Bestattung), tägliche Gebete zu Gott und den Engeln, Opfer, die Wallfahrt nach *Lalesh* und besondere Feste. Die Gebete werden in Richtung der Sonne vollzogen, die als sichtbares Zeichen Gottes im Himmel verehrt wird (Feste zur Zeit der Sonnenwende).
Der Mensch ist selbst verantwortlich für sein Handeln, denn Gott hat dem Menschen die Möglichkeit gegeben, zu sehen, zu hören und zu denken. Er hat ihm den Verstand gegeben und damit die Möglichkeit, für sich den richtigen Weg zu gehen. Als Begleiter auf diesem Weg wählen sich Jesiden einen Bruder bzw. eine Schwester für das Jenseits, die den Lebensweg begleiten. Das Leben endet nicht mit dem Tod; es wird nach einer Seelenwanderung ein neuer Zustand erreicht. Mit dieser Vorstellung sind auch besondere Beerdigungsbräuche verbunden.
Die Tradition kennt Speise- und Kleidertabus. Respekt, Ehre und Ansehen sind wichtige Werte, die die Gemeinschaft aufrechterhalten sollen. Da auch andere Völker als von Gott geschaffen gelten, sind Jesiden anderen Völkern und ihren Religionen gegenüber tolerant. Das hat sich v. a. in Zeiten der Verfolgung oft für beide Seiten bewährt. Durch die häufigen Verfolgungen entstand zwischen den Jesiden ein enger Zusammenhalt, der auch Grund für die endogamen Heiratsregeln ist, die in der heutigen Diasporasituation zu Problemen führen kann. Durch die weltweite Zerstreuung und die damit verbundene Auflösung der früheren festen sozialen und religiösen Einheit stehen Jesiden vor neuen Herausforderungen und manchmal im Widerspruch zum neuen Umfeld.

ALBERT LAMPE

## Judentum

### Name, Umschreibung

Das hebr. *Jehudim/Jahadut* und das griech. *Iudaioi* sind sprachliche Ableitungen vom israelitischen Stamm Juda, der bis zum 6. Jh. v. Chr. im Dreieck Jerusalem – Betlehem – Hebron siedelte. Von Juden bzw. Judentum ist erst von dem Zeitpunkt an zu sprechen, als mehrere Gruppen von Judäern nach dem babylonischen Exil (586–538 v. Chr.) im Gefolge von Edikten der persischen Großkönige Kyros und Darius (Esra 1, 2–4; 5–6; Jes

40 ff.; Sach 2) zum Wiederaufbau des Tempels nach Jerusalem zurückkehren durften und feststellen mussten, dass sie die einzig übriggebliebene relevante Gemeinschaft waren, die fähig und willens war, das religiöse und soziale Erbe Israels weiterzutragen. Das Judentum besteht somit aus ethnisch-partikularen, kommunal strukturierten Gemeinschaften, die in religiöser und gesellschaftlicher Hinsicht die Gebote und Rechtssatzungen des Gottes Israels in allen Lebensbereichen durchtragen wollen. Rechtlich ist Jude bzw. Jüdin, wer von einer jüdischen Mutter abstammt oder zum Judentum konvertiert ist und sich nicht als israelfeindlich geltenden Ideologien und Lebensweisen (besonders dem Christentum) unterwirft.

### Geschichtliche Erfahrungen

Von frühjüdischer Zeit an (538 v. Chr.–70 n. Chr.) bestand das Hauptproblem darin, wie die Juden als gemeinschaftliche Repräsentanten Israels mit den umgebenden Völkern zusammenleben könnten, ohne ihre Identität zu verlieren oder zu verfälschen. Die Absonderungspflicht Israels wurde betont: Die Juden dürfen den exklusiven Bund mit Gott nicht durch einen Bund mit den Völkern verwässern (Num 22, 9–12; Est 3, 8). Der pagane vorchristliche Antijudaismus war z. T. eine Reaktion auf die jüdische Verweigerung der Kult-, Ehe- und Mahlgemeinschaft mit Nichtjuden.

Zur Zeit des Bestandes des Zweiten Tempels (ca. 500 v. Chr.–70 n. Chr.) konnte das Judentum als Ansammlung verschiedener Sippen und Gruppen rund um den Tempel, Hohenpriester und Kult verstanden werden. Ein normatives oder gar einheitliches Judentum erwuchs daraus aber nicht. Seit Mitte des 2. Jh. v. Chr. gab es nicht nur die drei von Josephus Flavius aufgezählten Sondergruppen, Pharisäer, Sadduzäer und Essener, zu denen sich im beginnenden l. Jh. noch die Zeloten gesellten. Vielmehr gab es eine ganze Reihe divergierender Kreise, denen es v. a. um die Abwehr der kulturell-religiösen Infiltration durch die hellenistischen (seleukidischen, ptolemäischen) Großmächte und der damit verbundenen Hellenisierung der jüdischen Gesellschaft ging. Mehrere Gruppen (Pharisäer, Qumraner, Henochapokalyptiker) kämpften gegen die von den Hasmonäern durchgesetzte Besetzung des hohenpriesterlich-fürstlichen Doppelamtes durch eine und dieselbe Person. Die von erregter Naherwartung beflügelten Apokalyptiker vertraten eine supernaturalistische und esoterische Weltanschauung.

In Qumran, am Nordwestufer des Toten Meeres, siedelte spätestens ab Mitte des 2. Jh.s v. Chr. eine separatistische, jüdisch-esoterische Gruppe von Kultpriestern. Sie führten dort ein Leben strikter kultischer Reinheit, veranstalteten Gottesdienste mit mysterialem Charakter, übten sich in einer gruppenbezogenen Auslegung der Tora, sammelten und kopierten ihre eigenen Schriften und jene verwandter Gruppen, polemisierten in schärfster Form gegen das Jerusalemer Tempelestablishment und erwarteten vom Thron Gottes her das baldige Hereinbrechen endzeitlicher Ereignisse, die die Berechtigung ihrer Separation ans Tageslicht bringen würden. Die Qumraner übten beträchtlichen formulierenden und ideologischen Einfluss auf die Verfasser des Neuen Testamentes und auf das rabbinische Judentum aus. Ihre Schriften dienten aber weder für das Neue Testament noch für das rabbinische Schrifttum als Vorlagen. Andere Gruppen versuchten, sich den Machtverhältnissen (z. B. durch Bildung des »Hohen Rates«) anzupassen, um möglichst viel von ihrer sinaitischen Tradition zu retten (Pharisäer, Sadduzäer). Eine weitere Gruppe kämpfte für jüdisch-nationale Selbständigkeit, die 142 v. Chr.

unter dem Hohenpriesterfürsten Simon Hasmonäus erreicht wurde (1 Makk 13–15).
Nach der Tempelzerstörung durch die Römer (70 n. Chr.) reformierte das rabbinische Judentum extreme frühjüdische Ideologien und formierte das Judentum als eine von der Halakha (biblische Gesetze und deren Anwendungen für die neue, tempellose Zeit) geleitete Gemeinschaft in Absonderung. Die rabbinischen Gemeinden waren elitäre Lehrer-Schüler-Genossenschaften *(chavûrot)*, die in Toleranz und Konkurrenz miteinander zu ergründen suchten, wie eine Aktualisierung der heiligen Schriften ermöglicht werden könnte, ohne die Tradition zu verfälschen. Entscheidend war auch, dass das rabbinische Schrifttum (v. a. der babylonische Talmud, aber auch Midraschwerke und Targume) in nachrabbinischer Zeit als autoritative Glaubensquelle anerkannt wurde (ab ca. 700). So konnte sich das Judentum im Mittelalter als unübersehbare geistig-religiöse Größe neben Islam und Christentum profilieren. Das mittelalterliche Judentum bestand besonders aus drei ineinander übergreifenden Hauptströmungen: Religionsphilosophie (v. a. Moses Maimonides 1135–1204), Weiterführung der rabbinischen Traditionen (Salomon ben Isaak 1040–1105) und aus der Kabbala (mystisch-esoterische Strömung; v. a. Nachmanides 1194–1270, Moses de Leon 1204–1305, Moses Cordovero 1522–1570, Isaak Luria 1534–1572, ab dem 18. Jh. Chasidismus).

## Die Kabbala

Die Kabbala (wörtl. Überlieferung) zog die nachhaltigsten Veränderungen des theologischen Denkens und der jüdisch-religiösen Sozialstrukturen nach sich. Anfänglich (ca. 2. Jh. v. Chr. bis 10. Jh. n. Chr.) als esoterische Theosophie, Anthroposophie und Geschichtsphilosophie entwickelt (Gott als verborgenes, bestimmungsloses Absolutum und als geoffenbarte Urform und Kraft alles Wirklichen), wurde sie im 13. Jh. in Spanien (Hauptwerk *Zohar*) und im 16./17. Jh. in Palästina (lurianische Kabbala) zum dominanten Ausdruck jüdischer Spiritualität und Lebensbewältigung. Die ganze Weltgeschichte wird nach kabbalistischer Anschauung von Exil (Verbannung, Sünde, Bruch, dämonische Verstrickung) und von Tikkun (Wiederherstellung, Erlösung) geprägt. Gott und das jüdische Volk sind in rituellem, spirituellem und ethischem Zusammenklang Subjekt und Objekt des Tikkuns. Die messianische Zeit bedeutet die volle göttlich-israelitisch-geschöpfliche Endeinheit, die eine essentielle Bereicherung der ursprünglich von Gott gewollten Schöpfungsabsichten sein wird. Die 10 *sephirot* (Grundzahlen, Bezeichnungen für das innergöttliche Schöpfungs- und Erlösungswirken sowie für das innergöttlich-dynamische Leben) bilden den metaphysischen »Raster« dieses Einheitsziels.
Folgende Phänomene sind von diesem Denken her zu sehen: 1) *Akuter Messianismus* mit konkreten Jahresangaben (1300, 1503, 1524, 1530, 1666 u. a.). 2) *Vorstellungen vom Hinabstieg in den Bereich des Bösen*, um den Tikkun dort zu beginnen. Vermutlich rechtfertigten sich bereits spanisch-jüdische Zwangsbekehrte zum Christentum (Marranen) mit dieser Vorstellung: Wir müssen das Christentum durchleben, um es in den jüdischen Tikkun hineinzubringen. Der Abfall des Pseudomessias Schabbetai Zewi (1626–1676) zum Islam wurde als Tikkun der von bösen Kräften gefangenen muslimischen Welt gedeutet. Jakob Frank (1726–1791) und seine Anhänger konvertierten (v. a. in Polen) aus den gleichen Gründen zum Katholizismus. Die Sabbatianer und Frankisten wurden wegen ihrer doppelten inneren Loyalität von der Kirche und den jüdischen Autoritä-

ten zu Häretikern gestempelt. 3) *Christliche Kabbala:* Ab dem 15. Jh. (Pico della Mirandola, Johannes Reuchlin) betrachtete man die Kabbala in verschiedenen christlichen Kreisen (Theologen, Pietisten) als wichtigstes Beweissystem für die Wahrheit des Christentums, insbesondere zur Erklärung von Dreifaltigkeit und Christologie. 4) *Der Chassidismus,* der seit dem 18. Jh. u. a. in Russland und Polen Einfluss gewinnt, ist als praktische, popularisierte Kabbala zu verstehen. Er formiert sich auch heute noch aus Gruppen, die christlichen Sektenorganisationen ähnlich sind. Die Lubawitscher, Sotmarer, Zanser (weniger die Bratzlawer) Chasidim stehen unter Leitung einer charismatischen und das ganze Leben bestimmenden Führergestalt (Rebbe). Sie verbinden strikte Gesetzesobservanz mit heilsgeschichtlichem Radikalismus. Dies wirkt sich z. B. als Ablehnung des Staates Israel oder als Feindschaft gegen Kompromissbereitschaft und Säkularität in Israel aus. Nichtjuden werden schemenhaft als Weltvölker zur Kenntnis genommen, ohne dass Kontakte außerhalb der dringendsten Notwendigkeiten erlaubt wären.

### Moderne Gruppen und Verhaltensweisen

Neben der religiösen und sozialen Tradition bilden heute der Holocaust (Vernichtung von ca. 6 Mio. Juden in deutschen Konzentrationslagern) und der Staat Israel die konstituierenden Gewichte für die jüdische Identität und das Verhalten gegenüber den Nichtjuden. Folgende Gruppen (außer den Kabbalisten und Chasidim) können unterschieden und in Hauptpunkten charakterisiert werden:

Der babylonische Talmud gilt den *orthodoxen Gruppen* neben der hebräischen Bibel und dem traditionellen Gebetbuch als inspiriertes und normatives Werk (»mündliche Tora«). Biblische und rabbinische Gesetze dürfen nicht verändert werden. Der Staat Israel soll theokratisch-religiös regiert werden. Mischehen sind schwere Sünden.

Das *liberale Judentum (Reform Judaism),* ursprünglich in Deutschland im 19. Jh. entstanden, hat heute seine Zentren besonders in den USA und Israel. Nur die Hebräische Bibel (nicht auch der Talmud) ist glaubensverbindlich. Weitere wesentliche Merkmale: Bejahung historischer Entwicklung im Judentum; Preisgabe des Messias- und Auferstehungsglaubens; (häufig) ↗Dialogbereitschaft mit dem Christentum. Mischehen werden meist als jüdische Ehen akzeptiert, daher rühren Konflikte mit der Orthodoxie.

Das *konservative Judentum* steht zwischen Orthodoxie und Reform; die Grenzen sind fließend. Kennzeichnend ist Traditionstreue ohne Exklusivismus. Zum *zionistischen Judentum* zählen alle Juden, die den Staat Israel voll bejahen und ihn ausgestalten helfen. Die auch in diesen Kreisen gesehene Gefahr: Ein Staat darf nicht zur Hauptsache werden, sonst werden wir zu Faschisten (nach Yeschayaha Leibowitz). *Christianisierende Gruppen* umfassen ca. 1,5 % der Juden. Teilweise sind sie im Zusammenhang mit Mischehen zu sehen.

In fundamentalistischen Kreisen entstanden durch Moshe Rosen die *Jews for Jesus* (oder *Hineni Ministries*); sie sehen das Christentum als Erfüllung des Judentums, nicht als Gegensatz an. Die in den 60er-Jahren entstandene Bewegung führte zur Bildung zahlreicher Gruppen »messianischer Juden«; ca. 60 von ihnen sind in der *Union of Messianic Congregations* zusammengeschlossen. Großen Einfluss übt besonders in Amerika auch der jüdische Autor Katz aus. Er sieht im Holocaust das Gericht Gottes über das jüdische Volk, weil es den Messias Jesus abgelehnt hat.

## Christliche Annäherungen

Die moderne jüdisch-christliche Bewegung hat es trotz starker Verbreitung nicht erreicht, dass das Christentum als im Bund stehendes Mit-Volk-Gottes von jüdischen Autoritäten anerkannt wird. Die Furcht vor missionarisch-christlicher Vereinnahmung, vor dem christlichen, islamischen und nachchristlichen Antijudaismus und vor dem Einfluss möglicherweise synkretistischer religiöser Praktiken wirkt stark auf das moderne Judentum aller Färbungen. Das Christentum sieht sich zunehmend in ideenhaftem und situativem Zusammenhang (verwandtschaftlich, neue Minoritäten) mit dem Judentum. Ein pragmatisches Zusammengehen von Christen und Juden auf breitester Basis ist abzusehen: Der in nachchristlichen Subkulturen, in nationalistischen Radikalbewegungen und in neuheidnischen Strömungen (z.B. Teile des New Age und der neuen Esoterik) aufschießende neue Antijudaismus zwingt Juden und Christen zur Abwehrkoalition, wenn nicht beide Bewegungen ihre moralische Kapitulation riskieren wollen. Christlicherseits wurden in letzter Zeit große Schritte zur Versöhnung mit dem jüdischen Volk unternommen. Am 26. März 2000 legte Papst Johannes Paul II. eine Vergebungsbitte in die Mauer des Jerusalemer Tempels hinein. In dem Schreiben bat er namens der christlichen Völker um Verzeihung wegen des Antisemitismus und wegen der Ermordung mehrerer Millionen von Jüdinnen und Juden. Er schrieb: »Wir bitten um Verzeihung und wollen uns dafür einsetzen, dass echte Brüderlichkeit herrsche mit dem Volk des Bundes.« Diese Aussage ist die größtmögliche Anerkennung des geschichtlichen und gegenwärtigen Volkes Gottes. Besonders auffallend gebärden sich heute christliche Gruppen aus allen Konfessionen mit fundamentalistisch-messianischem Verständnis. Sie bejahen und unterstützen Judentum und Staat Israel, erwarten die baldige Wiederkunft Christi, predigen Buße und Umkehr für Juden und Christen und treten in feierlichen Versammlungen an jüdischen und christlichen Feiertagen in Israel auf (z.B. *The International Christian Embassy, Jerusalem, Bet Schalom*); mit eigener Position: *Zelem: Verein zur Förderung des messianischen Glaubens in Israel.*

Die Einstellung zum Judentum ist also ein tief greifendes innerchristlich-trennendes Element: Auf der einen Seite stehen die traditionellen Kirchen mit ihrer Ablehnung von Judenmission und akut-endzeitlichen Vorstellungen. Auf der anderen Seite wächst die Zahl christlicher Enthusiasten, die aus innerjüdischen Vorgängen die sich nahende Fülle-Zeit (1 Kor 15, 20–28) erahnen und herbeidrängen wollen.

## Jüdische Elemente in religiösen Sondergemeinschaften

Einzelne Endzeitgemeinden berufen sich in besonderer Weise auf das jüdische Volk oder das Land Israel. Dies gilt für Christoph Hoffmann (1815–1885), den Begründer der Tempelgesellschaft, der ab 1869 im Heiligen Land einzelne Siedlungen gründete, die dort bis zum Zweiten Weltkrieg bestanden. Später verlegte die Organisation ihre Arbeit nach Australien und Deutschland. Hoffmann bezog die endzeitlichen Verheißungen auf die Erde und wollte den (symbolisch verstandenen) »Tempel« als geschwisterlich orientierte Gemeinschaft aufbauen. Die *Branham-Bewegung* kennt als eine von drei Gruppen von Gläubigen das »geistige Israel« (Angehörige der 12 Stämme Israels), die sich während der endzeitlichen Drangsale nach Möglichkeit in Israel selbst in Sicherheit bringen sollen. – Die perfektionistische *Freie Christliche Gemeinschaft* geht auf Johannes E. Keller (1879–1953) zurück. Die auch als Keller-Gemeinschaft bezeichnete Gruppe entdeckt die zehn verschwundenen Stämme des Nordreichs Israel in europäischen bzw. angelsächsischen Völkern wieder. – Diese Theorie vertrat auch die *Weltweite Kirche Gottes* (die den Sabbat und jüdische Feste feiert), die im englischen Königshaus die Fortsetzung des Königtums Davids sah. Modifiziert finden sich solche Ideen bei den *Mormonen*, in deren Glaubensbekenntnis es heißt: »Wir glauben an die buchstäbliche Sammlung Israels und an die Wiederherstellung der zehn Stämme; dass Zion auf diesem (dem amerikanischen) Kontinent aufgebaut werden ... wird« (zitiert in Hutten 444 f.). – Die *Judenchristliche Gemeinde* oder Reichsbruderschaft Jesu Christi des Judenchristen Abram Poljak (1900–1963) entstand 1944 mit dem Ziel, in dieser Endzeit die »Botschaft vom Reich« unter Juden- wie Heidenchristen zu verkünden, und versteht sich als Vorläufer der Bekehrung Israels und Herold des Königs der Juden; sie hält an der Beschneidung fest. – Von dieser trennte sich Gottfried Müller (*1914) und gründete 1957 die *Bruderschaft Salem*. Er erwartet noch in seiner Generation das Kommen Jesu Christi, des Messias. Heute bestehen diverse Kinderdörfer und Landwirtschaftsbetriebe mit vegetarisch-lebensreformerischer Orientierung. Weitere Anliegen sind Tier-, Natur- und Umweltschutz. Eigene Siedlungen und Heime gelten als Schutz vor kommenden Katastrophen. – Wim Malgo (1922–1992), der Gründer des *Missionswerks Mitternachtsruf*, begann seine Tätigkeit 1956 als Radioevangelist, später entstand neben dem Freundeskreis auch eine Gemeinde mit Abendmahls- und Tauffeiern. »In der prophetischen Auslegung aufgrund von Bibelstellen werden auch Gegenwartsereignisse geistlich gedeutet und Gottes Zukunftshandeln mit Israel dargelegt« (Eggenberger). – Die Gemeinschaft um Emma Berger (†1984) mit der Betonung der Glaubensheilung will durch eine Gründung in Israel *(Kibbuz Beth-El)* der Gemeinschaft ermöglichen, die Endzeitereignisse im Heiligen Land zu erleben.

Die Zeugen Jehovas sahen in ihrer Frühphase die gläubigen Juden als zu den Geretteten gehörend (Russell bemühte sich um Kontakte zu den Juden); Rutherford hingegen lehrte, dass die Organisation von Jehovas Zeugen exklusiv Gottes Heilsgemeinde und Gegenbild Israels sei. Die Gralsbewegung sieht im jüdischen Volk die Gegenbewegung gegen das durch den Sündenfall entstandene Unheil, da es durch das ägyptische Exil ein richtiges Gottesverständnis entwickelte und sich schließlich in diesem Volk Jesus Christus inkarnierte.

Im New Age und in Teilen der neuen Esoterik wird selektiv auf die Kabbala und auch auf die Essener Bezug genommen, ohne jedoch das Judentum selbst (z. B. in seinem Monotheismus) wahrzunehmen. Antisemitische Töne werden der theosophisch orientierten Universalen Kirche vorgeworfen.

CLEMENS THOMA

## Konversion

### Begriff und Phänomen

Der Begriff »Konversion« bezieht sich allgemein auf einen Wechsel der Religions- oder Konfessionszugehörigkeit sowie – spezifischer – auf den Wandlungsprozess einer Person, die sich neu oder in neuer Weise an eine Glaubens- oder Weltanschauungsgemeinschaft bindet. Während Ersteres auf den äußeren Prozess des Wechsels von A nach B abstellt, zielt Letzteres auf die Veränderung der persönlichen ↗ Identität, die sich beim »Konvertiten« vollzieht. Dabei kommen auch Konversionsprozesse innerhalb derselben Religion in den Blick: etwa der Wandel eines kirchlich distanzierten Protestanten zum Anhänger einer charismatischen Gemeinschaft. In diesem zweiten

Sinne ist der Konversionsbegriff auch auf Veränderungen politischer oder weltanschaulicher Gesinnung anwendbar.
Anstelle der Bezeichnung Konversion wird bisweilen auch der Begriff **Bekehrung** verwendet. Damit gehen oft spezifisch christliche Vorstellungen einher: Als Idealtyp gilt die Bekehrung des Saulus (Apg 9, 1–31). Der Begriff der Konversion ist demgegenüber neutraler.

### Historische und gesellschaftliche Kontexte

Religionswechsel waren und sind in vielen Religionen, aber auch in vielen Gegenden der Welt durchaus nicht selbstverständlich und unterliegen zum Teil schwerwiegenden Behinderungen oder Strafandrohungen. So wird im Judentum, das die Religionszugehörigkeit über die Abstammung von einer jüdischen Mutter definiert, die Möglichkeit der Konversion nur in Ausnahmefällen anerkannt. In der Geschichte des Islam haben Bekehrungen von Nichtmuslimen im Zuge der Eroberungs- und Besteuerungspolitik der muslimischen Herrscher eine wichtige Rolle gespielt. Umgekehrt war aber der Abfall vom Islam – und damit auch die Konversion – streng verboten und wurde entsprechend geahndet. Auch zur Geschichte des Christentums gehören Zwangskonversionen und die Bestrafung des erneuten Abfalls der Konvertiten.
In der Gegenwart werden in den westlichen Gesellschaften Konversionen in der Regel als Privatangelegenheit angesehen. Weltweit allerdings handelt es sich nach wie vor um ein brisantes Phänomen. So wurde 2003 im indischen Bundesstaat Gujarat ein »Antikonversionsgesetz« verabschiedet, um die massenhaften Konversionen von Dalits, den Unberührbaren, zum Buddhismus, Islam oder Christentum einzudämmen.
Die Hinwendung zu neuen Religionen nimmt aber nicht in jedem Fall die Gestalt der Konversion an. Während für die monotheistischen Religionen (↗Monotheismus) ein *exklusives* Religionsverständnis charakteristisch ist, wonach die Annahme einer neuen Religion oder Konfession die Aufgabe der früheren voraussetzt, wurden in Japan mit seiner shintoistischen Tradition neue Religionszugehörigkeiten lange Zeit *inklusiv* im Sinne einer Erweiterung der religiösen Bindungen praktiziert. Erst neuerdings spielt das Phänomen der Konversion dort eine gewisse Rolle.
Auch in westlichen Ländern ist der kulturelle Kontext von großer Bedeutung für die Bereitschaft, die ↗Religion oder Konfession zu wechseln. So sind in den USA mit dem für sie charakteristischen religiösen Wettbewerb und dem stark öffentlichen – oft auch bekenntnishaften – Charakter von Religion Konversionen häufiger anzutreffen als in vielen europäischen Ländern, in denen aus historischen Gründen der religiöse Pluralismus geringer ausgeprägt ist.

### Konversion: Erklären und Verstehen

Beim Versuch, Konversion zu erklären, dominierte zunächst ein psychologisches Modell, das die Konversion als »Gehirnwäsche« auffasste, die vonseiten einer autoritären Gruppe gegenüber einem als passiv vorgestellten Konvertiten ausgeübt wurde (Lifton). Wenn auch das manipulative Wirken weltanschaulicher Gruppen bei Konversionsprozessen nicht zu vernachlässigen ist, kommt doch in der neueren sozialwissenschaftlichen Forschung der Konvertit zunehmend als Akteur in den Blick. Einen Wandel in der sozialwissenschaftlichen Forschung markiert ein »Prozessmodell der Konversion« (Lofland/Stark), in dem diese als Abfolge von Stufen beschrieben wurde, wobei Prädispositionen des Konvertiten und Situationsfaktoren zusammenwirken.
Neuere Arbeiten haben die Aufmerksamkeit zunehmend auf die Erzählfor-

men gerichtet, in denen Konvertiten sich als »Gewandelte« präsentieren (Sprondel; Ulmer). Der Konvertit kommt damit als »sozialer Typus« (Snow/Machalek) in den Blick, der sich durch eine bestimmte Rhetorik auszeichnet. Dies hat bisweilen zum Postulat geführt, es ließe sich auf Grundlage von Selbstzeugnissen über die Ursachen der Konversion keine Aussage treffen, da Konvertiten generell dazu tendierten, die Zeit vor der Konversion in düsteren Farben zu schildern. Mittlerweile sind aber mit offenen biografischen Formen der Befragung (↗ Biografieforschung) Ergebnisse erzielt worden, die ein komplexes Verhältnis von »innerem« Wandel, »äußeren« Verhältnissen und religiöser Wahl erkennbar werden lassen. In diesem Zusammenhang wurde Konversion auch als »symbolische Transformation krisenhafter Erfahrung« (Wohlrab-Sahr) bezeichnet.

MONIKA WOHLRAB-SAHR

# Krise

## 1. Allgemein

Der aus dem Griechischen stammende Begriff *Krise* wird alltagssprachlich verwendet, um schwierige, gefährliche Zeiten, Entscheidungs- oder Ausnahmesituationen zu beschreiben. In der Psychologie bezeichnet Krise spezifischer einen schwierigen Zeitpunkt oder Zeitraum eines Lebensabschnitts oder einer Lebenssituation, in der das Individuum mit inneren und/oder äußeren Belastungen konfrontiert ist, die seine üblichen Problemlöse- und Bewältigungsstrategien übersteigen. Krisen werden vom Individuum als belastend und bedrohlich empfunden und können in extremen Fällen bis zum Suizid führen. Die damit einhergehende Labilisierung bedingt eine erhöhte Beeinflussbarkeit ebenso wie ein verstärktes Bedürfnis nach Hilfe (Krisenintervention). Gleichzeitig sind Krisen immer auch eine Chance zu Wachstum und Weiterentwicklung der Persönlichkeit.

Aus entwicklungspsychologischer Sicht sind Krisen ein unausweichlicher Bestandteil des menschlichen Lebens und somit notwendig für einen positiven Entwicklungsverlauf. Spezifische Entwicklungsaufgaben und Übergänge zwischen verschiedenen Lebensaltern und -phasen bringen oft Krisen mit sich. Sie sind von jeher durch Religionen begleitet worden (Übergangsriten, Trauerrituale etc.; ↗ Ritus/Ritual). Neben diesen sog. normativen Krisen gibt es auch nicht-normative oder akzidentelle Krisen, z. B. Arbeitslosigkeit, Verlust nahestehender Personen etc. Inwieweit einzelne Ereignisse Krisen auslösend wirken und bewältigt werden können, hängt nicht nur von den Ereignissen selbst ab, sondern auch von den Einstellungen, Überzeugungen und Ressourcen des Betroffenen.

### Religiöse Krisen

Auch die religiöse Entwicklung eines Menschen ist oft durch Brüche und schwer bewältigbare Herausforderungen gekennzeichnet. Insbesondere Phasen des Wandels sind häufig auch Zeiten von Krisen; Lebenskrisen können mit Glaubenskrisen einhergehen. Konzepte wie die »dunkle Nacht der Seele« (christliche Mystik) oder »spirituelle Krise« (Transpersonale Psychologie) weisen darauf hin, dass es im Verlauf der religiösen bzw. spirituellen Entwicklung zu Krisenphasen kommen kann, die jedoch – wenn auch nicht unumstritten – als transformative Krisen mit starkem Entwicklungspotenzial verstanden werden.

Eine Mitgliedschaft in gesellschaftlich wenig akzeptierten weltanschaulichen Gemeinschaften kann zu Konflikten mit dem sozialen Umfeld und damit ebenso zu Krisen führen wie die Mitgliedschaft in einer Gemeinschaft mit autoritären Strukturen, wenn die Bedürfnisse des Einzelnen in Konflikt mit Vorgaben der Gruppe geraten. Krisen im Kontext neuer religiöser und weltanschaulicher Gemeinschaften werden von Kritikern der Bewegungen betont, wobei Forschungsergebnisse differenzieren und zur Vorsicht bezüglich Pauschalisierungen mahnen.

### Religiöse Krisenbewältigung

Religionen verstehen sich als Wege, die die Menschen aus ihren leidhaften Bedingungen heraus zum Heil führen. Insofern können Religionen als Angebote zur individuellen und kollektiven Krisenbewältigung verstanden werden. Religiöse Praktiken (z. B. rituelle Handlungen oder das Rezitieren von Formeln/Texten) dienen z. B. der Schadensabwehr oder -begrenzung, und in akuten Krisen werden religiöse Spezialisten zurate gezogen.

Krisen können zudem religiöse Suchbewegungen aktivieren (»Not lehrt beten«). Der verunsicherte Mensch stellt sich Fragen nach Gott und dem Sinn des Leidens und wendet sich auf der Suche nach Antworten Angeboten des Glaubens zu. Entsprechend hat die ↗Konversionsforschung gezeigt, dass einer Mitgliedschaft häufig eine Krisenphase vorausgeht. Neue religiöse Deutungsmuster können zu einer heilsamen Umbewertung der Krise führen und die soziale Unterstützung durch die religiöse Gemeinschaft kann eine wertvolle Bewältigungsressource sein. Welcher religiösen oder weltanschaulichen Gemeinschaft sich der Einzelne zuwendet, ist von verschiedenen Faktoren abhängig. Entscheidend erscheint u. a. die Wechselwirkung zwischen individuellen Bedürfnissen und Dispositionen und dem jeweiligen Angebot der Gruppe (Passung).

## 2. Glaubenskrisen

Der Lebenslauf des Menschen ist auch eine Erfahrung von Krisen, die untereinander zusammenhängen und in Parallele zum körperlichen Wachstums- und Entwicklungsprozess stehen können (Ch. Bühler unterscheidet fünf Phasen, E. H. Erikson acht Phasen von Identitätskrisen). Eine besondere Bedeutung kommt der Lebensmitte zu, die meist zu einer Lebenswende führt.

Für den Glaubenden wird die Krise zur *krisis,* zu einer Zeit der Unterscheidung, des Überlegens, Wertens und Beurteilens. Von »Mächten und Gewalten« bedrängt, muss sich der Glaubende in der Krise bewähren (vgl. Abraham, Mose, Exodus, Exil; die Versuchungsgeschichte Jesu; Antonius der Große u. a.). Doch bleibt es bei einer positiven und optimistischen Sicht: Selbst der größten menschlichen Krise (Sündenfall) gibt Gott einen positiven Ausgang (vgl. das Exsultet der Osternacht). Im geistlichen Leben ist die Krisenerfahrung vielgestaltig, z. B. als das *peirasmoi,* d. h. Laster (vgl. Lasterkatalog der Mönchsväter), Lebensmitte (Johannes Tauler), Dunkle Nacht (Johannes vom Kreuz), Glaubensanfechtung (im Leben der Heiligen). Nicht nur die Geschichte des Glaubens, auch einzelne Phasen des Lebensweges lösen Krisen aus, hier sind humane und religiöse Entwicklung des Menschen aufs engste miteinander verbunden. Schon das AT betont, dass Lebenskrisen auch Glaubenskrisen sind, ohne dass die Lebens- und Glaubenskrisen unmittelbar vom Lebensalter abhängen müssen. Der Glaubende ist der Ausweglosigkeit der Krise entronnen, sogar »Sterben« wird ihm zum »Gewinn« (Phil 1, 21).

Krisen können in einer weltanschaulich-religiös pluralen Umwelt Anlass sein, mit bisheriger (u. U. bloß konventioneller) religiöser Tradition zu brechen und sich einer anderen Gemeinschaft anzuschließen. Der vatikanische Bericht von 1986 wies auf die Verunsicherung in sog. »Zwischenzeiten« (»zwischen Schule und Universität«, »zwischen Schule und Arbeit« usw.) als Ansatz erfolgreicher »Sektenmission« hin.

SEBASTIAN MURKEN, SUSSAN NAMINI (1), MICHAEL SCHNEIDER (2)

## Lamaismus

### Überblick

Der Begriff Lamaismus umfasst alle Formen des tibetischen Buddhismus bzw. des Vajrayana oder »Diamant-Fahrzeugs«, der dritten der drei großen Orientierungen des ↗Buddhismus, gelegentlich Mantra-, Tantra- oder Phalayāna genannt. Er leitet sich ab vom tibetischen Wort »Lama« für Lehrer, Oberer, Meister (dem indischen Guru entsprechend) und unterstreicht seine Bedeutung für den Anschluss an eine tibetisch-buddhistische Linie. Diese erfolgt nämlich nicht nur auf didaktischem Weg, sondern rituell und mystagogisch in der ↗Initiation. Daher nehmen tibetische Buddhisten ihre Zuflucht zum Buddha, zur Lehre des Buddha *(dharma)*, zur Gemeinschaft der Jünger des Buddha *(saṅgha)*, wie dies bei den Buddhisten aller Schulen Brauch ist, aber auch und sogar zuerst zum Lama, der den Buddha, die Lehre und die Gemeinschaft der Strebenden repräsentiert. Indes wird der Begriff Lamaismus von Vertretern des tibetischen Buddhismus – auch vom 14. Dalai Lama – als unzutreffend zurückgewiesen; das Vajrayana sei v. a. Buddhismus, betonen sie.

Der Lamaismus ist eine Synthese der vorbuddhistischen tibetischen Bön-Religion, einer Naturreligion aus schamanistischen Elementen, mit dem mahayanischen bzw. tantrischen Buddhismus der indischen Spätgeschichte des Buddhismus. Das Vajrayana baut auf dem Mahayana (Großes Fahrzeug) auf und übernimmt aus dem ↗Hinduismus das Tantra mit dem Gebrauch heiliger Silben und Formeln *(mantra)*, bildlicher Meditationshilfen *(mandala, yantra)* und einer der Magie verwandten Ritualistik mit einer erwarteten Wirkung *ex opere operato*, also aus dem gesetzten Vollzug des Rituals heraus *(mudrā)*. Ziel ist es, durch den Einsatz dieser Mittel den Weg zur Erlösung abzukürzen. Das Vajrayana ist nicht in Tibet entstanden; heute sind aber alle vajrayanischen Formen des Buddhismus – neben Tibet in Nepal, Sikkim, Bhutan, Ladakh, China und in der Mongolei – tibetisch geprägt. Zusätzlich sind aus der vorbuddhistischen Bön-Religion Tibets schamanistische Elemente (↗Schamanismus) in den Lamaismus gelangt, z. B. das Wettermachen, Beschwörungen und Exorzismen, das Orakelwesen und der Tschöd (ein mystisches Selbstopfer). – Elemente, die aus westlicher Sicht häufig als okkultistisch apostrophiert werden.

### Geschichtliche Entwicklung

Der erste historisch fassbare Verkünder des Buddhismus in Tibet ist der nordindische Tantriker Padmasambhava. Möglicherweise hat bereits er einen bön-buddhistischen Synkretismus entwickelt. Von ihm leitet sich die älteste Schule des Lamaismus ab, die Nyingmapa. Als Vertreter eines stärker mahayanisch-philosophischen Buddhismus kam im 11. Jh. Atīśa (982–1054) nach Tibet. Er versuchte die buddhistische Ordenszucht in Tibet durchzusetzen. Aus dieser Reform ist die Schule der Kadampa entstanden, aus der Tsong-khapa, der Reformator des tibetischen Buddhismus und Gründer der später staatstragenden Tugendschule (Gelugpa) hervorgegangen ist. Die Kagyüpa und die Karma-Kagyü als deren bedeutendster Schulzweig sind stärker vom ↗Tantrismus beeinflusst. Sie leiten sich vom indischen Tantriker Nādapāda (956–1040) her, in dessen

Sukzession der berühmte Marpa von Lho-Brag (1012–1098), der Übersetzer, und dessen Schüler, der Asket Milarepa (1040–1123), Tibets größter Dichter, stehen.
Die Sakyapa stellte mit ihren Äbten im 13. Jh. die zentrale Leitungsgewalt in Tibet, bis sie in dieser Funktion ab dem 14. Jh. von den Dalai Lamas, den Schuloberhäuptern der reformierten Gelugpa, abgelöst wurden. Letztere Schule ging aus der Reform des Losang Dragpa, besser bekannt unter dem Namen Tsongkhapa (1357–1419), hervor, in der dieser die monastische Observanz wiederherstellte. Seit dem 5. Dalai Lama entwickelte sich Tibet zu einem hierarchischen Mönchsstaat mit seiner reichen Klosterkultur. Diese ist seit der Flucht des 14. Dalai Lamas Tenzin Gyatso (*1935, 1989 Friedensnobelpreis) nach Indien 1959 sowie in der chinesischen Kulturrevolution fast gänzlich zugrunde gegangen. Der gemeinsame Bestand der verschiedenen Traditionen an buddhistischer Lehre und Praxis ist kodifiziert in den Lehrreden des Buddha im *Kanjur* (»Übersetztes Wort«) und im *Tanjur* (»Erklärte Lehre«) als dem kanonischen Schrifttum des Lamaismus.

### Lamaismus im Westen

Im deutschen Sprachraum am deutlichsten vertreten sind die Kagyüpas und die Karma-Kagyüs im Anschluss an zwei Deutschlandbesuche des damaligen Schuloberhauptes der Karma-Kagyü, des 1981 verstorbenen 16. Gyalwa Karmapa. Aus der Kagyüpa-Linie kam auch Chögyam Trungpa (1939–1987). Er gründete Vajradhatu (Dharmadhatu), um westlichen Menschen einen Weg zum Vajrayana ohne den Umweg über die tibetische Kultur zu eröffnen. Internationales Zentrum dieser jüngsten Richtung aus dem Lamaismus ist das Naropa-Institut in Boulder (Colorado) in den USA.
Ein europäisches Zentrum der Gelugpa ist in Rikon bei Zürich entstanden. Dessen erster Abt Geshe Rabten (1920–1986) hat auf dem Mont Pélerin bei Vevey am Genfer See ein Studienzentrum für tibetische Studien eingerichtet. Weitere Gelugpa-Zentren bestehen in Hamburg, Jägerndorf in Bayern und bei Feldkirch in Vorarlberg. Der Lamaismus gewinnt durch Besuche des Dalai Lamas in europäischen Ländern aufgrund seines Charismas unter christentumsmüden Abendländern hohe Attraktivität. So nehmen regelmäßig viele Menschen an den Initiationen des Dalai Lamas in die Lehren des Kalacakra, eines der bedeutendsten Tantras des Lamaismus, teil. Neben dem Zauber der Exotik zieht sie der Kultreichtum und die hohe Meditationskultur des Lamaismus an, wie auch eine ungebrochene Autorität des spirituellen Lehrers in Gestalt des Lamas. Gleichwohl betont der Dalai Lama selbst sehr häufig, dass sinnvoller als eine ↗Konversion von westlichen Menschen zum tibetischen Buddhismus deren entschiedene Hinwendung zu ihrer Herkunftsreligion sei.

KLAUS-JOSEF NOTZ

## Magie

### Begriff

Magie (iran.-altpers. *magu[s];* griech. *mageia;* lat. *magia;* indogerm. *magh*) besagt die Zuschreibung von besonderen Mächten und Kräften an Gegenstände und Wesenheiten, die diesen von sich aus nicht zukommen, sowie das Verfügbarmachen dieser Kräfte durch bestimmte Handlungen, Zaubersprüche, gebetsartige Praktiken, Amulette, Riten oder durch besondere Kenntnisse.
Da die genannten Mächte und Kräfte einer direkten sichtbaren Kontrolle nicht zugänglich sind, ist es notwendig, ihre besondere Eigenheit zu kennen. Diese Eigenheit bezieht sich auf das gesamte

Spektrum möglicher Symbole, von der konkreten magischen Handlung bis zu Riten und Kenntnissen, wenn die Ursache des Effektes in den genannten Kräften und Mächten gesehen wird. Ist doch Magie der undifferenzierte und angleichende Übergang des Unsichtbaren, Spirituellen und Verborgenen in den pragmatischen Bereich des täglichen Lebens oder aber der Versuch die transzendente Realität im Interesse und zum Zweck des konkreten Lebens zu kontrollieren.

**Geschichte**

Die Magie reicht inhaltlich in die frühe Menschheitsgeschichte zurück, war doch auch der Urmensch gezwungen, sich zur persönlichen Orientierung ein bestimmtes Weltbild zu schaffen.

Sprachlich gesehen sind die *magoi* persische Priester, laut Herodot sind sie ein Stamm der Meder, deuten Vorzeichen und Träume, wirken bei Opfern mit oder pflegen einen besonderen Mysterienkult. Nach späteren Berichten sollen griechische Philosophen in direktem Umgang mit ihnen ihre Lehren studiert haben. Aristoteles bezeichnet sie als diejenigen, die, halb Dichter, halb Philosophen, alles Seiende aus einem obersten Prinzip ableiten (*Metaphysik* 1091b 10). Diogenes Laertius (1, 1 f.) lässt in seiner Zusammenstellung alles Bekannten über die Magier diese mit Zoroaster beginnen und stellt sie in eine Reihe mit den babylonischen Chaldäern, indischen Gymnosophisten und keltischen Druiden. Dadurch wird der Begriff sehr verallgemeinert, sodass mit Magier jeder Träger oder Vermittler einer paranormalen Weisheit bezeichnet werden kann.

»Magier« werden aber auch ganz allgemein Zauberer und im negativen Sinn Betrüger genannt; Philon von Alexandria legt jedoch Wert darauf, sie von den eigentlichen Magiern zu unterscheiden (*De legibus specialibus* 3, 100). Diese Unterscheidung steht auch in der Bibel: Im NT finden wir den Bericht über die drei Weisen (griech. *magoi*) aus dem Morgenland als positive Bezeichnung. Im Allgemeinen wird sowohl im AT als auch im NT die Magie als völlig unvereinbar mit dem Eingottglauben Israels und der Botschaft des NT hingestellt. Auch die Kirchenväter lehnen die Magie als unnütze Scharlatanerie ab, da Werke Gottes und Magie in Widerspruch zueinander stünden. Dies hängt damit zusammen, dass das Christentum von Anfang an alle Phänomene, die der Volksglaube Geistwesen oder verborgenen Kräften zuschrieb, dem Teufel und seinen Helfern anlastete. Wenngleich von Theologen und kirchlichen Amtsträgern zunächst immer wieder vor der Meinung gewarnt worden war, Männer oder (v. a.) Frauen könnten böse Macht ausüben, nachdem sie mit dem Teufel einen Pakt geschlossen hätten, kam es doch zu einem allmählichen Wandel der Vorstellungen auch bei den kirchlichen Autoritäten. Bereits 1258 hatte der erste Hexenprozess stattgefunden, und 1275 war die erste Verurteilung zum Scheiterhaufen erfolgt. 1484 wurde durch die Bulle *Summis desiderantes affectibus* Papst Innozenz' VIII. die Inquisition in die Hexenprozesse eingeschaltet. Nach der Reformation verstärkte sich dieser weitverbreitete Glaube an dämonische Machenschaften noch, und die Hexenverfolgung erreichte im 16. und 17. Jh. einen Höhepunkt.

**Formen**

Es gehört zur Eigenart der Magie, dass sie nicht nur zur Erreichung greifbarer Ergebnisse durch automatisch wirksame ↗Riten eingesetzt wird, sondern auch um bestimmte Ziele im individuellen Leben zu erreichen. Man unterscheidet dabei zwischen offizieller, privater, schwarzer und weißer Magie.

Von offizieller Magie ist die Rede, wenn öffentliche Ereignisse in Übereinstimmung mit einem magisch effektiven Ritual zur Durchführung kommen. Solche Feiern können die Gemeinschaft oder ein(e) offizielle(r) Priester(in), Magier oder Schamane (↗Schamanismus) durchführen. Hierher gehören auch alle institutionellen Handlungen sowie jene allgemeinen Veranstaltungen und Informationen, die mehr oder weniger für öffentlich gehalten werden und denen eine besondere Wirkung zugeschrieben wird, wie pseudoreligiöse Feiern, das Maskottchen bei Großveranstaltungen oder das Horoskop in den Medien. Im Gegensatz zur öffentlichen Magie wird die private Magie im geheimen Bereich eines Individuums oder von Gruppen eingesetzt, sei es zum ausschließlich privaten Gebrauch oder um andere zu schädigen.

Die Unterscheidung zwischen weißer und schwarzer Magie betrifft schließlich die Zielsetzung der magischen Handlung. Weiße Magie besagt wohlwollende magische Einstellung und Beeinflussung. Schwarze Magie besagt böswillige und verneinende magische Einstellung bzw. verletzende oder gar zerstörerische magische Handlung.

**Handlungen**

Alle Formen magischer Handlungen werden entweder durch Gesten, Berührung, Laut, Wort, Gesang, Beschwörung, Schrift, Zeichen, Mimik, Symbolhandlung, Symbolobjekte oder durch magische Medien und kraftgeladene Gegenstände vollzogen. So unterscheidet man folgende magische Handlungen:

Die *Objektmagie* beruht auf der Annahme, dass der Teil dem Ganzen dient und dass dieser Teil (Menschenknochen, Haare, Fingernägel, aber auch Steine, Werkzeuge, Tiere, Fetische usw.) aufgrund seiner eigenen Kraftgeladenheit unmittelbare Wirkung hat. Wer daher etwas von einem anderen besitzt, hat über denjenigen Macht. Die Objektmagie wird v.a. im Fetischismus, bei Schmuck, bei den Amuletten und Maskottchen gepflegt.

*Magische Effekte* werden auch durch das Berühren kraftgeladener Gegenstände (u.a. Steine, Pflanzen, Tiere) erzielt. Diese Kraftübertragungen können auch von Mensch zu Mensch erfolgen – eine Vorstellung, die im Kannibalismus nicht ohne Bedeutung ist. Bei speziellen Formen reicht die Berührungsmagie tief in den Symbolbereich hinein. So soll durch das Tragen eines Löwenzahnes als Amulett die Kraft des Löwen übertragen werden. Die ursprünglich völlig selbstständige Kraft kann aber nicht nur übertragen, sondern auch zweckdienlich verwendet werden, z.B. als Opfergabe für die Vorfahren, etwa bei den Corumba in Westafrika.

Die *imitative oder homöopathische Magie*, auch *sympathetische oder analoge Magie* genannt, beruht auf dem Grundsatz der Analogie, wonach Gleiches Gleiches hervorbringt. So kann das Imitieren von Donner Sturm und das Ausgießen von Wasser Regen hervorbringen. Ein Mensch kann durch den Anblick seines Bildes getötet werden. Die Gegenwart Gottes oder des Göttlichen kann man durch den Besitz eines Bildes erlangen. Im alten Ägypten wurden den Toten *uschebtis*, kleine Figuren, in die Gräber gelegt, die dank dem Spruch, der auf ihnen geschrieben stand, für den Verstorbenen eintraten, falls er zur Arbeit gerufen wurde (*Totenbuch*, Kap. 6). Im Unterschied zur Kontaktmagie dient der imitativen Magie bereits ein Abbild. Hierauf beruht auch der Brauch der sog. Defixionspuppen: Man stellt die Person, auf die man magisch einwirken will, durch eine Puppe dar, und sticht dann z.B. Nadeln in die Puppe, wenn man die symbolisierte Person zu töten wünscht. Die imitative Magie dient jedoch nicht nur dem Zufügen von Schaden, sondern auch der Lebensförderung. So gehören z.B. Fruchtbarkeits- und Wetterzauber zur imitativen Magie. Das hier zugrunde liegende Analogieprinzip wurde nicht nur zum Grundprinzip der Homöopathie, sondern weist ebenso auf die Beziehung von Mikrokosmos und Makrokosmos hin.

In der *gnoseologischen oder die Erkenntnis betreffenden Magie* erwartet man den Effekt nicht mehr so sehr von der Durchführung objektbezogener oder sympathetisch-analoger Handlungen, sondern vielmehr von der Kenntnis der magischen Konstellationen in Verbindung mit dem Universum. Man spricht in diesem Zusammenhang auch von passiver Magie.

### Magie und Religion

Magie findet sich in allen Kulturen und bei allen Völkern, wenngleich in verschiedenen konkreten Ausprägungen. Es ist daher völlig abwegig, Magie als Vorstufe der Religion (Frazer) oder als Quelle der Religion (Durkheim) anzusehen oder in evolutionistischer Betrachtung in Kategorien von »primitiv« und »gebildet« einzugliedern (Tylor). Magie bleibt über alle Kultur- und Entwicklungsbereiche hinweg die jeweilige Auseinandersetzung mit dem Unbekannten. Bei der Beurteilung der Magie muss daher zwischen dem Suchen nach einem Weltbild sowie Zauberei oder Betrügerei unterschieden werden.

ANDREAS RESCH

## Mahikari

Mahikari ist eine neoshintoistische religiöse Tradition Japans (↗ Japanische Religionen, Shintoismus), die heute in den beiden großen Organisationen Sukyo Mahikari (weltweit ca. 800 000 Mitglieder) und Sekai Mahikari Bunmei Kyodan (ca. 105 000 Mitglieder) sowie zahlreichen kleineren Zweigen in Erscheinung tritt. Ihr Markenzeichen ist die Weitergabe göttlichen »wahren Lichtes« *(ma-hikari)* durch die gehobene Hand vor der Stirn eines Partners, ein *tekazashi* (Hand halten) genannter Vorgang, der aus der älteren Tradition Sekai Kyūseikyō übernommen wurde, die dies als *joreiho* (Methode zum Reinigen des Geistes) bezeichnet.

Der Mahikari-Gründer Kotama Ōkada war Funktionär bei Sekai Kyūseikyō, als er 1959 durch ein Berufungserlebnis aufgerüttelt wurde: »Stehe auf! Halte deine Hand empor und reinige die Welt! Denn die Lage der Menschen auf der Welt wird immer gefährlicher.« Diesem angeblichen Spruch zufolge gründete Okada das Institut L. H. Yokoshi Tomo-no-kai und 1962 die Organisation Sekai Mahikari Bunmei Kyodan, auch änderte er seinen Vornamen von Yoshikazu in Kotama (Lichtkugel). Aufgrund seiner Offenbarungen war er angeblich von einer Schwerbehinderung geheilt worden. Den Ritus der Behandlung durch die Hände nannte er *mahikari-no waza* (Werk des wahren Lichtes).

Nach seinem Tod 1974 machte seine Adoptivtochter Sachiko dem Nachfolger Sekiguchi das Erbe streitig. Ein Gerichtsurteil von 1979 gab zwar Sekiguchi recht, aber die neue Bewegung Sukyo Mahikari der Tochter Okada Keishu (spiritueller Name) hat den erheblich größeren Zulauf mit dem neuen Zentrum in Takayama (alt: Hida). Die Mitglieder nennen sich Yokoshi (Kinder des Lichtes) oder Kamikumite (Hand in Hand mit Gott).

Der 1984 eingeweihte »Welthauptschrein« der Sukyo Mahikari in Takayama markiert nach der Lehre der Organisation den Ursprung der Menschheit und des Universums, was in einem nahe gelegenen Museum »dokumentiert« wird. Der Schöpfergott Su offenbart sich durch sein Medium Okada Keishu und ist gemeinsame Ursprungsgottheit aller religiösen Traditionen. Die Lebensenergie des Gottes Su, die im Tekazashi weitergegeben wird, kristallisiert sich in einem kleinen Amulett (Omitama), das je neu bei den insgesamt drei Einweihungen empfangen wird. Die Menschheit muss im Blick auf den Eingang in ein neues, helles Weltzeitalter (Yang) gereinigt werden (Reinigungszeremonie *okiyome*), das dualistisch zum dunklen Yin-Zeitalter gesehen wird. *Okiyome* wird als exorzistisch-schamanistische Zeremonie durch einen Priester in Schamanenfunktion (↗Schamanismus) durchgeführt, der mithilfe von Beschwörungsformeln den menschlichen Leib vom bösen Geist trennt. Auch spielen bei Mahikari indische Lehrelemente wie die Leiberlehre (physischer, Astral- und Geistleib) sowie zur Erklärung von Negativerfahrungen die Karmalehre und damit verbunden die Wiedergeburtslehre eine Rolle. Die Gottheit ist eins, bevor sie sich in die kosmischen Ströme des Feuers, des Wassers, des Raumes und der Zeit teilt. Der Mensch bringt sich durch die Praxis des *tekazashi* und damit das Aufnehmen des göttlichen Funkens in Einklang mit dem göttlichen Du.

Eine bizarre Jesus-Rezeption der Bewegung lässt Jesus, nachdem er seiner Kreuzigung entkommen ist, nach Japan emigrieren und dort im hohen Alter sterben (Tebecis 1982). Unabhängig von jeglicher Art von Biografie stehe »Christus« für einen spirituellen Fluss, der in die von Mahikari formulierte spirituell-religiöse Einheit einmünde.

Die drei Einweihungen sind im nächstgelegenen Dojo, im nationalen Zentrum und im Weltzentrum in Takayama vollziehbar. Sukyo Mahikari Deutschland hat etwa 200 Mitglieder; ca. 600 Personen haben die erste Einweihung erhalten.

ULRICH DEHN

# Mantik

## Begriff und Erscheinungsformen

Mantik (vom griech. *mantike;* lat. *divinatio*) bedeutet Wahrsagekunst bzw. Weissagekunst oder Zukunftsschau und besteht in der Kunst oder Praxis des Voraussehens oder des Voraussagens zukünftiger Ereignisse, der Aufdeckung verborgenen oder geheimen Wissens und der direkten oder indirekten Anwendung dieser Kenntnisse zuweilen unter Verwendung bestimmter Techniken und Riten.

Sprachlich besteht ein Zusammenhang von Mantik und *mainomai* (rasen, verzückt sein), womit auf den ekstatischen Zustand, die Raserei, das »Außer-sich-Sein«, die Ekstase des Wahrsagers hingewiesen wird, der in der Lage ist, Dinge zu verkünden, die außerhalb der normalen Erkenntnismöglichkeit liegen. Mantik gilt daher als eine Gabe, die jeder Mensch besitzt, weil seine Seele etwas Mantisches ist (*mantikon ti:* Platon, *Phaidros* 242c 20). Der Seele kommt diese Fähigkeit jedoch nicht aus ihr selbst zu, sondern sie wird ihr von Göttern oder höheren Wesen (Engeln, Dämonen, Geistern) gegeben, ist doch die mantische Kraft ein Göttergeschenk (Platon, Cicero), das grundsätzlich allen zuteilwerden kann, tatsächlich jedoch nur bestimmten Personen, welche die mantische Fähigkeit der Seele in besonders hohem Grade besitzen.

## Geschichte

Diese allgemeinen Aussagen über Wesen, Voraussetzungen und Erscheinungsformen der Mantik finden sich angefangen von der babylonischen und ägyptischen Kultur, überall in der griechischen und lateinischen Literatur bis tief in die christliche Zeit hinein.

Im AT gibt es zahlreiche Hinweise auf Mantik, war Israel doch von Mantik treibenden Völkern umgeben. In Gen 44, 5 wird die Becherweissagung als altägyptischer Brauch genannt. Ez 21, 26 berichtet über mehrere mantische Bräuche (Pfeilorakel im Köcher, Befragung der Teraphim, Leberschau), 1 Sam 28; Jes 8,

19 über Totenbefragung, Gen 4, 4f. über Beobachtungen von Anzeichen beim Opfer, Gen 15, 11 über Vogelflug, Gen 12, 6, Dtn 11, 30, Ri 9, 37 und 2 Sam 5, 23ff. über Baumorakel. V.a. galten Träume als Offenbarungsquelle, ja sogar als prophetische Offenbarung, insbesondere Träume an heiliger Stätte (Inkubation, Gen 15, 12; 28, 1ff.; 46, 1ff.). Selbst der altisraelitische Seher wird befragt (1 Sam 9, 9). Im Ordal wird die Wahrheit über die Ehe zu ergründen versucht (Num 5, 1ff.). Schließlich weist die sprachliche Wurzel des Wortes *tora* (werfen, schießen) auf mantischen Ursprung im Werfen der Losstäbe (Urim und Tummim) hin. Allerdings war das altisraelitische Losorakel auf die einfache Ja-Nein-Antwort beschränkt. Verbote mantischer Bräuche finden sich in Dtn 18, 9–14. Durch die Propheten verloren diese Formen der Mantik im Allgemeinen ihre Bedeutung, weil die Propheten die Mittlerrolle zwischen Gott und den Menschen übernahmen, wobei sie zuweilen die göttlichen Botschaften in Träumen und Visionen erhielten (Num 12, 6ff.; Sach 1, 8; Ijob 4, 13). Allgemein haben die Propheten mantische Bräuche und selbst Träume als Offenbarungsmittel abgelehnt (Jer 23, 25ff.; Dtn 13, 1–3).

Im NT finden sich nur bei nichtchristlichen Personen Spuren der Mantik. Das Christentum hat von Anfang an die Mantik abgelehnt, die indirekte als für sich nicht existierend und die direkte als Teufelswerk (Apg 13, 10). Die Apostel haben bei ihrer Begegnung mit Magiern und Wahrsagern ihre Überlegenheit durch die Kraft der neuen Religion unter Beweis gestellt (Apg 8, 9; 13, 6; 16, 18; 19, 19). Eine völlige Ausrottung der Mantik ist dem Christentum jedoch nie gelungen und wurde letztlich wohl auch nicht angestrebt. Man versuchte vielmehr, die dämonische Mantik durch das Wirken des Heiligen Geistes zu ersetzen. So begegnen wir bei Matthäus der Traumvision des hl. Josef (Mt 1, 20; 2, 13.19) und dem Stern und Traum der Weisen (Mt 2, 2.12). In der Apostelgeschichte spricht man von Visionen und Träumen, durch die Gott dem Petrus (Apg 10, 10; 11, 12), Paulus (Apg 16, 9; 22, 17f.) und Hananias (Apg 9, 10) Botschaften mitteilt. Zudem begegnen wir im Urchristentum Propheten und Wahrsagern wie Agabus, der eine große Hungersnot (Apg 11, 28) und die Gefangennahme des Paulus (Apg 21, 10ff.) voraussagte. In den paulinischen Gemeinden war die Prophetie beinahe eine Dauerinstitution im Zusammenhang mit der Glossolalie, was jedoch zu einer Reihe von Problemen führte, die Paulus zum Einschreiten zwangen: »Auch Geister der Propheten sind den Propheten untertan. Denn Gott ist nicht ein Gott der Unordnung, sondern des Friedens« (1 Kor 14, 32ff.).

Die Kirche bekämpfte in den folgenden Jahrhunderten einerseits jede Form heidnischer Mantik, andererseits konnte sie die direkte intuitive Wahrsagung nicht grundsätzlich verneinen, weil sie dann auch die christliche Inspiration und Prophetie hätte verneinen müssen – was zu einer gewissen Unsicherheit führte. So nannte Clemens von Alexandria (*Protrepticon* I, 2) Orakel, Auguren, Astrologen und Wahrsager primitive Betrüger, während Tertullian *(De anima)* Wahrsagung als eine natürliche Fähigkeit der Seele bezeichnete. Ihre Anwendung sei allerdings gefährlich, weil sich sehr oft der Teufel einmische. Diese dämonologische Deutung vertraten auch Origenes (*In Numeros* XVI, 7) und Laktanz (*Institutiones divinae* 11, 15.17). Augustinus sagt in seinem *Liber de divinatione daemonum*, dass die Geister der Finsternis als Urheber der Wahrsagung z.T. die Geister des Lichtes nachahmen, die Engel z.T. sich aber von ihnen aufgrund ihres Falles abwenden. Die Astrologie sei hingegen für sich gut, sofern man in ihr nicht Ursachen, sondern nur

Zeichen sehe (*De ordine* 11, 42; *De civitate Dei* V, 1).
Von dieser Einstellung aus belegten das Konzil von Ankyra 314, die Synoden von Elvira zwischen 314 und 324 und jene von Laodizea zwischen 343 und 381 die Wahrsager mit Kirchenstrafen. Gleichzeitig anerkannte die Kirche auch weiterhin die Möglichkeit einer göttlichen Offenbarung verborgener und zukünftiger Ereignisse, v. a. in Träumen und Visionen. Sie hat sich jedoch die Ausschließlichkeit der Beurteilung vorbehalten, ob eine solche Kenntnis des Verborgenen oder Zukünftigen von Gott stammt oder nicht.

### Inhalt und Formen

Weltanschaulich liegt der Mantik die Vorstellung zugrunde, dass die Gesamtwirklichkeit aus einem Organismus bestehe, in dem alles zusammenhängt. Für einzelne *Formen* der Wahrsagung kann man zwischen intuitiver, induktiver und künstlicher Mantik unterscheiden.
Bei der intuitiven Mantik werden dem Menschen die Kenntnisse im Zustand der Ekstase, des Traumes oder durch Inspiration unmittelbar im Innern bewusst.
Die induktive Mantik besteht darin, dass der Mensch nicht intuitiv und unmittelbar durch innere Wahrnehmung einer göttlichen Inspiration, sondern mittelbar, durch Schlussfolgerung und Kombination, aufgrund von Zeichen an Dingen und Vorgängen der Außenwelt die Zukunft zu erkennen sucht. Hierzu gehören alle Deutungsformen von Naturerscheinungen und Naturprozessen wie Aeromantie (Deutung aus Luft und Wolken), Astromantie und Astrologie (Deutung der Sternbilder), Biomantie (Vorhersagen der Lebensdauer, z. B. durch Handlesen), Cephalomantie (Deutung der Kopfbewegung eines Tieres), Hepatomantie (Leberschau), Hippomantie (Deutung des Gewiehers eines gottgeweihten Pferdes), Hydromantie (Wasserschau), Kraniomantie (Schädelweissagung), Nekromantie (Totenorakel), Orneo- oder Ornithomantie (Vogelschau, das antike Augurium usw.).
Zur künstlichen Mantik gehören alle magischen Handlungen (↗Magie) und die damit verbundenen Deutungen zur Entschlüsselung des Verborgenen und der Zukunft. Im Unterschied zur intuitiven und induktiven Mantik, wo der Mensch inspiriert wird bzw. Naturgegebenheiten deutet, wird in der künstlichen Mantik der Deutungsgegenstand selbst erstellt.

ANDREAS RESCH

## Meher Baba

Meher Baba wurde 1894 als Merwan Sheheriar Irani in einem persischen – wohl zarathustrischen – Elternhaus in Poona (Indien) geboren. Eine Begegnung mit zwei Mystikern aus dem Umkreis Sai Babas von Shirdi um 1913/14 bestimmte sein Leben. Sie führte zu Trancezuständen und geistiger Erschütterung, die Meher Babas Selbstverständnis als ↗Guru, ja als Herabkunft des göttlichen (Avatar) für das dunkle Zeitalter (Kali-Yuga) reifen ließen. 1925 legte er ein Schweigegelübde ab, verkehrte bis 1957 mittels eines Buchstabenbrettes und danach nur noch durch Zeichen mit seinen Anhängern. Dies hinderte ihn nicht daran, viermal in den Westen zu reisen, u. a. nach Hollywood.
Meher Baba betrachtete sich als Messias einer Religion ohne Namen und Einschränkungen. Drogen als Mittel zur Bewusstseinserweiterung lehnte er – entgegen der Tendenz der 60er-Jahre – allerdings strikt ab. Er wollte »erwecken«. Sein Schweigen hätte er einzig für die welterschütternde Botschaft der Liebe und der Wirklichkeit Gottes brechen wollen.
Seine Lehre ist synkretistisch geprägt, deutliche Parallelen zum ↗Sant Mat und

↗ Sufismus sind aber unverkennbar. Der geistige Aufstieg des Menschen durch zehn Bewusstseinsebenen ist letztlich ein Aufstieg Gottes zu sich selbst in Form des vollkommenen Meisters. Exzentrisches Verhalten und paranormale Fähigkeiten solcher Meister, wie es auch von Meher Baba berichtet wird, haben im indischen Bundesstaat Maharashtra eine lange Tradition und verbinden ihn mit Sai Baba.

Die Anhänger Meher Babas, die »Baba Lovers«, formierten sich v. a. in den USA zu lokalen Gruppen und den zwei Vereinigungen »Sufism Reoriented« und »Society for Avatar Meher Baba«. Ende der 60er-Jahre führte das Interesse v. a. junger Menschen zu einem neuen Aufschwung der Verehrung, welche den Tod von Meher Baba (1969) überdauerte und auch in Europa einige Zentren entstehen ließ. Sein Werk wirkt insbesondere in Sufi-Zirkeln und im Interesse für Sai Baba nach, aber auch in Zentren und Anhängerkreisen sowie in weiterhin aufgelegten Büchern, Zeitschriften, Websites.

JOACHIM FINGER

## Monismus

Monismus ist die (philosophische, theologische oder ideologische) Lehre von der Gründung aller Vielfalt von Prinzipien, Wesen oder Existenzweisen in letztendlicher (physischer, metaphysischer oder religiöser) Einheit, die als ultimative Wirklichkeit deren unhinterfragbare Herkunft anzeigt, allen Wesensbestand aktualisiert oder als letzte Zukunft alle Vielfalt in sich rücknehmend aufhebt. Als kritische Kategorie formuliert er einen Gegenentwurf zum Dualismus von Geist/Materie, Leib/Seele oder Gott/Welt sowie zum Pluralismus der Prinzipien oder Phänomene. Strukturell vertritt er einen Reduktionismus dualer bzw. pluraler Gegebenheiten auf eines seiner Elemente oder einen Holismus eines durch seine Teile nicht rekonstruierbaren Ganzen. Theologisch steht er zwischen Pantheismus, Akosmismus, Emanatismus und Panentheismus.

### Geschichtliche Entwicklung

Der Begriff Monismus erscheint 1721 erstmals bei Christian Wolff für die philosophische Erklärung der Welt aus *einer* Grundsubstanz, aus der sie entspringt oder in der sie besteht. Wie bei P. Bayles theologischem Unitarismus wendet er sich gegen einen metaphysischen Dualismus von Geist und Materie (Descartes). Zunächst wirkungsgeschichtlich unbedeutend, wird er um 1900 in der szientistischen Bewegung zur Ersatzreligion, deren Ziel im »monistischen Bund« *(Der Monist)* eine naturwissenschaftlich motivierte, aber ideologisch fundierte Rückführung alle Phänomene auf ein einziges Prinzip war. Mit E. Haeckel erlangt diese Ideologie ihre heutige und bei W. Ostwald ihre soziologisch übertragene evolutionstheoretische, biomaterialistische Bedeutung. Nach dem Ersten Weltkrieg endet seine kontinentaleuropäische Karriere – außer in den Varianten marxistischer Philosophie, die den dialektischen Materialismus als einzig konsequenten Monismus deutet (G. W. Plechanow), oder der angloamerikanischen Diskussion um die Wahrheitskohärenz von Erkenntnis unter holistischen Bedingungen (W. James, B. Russell).

### Philosophische Problematik

Das Verhältnis des Monismus zum Dualismus bzw. Pluralismus ist nicht adäquat mit »Gegensatz« und »Überwindung« zu definieren. Es ist möglich, zur gleichen Zeit in *metaphysischer* Hinsicht (*Arten* von Seienden) Monist zu sein und in *epistemologischer* Hinsicht *(unabhängig Seiende)* Pluralist zu bleiben. So konnte der »neutrale Monismus« (E. Mach, Russell) auf ontologischer

Ebene den Dualismus von Geist und Materie mit unbestimmbaren neutralen »Elementen« verneinen und zugleich auf erkenntnistheoretischer Ebene dem monistischen »absoluten Idealismus« innerer Relationen (F. Bradley) durch äußere Relationen pluralistisch entgehen. Descartes' Dualismus von Geist und Materie strebte nach monistischer Überwindung – ontologisch durch die »dritte Substanz« (Gott), erkenntnistheoretisch im *ego cogito*. Spinozas Monismus war nur die Konsequenz aus Descartes' Dualismus: monistisch bei der »einen Substanz«, aber pluralistisch bei ihren unendlich vielen Attributen und Seinsweisen. Leibniz verwandelte die eine Substanz Spinozas in die unaufhebbare Pluralität von »Monaden«, die jedoch in *einer* göttlichen »Monade der Monaden« gründen. Hegels Dialektik suchte nach einer rational vermittelten Einheitskonzeption des »absoluten Geistes«, der sich im prozessualen Dualismus von Geist und Natur vollzieht.

## Gegenwärtige Diskussion

In der neueren Philosophie wird das Verständnis von Einheit grundlegend mit dem Konzept der *Differenz* verändert: Bei Heidegger zeigt sich das Sein nur in ontologischer Differenz zum Seienden; es kann weder als *Substanz* noch als *Subjekt* gedacht werden, sondern nur als *Ereignis*, als gebender Grund, der im Sich-Verströmen für sich Nichts ist. In der französischen Philosophie der Differenz wird ein Pluralismus federführend, der, wenngleich er die Idee einer fundierenden Einheit als repressives Konstrukt dekonstruiert, einen pluralistisch vermittelten Monismus initiiert. Sowohl Derridas Bezug auf Platons »Ort« *(chora)*, jene dritte Art von Sein, die weder Idee (Geist) noch Ding (Materie), sondern den »leeren Raum« des All-Aufnehmenden meint, als auch Deleuzes nomadisch differenzierter *Chaosmos* prozessualer All-Einheit bezeichnen einen neuen Monismus, dem das »Ganze« eine lebendige, nichts auflösende oder unterdrückende Bewegung von Pluralitäten ist. In der amerikanischen Philosophie führte die Prozessphilosophie (A. N. Whitehead) zur Versöhnung in einem Monismus des Prozesses. Der Grund der Welt als *Kreativität* ermöglicht eine prozessuale Dualität von Herkunft (Physikalität, Historizität, Leiblichkeit) und Zukunft (Geistigkeit, Potenzialität, Spiritualität) im kreativen »Ereignis« von Wirklichkeit, das sich nur in einer unhintergehbaren Pluralität von Ereignissen manifestiert, in der sich Welt als *Prozess* konstituiert. Solche Einheit ist zugleich schöpferische Differenz und, wie Platons »Ort«, Interkommunikation am Grunde der Welt.

## Religionsphilosophische Grundlage

Religionsgeschichtlich erscheint der Monismus sowohl am Anfang abendländischer und asiatischer Traditionen: Während er im extremen Falle zu einer radikalen Reduktion von Vielheit auf Einheit ohne Werden führt (Parmenides) oder die phänomenale Wirklichkeit als Illusion des einen *brahman* entlarvt (Advaita Vedanta), entwickeln sich auch hier Formen eines komplexen Monismus: Der Neuplatonismus lässt die Welt aus dem Einen entspringen und wieder zurückkehren – in mystischer Erfahrung jenseits aller Differenzen. Der Daoismus kennt eine duale Polarität der Prinzipien *(yin* und *yang)* als Ausdruck des ewig bewegten Einheitsgrundes *(dao)*. Der Buddhismus weiß um die Vermittlung von Einheit als Nichts oder Leere *(sunyata)* und Vielfalt als kommunikativer Relation *(pratitya-samutpada)* von leeren Gestalten *(dharmas)*.

## Esoterische Gestalt

Sowohl in der neueren esoterischen Bewegung des 19. Jh.s (Rosenkreuzer, Freimaurer, *Hermetic Order of the Golden Dawn*) und neognostischen Offenbarungsphilosophien (Neue Kirche, Theosophie, Anthroposophie) als auch in der darin weiterwirkenden Renaissance-»Esoterik« mit ihrer Mischung aus neuplatonischer, gnostischer und hermetischer Philosophie und Mystik (M. Ficino, Pico della Mirandola, Paracelsus, G. Bruno) nimmt der Monismus die Form zweier Axiome an: »Alles ist ein sphärischer Zusammenhang« und »Alles ist Energie«. Das erste Axiom war der geozentrischen Kosmologie immanent, die das Universum als ein Ganzes aus verschachtelten Sphären verstand, das von Gott umfangen und in Bewegung gesetzt wird und sich in abfallenden Schichten nach Schwergewicht der »Elemente« zunehmend materiell manifestiert, aber auch zugleich einen spirituellen Aufstieg durch die Sphären zu Gott ermöglicht. Trotz der klaren hierarchischen Unterscheidung der göttlich-unbewegten Welt von der himmlisch-bewegten und irdisch-materiellen stellen diese Welten doch *einen* Wesenszusammenhang dar, in dem Gott und Materie nur die äußersten Grenzen derselben Skala markieren. Das zweite Axiom basiert auf dem ersten, da die aller unendlichen Wandelbarkeit der fünf »Elemente« unterliegende Realität als »Leben« der alles durchdringenden Weltseele Gottes verstanden wurde, und auf dem alten hermetischen Grundsatz von der gegenseitigen Spiegelung von Makrokosmos und Mikrokosmos, wofür vorausgesetzt wird, dass alles von derselben »Energie« durchflutet ist. Obwohl die alteuropäische esoterische Philosophie im Unterschied zum neureligiösen »Energiemonismus« an der realen Differenz der Erscheinungen als Schöpfungen Gottes festgehalten hat, teilt die gesamte Bewegung die Vorstellung von einer spirituellen Reise der Seele in ihre eigene Göttlichkeit.

### Theologische Beurteilung

Die theologische Beurteilung des Monismus verlangt nach Differenzierung: Zunächst gibt es eine Affinität des christlichen ↗Monotheismus zum Monismus, da er jeden ultimativen Dualismus (Manichäismus) oder Pluralismus göttlicher Prinzipien (↗Polytheismus) ablehnt; jedoch wird Gott weder als immanenter Weltgrund (Weltgesetz) noch als von derselben »Substanz« (Energie) vorgestellt (↗Pantheismus). Die Welt ist kein notwendiges Moment am göttlichen Leben (Emanatismus); Gott ist vielmehr ihr freier, liebender, zugleich immanenter wie transzendenter Schöpfer. In Übereinkunft mit einem komplexen Monismus steht der trinitarische Relationalismus, der Einheit und Vielfalt integriert und jeden Dualismus trinitarisch überwindet. Schöpfungstheologisch zeigt sich der eine Grund der Welt weder als unbestimmtes Unendliches (Pythagoras) noch als notwendig überströmendes Eines (Plotin), sondern als aus relationaler Liebe dem »Anderen« (Differenz) in sich »Raum« gewährender Anfang (Apg 17, 24–28). In seiner eschatologischen Gestalt ist der »christliche Monismus« Panentheismus: Gott vereint als Vollendungswirklichkeit die Welt »in sich« in erlösender, richtender und vollendender Gnade (1 Kor 15, 28). Es bleibt jedoch die theologische Frage, wie die Sinnlosigkeit von Leiden, Gewalt und Tod mit dem ultimativen Sinn der einen Grund- und Zielwirklichkeit Gottes zu vermitteln sei.

ROLAND FABER

## Monotheismus

### Begriffsverständnis

Monotheismus bezeichnet jenes religiöse Grundverständnis, in dem sich der Mensch ausdrücklich zu einem einzigen Gott, neben dem es keinen anderen gibt, bekennt und ihn mit seinem Na-

men anruft, ihn also personal versteht und verehrt. Als Vorstufe dazu ist religionsgeschichtlich ein praktischer Monotheismus (Eingottverehrung/Monolatrie, Henotheismus) greifbar, der es im konkreten Vollzug der Verehrung Gottes für unwesentlich hält, ob es auch andere Gottheiten gibt. Der monotheistische Glaube schließt einerseits das Bekenntnis zur Transzendenz des einen und einzigen Gottes gegenüber der Welt ein: Er steht ihr als der ganz Andere unverwechselbar gegenüber. Zum anderen ist dieser Gott der eine Schöpfer der Welt: Sie verdankt sich nur ihm, in ihrer Entstehung, in ihrer ganzen Geschichte und in ihrem Ziel.
Unvereinbar mit einer solchen monotheistischen Grundausrichtung ist darum v.a. jede Form eines Daseinsverständnisses, in dem der Mensch meint, er und seine Welt seien letztlich sich selbst überlassen – sei es, weil er davon ausgeht, dass es überhaupt keinen Gott gibt (↗Atheismus) oder dass es zwei oder mehrere absolute Prinzipien gibt (Dualismus, ↗Polytheismus), die einander gleichrangig und zumeist konkurrierend (wie Licht und Schatten, Gut und Böse) gegenüberstehen und die Welt zum Spielball ihrer gegenläufigen Interessen machen, oder schließlich: dass der Welt zwar eine ewige, wenn auch uneigentliche Daseinsweise zukommt, die sie zwingt, in einem anfang- und endlosen Prozess der Wiederkehr von Geburt und Tod sich in sich selbst, in ihrer eigenen Nichtigkeit zu bewegen, das eigentliche Sein aber als das eine, als Sein alles Seienden in sich selbst ruhende Absolute oder als das für den Menschen schlechthin Unerkennbare, weil absolut Jenseitige zu verstehen sei (↗Monismus, Pantheismus, Deismus).

**Die monotheistischen Religionen**

In der Vielfalt religiöser Überlieferungen, in der sich bei den Stammesreligionen ebenso wie bei den Hochreligionen nicht selten mehr oder weniger ausdrückliche Züge eines monotheistischen Glaubens finden, formten sich in der Geschichte der Menschheit bisher v.a. drei klassische Ausprägungen des Monotheismus: Judentum, Christentum und Islam. Für jede von ihnen ist das Bekenntnis und die Verehrung eines einzigen Gottes, der der Schöpfer des Himmels und der Erde ist, der tiefste Grund ihres Glaubens. Dieser Glaube verbindet sie zu einer alle Unterschiede umgreifenden Gemeinsamkeit.
Nicht oder schwer vereinbar mit ihrem Selbstverständnis erscheint es hingegen, von diesen drei monotheistischen Religionen generell als von »den drei biblischen Traditionen« zu sprechen. Gibt es doch ihrer Ansicht nach nur in bestimmten Hinsichten eine gemeinsame Offenbarungsgeschichte, die sie verbindet, und – von jeder der drei Religionen unterschiedlich beurteilt – ein in anderen Hinsichten mit dem jeweils eigenen grundsätzlich unvereinbares Verständnis der Offenbarungsgeschichte. Ernst genommen in dem, was ihre Identität eigentlich begründet, scheinen sich demzufolge auch die drei monotheistischen Religionen jedem theologischen Systematisierungsversuch gegenüber zu sperren. Dies gilt auch für einen so tiefen und religiös inspirierten Versuch wie den von L. Massignon, der Israel »eingewurzelt« sieht »in der Hoffnung«, das Christentum »hingegeben an die Liebe« und den Islam »in seiner Wesensmitte ausgerichtet auf den Glauben«. Demgegenüber spricht vieles für die primäre Aufgabe, von der tatsächlichen Existenz auch dieser drei Religionen auszugehen und ein immer tieferes gegenseitiges Verständnis zu suchen in der gemeinsamen Verantwortung vor Gott und vor einer Welt, die seine Schöpfung ist.

**Trinitarischer Monotheismus**

Christlicher Glaube kann das ihn begründende Offenbarwerden Gottes zusammenzufassen in dem Wort: »Gott ist Liebe.« Er erkennt dieses Geheimnis im Blick auf Jesus, den Gott »in die Welt gesandt hat, damit wir durch ihn leben« (1 Joh 4, 8 f.). Gemeinschaft mit Jesus führt in die Gemeinschaft Jesu mit seinem Vater (Joh 17, 22–26). Gemeinschaft mit Jesus aber ist darin eröffnet, dass er von seinem Geist gibt: »Wer nicht Christi Geist hat, gehört nicht zu Gott ... Und wenn sein Geist in euch wohnt, der Jesus vom Tode erweckte, so wird er, der Christus Jesus vom Tode auferweckte, durch seinen Geist, der in euch wohnt, auch euren sterblichen Leib zum Leben erwecken« (Röm 8, 9–11). Für christlichen Glauben wird so der eine und einzige Gott offenbar als ein Geheimnis der Liebe, als unendlich vollkommenes Einssein Jesu mit dem Vater im Heiligen Geist, das sich in der Erhöhung Jesu und in der Ausgießung seines Geistes an alle Menschen weiterschenken will.

ANDREAS BSTEH

## Mun-Bewegung

↗Vereinigungskirche/Familienföderation für Weltfrieden.

## Neureligionen

»Neureligion«, »Neue Religion« oder »Neue religiöse Bewegung« sind Bezeichnungen für Phänomene des religiösen Wandels, die es schon immer in allen Teilen der Welt gegeben hat. Als religionswissenschaftliche Fachtermini wird ihre Anwendung allerdings auf neuzeitliche Religionsgründungen beschränkt.

Grundsätzlich sind zwei Formen religiösen Wandels zu unterscheiden, die im konkreten Fall aber nicht immer eindeutig voneinander zu trennen sind: Wandlungsprozesse, die sich im Rahmen einer einzigen Tradition abspielen, und religiöser Wandel durch die Begegnung zweier oder mehrerer Traditionen.

**Traditionsinterner Wandel**

Traditionsinterner Religionswandel führt zu einer inneren Differenzierung, aus der neue Gemeinschaften entstehen können, wobei die Grenzen zwischen Neureligionen und anderen neuen Gemeinschaften durchaus fließend und abhängig vom Standpunkt des Betrachters sind. So zählen einige Autoren die Gemeinschaft der Siebenten-Tags-Adventisten zu den Neureligionen, andere sehen sie als christliche Sekte, während sie nach eigenem Verständnis eine protestantische Freikirche ist. Von einer Neureligion kann man sprechen, wenn eine Gemeinschaft eine unabhängige Organisationsform annimmt, sich gegen andere abgrenzt und durch Berufung auf eine eigene Offenbarungsquelle den Rahmen der bisherigen Tradition sprengt. Ein Beispiel ist die Kirche Jesu Christi der Heiligen der letzten Tage (»Mormonen«), deren Gründer Joseph Smith (1805–1844) mehrere Offenbarungserlebnisse hatte, bei denen ihm der Engel Moroni goldene Schriftplatten mit dem Buch Mormon zeigte, das den Mormonen als Heilige Schrift gilt. Weitere Beispiele sind die spiritistisch geprägte »Johannische Kirche«, die durch Joseph Weißenberg (1855–1941) ins Leben gerufen wurde, nachdem ihm eigenen Angaben zufolge Christus erschienen war, und der »Orden Fiat Lux«, gegründet von Erika Bertschinge-Eicke (*1929), genannt »Uriella«, die sich als Sprachrohr Jesu Christi versteht.

**Traditionsübergreifender Wandel**

Die meisten Neureligionen sind Ergebnis traditionsübergreifenden Wandels. Die Begegnung mit einer fremden religiösen Tradition geht immer mit einer

Infragestellung der eigenen einher und erfordert eine Antwort, entweder durch strenge Abgrenzung und Ablehnung oder durch Einbeziehungen fremder Vorstellungen und Werte ins eigene System. Hierbei sind verschiedene religionsgeschichtliche Ausgangssituationen zu beachten, in denen Religionsbegegnungen stattfinden können.

### Pluralistischer Kontext

So existieren in manchen Regionen schon längere Zeit zwei oder mehrere religiöse Traditionen nebeneinander, etwa Buddhismus, Shintoismus und volksreligiöse Traditionen in Japan. Hieraus erwuchsen neue Religionen wie die 1838 gegründete und aus der Shintō-Tradition stammende Tenrikyō und die aus der Nichiren-Richtung des Buddhismus hervorgegangene Gemeinschaft ↗Sōka Gakkai (1930).

Eine vergleichbare pluralistische Situation findet sich im Nahen Osten, wo die endzeitlich orientierte ↗Ahmadiyya-Bewegung der Tradition des Islam entwachsen ist und diesen zu reformieren versucht, von anderen Muslimen aber aufgrund des Anspruchs ihres Gründers Mirza Ghulam Ahmad (1835–1907) als Prophet gleichzeitig die islamische Mahdi- und die christlich-jüdische Messiaserwartung zu erfüllen, als unislamisch abgelehnt wird. Ebenfalls aus dem Islam stammt die ↗Bahai-Religion, deren Gründer Baha'ullah nach Auffassung seiner Anhänger eine neue Gottesoffenbarung verkündete und die Einheit und Gleichheit aller Religionen predigte.

### Kolonialistischer Kontext

Eine andere Voraussetzung für religiösen Wandel ist dann gegeben, wenn eine Tradition plötzlich starker Missionierung ausgesetzt wird, verbunden mit militärischer und politischer Macht, wie durch das Christentum während der Kolonialzeit. In vielen Kolonialgebieten entstanden als Folge des Zusammenbruchs des traditionellen Weltbildes neue religiöse Bewegungen, die die veränderten Lebensumstände und Erfahrungen der Menschen zu erklären suchten, indem sie christliche Elemente ins traditionelle religiöse System übernahmen und/oder ausgewählte Elemente des alten Systems besonders betonten und im Lichte der unerklärlichen Ereignisse neu interpretierten. Dabei wurde häufig v. a. endzeitliches Gedankengut aus dem Christentum übernommen und mit traditionellen Vorstellungen verbunden. Beispiele sind die melanesischen Cargo-Kulte oder die Geistertanzbewegung nordamerikanischer Indianer.

Während die Bewegungen in der frühen Phase des Kulturkontaktes meist kurzlebig waren, entstanden später Gemeinschaften, die teilweise bis heute existieren und ein indigenisiertes Christentum vertreten, wie die Ringatu-Kirche in Neuseeland, die vom Maori-Propheten Te Kooti 1868 ins Leben gerufen und 1938 vom neuseeländischen Staat formal als Kirche anerkannt wurde. Organisatorisch beruht sie auf der traditionellen Verwandtschaftsstruktur, die biblischen Texte werden verstanden wie die alten oralen Traditionen der Maori. Weitere Beispiele sind die zweite Maori-Kirche Neuseelands, die vom Heiler T. W. Ratana gegründet wurde, und die Native American Church nordamerikanischer Indianer, in der der halluzinogene Kaktus Peyote sakramental verzehrt wird.

Viele neue religiöse Bewegungen und unabhängige Kirchen entstanden in Afrika, auch nach dem Ende der Kolonialzeit. Zu den bekanntesten »Afrikanischen Unabhängigen Kirchen« gehören die »Kirche Jesu Christi auf Erden durch den Propheten Simon Kimbangu«, die ihren Ursprung im damaligen Belgisch-Kongo hat und heute Mitglied im Ökumenischen Rat der Kirchen ist, und die

Nazareth Baptist Church des südafrikanischen Propheten Isaiah Shembe.
Eine besondere Situation findet sich im karibischen Raum, wo als Folge des kolonialen Sklavenhandels verschiedene schwarzafrikanische mit indianischen und christlichen Traditionen zusammentreffen. Hieraus entstanden, teilweise unter Einbeziehung europäisch-spiritistischer Einflüsse, afroamerikanische bzw. afrokaribische Religionen, z. B. der haitianische Voodoo, die kubanische Santería, Umbanda und Candomblé in Brasilien und die María-Lionza-Religion in Venezuela.
Ebenfalls vor dem Hintergrund der Kolonialsituation zu verstehen sind die neohinduistischen Reformbewegungen des 19. Jh.s. Während der Brahma Samaj den Hinduismus unter dem Einfluss westlicher Maßstäbe zu reformieren suchte, propagierte der Arya Samaj die Rückkehr zu den vedischen Ursprüngen und schuf die Voraussetzungen für den heutigen Hindunationalismus. Ein weiterer Vertreter des Neohinduismus war der Mystiker Ramakrishna (1834–1886), der in Hinduismus, Buddhismus, Islam und Christentum verschiedene Wege zur letzten Wahrheit sah. Sein Schüler, der Gründer der Ramakrishna-Mission Swami Vivekananda, war herausragender Repräsentant des Hinduismus beim Weltparlament der Religionen 1893 in Chicago und läutete mit seinem Auftritt die hinduistische Mission im Westen ein.

### Missionarischer Kontext

Im Gegensatz zur kolonialen Situation, in der die Religionsbegegnung für die betroffenen Völker zwangsläufig einen religiösen Wandel zur Folge hatte, stellt die indische Mission im Westen für die Menschen eher ein Angebot dar. Seit etwa 50 Jahren gründen indische Lehrer (Gurus, ↗Guruismus) in den USA und Europa religiöse Gemeinschaften, in denen Formen indischer Religiosität gelebt werden, welche westlichen Bedürfnissen angepasst sind. Dazu zählen u. a. die »Internationale Gesellschaft für Krishna-Bewusstsein« (↗ISKCON) des Swami Prabhupada, eines Vertreters der bhakti-Frömmigkeit, die ↗Transzendentale Meditation des Maharishi Mahesh Yogi, die mittels Meditation individuelle Vervollkommnung in einer idealen Gesellschaft anstrebt, sowie die besonders in Indien sozialpolitisch engagierte Bewegung Ananda Marga des Bengalen Ranjan Sarkar, genannt Shri Anandamurti.
Vermutlich am stärksten den Bedürfnissen der modernen Gesellschaft angepasst ist die Neo-Sannyas-Bewegung von Bhagvan Shri Rajneesh, der sich später ↗Osho nannte. Er verband hinduistisches und buddhistisches Denken mit Formen westlicher Psychotherapie und entsprach damit einem verbreiteten Wunsch nach individuellem Heil und Selbstverwirklichung.
Neben Gemeinschaften indischen Ursprungs missionieren auch neue Religionen aus anderen asiatischen Ländern im Westen, z. B. aus Japan Sōka Gakkai International oder ↗Mahikari und aus China ↗Falun Gong.

### Migrationskontext

Neben den genannten neuen Religionen asiatischen Ursprungs mit vorwiegend europäischen Mitgliedern treten seit einigen Jahren aber auch religiöse Gemeinschaften auf, die von Migranten aus ihrer Heimat mitgebracht werden. Zu nennen sind v. a. unabhängige afrikanische Kirchen, wie die beiden westafrikanischen Gemeinschaften Brotherhood of the Cross and Star des Nigerianers Olumba Olumba Obu und die Celestial Church of Christ. Interessanterweise missionieren so religiöse Gemeinschaften in den Ursprungsländern der christlichen Mission, durch deren Begegnung mit afrikanischen Traditionen sie selbst erst entstanden sind. Aber obwohl diese Gemeinschaften einen universalen Anspruch erheben, kommen ihre Mitglieder mit ganz wenigen Ausnahmen aus dem Kreis afrikanischer Migranten.

### Ursachen

Die genannten religionsgeschichtlichen Kontexte bilden unterschiedliche Voraussetzungen für religiösen Wandel. Das Entstehen neuer Religionen lässt sich jedoch nur in jedem konkreten Einzelfall erklären. Am Anfang steht meist ein religiöses Erlebnis der Gründerpersönlichkeit, aus dem die Anhänger Antworten auf Fragen und Bedürfnisse ableiten können, die aus den bisherigen Traditionen nicht befriedigt werden konnten. Auslöser können Differenzen in der Lehre sein, aber auch Statusprobleme wie bei den »äthiopischen Kirchen« in Afrika, die sich in Lehre und Organisation wenig von den Missionskirchen unterschieden, jedoch die Bevormundung durch die Missionare ablehnten. Auch nichtreligiöse, historische Ereignisse können Ursache neuer religiöser Bewegungen sein, wie die 1918 weltweit grassierende Grippewelle, in deren Folge die erwähnte Ratana-Kirche in Neuseeland oder die »Church of the Lord (Aladura)« in Nigeria entstanden.

### Allgemeine Merkmale

Zur Geschichte, Organisation, Lehre und Praxis lassen sich nur wenige allgemeine Aussagen machen. Charakteristisch für die Anfangsphase neuer religiöser Bewegungen ist die Fokussierung auf die Gründerpersönlichkeit. Nur wenn es gelingt, deren Charisma in geeigneter Weise zu institutionalisieren, kann eine neue Religion nach deren Tod auf Dauer bestehen.

Besonderes Kennzeichen der Heilsvorstellungen der meisten neuen Religionen ist ihre Unmittelbarkeit bzw. Diesseitsorientierung. Bei Gemeinschaften, die aus einer existenziellen Krisensituation heraus entstanden sind, stehen häufig endzeitliche Vorstellungen im Vordergrund, wobei die Apokalypse unmittelbar erwartet wird. Bei anderen neuen Religionen wird individuelle oder kollektive Heilung angestrebt. Das kann im Sinne physischen, aber auch spirituellen »Heilwerdens« gemeint sein. Für die Gemeinschaft kann das Ziel die Errichtung einer idealen Gesellschaft sein.

### Ausblick

Angesichts der Möglichkeiten, im »Global Village« per Internet jederzeit und überall fremden religiösen Traditionen zu begegnen, wird es vermutlich immer seltener zu Neugründungen von Religionsgemeinschaften kommen, die nicht in der einen oder anderen Weise Fremdelemente ins eigene System integrieren. So findet sich z. B. schon jetzt die indische Karma-Idee in abgewandelter Form in der Lehre der Gemeinschaft Universelles Leben um die Würzburger Prophetin Gabriele Wittek, obwohl sie ansonsten als Produkt traditionsinternen Wandels zu sehen ist.

Darüber hinaus bleibt es abzuwarten, ob der religiöse Wandel weiterhin zur Entstehung neuer Religionsgemeinschaften führen wird oder, auch bedingt durch zunehmende Individualisierung, eher zu individuellen Ausdrucksformen von Religiosität oder marktförmigen Angeboten.

STEFAN SCHLANG

## Opfer

### Religionsgeschichtliche Aspekte

Ein Opfer ist die Übereignung von Menschen(-leben), Tieren, Pflanzen oder Gegenständen an etwas Heiliges oder Übernatürliches. (Religiösen) Opferhandlungen *(sacrificium)* gemeinsam ist die

»Aussonderung« des Opfers *(victima)* aus dem Alltäglichen sowie seine besondere »Wertigkeit« für den Geber oder die Gemeinschaft. Die *Ursprungs»theorien«* zum Opferphänomen sind vielfältig: Wiederholung eines mythischen Urzeitgeschehens bezogen auf den Tod einer Gottheit als lebensermöglichendes Uropfer (Jensen); ritualisierte Besänftigungs- oder »Bestechungsgabe« an Geister, Dämonen oder Gottheiten (Tylor); eine Art »Gemeinschaftsmahl« zwischen Mensch(en) und Wesenheiten einer jenseitigen Welt (Schmidt). Immer geht es um eine Beziehung zwischen Mensch und Übernatürlichem oder Heiligem.
Die Sicherung einer (Lebens-)Ordnung steht dabei, wie etwa im frühen Hinduismus (ab 1500 v.Chr.) häufig im Mittelpunkt einer Opfertradition. In späteren Phasen tritt der Aspekt der Wirksamkeit des Opfers hinzu, die dann vom fehlerfreien ↗Ritual *(ex opere operato)* bzw. vom Klang der rituellen Worte wie im Brahmanismus (ab 6. Jh. v.Chr.) abhängig gesehen wird.
Die Spiritualisierung und Ethisierung des Opfergedankens, wie sie der Buddhismus aufweist, verweist auf eine weitere reflexive Stufe religiösen Bewusstseins, bei der der Aspekt des Verzichtes »als Weg der Befreiung« in einem mehr anthropologischen Sinne das Opfer deutet (Schwager 2001). Seit einigen Jahren ist eine neue (interdisziplinäre) Diskussion um den Opferbegriff zu beobachten (Schenk 1995; Janowski/Welker 2000), bei der es um die Funktion(en) der ritualisierten ↗Gewalt des Opfers für Religion und Kultur geht. Diese spitzt sich – auch in der Theologie – auf die Frage zu, ob man heute nicht auf den Opferbegriff gänzlich verzichten sollte, bzw. aus christlicher Sicht sogar muss, ohne seine kultur- und religionsgeschichtliche Essenz aufzulösen (z.B. Wagner 1995).

**Biblisch-systematische Aspekte**

Die zentralen Aussagen zum alttestamentarischen Opferverständnis finden sich in den Kultvorschriften der »priesterschriftlichen Quelle« (Lev 1–7,16; Rendtdorff, 2000). Entgegen einem ersten Anschein archaischer Riten zur »Besänftigung« einer blutrünstigen Gottheit verweist die Exegese auf die opfer*kritischen* Unterschiede zur heidnischen Umwelt. Denn für das AT gilt, dass JHWH keine blutigen Opfer *verlangt* (Gen 22). Opfer, bei denen Blut vergossen wird, sind von JHWH »erlaubt«, doch auch durch sein Gesetz *(Tora)* »reguliert«. Ihre religiös-symbolische Funktion ist »die Wiederherstellung« der durch die Sünde gestörten Lebensgemeinschaft mit Gott (Willi-Plein, 2001). In einem anderen Kontext bezeugen Ex 20,22–26 (»Altargesetz«) und Ex 29,42b–46 den Opferaltar als Ort der segnenden Gegenwart JHWHs (Marx, 2000).
Mit der endgültigen Zerstörung des Jerusalemer Tempels (70 n.Chr.) erlischt die rituelle Opferpraxis Israels. Im Gebet, das immer und überall dargebracht werden kann, erfahren Opfersymbolik und -metaphorik eine spiritualisierende Adaption (Dan 6,11).
Jesus greift in seiner Verkündigung die prophetische Kultkritik (Mk 12,28–34) auf, wodurch er selbst zum Opfer wird. Die frühen christlichen Gemeinden begreifen Jesu Sterben als stellvertretendes Sühneopfer (Röm 3,25) und sehen darin *das* zentrale Heilsereignis. Das »Sühneopfer« Jesu enthält zum einen den Aspekt der »Stellvertretung« (»gestorben für«) sowie den »Wirkungsaspekt« (Sühne, ↗Erlösung) (Heb 5,1–10; 9,11ff.). Wie lassen sich diese aber vermitteln mit dem Anspruch des modernen Menschen auf Autonomie und Selbstverantwortlichkeit? Und wie kann zudem eine magische Fehlinterpretation der »Wirksamkeit« des Opfers Christi ausgeschlossen werden?

Ausgehend von der Auslegung des Paulus gibt es dazu eine zweifache Antwort: 1) Im ungerechten Leiden und Sterben Jesu kann der glaubende Mensch sich selbst erkennen – in seiner Sündhaftigkeit (Täterrolle) und auch seiner eigenen Todesverfallenheit. In beidem wird so der Mensch im *Kreuzesopfer vom* Gott Jesu Christi *auf-* und *an*genommen. 2) So »spricht« das am Kreuz vergossene Blut zwar von der zerstörten Lebensgemeinschaft mit Gott. Aber durch die Annahme der Täteridentität des Menschen in der Identität des Opfers Jesu, bietet Gott dem Menschen – besiegelt durch die Auferweckung Jesu von den Toten – *sein* Versprechen auf versöhnte Gemeinschaft und »ewiges Leben« an, ohne dass damit die Realität von Sünde und Schuld auf »billige Weise« erledigt wäre (Merklein).

Der sündige Mensch darf nun darauf vertrauen, dass er im Gerecht-Sein Christi angenommen und die Macht der Sünde überwunden ist (2 Kor 5,21). So kann der glaubende Christ »den eigenen Tod in der Hoffnung auf die Auferstehung zu sterben.«

Die Theologie des *Messopfers* (protestantische »Abendmahlsfeier«) versteht den liturgischen Ritus als »sakramentale« oder symbolische Handlung (Ricouer). Hier wird das vergangene »Ursprungsgeschehen« des Sühneopfers Jesu erinnert und gleichsam vergegenwärtigt. Die Gemeinde lebt aber nicht nur *aus* dem ursprünglichen »Opfer« (Kreuzestod) Jesu, sondern auch *auf* die Verheißung (versöhnte Gemeinschaft und ewiges Leben) *hin,* die der Opfertod Jesu schon jetzt enthält. Damit vergegenwärtigt die christliche Gemeinde/Kirche jene Zukunft des Heil-seins, die sie mit der Wiederkunft Christi verbindet und sie soll in ihrer Lebenspraxis Zeugnis davon geben, dass sich das Sühneopfer Jesu bereits hier und jetzt auswirkt.

### Andere religiöse Bewegungen

Opferhandlungen spielen heute auch bei neohinduistischen Gruppen wie Sai Baba, in der neugermanischen Szene (Opferfest) oder auch bei Okkultgruppen als initiierende, heiligende, befriedende oder sühnende Handlungen eine Rolle.

Bei den traditionell biblisch-christlichen Sondergruppen wie Neuapostolischer Kirche oder Zeugen Jehovas ist das Opfer weitgehend ethisiert in der Form von Gehorsam, Unterordnung und auch eines bestimmten Zeiteinsatzes für die Gemeinschaft als semigöttlicher Institution.

Von besonderer Aktualität und Brisanz sind gegenwärtig die religiös motivierten bzw. legitimierten »Opfer« terroristischer Bewegungen, die die Sicherung oder (Wieder-)Herstellung einer religiös-politischen Ordnung mithilfe destabilisierender Gewalthandlungen als Opferhandlungen betreiben.

KLAUS GERHARDS

## Osho

### Geschichte

Die **Osho-Bewegung** (auch: Bhagvan-Bewegung, Neo-Sannyas-Bewegung) wurde von Rajneesh Chandra Mohan (1931–1990) gegründet. Seine Familie gehörte der Digambara-Jain-Religion an, einer mönchsgeleiteten Religionsgemeinschaft in Indien. Ab 1971 nannten ihn seine Anhänger »Bhagvan«, was etwa mit »der, der Gott realisiert hat« übersetzt werden kann. Im März 1989 wählte er die Bezeichnung »Osho«. Dieser Titel kommt aus dem ↗Zen-Buddhismus und heißt »der erleuchtete Meister«; ursprünglich war es ein Ehrentitel für Bodhidharma.

Am 21.3.1953 wird Rajneesh nach eigenen Angaben in Jabalpur erleuchtet. 1957 macht er seinen Master of Arts in Philosophie und wird Dozent am Sanskrit College in Rajpur, 1958 Professor an

der Universität Jabalpur. 1970 führt Rajneesh in Bombay zum ersten Mal die von ihm entwickelte »Dynamische Meditation« durch. Er initiiert im gleichen Jahre sechs Jünger als Sannyasins. Damit beginnt die »Neo-Sannyas-International«-Bewegung.
1974 verlässt Rajneesh Bombay und gründet in Poona den »Shri Rajneesh Ashram«. Hierher kommen zunehmend Anhänger aus Europa und den USA. Westliche Therapeuten, v. a. aus dem Bereich der Humanistischen Psychologie, arbeiten im Ashram in Poona. Der »Stern«-Journalist J. A. Elten (Satyananda) schreibt 1979 seinen Erfahrungsbericht *Ganz entspannt im Hier und Jetzt.* Auch aufgrund dieses Buches kommen immer mehr spirituell Suchende nach Poona, viele davon ehemalige »68er«, die sich nun der spirituellen Dimension ihres Lebens zugewandt haben.
1981 begibt sich Rajneesh nach Oregon (USA) und lässt dort seine Jünger die spirituelle Kommune »Rajneeshpuram« aufbauen. Zwischen 1981 und 1984 hält er keine öffentlichen Vorträge. Die Verwaltung der Kommune übernimmt seine Assistentin Sheela Silverman. 1985 verlässt Sheela Rajneeshpuram mit einigen ihrer Anhänger, Rajneesh wird von den amerikanischen Behörden festgenommen und gegen Kaution zur Ausreise aus den USA freigelassen, nachdem innere Zerwürfnisse zwischen Rajneesh und Sheela in der Kommune zu unhaltbaren Zuständen geführt haben.
Nach erfolglosen Versuchen, eine Aufenthaltsgenehmigung in verschiedenen Ländern zu bekommen, kehrt Rajneesh 1987 in seinen ehemaligen Ashram in Poona zurück, wo er bis zu seinem Tod 1990 bleibt. In dieser Zeit werden verstärkt Therapieformen aus dem esoterischen Bereich praktiziert. Kurz vor seinem Tod übergibt Rajneesh (jetzt Osho) die Führung an den »Inner Circle«, einen Kreis von 21 Jüngerinnen und Jüngern. Nach seinem Tod splittert sich die Bewegung in mehrere Richtungen auf. Auch im »Inner Circle« kommt es zu Konflikten, sodass im Laufe der Zeit immer mehr Mitglieder den Leitungskreis verlassen. Heute scheint der ehemalige Leibarzt von Rajneesh, Amrito, den größten Einfluss im »Inner Circle« zu haben. Langjährige Mitarbeiter im Ashram gründen eigene Therapiezentren, z. B. M. Barnett (Somendra) die *Wild Goose Company*, die in der Schweiz und in Freiburg arbeitet. Sheela leitet heute ein Altersheim in der Schweiz.

**Lehre**

Typisch für Osho ist die Verbindung von östlicher Mystik und Spiritualität mit westlicher Psychologie. Kompromisslos bezieht er die Körperarbeit in den therapeutischen und spirituellen Prozess ein. Es hat sich inzwischen gezeigt, dass Rajneesh als einer der wichtigsten Pioniere für den stärker werdenden Einfluss indischer Spiritualität auf westliches Denken und therapeutisches Handeln gelten kann, u. a. durch die Inspiration der Satsang-Bewegung im Westen. Das planmäßige Überschreiten gesellschaftlicher und religiöser Grenzen hatte bei ihm Methode. Dieses Verhalten wurde von seiner indischen Umwelt als dauernde Provokation empfunden. Die Reaktion darauf war dort wie auch in Europa besonders heftig.
Seine Grundthese war, dass der Mensch in seinem gesellschaftlich und religiös konditionierten *Ego* eine falsche Identität findet und dass er durch körperorientierte Therapien und schließlich durch die Meditation zu seinem wahren »Selbst« finden kann, was gleichzeitig die Vereinigung des einzelnen Individuums mit dem göttlichen »Selbst« darstellt. Rajneesh verbindet hier also die traditionellen Elemente hinduistischer Erlösungslehre mit westlichen Methoden der Humanistischen Psychologie.

Das Gottesbild von Rajneesh ist monistisch (↗Monismus), d.h., es gibt keinen Unterschied von Schöpfer und Schöpfung, wie in den abrahamitischen Religionen. »Gott *ist* die Welt« lautet seine Definition Gottes. Deshalb heißt spirituelles Wachstum gleichzeitig »sich bewähren in der Welt«, indem die Sannyasins in die Freude wie in den Schmerz tief hineingehen und beides nicht vermeiden. Diese nicht asketische Grundeinstellung hat die Lehre Oshos gerade für Westler attraktiv gemacht. Sein Jesusbild hat er nach dem Vorbild des Gottes Krishna geformt und in ihm v.a. den »lebenden Meister« gesehen, der das Leben feiert.

#### Neuere Entwicklung

Die Zahl der Sannyasins ist nicht bekannt, da es weder zentrale Statistiken noch feste Kriterien für das »Sannyas-Sein« gibt. Die Teilnehmerzahl bei den Kursen, Satsangs und Meditationen ist nach wie vor hoch, sie beträgt nach eigenen Angaben im UTA-Zentrum in Köln jährlich ca. 10 000. Schwerpunkte in den Kursangeboten sind Therapie (Körperarbeit und Angebote mit Methoden der Humanistischen Psychologie), Meditation und Satsang (Videos von Lectures, die Rajneesh in Poona und Oregon gegeben hat).

Spannungen existieren heute zwischen dem »Inner Circle« in Poona und den einzelnen Zentren.

#### Stellungnahme

Die Osho-Bewegung hat trotz vieler Irritationen und Rückschlägen eine erstaunliche Überlebensfähigkeit gezeigt. Oshos Lehre der monistischen Weltbetrachtung verneint die Differenz von Gott und Welt. Ein persönliches »Du« in Gebet und Meditation besteht nicht. Folgerichtig gilt das »Allein-Sein« als normale Form der menschlichen Existenz. Diese Haltung kann viele Menschen überfordern oder in die Isolation führen.

Problematisch waren einige der in der Zeit von Poona im Ashram angewandten psychologischen Methoden in bestimmten Kursen (z.B. Encounter- und Tantragruppen). V.a. fehlte eine Kontrolle der Therapeuten, die ihre Gruppen oft genug als »Versuchsfeld« für neue Methoden betrachteten. Religiöse und gesellschaftliche Institutionen, zu denen auch die Ehe zählt, wurden als einengend abgelehnt. Die Einstellung zu Kindern war teilweise problematisch. Viele junge Menschen gaben Partnerschaften und Ehen, vielfach auch ihren Beruf auf, um »Sannyas zu nehmen«. Die soziale und gesellschaftliche Verantwortung wurde in der Lehre und Praxis im Ashram zugunsten der angestrebten Erleuchtung zurückgestellt. Die sozialen Probleme in Indien wurden in Oshos Lehre ignoriert. Osho ist ein Beispiel dafür, wie ein Guru, der selbst nicht ganz nach seiner Lehre lebt, dennoch Zehntausende beeinflussen kann. Seine Bücher stehen heute in der indischen Nationalbibliothek neben Werken von Mahatma Gandhi, Nehru und Sri Aurobindo.

FRITZ HUTH

## Pantheismus

In Abhängigkeit von der jeweiligen Definition seiner beiden Komponenten bezeichnet Pantheismus (griech. »Das All ist Gott«) viele unterschiedliche Ansichten über die Identität von Gott und Welt, bleibt aber stets auf den (Mono-)Theismus (↗Monotheismus, Polytheismus) als dessen Antonym bezogen. Aus der religionskritischen Tradition der Antike (Xenophanes, Lukrez, Stoa, Neuplatonismus), aber auch aus kosmogonischen Spekulationen in Kabbala und ↗Sufismus, entwickelt sich bei G. Bruno und B. de Spinoza eine Einheitsmetaphysik. Als neuzeitlicher Begriff findet sich die

Gleichsetzung Gottes mit der Natur seit 1704 beim Freidenker J. Toland, der 1720 in seinem *Pantheisticon* eine Liturgie aus christlichen und heidnischen Elementen für eine »sokratische Gesellschaft« entwarf. Diese Organisation pantheistischer Gedanken als alternative religiöse Bewegung findet seit 1995 eine Fortsetzung im *World Pantheist Movement (WPM)* von P. Harrison.

Abgeleitet von den Ansichten E. Swedenborgs und F. A. Mesmers sprechen Neugeist-Bewegungen wie die Christliche Wissenschaft und Positives Denken von einer geistdurchwirkten Materie. Krankheit ist unwirklich, Heilung geschieht im Bewusstwerden der alles durchwirkenden göttlichen Kraft. Mit der Lehre der Theosophischen Gesellschaft (1875) und v. a. seit dem Auftreten des magnetisierenden Swami Vivekananda beim Weltparlament der Religionen (1893) beginnt eine Übernahme des indischen ↗Monismus in den christlichen Kontext und die Ausweitung des westlichen Pantheismus auf östliche Religionen. Jedoch erscheint es nicht gerechtfertigt, außerchristliche Traditionen in diesem Sinne zu vereinnahmen, wie dies häufig mit dem ↗Hinduismus (Advaita und Bhagavadgita) oder ↗Daoismus geschieht. Eine Vertiefung romantischer Naturmystik will jeden Dualismus im Blick auf das göttliche Eine überwinden. In der Verbindung von theosophischem Spiritismus, dem Monismus E. Haeckels und der Naturmystik Goethes wird die Anthroposophie R. Steiners zu einer pantheistischen Geisteswissenschaft mit erzieherischem Anspruch. Pantheismus als wissenschaftlich plausible Naturreligion beruft sich u. a. auf A. Einstein.

Nach der Krise der neuzeitlichen Säkularisierung und des wissenschaftlichen Fortschrittsglaubens verschmelzen im Saatbeet einer subjektiven Spiritualität des New Age alle bisherigen Theorien zum eher gefühlsmäßig praktizierten Lebensstil einer Wiederverzauberung der Natur, unterstützt von einer künstlichen Revitalisierung archaischer Praktiken (Neoschamanismus). In der Rückwendung zu einer spirituellen »Agrikultur« versteht sich das neue Heidentum als globales Netzwerk lokaler Naturverehrung, vorgängig zu einer patriarchalen Gottesherrschaft theistischer Traditionen. Esoterische Techniken der Selbstverwirklichung, etwa bei A. Huxley, Ram Dass (R. Alpert) oder Gurus wie Paramahansa Yogananda *(Self-Realization Fellowship)* sowie in der Transpersonalen Psychologie, verheißen ozeanische Gefühle einer all-kosmischen Erfahrung, die bei K. Wilber zur ganzheitlichen Schau eines holografischen Weltbildes wird.

Die verwandte Anschauung des *Panentheismus* von Gott als Urgrund allen Seins und zugleich als sein Überragendes, von göttlicher Immanenz bei gleichzeitiger Transzendenz, geht auf den Freimaurer K. C. F. Krause zurück. Dieser Vorstellung eines evolutionären Kosmotheismus folgen heute v. a. die Prozesstheologie (A. N. Whitehead) und die *Schöpfungsspiritualität* (M. Fox).

Für eine christliche Auseinandersetzung ist die Areopagrede wichtig. Die Gültigkeit des stoischen Dichterzitates »Wir sind von seiner Art« (Apg 17, 28) wird bestätigt bei gleichzeitiger grundlegender Umdeutung seines pantheistischen Kontextes im Licht der jüdisch-christlichen Sichtweise von Mensch und Welt als Abbild Gottes. Neben der Reduzierung Gottes auf ein vorläufiges Objekt menschlicher Imagination impliziert der Pantheismus auch die Auflösung der individuellen Persönlichkeit und moralischen Verantwortlichkeit des Menschen durch dessen Einbindung in ein kosmisches Geschehen. Er wird weder der Theodizeefrage noch dem Erlösungswerk Christi gerecht. Deshalb wurde der Pantheismus seit 1861 in verschiedenen

Lehräußerungen der katholischen Kirche zurückgewiesen (DS 2901, DS 3023–3025; KKK 285).

MICHAEL FUSS

## Pluralistische Religionstheologie

### 1. Allgemein

Unter Religionstheologie versteht man theologische Theorien, in denen es primär darum geht, die Tatsache religiöser Vielfalt bzw. Pluralität vom eigenen religiösen Standpunkt aus zur Kenntnis zu nehmen sowie theologisch zu interpretieren und zu bewerten. Diese Theorien sind eng verflochten mit eher praktisch orientierten Fragen nach dem adäquaten Umgang mit anderen Religionen, also mit Fragen nach Sinn und Ziel von Mission, ↗Dialog und Kooperation auf interreligiöser Ebene.

Zur Klassifizierung religionstheologischer Theorien hat sich meist ein dreigliedriges Schema eingebürgert: Während »exklusivistische« Positionen besagen, dass die eigene religiöse Tradition der alleinige und ausschließliche Heilsweg ist, betonen »inklusivistische« Positionen, dass sich heilsvermittelnde Instanzen grundsätzlich in mehreren Religionen finden lassen, wobei allerdings an der normativen Überlegenheit der eigenen Tradition festgehalten wird. Demgegenüber besteht das Spezifikum »pluralistischer« Positionen in der Behauptung einer prinzipiellen Gleichwertigkeit mehrerer religiöser Traditionen und in der damit einhergehenden Verabschiedung traditioneller Superioritäts-, Zentralitäts- und Absolutheitsansprüche. Überwiegend konzentriert sich die pluralistische These der Gleichwertigkeit auf die ↗Weltreligionen. Aus pluralistischer Perspektive legen die religionsphänomenologischen und -geschichtlichen Daten, die spekulativen, spirituellen und ethischen Reichtümer anderer religiöser Traditionen, die These von der Gleichwertigkeit nahe. Der Inklusivismus ist zwar einerseits einen Schritt in Richtung Pluralismus, da er eine heilsvermittelnde Relevanz anderer Religionen einräumt. Andererseits nehme der Inklusivismus am Exklusivismus aber nur eine halbherzige Korrektur vor, weil er an der Überlegenheit der eigenen Tradition nach wie vor festhalte. Letztlich gelinge es dem Inklusivismus nicht, den Daten überzeugend und umfassend gerecht zu werden.

Die zentrale These von der prinzipiellen Gleichwertigkeit mehrerer religiöser Traditionen impliziert nicht die Leugnung der vielfältigen doktrinären Differenzen zwischen den religiösen Wirklichkeitsdeutungen. Gleichwertigkeit besagt also nicht Gleichheit. Der britische Religionsphilosoph und Theologe J. Hick, einer der führenden Vertreter und Wegbereiter pluralistischer Religionstheologie, hat die Hypothese vorgeschlagen, die Differenzen zwischen den religiösen Vorstellungen als Niederschlag unterschiedlich konzeptualisierter Erfahrungen mit ein und derselben transzendenten Wirklichkeit zu interpretieren. Entscheidend sei, dass in den ↗Religionen trotz aller Verschiedenheit gleichermaßen jener heilshafte Prozess in Gang gesetzt und gehalten werden könne, auf den es in allen Religionen ankomme: die erlösende oder befreiende Transformation von der Selbstzentriertheit zur Transzendenzzentriertheit.

Die pluralistische Position will es vermeiden, einer bestimmten Religion weder in theoretisch-spekulativer noch in praktisch-soteriologischer Hinsicht einen privilegierten Standpunkt einzuräumen. Damit sind eine Reihe von Überlegungen verbunden, die sich alle darum drehen, einen »Rückfall« in inklusivistische Normativitäts- und Superioritätsansprüche auszuschließen. Dafür muss v.a. ausgeschlossen werden, dass eine bestimmte Tradition eine privilegierte Erkenntnis der transzendenten Wirklichkeit für sich in Anspruch nehmen kann. In diesem Zusammenhang unterscheidet Hick zwischen der transzendenten Wirklichkeit an sich (»the Real *an sich*«) und dieser Wirklichkeit, wie sie von Menschen in verschiedenen soziokulturellen und biografischen Kontexten erfahren und verehrt wird. Die verschiedenen personalen (Jahwe, Trinität, Allah, Vishnu) und apersonalen (Brahman, Nirvana, Shunyata) Transzendenzvorstellungen beschreiben nach Hick nicht die absolute Wirklichkeit an sich, d.h. unabhängig von aller menschlichen Wahrnehmung und Deutung. Sie beschreiben diese Wirklichkeit immer nur so, wie sie von Menschen erfahren wird. Eine unvermittelte bzw. direkte Wahrnehmung oder Erkenntnis der unendlichen absoluten Wirklichkeit bleibt ausgeschlossen. Pluralisten betonen, dass es sich bei dieser Einsicht nicht um ein Novum innerhalb der Religionsgeschichte handelt. V.a. in den mystischen Überlieferungen zeige sich überall ein deutliches Gespür dafür, dass die göttliche bzw. absolute Wirklichkeit alles menschliche Verstehen unendlich transzendiere. An diese Einsicht knüpft der Pluralismus an und versucht, sie konsequent zu Ende zu denken.

Ein weiteres wichtiges Problem in der pluralistischen Religionstheologie ist die Frage nach den Kriterien zur Beurteilung religiöser Phänomene. Der Pluralismus vertritt nicht den Standpunkt einer unterschiedslosen Anerkennung aller Phänomene, die irgendwie als religiös gelten. Er impliziert also nicht die relativistische Devise, wonach jeder nach seiner eigenen Façon selig werden möge. Es gibt vielmehr universal gültige Kriterien, die eine Unterscheidung zwischen heilvollen und unheilvollen religiösen Phänomenen, zwischen authentischen und illusionären Erfahrungen der transzendenten Wirklichkeit ermöglichen. Diese Kriterien können aber nicht mehr dadurch gefunden und begründet werden, dass eine bestimmte religiöse Tradition zum alleinigen oder obersten Maßstab erklärt wird. Dies würde der zentralen These von der Gleichwertigkeit widersprechen. Ausschlaggebend ist aus pluralistischer Perspektive das Kriterium der ethischen und spirituellen »Früchte«, also der Umfang, in dem religiöse Mythen und Praktiken die Verwirklichung von Werten wie Nächstenliebe, Mitgefühl, Solidarität usw. fördern und fordern. Dieses Kriterium (die »goldene« oder »universale Regel«) finde sich in den Überlieferungen aller Weltreligionen.

Das Anliegen des religionstheologischen Pluralismus zielt nicht auf die Gründung und Verbreitung einer neuen universalen Menschheitsreligion als Ersatz oder Konkurrenz der traditionellen Weltreligionen. Der Pluralismus plädiert also nicht für die Überwindung der Vielfalt religiöser Traditionen, sondern dafür, dass diese Vielfalt erhalten bleibt, wobei aber die einzelnen Traditionen ihr jeweiliges Selbstverständnis dahin gehend interpretieren, korrigieren und modifizieren, dass der Weg zu einer gegenseitigen Anerkennung und damit zu einer uneingeschränkten Wertschätzung religiöser Vielfalt geebnet wird. Ein zentrales Motiv der pluralistischen Religionstheologie ist die Hoffnung, dass die Weltreligionen auf der Basis einer gegenseitigen Anerkennung als gleichberechtigte Heilswege das interreligiöse Konfliktpotenzial überwinden und so gemeinsam einen wichtigen Beitrag zur Humanisierung der Welt liefern. In diesem Zusammenhang versteht sich der Pluralismus als einzige religionstheologische Position, die zu einer uneingeschränkten Wertschätzung religiöser Vielfalt fähig ist (Schmidt-Leukel). Letztes sei im

Rahmen exklusivistischer und inklusivistischer Religionstheologien nicht vorbehaltlos möglich.

Die pluralistische Religionstheologie wurde v.a. in der christlichen Theologie entwickelt. Inzwischen finden sich Vertreter dieser Position in allen großen religiösen Traditionen. Innerhalb der christlichen Theologie hat sich eine intensiv und kontrovers geführte Debatte um den Pluralismus entwickelt. In deren Zentrum stehen v.a. die an der traditionellen Christologie (und Soteriologie) vorgenommenen Modifikationen. Historisch wurde die Überlegenheit und Zentralität des Christentums hauptsächlich mit der einzigartigen heilsgeschichtlichen Bedeutung von Person und Werk Jesu Christi begründet. Aus der Sicht vieler Kritiker scheint der Pluralismus diese Einzigartigkeit preiszugeben, indem er Jesus Christus auf eine Stufe mit anderen ↗Religionsstiftern, Offenbarern und Heilsmittlern stellt. Kritiker befürchten darin eine Preisgabe des genuin und unverzichtbar Christlichen.

## 2. Pluralistische Religionstheologie in christlich-theologischer Sicht

Mit dem Zweiten Vatikanischen Konzil gibt es erstmals lehramtliche Äußerungen in der katholischen Kirche, die sich positiv über die außerchristlichen Religionen äußern und sie als Heilswege anerkennen (NA 2; AG 9, LG 16). Damit wird der neutestamentlichen Überzeugung Rechnung getragen, dass der universale Heilswille Gottes »will, dass alle Menschen gerettet werden« (1 Tim 2,4). Die Dokumente werfen jedoch die Frage auf, wie sich der absolute Wahrheitsanspruch der in Christus verkündeten Fülle des Heils zur Würdigung anderer Religionen als Heilswege verhält.

### Gegen Exklusivismus und Inklusivismus

Die pluralistische Religionstheologie wendet sich gegen die beiden gängigen religionstheologischen Modelle des Exklusivismus und Inklusivismus. Der Exklusivismus stellt Christus *gegen* die Religionen und der Inklusivismus stellt ihn *über* die Religionen. Beides widerspricht der neutestamentlichen Glaubensaussage, dass Gott »in Christus« die Welt mit sich versöhnt hat (2 Kor 5,19).

Der religionstheologische Pluralismus will der christlichen Wahrheit einen Platz *neben* den Wahrheiten der anderen Religionen zuweisen. Eine solche Programmatik bringt eine Relativierung der Christologie mit sich. Von der christlichen Botschaft wird verlangt, dass sie den Kern ihres Wahrheitsanspruches, Jesus sei »wahrer Mensch und wahrer Gott« (DH 301) aufgibt, um überhaupt in den Dialog treten zu können. Gott hat hierbei keine andere Erkenntnisjenseitigkeit, als jeder Gegenstand der empirischen Erfahrung. Das religionspluralistische Modell führt zu einer Suspendierung der Wahrheitsfrage.

### Denkmodell: Interiorismus

Die Internationale Theologenkommission hat im Dokument »Das Christentum und die Religionen« (n. 9; nn. 84 u. 85) eine weitere Formel »Christus *in* den Religionen« vorgestellt, die das religionstheologische Modell des Interiorismus andeutet. Im Interiorismus wird sowohl eine Haltung der Superiorität anderen Religionen gegenüber vermieden, als auch eine Relativierung des eigenen religiösen Wahrheitsanspruchs. Die christliche Botschaft will durch die Proklamation eines »Neuen Bundes« den »Alten Bund« nicht ersetzen, sondern sie verhilft dazu, die Verkündigung der Gemeinschaft Gottes mit dem Menschen überhaupt widerspruchsfrei und universal verkündbar zu machen. In diesem Sinn ist das Jesuswort zu verstehen, dass er nicht gekommen sei, das Gesetz und die Propheten aufzuheben, sondern zu erfüllen (Mt 5,17). Die christliche Botschaft kann durch ihr trinitarisches Gottesverständnis verstehbar machen, wie die Transzendenz Gottes mit seiner Heilsimmanenz, um die es auch in den Religionen geht, vereinbar ist. Die christliche Botschaft ordnet nicht Gott, Welt und Mensch in einen umgreifenden Wirklichkeitsbegriff ein. Vielmehr verkündet sie ihre christologische Mitte als eine Liebe Gottes zu Gott, des Vaters zum Sohn, die der Heilige Geist ist (Eph 1,3–6), in die die Welt und der Mensch hineingenommen sind. Die Gemeinschaft mit Gott ist an der Welt nicht ablesbar, sondern muss ihr »in Christus« dazu gesagt werden. Nur so wird überhaupt verständlich, wie nicht nur Israel, sondern alle Völker Gemeinschaft mit Gott haben und in welchem Sinn ihre religiöse Wahrheit unüberbietbar zur Geltung kommen können (Apg 17,23).

ARMIN KREINER (1), ECKHARD TÜRK (2)

# Polytheismus

## Begriff

Die Beziehung zu einer jenseitigen, überirdischen Welt ist in allen Kulturtraditionen der Menschheit anzutreffen. Das nähere Verständnis dieser Beziehung, wie es in Praxis und Lehre der einzelnen religiösen Überlieferungen seinen Ausdruck findet, zeigt sich bei allen übergreifenden Gemeinsamkeiten sehr unterschiedlich, von vielen Faktoren, nicht zuletzt auch von sozioökonomischen Bedingungen abhängig. Überall jedoch finden sich Beziehungen zu überirdischen, jenseitigen Wesen, die angerufen und verehrt, denen oft auch ↗Opfer dargebracht werden, die daher als »göttliche Wesen« bezeichnet werden können, ohne dass sie als solche aber meistens tatsächlich in den Rang jener Wirklichkeit erhoben würden, die allein den Namen Gottes verdient. Vielmehr wird sogar häufig über diesem Reich göttlicher Wesen stehend ein »Höchstes Wesen« (Hochgott) angenommen und verehrt.

Unterscheidet man in diesem Sinne grundsätzlich zwischen überirdischen Wesen, Mächten und Kräften, die nur in einem uneigentlichen Sinne göttlich genannt werden können, und einem höchsten Wesen, dem allein göttliche Prädikate zugesprochen werden (wie Transzendenz, Bildner der Welt und der Menschen, Urheber der Sittlichkeit u. a.), sollte man mit dem Begriff Polytheismus viel sparsamer und differenzierter umgehen, als dies oft geschieht. Denn auch das AT und nicht weniger das NT kennen übermenschliche und überweltliche Mächte und Gewalten, ohne dass dies im Sinne eines polytheistischen Wirklichkeitsverständnisses ausgelegt werden könnte, das zum Monotheismus biblischen Glaubens in Widerspruch steht.

## Wesensverständnis und Vorkommen

Von Polytheismus im eigentlichen Sinn kann nur gesprochen werden im Gegensatz zum ↗Monotheismus und in einem weiteren Sinn jedoch auch zu Henotheismus (Eingottverehrung) – als Glaube an einen bestimmten Gott unter formaler Ausklammerung der Frage, ob dieser *der einzige* ist. Der Henotheismus schließt zwar im Allgemeinen nicht aus, dass es neben dem einen Gott eines bestimmten Stammes oder Volkes in ähnlicher Weise für die anderen Stämme und Völker wieder andere für sie maßgebliche Gottheiten gibt, sieht dies aber für die alleinige Verehrung seines Gottes als unwesentlich an. Polytheismus im eigentlichen Sinn bezeichnet demnach ein religiöses Daseinsverständnis, in dem der Mensch sich und seine Welt ausdrücklich auf eine polymorph-transzendente, seine Existenz letztbestimmende Wirklichkeit bezieht.

Vieles spricht dafür, dass es mehr oder weniger ausgeprägte polytheistische Religionsformen und -systeme auf allen Kulturstufen der Menschheit gab und gibt. Polytheistische Elemente sind darüber hinaus heute wie zu allen Zeiten in den religiösen Anschauungen der Menschen viel weiter verbreitet, als man allgemein annehmen und zugeben würde. Sie zeigen sich überall dort, wo der Mensch meint, mit der Pluralität seiner Wirklichkeitserfahrung nicht anders fertig werden zu können als dadurch, dass er sie auf mehrere höhere bzw. letzte Prinzipien zurückführt. Dies gilt auch für die monotheistischen Religionen in dem Maße, wie sie nicht mehr durch die Inspiration ihrer ursprünglichen Gotteserfahrung getragen werden und die geistige Kraft schwindet, den Glauben an einen einzigen Gott als den Urgrund allen Seins, als die alle Verschiedenheit und Gegensätzlichkeit *per eminentiam* in sich tragende Einheit, als *»coincidentia oppositorum«* durchzuhalten.

### Problemfelder

Wie problematisch es ist, von Polytheismus zu sprechen, zeigt sich u. a. darin, dass man etwa in neohinduistischen Kreisen dazu neigt, den Gott des christlichen (wie des ganzen biblischen) Monotheismus im Bereich der individuellen, endlichen (weil personal verstandenen) Götter anzusiedeln, der grundsätzlich unterhalb der allein transzendenten Wirklichkeit des wahrhaften Einen, des absoluten Seins *(âtman/brahman)* liegt – ein geistesgeschichtlicher Ansatz, der meint, christlichen Monotheismus gegen dessen eigenes Selbstverständnis nur als eine (letztlich im Polytheismus verhaftet bleibende) Vorform der wahren Religion beurteilen zu sollen. In anderer Weise wiederum sieht der Islam im trinitarischen Monotheismus des Christentums einen erklärten Abfall vom allein wahren Glauben an den einen und einzigen Gott, einen Rückfall also in das polytheistische Heidentum – anstatt, wie christliches Glaubensverständnis es gebietet, darin (im Unterschied zu einem bloß theoretischen und abstrakten Monotheismus, der Hand in Hand geht mit einem faktischen, wenn auch verhohlenen Polytheismus) eine letzte »Radikalisierung desjenigen Monotheismus, um den es sich in einer religiösen Dimension handelt« (Rahner), zu sehen.

ANDREAS BSTEH

## Recht

### 1. Deutschland

Verfassungsrechtliche Grundlagen

In der Bundesrepublik Deutschland ist das staatliche Recht, das ↗Religion und Weltanschauung zum Gegenstand hat, weitgehend verfassungsrechtlich grundgelegt. Das Bundesverfassungsgericht (BVerfG) hat schon früh betont, dass die ↗Religionsfreiheit nach Art. 4 Abs. 1 und 2 des Grundgesetzes für die Bundesrepublik Deutschland (GG) nicht nur den Mitgliedern etablierter Kirchen und ↗Religionsgemeinschaften, sondern auch Angehörigen anderer religiöser Vereinigungen unabhängig von ihrer zahlenmäßigen Stärke und sozialen Relevanz zusteht (BVerfGE 32, 98). Von herausgehobener Bedeutung sind auch die Verbote der Diskriminierung aus religiösen Gründen nach Art. 3 Abs. 3 Satz 1 GG und Art. 33 Abs. 3 GG (zum Genuss bürgerlicher und staatsbürgerlicher Rechte sowie zur Zulassung zu öffentlichen Ämtern). Die religiöse Bildung in der Schule ist in Art. 7 GG geregelt mit Religionsunterricht als ordentlichem Lehrfach und privaten Schulen in der Trägerschaft von Religionsgemeinschaften. Weitere Gewährleistungen finden sich in Art. 140 GG in Verbindung mit Art. 136 bis 139 und 141 der Weimarer Verfassung von 1919 (WRV). Art. 137 Abs. 2 WRV gewährleistet ausdrücklich das Recht, Religionsgemeinschaften zu bilden. Sie erwerben die Rechtsfähigkeit nach den allgemeinen Vorschriften des bürgerlichen Rechts (insbesondere nach §§ 21 ff. BGB) oder als Körperschaft des öffentlichen Rechts gemäß Art. 137 Abs. 5 WRV. Nur solchen in der Rechtsform der Körperschaft des öffentlichen Rechts organisierten Religionsgemeinschaften steht das Recht zu, (Kirchen-)Steuern zu erheben (Art. 137 Abs. 6 WRV). Nach Art. 137 Abs. 3 WRV ordnen und verwalten die Religionsgemeinschaften ihre Angelegenheiten selbstständig innerhalb der Schranken des für alle geltenden Gesetzes. Diese Vorschrift gibt ihnen ein weitreichendes Selbstbestimmungsrecht. Gemäß Art. 141 WRV sind die Religionsgemeinschaften zur Seelsorge im Militär, in Krankenhäusern, Strafanstalten und sonstigen öffentlichen Anstalten zuzulassen. Art. 137 Abs. 7 WRV stellt Vereinigungen, »die sich die gemeinschaftliche Pflege einer Weltanschauung zur Aufgabe machen«, den Religionsgemeinschaften gleich.

Zu den religionsrechtlichen Grundlagen des Grundgesetzes zählt darüber hinaus die Säkularität und Neutralität des Staates in religiöser Hinsicht sowie die Parität der Religionen und der Gläubigen, die grundsätzliche Gleichbehandlung erfordert. Neben den bundesverfassungsrechtlichen Vorschriften bestehen in den Verfassungen der Bundesländer Regelungen zu Religion und Weltanschauung. Hier finden sich neben Bestimmungen, die diejenigen des Grundgesetzes wiederholen bzw. für maßgeblich erklären, v. a. nähere Vorgaben zum Bildungswesen. Auf europäischer Ebene gewährt Art. 9 EMRK Religionsfreiheit für die Staaten des Europarates. Die Europäische Union hat die Religionsfreiheit in Art. 10 der Grundrechtecharta aufgenommen. Geplant sind derzeit Regelungen über die Stellung der EU zu Kirchen und anderen Religionsgemeinschaften, die deren Rechte schützen (insbesondere in Art. 17 des Vertrages über die Arbeitsweise der EU).

### Begriffe und Strukturen des Rechts

Die religiöse Neutralität des Staates verlangt, dass staatliche Rechtsanwender, also auch die Gerichte, die Rechtsbegriffe zum Thema Religion und Weltanschauung nach allgemeingültigen, nicht konfessionell oder weltanschaulich gebundenen Kriterien auslegen. Im (verfassungs-)rechtlichen Sinne stellt »Religion« eine Überzeugung dar, die für den Betroffenen in besonderer Weise verbindlich und mit seiner personalen Identität verknüpft ist und die Fragen nach Herkunft und Ziel des Daseins, der Stellung des Menschen in der Welt und dem abstrakten Sinn des Lebens zum Gegenstand hat. »Religionsgemeinschaft« ist ein Zusammenschluss natürlicher Personen, der die Angehörigen eines Glaubensbekenntnisses zu allseitiger Erfüllung der durch das gemeinsame Bekenntnis gestellten Aufgaben zusammenfasst. Vereinigungen, die mit der Pflege des religiösen Lebens ihrer Mitglieder nur eine partielle Zielsetzung haben (z. B. Bildung, Mission), werden »religiöse Vereine« genannt. »Körperschaft des öffentlichen Rechts« ist ein mitgliedschaftlich organisierter Verband, dem vom Staat hoheitliche Befugnisse, u. a. das Recht zur Erhebung von Steuern, verliehen wurden. Das BVerfG hat in einer Entscheidung, die die Gemeinschaft der Zeugen Jehovas betraf, herausgestellt, dass die Körperschaftsrechte nur einer Religionsgemeinschaft verliehen werden können, die die Gewähr dafür bietet, »dass ihr künftiges Verhalten die in Art. 79 Abs. 3 GG umschriebenen fundamentalen Verfassungsprinzipien, die dem staatlichen Schutz anvertrauten ↗ Grundrechte Dritter sowie die Grundprinzipien des freiheitlichen Religions- und Staatskirchenrechts des Grundgesetzes nicht gefährdet« (BVerfGE 102, 370, 392 f.).

Die Definition der religiös geprägten Rechtsbegriffe anhand der genannten formalen Kriterien bildet nur einen Rahmen für die nähere Ausfüllung durch den Einzelnen oder die jeweilige Religions- bzw. Weltanschauungsgemeinschaft nach ihren eigenen Vorstellungen, also nach dem sog. Selbstverständnis. Dieses Selbstverständnis unterliegt allerdings einer Plausibilitätsprüfung. Doch darf eine Lehre, die diese Anforderungen erfüllt, nicht nur den Vorwand für wirtschaftliche oder politische Zwecke bilden. Wegen ihrer Ausrichtung auf wirtschaftliche Ziele wird z.B. die »Church of Scientology« in Deutschland von einer verbreiteten (aber nicht einhelligen) Auffassung in Rechtsprechung und Literatur nicht als Religionsgemeinschaft angesehen.

### Einzelne Schranken religiöser Freiheit

Das deutsche Recht bietet dem Einzelnen und Religionsgemeinschaften vielfältige und weitreichende Möglichkeiten zur Entfaltung religiöser Vorstellungen. Gleichwohl kann der Staat die religiöse Freiheit im Einzelfall aus übergeordneten Gründen einschränken. So können z.B. religiöse Vereine und Religionsgemeinschaften verboten werden, wenn ihre Zwecke oder ihre Tätigkeit den Strafgesetzen zuwiderlaufen oder sie sich gegen die verfassungsmäßige Ordnung oder gegen den Gedanken der Völkerverständigung richten. Das BVerfG hält daran fest, dass sich die Schranken der Religionsfreiheit nur aus der Verfassung selbst ergeben könnten, so aus Grundrechten Dritter (z.B. dem Grundrecht auf körperliche Unversehrtheit aus Art. 2 Abs. 2 GG) oder anderen mit Verfassungsrang ausgestatteten Rechtswerten, z.B. dem staatlichen Erziehungs- und Bildungsauftrag aus Art. 7 Abs. 1 GG.

## 2. Österreich

### Grundrechtsschutz im religiösen Bereich

Die Glaubens- und Gewissensfreiheit für jedermann ist in Österreich als individuelles Grundrecht in der Verfassung verankert (Art. 14 des Staatsgrundgesetzes (StGG) vom 21.12.1867 über die allgemeinen Rechte der Staatsbürger). Dieses Grundrecht schützt den Einzelnen in seiner religiösen Sphäre und wird durch die korporative Religionsfreiheit in Art. 15 StGG ergänzt.

Die Beschränkung auf gesetzlich anerkannte Kirchen und Religionsgesellschaften zeigt eine stark diskutierte Differenzierung religiöser Vereinigungen, die erst 1998 durch das Gesetz über die Rechtspersönlichkeit von Bekenntnisgemeinschaften (BekGG) an Brisanz verloren hat. Zwar wurde das Recht der öffentlichen Religionsausübung auch den nicht anerkannten Religionsgemeinschaften schon durch Art. 63 des Staatsvertrages von St.-Germain-en-Laye vom 10.9.1919 eingeräumt, doch bestand für diese durch die Unzugänglichkeit des privaten Vereinsrechtes für religiöse Korporationen bis 1998 kein rechtlicher Rahmen (»Alles oder Nichts-Prinzip«).

Auf supranationaler Ebene finden sich für Österreich direkt wirksame religiöse Grundrechtsgarantien insbesondere in Art. 9 der Europäischen Konvention zum Schutz der Menschenrechte und Grundfreiheiten vom 4.11.1950 (EMRK) und in den Diskriminierungsverboten in Art. 14 EMRK, Art. 6 StVWien und den KSZE-Schlussakten von Helsinki (1975) und Wien (1989). Diese Grundrechtsgarantien geben »jedermann« individuelle Rechte gegenüber dem Staat, für sich selbst und nach Maßgabe der für die Religionsmündigkeit geltenden Altersstufen auch für die in seiner Obhut stehenden Kinder.

### Staatliche Anerkennung von Religionsgesellschaften

Die Differenzierung zwischen anerkannten und nicht anerkannten Religionsgemeinschaften im StGG machte unmittelbar die gesetzliche Regelung des Anerkennungsverfahrens und der maßgeblichen Kriterien erforderlich. Dies geschah zunächst 1874 mit dem Gesetz betreffend die gesetzliche Anerkennung von Religionsgesellschaften (AnerkennungsG) und 1998 durch ergänzende Bestimmungen im BekGG.

Folgende Anerkennungsvoraussetzungen für eine Religionsgemeinschaft sind beiden Gesetzen zu entnehmen: allgemeine Gesetzes- und Sittenkonformität, Mindestanzahl von Angehörigen von zwei Promille der Bevölkerung Österreichs nach der letzten Volkszählung, Religionslehre (ein wie immer gearteter transzendenter Rückbezug), Gottesdienst im Sinne kultischer Handlungen, innere Statuten oder Regeln, eigene unterscheidbare Bezeichnung, Errichtung und gesicherter Bestand wenigstens einer Kultusgemeinde, Bestand als Religionsgemeinschaft durch mindestens 20 Jahre, davon 10 Jahre als religiöse Bekenntnisgemeinschaft, Verwendung der Einnahmen und des Vermögens für religiöse und darin begründete gemeinnützige und mildtätige Zwecke, positive Grundeinstellung gegenüber Gesellschaft und Staat, keine gesetzwidrige Störung des Verhältnisses zu bestehenden gesetzlich anerkannten Kirchen und anderen Religionsgemeinschaften.

Derzeit sind folgende Kirchen und Religionsgemeinschaften anerkannt und genießen Rechtspersönlichkeit als öffentlich-rechtliche Körperschaften: Römisch-katholische Kirche, Evangelische Kirche (Augsburger und Heidelberger Bekenntnis), Griechisch-orientalische Kirche, Israelitische Religionsgesellschaft, Islamische Glaubensgemeinschaft, Altkatholische Kirche, Methodistenkirche, Kirche Jesu Christi der Heiligen der letzten Tage (Mormonen), Neuapostolische Kirche, Österreichische buddhistische Religionsgesellschaft, Armenisch-apostolische Kirche, Syrisch-orthodoxe Kirche in Österreich und Koptisch-orthodoxe Kirche in Österreich.

Für diese Kirchen und Religionsgemeinschaften gilt der Autonomieschutz des Art. 15 StGG für die inneren Angelegenheiten sowie zahlreiche Sonderregelungen im einfach-gesetzlichen Bereich, die ans Faktum der staatlichen Anerkennung anknüpfen, z. B. die Möglichkeit der Berücksichtigung von (Kirchen-)Beiträgen als Sonderausgaben im Einkommenssteuerrecht oder die alle Körperschaften öffentlichen Rechts betreffenden Sonderregelungen im Bereich der Körperschafts- und Umsatzsteuer.

### Religiöse Bekenntnisgemeinschaften

Das BekGG vom 9.1.1998 stellt eine Art »Sondervereinsrecht« dar und bietet den registrierten Gemeinschaften Rechtspersönlichkeit, ohne die Stellung einer öffentlich-rechtlichen Körperschaft zu verleihen. Die Bekenntnisgemeinschaften erhalten eine Art »Gütesiegel«, das ihnen Erleichterungen bei der Ausübung der Religionsfreiheit, bessere Möglichkeiten der Öffentlichkeitsarbeit und Privilegien im Versammlungs- und Arbeitsverfassungsrecht (Tendenzschutz) sowie ihren Mitgliedern arbeitsrechtliche Besserstellungen (Arbeitsruhe zur Erfüllung religiöser Pflichten) verschafft.

Anhänger einer gesetzlich nicht anerkannten Religion können den Registrierungsantrag stellen, wenn sie die Statuten und andere Unterlagen der Gemeinschaft vorlegen, aus denen sich Inhalt und Praxis des Religionsbekenntnisses ergeben sowie mindestens 300 Personen mit österreichischem Wohnsitz, die keiner anderen Bekenntnis- oder Religionsgemeinschaft angehören dürfen, als Mitglieder nachweisen.

Wenn die Kultusbehörde der Ansicht ist, dass durch die Registrierung dieser Gemeinschaft die Interessen der öffentlichen Sicherheit, der öffentlichen Ordnung, der Gesundheit und Moral oder der Schutz der Rechte und Freiheiten anderer gefährdet wären, so hat sie den Erwerb der Rechtspersönlichkeit innerhalb einer Frist von 6 Monaten nach Eingang des Antrages zu untersagen. Wird die Untersagung innerhalb der Frist nicht ausgesprochen, so entsteht eine neue Bekenntnisgemeinschaft mit Rechtspersönlichkeit, die in ein entsprechendes Register beim Kultusamt des Bundesministeriums für Unterricht, Kunst und Kultur aufzunehmen ist.
Bis 31.1.2009 wurden als Bekenntnisgemeinschaften registriert: Bahai Religionsgemeinschaft in Österreich, Bund der Baptistengemeinden in Österreich, Bund evangelikaler Gemeinden in Österreich, Christengemeinschaft, Freie Christengemeinde – Pfingstgemeinde, Hinduistische Religionsgesellschaft in Österreich, Kirche der Siebenten-Tags-Adventisten, Zeugen Jehovas, Mennonitische Freikirche Österreich, Pfingstkirche Gemeinde Gottes in Österreich (seit 2001), ELAIA Christengemeinden (ECG) (seit 2006).

### Problemzonen im Zusammenhang mit »Sekten«

Der Begriff »Sekte« findet in den letzten Jahren zwar wiederholt in der Judikatur – meist im Zusammenhang mit behaupteten kreditschädigenden oder ehrenrührigen Behauptungen – Erwähnung, wurde bis 1999 aber nicht vom Gesetzgeber der Zweiten Republik verwendet oder gar gesetzlich definiert.
Mit dem Bundesgesetz über die Einrichtung einer Dokumentations- und Informationsstelle für Sektenfragen (EDISG) im Jahre 1999 wurde diese Bundesstelle als selbstständige Anstalt des öffentlichen Rechts eingerichtet. Ihre Aufgabe ist die Dokumentation und Information über Gefährdungen, die von »Sekten« oder sektenähnlichen Aktivitäten ausgehen können, sofern für deren Vorliegen ein begründeter Verdacht besteht und diese Gefährdungen bestimmte besonders schutzwürdige Güter oder Interessen betreffen.

## 3. Schweiz

### »Weltanschauung« und »Religion« nach der Rechtsgrundordnung der Schweizerischen Eidgenossenschaft

*Religion:* Religion im Sinne der Rechtsgrundordnung der Schweizerischen Eidgenossenschaft hat zu tun mit individueller, kollektiver oder korporativer Glaubens- und Gewissensbildung bzw. Glaubens- und Gewissensbindung (Art. 15 BV; Art. 9 Abs. 1 EMRK; Art. 18 Abs. 1, 2 und 4 VN-Pakt II, auch Art. 18 AMRK) und stellt als sowohl menschliches wie auch kulturelles Phänomen (Art. 15 BV; Art. 9 Abs. 1 EMRK; Art. 18 Abs. 1, 2 und 4 VN-Pakt II als Bestandteile des eidgenössischen Menschenverfassungsrechts, Art. 72 BV als Bestandteil des eidgenössischen Kulturverfassungsrechts) etwas gesellschaftlich und staatlich Diskriminierungsanfälliges dar (Art. 8 BV; Art. 14 EMRK; Art. 26 VN-Pakt II), dem als Weltanschauung mit Transzendenzbezug wegen seines grundlegenden Wertes für die immaterielle und materielle Entwicklung der Gesellschaft und des Staates im Allgemeinen und von deren Mitgliedern im Besonderen (Art. 2 Abs. 2 BV) von der privaten und öffentlichen Hand mit größtmöglicher (materialer und formaler) Offenheit zu begegnen ist.
*Weltanschauung:* Als Weltanschauung im Sinne der Rechtsgrundordnung der Schweizerischen Eidgenossenschaft gilt ein subjektiv oder intersubjektiv geschaffenes, in sich geschlossenes Gebäude grundlegender Gedanken darüber, wie sich der Mensch (als Individual-,

Kollektiv- oder Korporationswesen) mit Blick auf die Totalität des (je nach seiner Auffassung entweder rein transzendent oder rein immanent gegründeten) Wirklichen im Rahmen seiner selbst, seiner Mitwelt und seiner Umwelt im Einzelnen seins(wert-)mäßig begreift (Einstellung) und verhaltens(wert-)mäßig zu begreifen hat (Haltung). Besteht ein Transzendenzbezug, spricht man von einer religiösen Weltanschauung bzw. einer Religion; fehlt ein Transzendenzbezug, spricht man von einer philosophischen Weltanschauung bzw. einer Philosophie. Das Phänomen der Weltanschauung ist als Religion oder Philosophie im Rahmen des Menschenverfassungsrechts (Art. 8 und 15 BV; Art. 9 Abs. 1 EMRK; Art. 18 Abs. 1, 2 und 4 VN-Pakt II, auch Art. 18 AMRK) und des Kulturverfassungsrechts (Art. 2 Abs. 2 und Art. 72 BV) geschützt; von der privaten und öffentlichen Hand ist ihm deshalb mit größtmöglicher (materialer und formaler) Offenheit zu begegnen.

Dreifachrechtliches Verhältnis der Schweizerischen Eidgenossenschaft zu »Weltanschauung« und »Religion«

Die Schweizerische Eidgenossenschaft befasst sich in ihrer Rechtsgrundordnung auf drei Ebenen mit dem Phänomen »Weltanschauung« oder »Religion«: auf einer struktur-, personen- und institutionsbezogenen Ebene.

*Strukturbezogene Ebene:* Die Schweizerische Eidgenossenschaft versteht sich als säkulares Gemeinwesen; d.h., sie ist funktional immanenter Motivation und Finalität verhaftet und in logischem Reflex darauf in organisations-, zuständigkeits- und verfahrenstechnischer Hinsicht religiös emanzipiert. Überdies versteht sie sich als weltanschaulich bzw. religiös neutrales Gemeinwesen. Entsprechend der Pflicht zu unparteiischem Tun, Dulden und Unterlassen in weltanschaulichen bzw. religiösen Angelegenheiten, die ihr als Korollarpflicht zur in Art. 15 BV verankerten staatlichen Grundpflicht der Gewährleistung der individuellen, kollektiven (und beschränkt auch korporativen) Glaubens- und Gewissensfreiheit auferlegt ist, hat sie allen »Weltanschauungen« bzw. »Religionen« mit der gleichen (materialen und formalen) Offenheit (sei es im Sinne des Förderns, Belassens oder Unterdrückens) zu begegnen.

*Personbezogene Ebene:* Die Schweizerische Eidgenossenschaft versteht sich als demokratischer Rechtsstaat; d.h., sie ist ein Zusammenschluss von Menschen unter der Herrschaft einer Rechtsordnung, die sich letztlich immer auf den Willen all jener dieser Menschen zurückführen lassen muss, die zu dessen Äußerung – ursprünglich auf der Grundlage des vorrechtlichen Zusammenschlussvertrags, dann abgeleitet auf der Grundlage des Zusammenschlussrechts – berufen sind. Der (Fort-)Bestand eines Staates hängt also notwendigerweise von Menschen in seinem Herrschaftsbereich ab. Die Träger der Staatsgewalt haben auf sie dementsprechend Rücksicht zu nehmen. So erwähnt die Hauptquelle der Rechtsgrundordnung der Schweizerischen Eidgenossenschaft – die BV – die Menschen- bzw. Grundrechte (Art. 7 ff. BV; nicht abschließende Aufzählung) innerhalb ihres thematischen Rasterplans formal gerade an erster Stelle. Als Inbegriff staatlichen Respekts und staatlicher Akzeptanz eines (wandelbaren) elementaren Verlangens des Menschen nach einem eigenen Lebensentwurf garantieren die Grundrechte im Rahmen des Herrschaftsbereichs der Schweizerischen Eidgenossenschaft sowohl in ihrer Natur als subjektive Rechtsansprüche (Art. 7–34 BV) wie auch als objektive Rechtsordnungsinteressen (Art. 35 in Verbindung mit Art. 7–34 BV) zum einen die freie Selbstentfaltung jedes einzelnen Menschen und zum anderen die freie Entwicklung aller Men-

schen zusammen. Dem ureigenen Bedürfnis der Menschen nach weltanschaulicher bzw. religiöser Autonomie zollt die Schweizerische Eidgenossenschaft grundrechtlich insofern und insoweit (Be-)Achtung, als sie die weltanschauliche bzw. religiöse Bildung und Bindung der Menschen ohne Vorbehalt zulassen muss (Art. 15 i. V. m. Art. 36 Abs. 4 BV), deren Ausflüsse bzw. Einflüsse auf den einzelnen Menschen und dessen Mit- und/oder Umwelt jedoch nach Maßgabe ihrer Wirkung auf schweizerrechtlich unter Schutz gestellte Rechtsgüter (z. B. grundrechtlich gesicherte private Interessen wie körperliche und geistige Unversehrtheit, [Be-]Achtung der Privatsphäre, Meinungsfreiheit oder Vereinigungsfreiheit und polizeirechtlich gesicherte öffentliche Interessen wie Ordnung und Sicherheit, Gesundheit, Sittlichkeit oder Treu und Glaube im Geschäftsverkehr) – unter Beachtung der für alle mit der Wahrnehmung staatlicher Aufgaben betrauten Akteure geltenden Direktive rechtsgleichen und willkürfreien Verhaltens (Art. 8 Abs. 1 und 2 und Art. 9 BV) – mit einem Nachbehalt (sei es im Sinne des Förderns, Belassens oder Unterdrückens) gemäß Art. 5 BV versehen kann und darf oder muss (Art. 35 und Art. 36 BV [Art. 36 BV: lex specialis zu Art. 5 Abs. 1 und 2 BV]).
*Institutionsbezogene Ebene:* Die Schweizerische Eidgenossenschaft versteht sich als bundesstaatliches Gemeinwesen; d. h., sie teilt die staatliche Tätigkeit in ihrer Gesamtheit nach den Machtteilungs- und Machtbeteiligungsgrundsätzen des Föderalismus auf den Gesamtstaat (Bund) und dessen Teilstaaten (26 Kantone; Art. 1 BV) auf (Art. 3 in Verbindung mit Art. 42 und Art. 43a Abs. 1 BV: Aufteilung der Kompetenzen zwischen Bund und Kantonen unter Vorbehalt der Kompetenzkompetenz zugunsten des Bundes). Für die Regelung des institutionellen Verhältnisses zwischen dem Staat und den Weltanschauungs- und Religionsgemeinschaften sind die Kantone zuständig (Art. 3 und Art. 72 Abs. 1 BV).

STEFAN MUCKEL (1), ERICH EHN (2), ERWIN TANNER (3)

## Religion

Die Begriffsgeschichte des abendländischen Begriffs »Religion« lehrt, dass Religion ursprünglich ein ethischer Verhaltensbegriff war, bei dem es um die rechte Ordnung zum Gott unseres Heils geht (Thomas von Aquin, STh. II-II q.122 a.2; q. 81 a.1). Erst in einem abgeleiteten Sinn ist Religion ein Organisations- und Systembegriff, der die Summe gottbezogener Handlungen und deren gesellschaftlichen Rahmen in sich fasst.

### Neuzeitliche Entwicklung

Neuzeitlich enthält der hier als sekundär beschriebene Religionsbegriff mehrere Probleme.
1) Religion gibt es nicht mehr nur im Singular, sondern im Plural. Das führt zur Frage: Welche Religion ist die wahre? Oder ist die Erscheinungsgestalt der Religion gleichgültig, weil alle Religionen prinzipiell gleich sind?
2) Bei einem Phänomenvergleich der Religionen zeigt sich, dass das Verständnis Gottes uneinheitlich ist und Gott in einigen Religionen wie im Buddhismus sogar fehlt. Hier ist zu prüfen, unter welcher Rücksicht weiterhin von Religion zu sprechen ist.
3) Der religionsindifferente Staat, der die Freiheit seiner Bürger zu gewährleisten hat, steht angesichts des religiösen Pluralismus vor den Fragen: Muss alles, was sich aus einem subjektiven Anspruch zur Religion erklärt, als solche anerkannt werden? Oder gibt es objektive Kriterien zur Bestimmung dessen, was legitimerweise als Religion anzusprechen ist? Weiterhin: Gibt es Grenzen der ↗Religionsfreiheit; wenn ja, worin bestehen sie?

4) Mit der Forderung der Religionsfreiheit verbindet sich die Forderung einer möglichen Freiheit von Religion bzw. des Schutzes der *Religionslosigkeit.* Religionslose und areligiöse Menschen sind je für sich eingeladen, die Haltung anderer zu respektieren und sich zu bemühen, einander zu verstehen. Für religiöse Menschen stellt sich die Frage nach Ort und Begründung von Areligiosität. *Gaudium et spes* 19 sieht im ↗Atheismus nicht eine ursprüngliche und eigenständige Erscheinung, sondern ein Phänomen, das auf verschiedene Ursachen, u. a. die kritische Reaktion gegen die Religionen und in einigen Ländern v. a. gegen das Christentum zurückzuführen ist.

**Anthropologischer Ansatz**

Aus vorrangig anthropologischer Sicht ergeben sich drei Ansatzpunkte für die Frage nach der Religion:

1) *Ordnungserfahrungen:* Das thomanische Religionsverständnis hebt eine Beobachtung ins Bewusstsein, die jeder Mensch in seinem Leben macht und die zu allen Zeiten in den verschiedenen Kulturen Gültigkeit hat. Unabhängig davon, ob im Vordergrund kosmologische oder anthropologische Überlegungen, ontologische Fragen oder das ethische Verhalten stehen, sehen Menschen sich von Ordnungen bestimmt, die ihnen teilweise vorgegeben, teilweise von ihnen hergestellt bzw. wiederhergestellt werden. In all dem wird zugleich ein die Mächtigkeit des Menschen umfassender Ordnungsfaktor sichtbar, von dem in den verschiedenen Religionen als Gesetz, Tora, Testament, Logos, Dharma, Dao u. Ä. die Rede ist. Die Frage steht auch im Hintergrund der Frage nach Wahrheit, Sinn, Heil, Glück etc. Alltägliche Sinnerfahrungen von erlebter Treue, Liebe und Gerechtigkeit, Sympathie und Solidarität bis hin zu Verzeihung und Feindesliebe sind Anlässe zum Vertrauen, dass allem Geschehen letztlich ein wohlwollendes Ordnungsgesetz zugrunde liegt.

2) *Aporetische Erfahrungen:* Zu allen Zeiten gibt es auch die gegenläufigen Erfahrungen, in denen die vorherrschende Weltsituation negativ, ungeordnet, ungerecht, unheil- und leidvoll, sündig und von falschem Bewusstsein geprägt ist. Hier fühlt sich der Mensch zum Protest und zur Verweigerung seines Einverständnisses provoziert. J. B. Metz definiert die Religion als »Unterbrechung«. Wo Religion so angesichts der Aporien menschlichen Lebens formuliert wird, trägt sie zugleich den Anliegen der Religionskritik Rechnung und ist Ausdruck und Quelle kritischen Bewusstseins. Allerdings kommt diese Kritik nur dort zum Ziel, wo Religion zu unterscheiden lehrt zwischen dem »wahren Gott« und den »falschen Göttern« bzw. allen falschen Absolutsetzungen, und dem Menschen »Frei-Zeit« und »Frei-Raum« gewährt für ein umfassendes »Umdenken« im Sinne von »Metanoia« und der damit gemeinten »Bekehrung«. Das setzt voraus, dass der Mensch sich als aktiv gestaltender in den umfassenden Horizont passiver Entgegennahme eingewiesen weiß und diese Einweisung selbst in seiner Aporetik bejaht.

3) *»Hören des Wortes«:* Wo Menschen die Rangfolge von Empfang und Gabe, Geschehen-lassen und aktivem Tun anerkennen, bejahen sie zugleich, ein wie immer gearteter »Hörer des Wortes« (Rahner) zu sein, ehe dass sie selbst zum »Sprecher und Täter des Wortes« werden. Damit ergibt sich die Möglichkeit, die in der Geschichte vorgegebenen Antworten auf die Fragen menschlichen Daseins als mögliche Entscheidungshilfen und Einladungen zu betrachten. Es zeigt sich, dass sowohl die Aufforderung zum Einverständnis mit der unbedingten Ordnung wie auch die Kraft zum Widerstand gegen die reale Weltverfasstheit wesentlich durch die Geschichte

der Religionen bestimmt ist. Auf unterschiedliche Weise haben sich die Religionen stets als Anspruch des Göttlichen, als Wegansage, als umfassende Heilsgewährung, als Überwindung der Leidverhaftung, als Weg zu Freiheit und Seligkeit, als Gottesgemeinschaft u. a. vorgestellt. Zugleich sind sie Einladungen an den Menschen, sein wahres Wesen zu verwirklichen und zur Überwindung der Negativität und des Bösen beizutragen. Damit verwirklicht sich Religion nicht im Rückzug in Innerlichkeit, sondern im bewussten »Auszug« aus sich selbst, in Hinkehr zum »Ganz-Anderen« und in Solidarität mit allem Geschaffenen. Es fragt sich dann, wieweit die konkrete Verwirklichung des Gottesbezugs im Weltbezug wesentlich von dem Gottesbild abhängt, das dem Menschen geschenkt ist, sei es, dass das Unbedingte sich letztlich nur in radikalisierter Negativität (»absolutes Nichts«, »Leere«, Namenlosigkeit) darbietet oder doch in einem menschenzugewandten Antlitz (»Geheiligt werde dein Name«, Logos) ansprechbar und wegweisend wird.

**Elemente und Funktion**

Ein aus der Analyse der grundlegenden anthropologischen Einstellungen abgeleitetes Religionsverständnis schließt wesentlich drei Aspekte ein: Von Religion kann gesprochen werden, wo ausdrücklich oder einschlussweise von einem gottbezogenen Verhalten die Rede ist, wo der Mensch sich als ein für ein Umgreifendes offenes und folglich in dieses »transzendierendes« Wesen versteht und wo er weiß, dass es dabei um ihn selbst, seine Herkunft und seine Vollendung geht. Aus diesem philosophisch-theologisch gewonnenen Verständnis lassen sich verschiedene, aus einzelwissenschaftlichen Perspektiven (Ethnologie, Psychologie, Soziologie, Kulturanthropologie) abgeleitete Religionsbegriffe in ihrer relativen Bedeutsamkeit verstehen. Unter den heute gebräuchlichen Religionsbestimmungen kommt den *funktionalen Definitionsversuchen* insofern besondere Bedeutung zu, als mit ihrer Hilfe der Religion eine *Funktion* im Gesamtzusammenhang gesellschaftlich-menschlicher Lebensbewältigung (vgl. Sinnfrage, Kontingenzbewältigung, Lebenswerte, Erwartungen, Todesfrage u. Ä.) zuerkannt wird. In diesem Sinne heißt es in *Nostra aetate* 1: »Die Menschen erwarten von den verschiedenen Religionen Antwort auf die ungelösten Rätsel des menschlichen Lebens, die heute wie von je die Herzen der Menschen im tiefsten bewegen.« Mit Blick auf eine radikale Funktionalisierung und Verrechnung der Religion im gesellschaftlichen Leben ist aber zugleich auf der letzten Unverrechenbarkeit der Religion und ihrer Hinordnung auf Freiräume (z. B. in ↗Festefeiern mit Unterbrechung der Arbeit, Kult u. Ä.) zu bestehen. Beim Vergleich der Religionen untereinander bietet das gewonnene Koordinatensystem die Möglichkeit, die Religion der radikalen Subjektivierung zu entziehen, auch Höhen- und Tiefenunterschiede zwischen einzelnen Religionen auszuloten und folglich der These von der Gleich-Gültigkeit der Religionen entgegenzutreten. Die Frage nach der »wahren« Religion wird insofern problematischer, als sich aus der Pluralität der Religionen eine deutliche Relativierung des je eigenen Standortes ergibt und damit die Absolutsetzung des eigenen Standpunktes schwieriger wird (↗Pluralistische Religionstheologie). Nicht ohne Grund wird in diesen Tagen die *Orthopraxie* stärker gewichtet als die *Orthodoxie* und gewinnt zugleich angesichts der Unübersichtlichkeit der religiösen Systeme der ↗Agnostizismus an Boden. Auf diese Situation, in der das Christentum eine Religion unter anderen wird und das eigene Religionsverständnis nicht ohne Weiteres normativ für alle anderen ist, muss sich das Christentum mit seinem eigenen Heils- und Wahrheitsanspruch neu einstellen.

**Öffentlichkeitscharakter**

Wenn Religion als Hinordnung des Menschen auf den alles umgreifenden heilschenkenden Horizont des Lebens verstanden wird, entzieht sie sich auf den ersten Blick dem Zugriff des Staates. Dennoch ist Religion nicht einfach »Privatsache«. Sie erhebt vielmehr Ansprüche im öffentlichen Raum, insofern religiöse Entscheidungen immer Konsequenzen für das Leben in der menschlichen Gesellschaft nach sich ziehen. Umgekehrt folgt aus dem Anspruch auf Religionsfreiheit für den Staat nicht, dass alle Organisationen, die sich selbst als Religionen verstehen bzw. zu solchen erklären, in jeder Hinsicht gegenüber der Rechtsstaatlichkeit immunisiert sind. So schwierig sich die Kritik einer Gemeinschaft, die den Anspruch erhebt Religion zu sein, auch gestaltet, so wenig kann sich eine solche der Fremdbeurteilung entziehen, wenn die Rechte anderer im Staatswesen oder auch die Grunderfordernisse menschlichen Zusammenlebens tangiert oder verletzt werden.

HANS WALDENFELS

## Religionsfreiheit

Religionsfreiheit ist ein Prinzip der staatlichen (nicht kirchlicher) Rechtsordnung, dessen Anerkennung und Verwirklichung für eine freiheitliche Staatsordnung grundlegend ist. Religionsfreiheit unterscheidet sich von bloßer Toleranz dadurch, dass sie nicht nur etwas, das an sich ein Übel ist, um anderer Güter willen, etwa des öffentlichen Friedens oder der Achtung der persönlichen Freiheit, duldet (toleriert), sondern für die ↗Religion und religiöse Überzeugungen – unabhängig von deren Wahrheitsgehalt – einen Rechts- und Freiheitsstatus begründet. Als Recht des Einzelnen beinhaltet Religionsfreiheit die Freiheit, einen (religiösen) Glauben zu haben (Glaubensfreiheit), diesen Glauben zu bekennen (Bekenntnisfreiheit), seine Religion öffentlich auszuüben (Kultusfreiheit) und sich zu Religionsgemeinschaften zusammenzuschließen (religiöse Vereinigungsfreiheit). Dieser Freiheitsanspruch richtet sich gegen den Staat und andere Träger öffentlicher Gewalt; er dient der Abwehr jeder Art von Glaubens-, Bekenntnis-, Religionsausübungszwang und umfasst daher auch die negative Freiheit, einen Glauben nicht zu haben, nicht zu bekennen usw. In der Konsequenz der Religionsfreiheit liegt es, dass die bürgerlichen und staatsbürgerlichen Rechte sowie der Zugang zu den öffentlichen Ämtern vom religiösen Bekenntnis unabhängig sind. Religionsfreiheit ist heute in nahezu allen westlichen Staaten, insbesondere in Deutschland, der Schweiz und Österreich, anerkannt, wenngleich in den dargelegten Ausprägungen nicht überall in gleichem Umfang. Weiter gehende Unterschiede bestehen im Hinblick darauf, wie weit über die erwähnten vier religionsbezogenen Freiheiten hinaus auch allgemein das Handeln gemäß der eigenen religiösen Überzeugung, aus religiöser Motivation, von der Religionsfreiheit mit umfasst wird. Wird der Religionsfreiheit eine solche Ausdehnung gegeben, führt das immer dann, wenn die Religion nicht allein Gottesverehrung und Kultus, sondern auch das Weltverhalten der Gläubigen umgreift, leicht zu Konflikten mit der allgemeinen Rechtsordnung, und zwar mit der Tendenz, deren allgemeine Verbindlichkeit fall- und bereichsweise zu relativieren. In dieser Hinsicht hat die Rechtsprechung des Bundesverfassungsgerichts für die Bundesrepublik Deutschland einen verhältnismäßig weiten Schritt getan (BVerfGE 24, 226 [246 f.]), während die Rechts-

ordnungen der Schweiz und Österreichs insoweit betont zurückhaltend sind, indem sie die Freiheit der Religionsausübung wesentlich im Sinne der überkommenen Kultusfreiheit auffassen.
Religionsfreiheit betrifft unmittelbar nicht die Rechtsbeziehungen von Privaten untereinander, auch nicht das Verhältnis Eltern–Kinder, allerdings kann sie darauf mittelbar in gewisser Weise einwirken. Religiöse Erziehung der Kinder durch die Eltern wird durch das elterliche Erziehungsrecht begründet und begrenzt. Diesem steht nicht ein Grundrecht der Kinder auf Religionsfreiheit gegenüber, das als solches nur im Bürger-Staat-Verhältnis gilt; es wird allerdings begrenzt durch das Kinderwohl und endet mit der Mündigkeit des Kindes, die als Religionsmündigkeit in der Regel früher eintritt als die allgemeine Mündigkeit (in Deutschland und Österreich mit 14 Jahren, in der Schweiz mit 16 Jahren).
Rechtshandlungen unter Privaten, welche die Ausübung der Religionsfreiheit in bestimmter Richtung einzuschränken oder zu sanktionieren suchen (z.B. Enterbung oder Kündigung normaler Arbeitsverhältnisse wegen Konfessionswechsels oder Kirchenaustritts, Diskriminierung wegen bestimmter Religionszugehörigkeit) gelten heute allgemein als sittenwidrig und rechtsunwirksam. Ausnahmen kommen hier allenfalls im Bereich kirchlicher Arbeitsverhältnisse in Betracht.

## Historische Entwicklung

Historisch ist Religionsfreiheit jungen Datums. In der abendländisch-europäischen Entwicklung war sie weder im Mittelalter noch in der frühen Neuzeit anerkannt. Ihre Durchsetzung begann nach der Glaubensspaltung des 16. Jh.s stufenweise und territorial begrenzt, nur vereinzelt schon im 17., verstärkt dann unter dem Einfluss der ↗Aufklärung seit dem späten 18. und im 19. Jh., wobei v.a. Preußen den anderen Staaten voranging. In vollem Umfang verwirklicht wurde sie in Deutschland erst mit der Weimarer Reichsverfassung von 1919. Träger der Entwicklung zur Religionsfreiheit war der Staat, nicht die Kirchen. Der ↗Staat musste die Religionsfreiheit zumeist gegen den Widerstand der Kirchen durchsetzen, die, vom Absolutheitsanspruch der religiösen Wahrheit ausgehend, das Freiheitsrecht der Person verkannten oder hintanstellten. Am nachhaltigsten war der Widerstand der katholischen Kirche: Die Päpste des 19. Jh.s bis hin zu Leo XIII. haben ein äußeres Recht auf Religionsfreiheit wiederholt als gegen Natur- und göttliches Recht verstoßend abgelehnt; auch Pius - XII. formulierte in der sog. Toleranzansprache von 1953 nur ein Toleranzprinzip, nicht Religionsfreiheit; erst das Zweite Vatikanische Konzil hat 1965 Religionsfreiheit als äußeres ↗Recht und Prinzip der staatlichen Rechtsordnung vorbehaltlos anerkannt und sie nicht nur pragmatisch, sondern naturrechtlich, aus der Würde der menschlichen Person, sowie – theologisch – aus der Freiheit des Glaubensaktes heraus begründet. Allerdings haben auch etliche Staaten, nicht zuletzt im Zuge der modernen totalitären Bewegungen, die Religionsfreiheit (wieder) eingeschränkt oder verweigert.

## Anwendungsbereich

Für den Anwendungsbereich der Religionsfreiheit ist entscheidend, wie der Begriff der Religion zu bestimmen ist; er wird in den Verfassungsgarantien der Religionsfreiheit ebenso wie in der Erklärung über die Religionsfreiheit des Zweiten Vatikanischen Konzils nicht definiert, sondern vorausgesetzt. Probleme entstehen hierbei nicht, solange es um theistische Religionen und deren Denominationen geht; auch die asiatischen Religionen wie Buddhismus, Hinduismus, Konfuzianismus, Shintoismus werden ohne Weiteres dem Begriff Religion zugerechnet. Fraglich ist heute, ob auch alle in jüngerer Zeit aufgekommenen, sich als Religion verstehenden Sondergemeinschaften, Jugendreligionen und Weltanschauungen und inwieweit auch eher individuelle Glaubensvorstellungen, die von denen der Religionsgemeinschaft abweichen, dem Verfassungsbegriff der Religion und dem Schutz der Religionsfreiheit unterfallen. Maßgebend dafür kann *nicht allein* das Selbstverständnis der betreffenden Gemeinschaften oder der Einzelnen sein, wiewohl es in weitem Umfang zu berücksichtigen ist – Religionsfreiheit könnte dann zu beliebigen Zwecken in Anspruch genommen und unterwandert werden. Ebenso wenig kann dem Staat, der Religionsfreiheit zu gewährleisten hat, eine frei verfügbare inhaltliche Definitionskompetenz zukommen (ungeachtet seiner formellen Definitionskompetenz, weil es sich um staatliches Recht handelt). Soll Religionsfreiheit dem Staat vorausliegend bleiben, muss sich die nähere Bestimmung und Umgrenzung des Religionsbegriffs, die im Streitfall unerlässlich ist, an objektivierbaren Kriterien orientieren. Als solche können die aktuelle Lebenswirklichkeit von Religion oder ein aus Erfahrung und Tradition gewonnener und davon geprägter Begriff von Religion in Betracht kommen, wobei freilich keine Beschränkung auf europäische Tradition und Erfahrung stattfinden darf. Eine abschließende Klärung steht insoweit noch aus. Jedenfalls wenn wirtschaftliche Interessen und Betätigung allein dominieren und der religiöse Charakter nur als Überbau und Dekor dient, kann von einer Religion oder Religionsgemeinschaft nicht mehr die Rede sein. Dies ist z. B. für die Scientology-Organisation umstritten (BVerwGE 90, 112 [116 f.]).

Wird die Gewährleistung der Religionsfreiheit auch auf Weltanschauungen erstreckt, entfällt das Problem nicht; es verlagert sich auf die Bestimmung und Abgrenzung des Begriffs »Weltanschauung«. Eine solche Erstreckung findet in der Bundesrepublik jedenfalls bei der Bekenntnisfreiheit (Art. 4 I GG) statt; in der Schweiz ist dies nicht abschließend geklärt, wenngleich die Glaubens- und Gewissensfreiheit (Art. 15 schweiz. BV) eher weit interpretiert wird; in Österreich ist der religiöse Bezug der Glaubens- und Gewissensfreiheit (Art. 14 StGG) festgehalten.

### Ausgestaltung und Begrenzung

Eine nähere Ausgestaltung der Religionsfreiheit in ihren verschiedenen Erscheinungsformen durch die gesetzliche Rechtsordnung ist aufgrund ihrer Gewährleistung als ↗Grundrecht, soweit sie die Festlegung und Konkretisierung der bestehenden Grenzen verlässt, nur in geringem Umfang möglich. Immerhin ergeben sich im Bereich der Schule, des Rechts des öffentlichen Dienstes und der Förderung von Religionsgemeinschaften und religiösen Aktivitäten gewisse Gestaltungsmöglichkeiten. Auch wenn der Staat im Zeichen der Religionsfreiheit sich in seinen Einrichtungen und Vorkehrungen nicht mit einer Religion identifizieren oder sie diskriminieren darf (religiös-weltanschauliche Neutralität), können etwa die religiösen Bezüge im Schulwesen verschieden gestaltet werden: im Sinne einer übergreifenden offenen Neutralität, die für Betätigungen der Bekenntnisfreiheit Raum gibt, oder im Sinne einer eher distanzierenden Neutralität, die sie zurückweist. Zu beachten ist dabei aber, wie auch sonst (z. B. bei Förderungsmaßnahmen), der Grundsatz der Gleichbehandlung aller Religionsgemeinschaften und Bekenntnisse. Dieser schließt es aus, etwa christliche Bekenntnisbekundungen gegenüber anderen, die ungewohnt und kulturell fremd erscheinen (islamisches

Kopftuch), zu privilegieren. Solche Versuche führen im Ergebnis nur dazu, dass alle religiösen Bezüge zurückgedrängt werden, wie die Konflikte um das Kopftuchverbot und die Gerichtsurteile dazu zeigen.

Religionsfreiheit ist nicht grenzenlos. Wie jede rechtliche Freiheit kann sie nicht absolut sein, sondern nur im Rahmen der Rechte anderer und der Grunderfordernisse des sozialen Zusammenlebens Geltung haben. Eine Verletzung der Menschenrechte von Religionsangehörigen oder Dritten gehört nicht mehr zum Inhalt der Religionsfreiheit. Die staatliche Rechtsordnung untersagt deshalb z. B. Menschenopfer, Misshandlungen, Unterdrückung der Persönlichkeit auch dann, wenn diese als Religionsausübung auftreten. Wie die Grenzen der Religionsfreiheit im Einzelnen gezogen werden, hängt auch von der konkreten Rechtsordnung des einzelnen Staates, ihren Traditionen und ihrem *ordre public* ab; sie können weiter (liberaler) oder enger gezogen werden. Galt früher Religionsfreiheit nur im Rahmen der »allgemeinen Gesetze«, d. h. all jener, die nicht gerade die Religion betreffen, so wird heute in der Bundesrepublik, weil Art. 4 GG Religionsfreiheit ohne Einschränkungsvorbehalt gewährleistet, die Grenze weiter zurückgenommen und erst durch eine Abwägung zwischen der Religionsfreiheit und anderen verfassungsgeschützten Rechtsgütern bestimmt. Diese Entwicklung hat in der Schweiz und in Österreich nicht im gleichen Maße stattgefunden: In Österreich sind die traditionellen Einschränkungsmöglichkeiten zwar beibehalten, werden indes von der weitergehenden Gewährleistung des Art. 9 EMRK, die in Österreich mit Verfassungsrang gilt, überlagert. Die Schweiz kennt bei allen Grundrechten eine Einschränkungsmöglichkeit aus öffentlichen Interessen und zum Schutz von Grundrechten Dritter; die Einschränkungen müssen allerdings verhältnismäßig sein (Art. 36 BV).

ERNST-WOLFGANG BÖCKENFÖRDE

## Religionsgemeinschaften

Eine Religionsgemeinschaft ist ein Zusammenschluss von Menschen (in staatlich anerkannter oder nicht anerkannter Organisationsform) zum Zwecke der persönlich gemeinsamen und sachlich umfassenden Verwirklichung der von ihnen geteilten Weltanschauung mit Transzendenzbezug in Theorie und Praxis innerhalb des innerweltlichen Raum- und Zeitrahmens. Drei Elemente sind also für den Begriff konstitutiv: Menschenvereinigung (mit oder ohne staatsrechtliche Organisation), Weltanschauung mit Transzendenzbezug als deren Existenz- und Aktionsgrundlage sowie vereinter Einsatz der Angehörigen für eine Haltung der Menschen nach dieser Grundlage in möglichst allen Bereichen ihres privaten und öffentlichen Lebens.

### Rechtsstellung in Deutschland

Geregelt ist das Rechtsverhältnis zwischen ↗ Staat und Religionsgemeinschaft in der Bundesrepublik Deutschland durch das Verfassungs-, Gesetzes- und Verordnungsrecht des Bundes und der Länder. Von zentraler Bedeutung ist hier Art. 140 GG in Verbindung mit Art. 137 Abs. 1 bis 8 WRV. Religion ist weder reine Staats- noch reine Privatsache bzw. Religionsgemeinschaften sind weder staatliche noch allein private Organisationen (Art. 140 GG in Verbindung mit Art. 137 Abs. 1 und 5 WRV); ↗ Religion gilt als eine Angelegenheit mit direktem oder indirektem Bezug zum öffentlichen Leben bzw. Gemeinwohl, dessen sich sowohl der Staat als auch die Religionsgemeinschaft in einem System der staatlich koordinierten Wechselbeziehung annehmen. Der Staat kooperiert nach den Grundsätzen der religiösen und religionsgemeinschaftlichen Neutralität, Parität und ↗ Toleranz (Art. 3 Abs. 1 GG, Art. 4 Abs. 1 und 2 GG), die Religionsgemeinschaft nach dem Grundsatz der Selbstbestimmung im Rahmen der Rechts- und Staatstreue und des schonenden Ausgleichs zwischen Eigen- und Fremdinteressen (Art. 4 Abs. 1 und 2 GG, Art. 140 GG in Verbindung mit Art. 137 Abs. 2 und 3 S. 1 WRV). In diesem System treten die Religionsgemeinschaften entweder als privatrechtliche Organisationen (Vereine, Verbände) oder als öffentlichrechtliche Organisationen (Körperschaften *sui generis* [kein *numerus clausus!*]) auf (Art. 140 GG in Verbindung mit Art. 137 Abs. 4 und 5 WRV).

**Rechtsstellung in Österreich**

In der Republik Österreich bestimmt der Bund das Rechtsverhältnis zwischen Staat und Religionsgemeinschaften im Verfassungs-, Gesetzes- und Verordnungsrecht (Art. 10 Abs. 1 Ziff. 13 B-VG). Von zentraler Bedeutung sind hier Art. 15 StGG (im Verfassungsrang; Art. 149 Abs. 1 B-VG), das AnerkG und das RRBG (im Gesetzesrang): Religion ist weder reine Staats- noch reine Privatsache bzw. Religionsgemeinschaften sind weder staatliche noch allein private Organisationen. Vielmehr ist der österreichischen Rechtsordnung das System der staatlich koordinierten Wechselbeziehung eigen. Entsprechend der direkten und indirekten gesellschaftlichen Bedeutung ihrer Theorie und Praxis verleiht der zu religiöser Neutralität, Parität und Toleranz verpflichtete Staat (Art. 149 Abs. 1 B-VG in Verbindung mit Art. 14 StGG, Art. 15 StGG und Art. 63 StVStG) einer Religionsgemeinschaft (kein *numerus clausus!*) entweder den rechtspersönlichen Status einer gesetzlich anerkannten Körperschaft (in staatlich eher weniger vorgegebenen Strukturen) mit öffentlichrechtlichen Kompetenzen oder den einer gesetzlich nicht anerkannten Körperschaft (in staatlich vorgegebenen Strukturen) mit privatrechtlichen Befugnissen. Damit ist das organisationsrechtliche Verhältnis zwischen dem Staat und den Religionsgemeinschaften je nach deren Rechtsposition mehr oder weniger nah bzw. fern und in der Folge das aufgabenrechtliche Verhältnis im öffentlichen Bereich mehr oder weniger staatlich koordiniert. Je staatsnäher die Religionsgemeinschaften sich ausrichten, desto mehr wird ihr Recht auf Selbstbestimmung (Art. 14 StGG, Art. 15 StGG) durch die Pflicht zu Rechts- und Staatstreue und Drittinteressenachtung belastet (Art. 15 StGG, § 1 Ziff. 1 AnerkG in Verbindung mit § 11 Abs. 1 Ziff. 4 und 5 RRBG, § 5 Abs. 1 RRBG, § 9 Abs. 1 Ziff. 2 in Verbindung mit Abs. 2 Ziff. 3 RRBG).

**Rechtsstellung in der Schweiz**

Die Regelung des Rechtsverhältnisses zwischen Staat und Religionsgemeinschaft ist in der Schweizerischen Eidgenossenschaft nicht Sache des Bundes, sondern der einzelnen Kantone (Art. 72 Abs. 1 BV). Dem schweizerischen Religionsgemeinschaftsrecht fehlt mithin ein bundesrechtszentraler Kern. Dementsprechend gehen die Konzeptionen über die institutionelle Zuordnung der Religionsgemeinschaften zum Staat von Kanton zu Kanton auseinander. Immerhin lassen sich drei Grundkonzeptionen feststellen, die je nach Kanton unterschiedlich kombiniert werden: die Konzeption der privatrechtlichen Stellung (Organisation nach privatem Recht – Art. 52 ff. ZGB, Art. 60 ff. ZGB), die Konzeption der privatrechtlichen Stellung mit öffentlicher Anerkennung (Organisation nach privatem Recht – Art. 52 ff. ZGB, Art. 60 ff. ZGB – mit öffentlichrechtlichen Privilegien) und die Konzeption der öffentlichrechtlichen Stellung bzw. der öffentlichrechtlichen Anerkennung (Organisation nach kantonalem öffentlichem Recht). Entsprechend der direkten und indirekten gesellschaftlichen Bedeutung ihrer Theorie und Praxis verleiht der zu religiöser Neutralität, Parität und Toleranz verpflichtete Teilstaat (Art. 8 Abs. 1 und 2 BV, Art. 15 BV) einer Religionsgemeinschaft (teilweise parallel zu einem religionsgemeinschaftsrechtseigenen Status) den einen oder anderen staatsrechtlichen Status, mit dem mehr oder weniger Rechte auf Selbstbestimmung bzw. Autonomie und Pflichten zu Rechtstreue-, Staatstreue- und Drittinteressenachtung verbunden sind (Art. 15 BV, Art. 36 BV, Art. 57 BV, Art. 72 Abs. 2 BV).

**Rechtsstellung in der Europäischen Union**
Das geltende Gemeinschaftsrecht nimmt auf die institutionelle Stellung der Religionsgemeinschaft in der Europäischen Union in Art. 17 Abs. 1 und 3 der konsolidierten Fassung des Vertrags über die Arbeitsweise der Europäischen Union (Amtsblatt Nr. C 115 vom 9.5.2008) wie folgt Bezug: »Die Union achtet den Status, den Kirchen und religiöse Vereinigungen oder Gemeinschaften in den Mitgliedstaaten nach deren Rechtsvorschriften genießen, und beeinträchtigen ihn nicht« (Abs. 1). »Die Union pflegt mit diesen Kirchen und Gemeinschaften in Anerkennung ihrer Identität und ihres besonderen Beitrags einen offenen, transparenten und regelmäßigen Dialog« (Abs. 3). Die institutionelle Rechtsstellung der Religionsgemeinschaften innerhalb der Europäischen Union bestimmt sich also – unter Beachtung der Rechtspraxis der korporativen Religionsfreiheit (via Art. 6 der konsolidierten Fassung des Vertrags über die Europäische Union [Amtsblatt C 115 vom 9.5.2008]) – über die mietgliedstaatlichen Rechtsordnungen, zu denen sie sich räumlich, persönlich und sachlich zuordnen lassen.

ERWIN TANNER

## Religionssoziologie

Die Religionssoziologie ist eine Spezialdisziplin der Soziologie, die sich mit den religiösen Aspekten der Gesellschaft beschäftigt. Zugleich gilt sie auch als eine der wesentlichen Säulen der ↗Religionswissenschaft (neben Religionspsychologie, Religionsgeschichte, Religionsphilosophie usw.). In der Entwicklung der Religionssoziologie lassen sich mehrere Phasen unterscheiden: Sie geht auf die aufklärerische Religionskritik (↗Aufklärung) etwa von Hume, Kant und Feuerbach zurück. Sind diese religionskritischen Tendenzen schon in der Entstehung der Soziologie (etwa bei A. Comte) ausgeprägt, so setzt die eigentliche Religionssoziologie erst zu dem Zeitpunkt ein, als sich auch die Soziologie selbst institutionalisiert. Es sind die »Klassiker« der Soziologie (M. Weber, É. Durkheim, G. Simmel usw.) an der Wende zum 20. Jh., die die Religionssoziologie zu einem zentralen Feld soziologischer Forschens machen. So weist Durkheim nach, dass ↗Religion in ihrer »elementaren Form« ein konstitutives Prinzip von Gesellschaft überhaupt ist. Weber sucht ihren entscheidenden Beitrag zur Ausbildung der modernen Gesellschaft aufzuzeigen. So zentral die Klassiker der Soziologie die Bedeutung der Religion einstufen, so teilen sie doch die Meinung, dass die Religion ihre Bedeutung in der modernen Gesellschaft einbüßt. Die Soziologie folgt in der nachklassischen Phase dem Paradigma der Säkularisierung und untersucht seither den steten Rückgang der Religion. Dies gilt insbesondere für die großen religiösen Organisationen, die Gegenstand der häufig quantitativ verfahrenden »Kirchensoziologie« sind. Seit den 1960er-Jahren breitet sich – etwa bei P. Berger, Th. Luckmann und N. Luhmann – ein »neoklassisches« Paradigma aus, das der Religion auf Grundlage eines sehr breiten, »funktionalen« Religionsbegriffes wieder eine bedeutsame Rolle für die Gegenwartsgesellschaft zuschreibt, indem sie auch ihre weiteren, »unsichtbaren« Formen in Betracht zieht. Zu Ende der 1970er-Jahre rücken in einer immer umfassenderen globalen Perspektive neue Formen der Religion in den Blick, die zum Begriff einer »Resakralisierung« oder »Entsäkularisierung« führen.

**Der Gegenstand der Religionssoziologie**

Gegenstand der Religionssoziologie ist die gesellschaftliche Verfasstheit von Religion und ihre Veränderungen. Denn was immer Religion für den einzelnen Menschen bedeutet, auf welche Wirklichkeit sich religiöse Erfahrung, Handeln und Glaube beziehen mag – Religion nimmt immer auch eine soziale Gestalt an. So werden Kirchen oder Sekten als Formen sozialer Institutionen, charismatische Führer als soziale Rollen oder Identitäten und Dogmen als Formen sozialen Wissens, sozialer Handlungen oder sozialer Kommunikation verstanden, in denen das Verhältnis des Individuums zur Gesellschaft auf eine spezifische Weise gestaltet wird.

Diese Erkenntnis bildet den Ausgangspunkt der Religionssoziologie. Sie betrachtet Religion und Gesellschaft nicht als zwei getrennte Bereiche. Vielmehr weist die Religion eine soziale Dimension auf, die ihre Inhalte mitbestimmt, und die Gesellschaft weist eine »religiöse« Dimension auf, die ihr Sinnhaftigkeit verleiht. So überrascht es nicht, dass der Soziologe Durkheim in seinen Untersuchungen zum Schluss kam, dass sich Religion und Gesellschaft auf eine solche Weise überschneiden, dass der Glaube an eine Wirklichkeit der Religion in der Existenz einer sozialen Ordnung begründet sei. Religion erfüllt demnach eine wesentliche Funktion zur Konstruktion der sozialen Ordnung. Weil diese Ordnung von Menschenhand gemacht wird, gilt die Religion aus soziologischer Sicht als ein soziohistorisches Gebilde, das in Kommunikation »offenbart«, in Handlungen realisiert und von Experten zu Sinnsystemen ausgebaut wird. Dies zeigt sich im soziologischen Vergleich etwa daran, dass sich die Theologien kriegerischer Gesellschaften von denen solcher Gesellschaften unterscheiden, die auf Handel gegründet sind, dass die Jenseitsvorstellungen hierarchischer Gesellschaften anders aussehen als die egalitärer und dass Menschen in städtischen Kulturen andere religiöse Erfahrungen machen als solche in ländlich-bäuerlichen Kulturen.

Die Ordnung menschlicher Gesellschaften ist nicht von den Einzelnen unabhängig. Sie existiert nur in und durch die Handlungen der Individuen. Religiöse Vorstellungen gehören zu den wichtigsten Sinnelementen des menschlichen Handelns. M. Weber stellte die entscheidende Rolle der Religion für die Orientierung alltäglicher Handlungen heraus. Selbst das wirtschaftliche Handeln ist demnach von religiösen Orientierungen geleitet. Die Entwicklung der abendländischen Form des Kapitalismus und der empirisch-rationalen Wissenschaft ist nicht möglich ohne den Berufsgedanken, ohne den Prädestinationsgedanken und die »innerweltliche Askese« des Protestantismus.

Zur Untersuchung der Religion hat sich die Unterscheidung verschiedener *Dimensionen* als nützlich erwiesen. Dabei hat das Mehrdimensionenmodell von Ch. Y. Glock große Bedeutung erlangt. Glock sah die Religion als ein System von Symbolen, Glaubenssätzen und Werten, die sich auf übernatürliche Kräfte einer jenseitigen Welt beziehen und die Welterfahrung interpretieren. Die Bedeutung der Religion für das Individuum steigt in dem Maße, wie das Verhältnis des Individuums zur Umwelt gestört wird: Wirtschaftliche Benachteiligung, soziale Ungleichheit, psychische Schwäche oder körperliche und geistige Behinderung stellen die Ansatzpunkte für Religion dar. Glock unterscheidet fünf Dimensionen: die *ideologische Dimension des Glaubens,* die gemeinsame Glaubensüberzeugungen der Mitglieder einer Religion umfasst; die *rituelle Dimension der Praxis,* wie etwa Gottesdienst, Trauung oder Tischgebet; die *Dimension der religiösen Erfahrung,* also der emotionalen Beziehung zu jenseitigen Kräften; die *intellektuelle Dimension des religiösen Wissens,* also der argumentative Umgang mit Lehrsätzen und Quellen der Religion; die *ethische Dimension der religiösen Wirkung,* also die religiösen Normen und Werte, die sich in Handlungen ausdrücken.

Diese Versuche der Bestimmung weisen darauf hin, dass die Wissenschaft ihren eigenen Religionsbegriff schafft. Um ethnozentrische Gleichsetzungen abendländischer Vorstellungen von Religion mit denen anderer Kulturen zu vermeiden und Vergleichsmöglichkeiten zu schaffen, werden bestimmte Grundfunktionen identifiziert, wie etwa Nomisierung (Berger), Transzendieren (Luckmann) oder Kontingenzbewältigung (Luhmann). Diese Versuche eines wissenschaftlichen Oberbegriffes für das, was wir Religion nennen, sollten vom kulturspezifischen Religionsbegriff unterschieden werden. Gerade in europäischen Gesellschaften ist es häufig sinnvoll, den *institutionell vorherrschenden Begriff der Religion,* wie er von Kirchen vertreten wird, von einem *Alltagsbegriff* zu unterscheiden, den Mitglieder und Nichtmitglieder der religiösen Organisation teilen.

**Die soziologische Betrachtungsweise**

Diese Unterscheidung macht deutlich, dass die soziologische Betrachtungsweise von Religion Eigenheiten aufweist, die auch als »immanent« und »wertneutral« bezeichnet wird. Sie zeichnet sich dadurch aus, dass Religion mit Blick auf ihre Rolle für den zwischenmenschlichen Umgang, für die Orientierung des sozialen Handelns und für die Legitimierung sozialer Ordnung untersucht wird. Dabei richtet sie sich auf die sozialen Strukturen (z. B. liturgische ↗Rituale) wie auf die Organisationsstruktur religiöser Bewegungen und ihre Wissenssysteme. Sie geht davon aus, dass auch vermeintlich individuelle religiöse Erfahrungen und Vorstellungen oft auf kulturellen Mustern beruhen, die in besonderen Gesellschaften vorherrschen. Zu den Gegenständen der Religionssoziologie zählen damit auch verborgene oder jenseitige Wirklichkeiten, sofern sie Bedeutung für die Handelnden haben.

Die soziologische Betrachtungsweise zeichnet sich zudem dadurch aus, dass sie strikt immanent verfährt. Auch bei religiösen Phänomenen konzentriert sie sich v. a. auf die Aspekte, die alltäglich auch anderen zugänglich sind. Geister, Götter und Dämonen sind für sie insofern von Interesse, als sie Folgen für das Handeln der Menschen haben. Unabhängig davon, ob sie »objektiv« existieren, treten sie in Gebeten, Ritualen, Symbolen und Organisationen gewissermaßen sozial in Erscheinung. Diese immanente Betrachtungsweise enthält sich deswegen eines Urteils darüber, ob die in den sozialen Formen verkörperten Wesenheiten und Wirklichkeiten existieren. Ihr geht es also auch nicht um das »Wesen« der Religion, sondern um ihre sozialen Formen und Inhalte.

Damit verbunden ist ein drittes Merkmal der soziologischen Betrachtungsweise. Als eine analytische und empirische Wissenschaft versucht sie, »wertneutral« zu sein, d. h., sie zielt nicht darauf, Handlungsmaximen zu formulieren, Moral zu predigen oder über die Existenz dessen, woran Menschen glauben, Urteile zu fällen. Mit Bezug auf religiöse Phänomene ist deswegen auch von einem methodologischen ↗Agnostizismus die Rede.

## Methoden und Theorien: die wissenschaftliche Vorgehensweise

Natürlich wirft der Versuch, mit solch vorbelasteten Werten besetzte Gegenstände »wertneutral« zu untersuchen, Schwierigkeiten auf. Die Religionssoziologie versucht zum einen den Problemen mit einer ausgebauten Methodologie zu begegnen, die sich mit der Frage nach den Bedingungen der Möglichkeit wissenschaftlicher Erkenntnis auch auf dem Gebiet des sozialen Lebens beschäftigt. Zum anderen hat die Soziologie eine immense Zahl von Methoden entwickelt, mit der sie zu verlässlichen und intersubjektiv glaubwürdigen Aussagen zu gelangen sucht. Dazu gehören nicht nur die auch in der Religionssoziologie gebräuchlichen standardisierten Methoden der Umfrageforschung und die damit verbundenen statistischen Verfahren. Gerade um die Besonderheit der religiösen Wirklichkeiten zu erfassen, wurden besonders in jüngerer Zeit auch viele qualitative Methoden entwickelt, die von Interviews über qualitative Inhalts- und Kommunikationsanalyse bis hin zu den komplexeren Verfahren der ethnografischen Feldforschung reichen.

Die Wissenschaftlichkeit ihrer Fragestellung wird schließlich durch eine Theorieproduktion gesichert, die es erlaubt, religiöse Phänomene aus der gesicherten Distanz der Wissenschaft zu verstehen und zu erklären. Die Religionssoziologie hat viele Theorien hervorgebracht, die in der Theologie, Anthropologie und Religionswissenschaft u. a. ihren Niederschlag finden und Modelle zur Erklärung der Rolle der Religion insbesondere in der modernen Gesellschaft bereitstellen.

## Beobachtung der Religion in einer unübersichtlichen Gesellschaft

Diese Theorien zielen nicht auf Sinngebung, denn die Religionssoziologie will weder Religion noch Ideologie noch Glaubensinhalt sein. Ihr Ziel besteht vielmehr in der wissenschaftlichen Beobachtung der religiösen Entwicklungen innerhalb der Gesellschaft. Wissenschaftliche Beobachtung schließt die Verfolgung praktischer Interessen (z. B. religiöser Gruppierungen) ebenso aus wie die Befriedigung einer massenmedialen Sensationslust, sondern soll das leisten, was man als Beobachtung der Religion bezeichnen kann. Denn die Religion in der modernen Gesellschaft zeichnet sich durch rasche Veränderungen und viele Erscheinungsformen aus. Die Diskussion um die abnehmende Rolle der Kirchen, die viel diskutierte Bedrohung durch »Sekten«, fundamentalistische Bewegungen und das Auftreten östlicher, okkultistischer oder esoterischer Glaubensinhalte – all das wirft die Frage danach auf, welche Rolle die Religion in der modernen Gesellschaft spielt. Diese Frage gewinnt dadurch noch an Dringlichkeit, dass auch zunehmend anscheinend nichtreligiöse Sinnsysteme die Rolle einnehmen können, die man herkömmlich den Kirchen und Denominationen zuschrieb. Diese religiösen Entwicklungen sind zudem eingebettet in Prozesse der Pluralisierung, Globalisierung, Individualisierung und Privatisierung, die zu einer immer größeren Komplexität der Gesellschaft führen. Indem die Religionssoziologie die Entwicklungen im religiösen Bereich vor dem Hintergrund gesellschaftlicher Prozesse betrachtet, beschreibt sie nicht nur eine unübersichtliche religiöse Situation, sondern trägt auch zur Klärung der Frage bei, was Religion ist und welche Rolle die Religion in der gegenwärtigen Gesellschaft spielt.

HUBERT KNOBLAUCH

# Religionsstifter

## Begriff

Wie der Begriff ↗ Religion eine eindeutige inhaltliche und funktionale Definition nicht zulässt, so ist es auch mit dem Terminus »Religionsstifter«, der sich im Unterschied zum Begriff »Religionsgründer« mehr und mehr durchgesetzt hat. Eine Religion bzw. die Religionen werden eben nicht im Sinne einer Vereinsgründung (Sportverein, Musikverein usw.) begründet oder gegründet. Religionen selbst erscheinen als gestiftet. Ein Stifter ist primär Zeuge der Offenbarung. Damit ist grundlegend für eine »Stiftung« ein religiöses Erlebnis oder eine religiöse Erfahrung gegeben, die in sich ursprünglich und damit einmalig ist, insofern Gott oder das Göttliche Urheber einer solchen Erfahrung ist. Zugleich aber ist jede religiöse Erfahrung hineingestellt in einen bestimmten Kontext, ist das Erlebnis angeregt und ausgelöst von einer vorhergehenden Gotteserfahrung. Wohnt der religiösen Erfahrung des Stifters eine besondere Gewalt inne, sodass es viele Erlebnisse anregt und historisch weiterwirkt, so sprechen wir von einer »Religionsstiftung«. Religionsstiftung ist demnach eine eminent historische Größe, wie dann das Wesen des Religionsstifters nur vom Effekt seines Wirkens her gezeichnet werden kann.

## Phänomen

Jede Religion beruft sich in der Regel in ihrer Darstellung mehr oder weniger auf eine Stiftergestalt: das Judentum auf Mose; der Zoroastrismus auf Zarathustra; Buddha steht für den Buddhismus; das Christentum beruft sich auf Jesus von Nazaret; für die Muslime steht Mohammed am Beginn ihrer Religionsgeschichte. Der Sikhismus beruft sich auf Guru Nanak und die Bahai auf Baha'ullah. Die exemplarisch genannten »großen« Religionsstifter traten jedoch nicht mit der Absicht auf, eine neue Religion zu stiften, vielmehr wollten sie den überkommenen Glauben ihrer Väter erneuern bzw. erfüllen. Mose wurde von JHWH erwählt, um sein Volk aus der Knechtschaft des Pharao zu befreien und in das gelobte Land zu führen. Jesus, der sich von Gott gesandt wusste, ging es um die Erfüllung der Schrift, damit der Wille des Vater-Gottes erkannt wird. Der Prophet Mohammed, das Schreibrohr Gottes *(kalam Allāh)*, verkündete nicht einen neuen Glauben, sondern das unverfälschte, reine Wort Gottes. Selbst Buddha, der Gott bzw. Götter weder geleugnet noch zur Sprache gebracht hat und sich daher im Unterschied zu den Propheten nicht an ein Wort Gottes gebunden weiß, spricht vom alten Weg, den er wieder entdeckt hat. Der Vorwurf, mit der religiösen Tradition gebrochen zu haben, ist aus den Schriften der Religionsstifter selbst oder solchen, die von Jüngern aufgezeichnet und auf die Religionsstifter zurückgeführt werden, herauszulesen. Aufgrund des Verbindlichkeitsanspruchs, mit dem die Religionsstifter ihre Lehre verkündeten und nach der sie entsprechend ihr Leben ausrichteten, wurden sie von der vorherrschenden religiösen Umwelt als ein Fremdkörper empfunden. Das konnte zur Folge haben, dass der Tod des Religionsstifters ein gewaltsamer war (wahrscheinlich bei Zarathustra, sicher der Kreuzestod Jesu Christi). Für die Nachfolgegemeinschaften der Religionsstifter ist hingegen nicht die religiöse Umwelt des Stifters entscheidend, sondern die von ihm ausgehende Umprägung und der Neubeginn.

Wie nicht jedem Religionsstifter eine kultische Verehrung zuteil geworden ist, haben die Religionsstifter auch in der Regel kein lückenloses System entworfen bzw. hinterlassen, in dem bereits auf jede Frage eine Antwort gegeben wurde und in dem Lehre und Leben vollständig geregelt sind. Die Nachfolger sind dann genötigt, die Lücken der Intention der heiligen Schriften gemäß auszufüllen.

**Neureligiöse Bewegungen**

In den neureligiösen, nachchristlichen wie nachislamischen Bewegungen ist der Religionsstifter eine starke Persönlichkeit, die häufig charismatische Züge trägt. Ein Berufungserlebnis, zurückgeführt auf eine Vision oder Audition, gibt der Gestalt das nötige Selbstbewusstsein und die damit verbundene Sicherheit, um seine religiöse Erfahrung mitzuteilen und Anhänger um sich zu sammeln. Für die Gemeinschaft wird zunächst das Charisma der Person und erst im Nachhinein die Lehre zu einem konstituierenden Faktor der Gemeinschaft (z. B. Transzendentale Meditation des Maharishi Mahesh Yogi; Kinder Gottes des David Berg, genannt »Moses«, MO; Bhagvan Shri Rajneesh). Es kann aber auch unabhängig von der Person die Lehre sein (z. B. bei den Mormonen das Buch Mormon und andere Offenbarungen des Stifters Joseph Smith; bei der Church of Scientology die Lehren des Lafayette Ronald Hubbard). Einen eigenen Platz unter den im Entstehen befindlichen Religionen nimmt die Vereinigungskirche des Koreaners San Myung Mun ein. Mun nennt als entscheidend für seine Erwählung eine Christusvision zu Ostern 1936. Seine Lehre aber ist – und hier ist er als Stifter exemplarisch für alle neureligiösen Bewegungen – nicht allein auf das Christentum bezogen. Die Lehren Muns enthalten auch konfuzianisch-buddhistische wie gnostische Elemente. Ob Mun – oder auch die anderen Stifter unserer Zeit – als Religionsstifter in die Religionsgeschichte eingehen werden, ist offen. Nach seinem Tod erst wird sich entscheiden, ob die von Mun gestiftete Vereinigungskirche in der Geschichte wirksam bleiben wird. Grundsätzlich zeigt sich für die im Werden sich befindenden Religionen, dass Informationen über die Stifter so gut wie kaum zu erhalten sind. Selbst bei den Religionen, die unter unseren Augen entstehen (z. B. die Vereinigungskirche), schwankt das »Charakterbild des Stifters« noch zu Lebzeiten durch apologetische und z. T. polemische Einseitigkeiten, sodass es so gut wie ausgeschlossen ist, ein korrektes Bild des Religionsstifters zu entwerfen.

GÜNTER RISSE

## Religionswissenschaft

Die Religionswissenschaft hat sich seit der zweiten Hälfte des 19. Jh.s an europäischen Universitäten etablieren können. Vorläufer der Religionswissenschaft finden sich im Kontext der griechisch-römischen Religions- und Mythenkritik, bei frühchristlichen Apologeten, im Rahmen des Konflikts mit Islam und slawischen Religionen im Hochmittelalter, bei dem humanistischen Interesse an der antiken Religionswelt, bei der Begegnung mit den Religionen Amerikas, Afrikas und Asiens in den Reise- und Missionarsberichten des 16./17. Jh.s, im Kontext der jesuitischen Missionstätigkeit in China, Japan, Paraguay und Kanada, in ↗Aufklärung und Romantik. Frühe religionsgeschichtliche Interessen im Islam zeigen al-Biruni (973–um 1048) mit seiner *Geschichte Indiens* und al-Shahrastani (1086–1153) mit seinem *Buch der Religionen und Glaubenssysteme*. Al-Ghazalis (1095–1111) *Wiederbelebung der Religionswissenschaften* ist ein Kompendium islamischer Theologie und Ethik (*ulum ad-din:* »Wissen[schaften] der [islamischen] Religion«), keine Religionswissenschaft im modernen Sinne. Auch wenn religionswissenschaftliche Pionierarbeit primär in Europa geleistet wurde, so wird diese Wissenschaft inzwischen auf allen Kontinenten betrieben.

Der Begriff Religionswissenschaft ist älter als die damit bezeichnete Disziplin.

Einer ihrer Gründerväter, der Indologe und Sprachwissenschaftler F. M. Müller, verwendete *Science of Religion* im Untertitel seiner Essaysammlung *Chips from a German Workshop* (Bd. 1, 1867). Frühere Verwendungen des Begriffs im 18./19. Jh. bezeichnen meist philosophische, auf das Christentum bezogene Ausrichtungen.

Dem 1935 seines Amtes enthobenen, dann in den USA wirkenden Gelehrten J. Wach (1898–1955) verdankt das Fach seine wissenschaftstheoretische Grundlegung als empirische Disziplin und die Aufteilung in einen historischen und systematischen Zweig (*Religionswissenschaft. Prolegomena zu ihrer wissenschaftstheoretischen Grundlegung,* 1924). Die Religionsgeschichte ist die Basis für die systematische Erforschung der ↗Religionen. Systematisch meint im Unterschied zur Theologie nicht die Beschäftigung mit Wahrheit, Wert und Verbindlichkeit religiöser Aussagen. Es ist Aufgabe der Religionssystematik, religiöse Phänomene zu ordnen, zu klassifizieren, eventuell Typen zu bilden. Die Hauptmethoden der systematischen Religionswissenschaft sind Vergleichen und Verstehen, Begriffsbildung und Formulierung empirisch überprüfbarer Theorien.

Im Unterschied zur Religionswissenschaft und ihrem Blick für das Ganze der Religion(en) untersuchen die Humanwissenschaften einzelne ihrer Aspekte. Als ↗Religionssoziologie und -psychologie sind sie Teildisziplinen der Psychologie und Soziologie und erklären Religion(en) durch Rekurs auf Psychisches bzw. Soziales. Bei der Erforschung der Gegenwartsreligion(en) bewähren sich neue Verfahren: »mündliche Religionsforschung« (Greschat), Methoden der qualitativen Religionsforschung (Baumann, Knoblauch). Zu den Klassikern der Ethnologie zählen u. a. E. B. Tylor, B. Malinowski, C. Lévi-Strauss, E. Evans-Pritchard und C. Geertz. Die Religionspsychologie leitet sich sowohl von der allgemeinen Religionsgeschichte als auch der Psychologie ab. W. James' Klassiker *Die Vielfalt religiöser Erfahrung* (1901) ist religionswissenschaftlich neu zu entdecken. Biologen thematisieren Religion(en), indem sie ↗Rituale, Zeremonien, Verhaltensweisen (Aggression, Altruismus u. a.) usw. evolutionsbiologisch deuten. Die Religionsgeografie (in Skandinavien: Religionsökologie), betrieben von Religionswissenschaft und Geografie, analysiert wechselseitige Beziehungen zwischen »Religionskörper« und Umwelt. Die vielfältigen Bezüge von Religion(en) zu anderen kulturellen und gesellschaftlichen Bereichen (Ästhetik, Wirtschaft, Recht, Politik) und neue Fragestellungen (Gender) haben zur Bildung von Bindestrichdisziplinen geführt. Nach wie vor klärungsbedürftig ist das Verhältnis von Religionswissenschaft und Philosophie. Neben Abgrenzungen aus methodologisch-wissenschaftstheoretischen Gründen mehren sich neuerdings Zuordnungen, z. B. im Anschluss an die analytische Philosophie (Berner) bzw. die »interkulturelle Philosophie« (Mall).

### Religionsphänomenologie

Ein Schwerpunkt der Systematischen Religionswissenschaft ist die Religionsphänomenologie, die Erforschung der die Religion(en) konstituierenden Elemente: heilige Gegenstände, Orte, Zeiten, Handlungen, Worte und Schriften, Menschen, Gemeinschaften, Gottes-, Offenbarungs-, Erlösungs- und Jenseitsvorstellungen, Formen religiösen Erlebens. Als Begründer dieser Disziplin gilt der niederländische Religionsforscher P. D. Chantepie de la Saussaye (1848–1920). In seinem *Lehrbuch der Religionsgeschichte* (1887) versuchte er, die »Hauptgruppen religiöser Erscheinungsformen« zu ordnen. Zu den älteren Vertretern zählen u. a. C. P. Tiele (1830–1902), E. Lehmann (1862–1930), W. B. Kristensen (1867–1953). Der niederländische Theologe, Religionshistoriker und Ägyptologe G. van der Leeuw (1890–1950) brachte unter dem Einfluss E. Husserls (1859–1938) einen starken philosophischen Einschlag in die Religionsphänomenologie. Kernbegriffe seiner Methode sind *Epoché* (»Einklammerung«: Zurückhalten des eigenen Urteils) und *Eidos* (»Wesen«). Van der Leeuws Hauptwerk *Phänomenologie der Religion* (1933, ²1956) wird seit Langem kritisch gesehen. In den letzten Jahren hat sich das Gesicht der Religionswissenschaft erheblich verändert. Die 1950 von J. Wach in seinem Aufsatz »Über das Lehren der Religionsgeschichte« beschriebene, seit dem Ende des Ersten Weltkriegs anhebende »vierte Epoche« in der Geschichte dieser Wissenschaft, für welche Namen wie R. Otto, N. Söderblom, G. van der Leeuw, F. Heiler, G. Mensching, M. Eliade, K. Goldammer und J. Wach stehen, ist durch theoretische und methodologische Neubesinnungen abgelöst worden, die grundlegende Voraussetzungen der »Klassiker« nicht teilen. Diese Religionswissenschaftler stehen in einer Tradition, in welcher der Begriff des ↗ Heiligen eine zentrale Rolle spielt. Sie geht auf evangelische Theologen zurück, wobei v. a. R. Otto prägend gewirkt hat. In seinem Klassiker *Das Heilige* (1917) hob Otto hervor, dass das Wesen der Religion nicht in bestimmten Aussagen über Gott, Jesus Christus, den Heiligen Geist, Kirche usw. bestehe, sich auch nicht auf Ethik reduzieren lasse. Im Zentrum stehe die Erfahrung des *Heiligen* oder *Numinosen* (von lat. *numen* = »Wink« bzw. Wille der Gottheit; in diesem Numinosen – »das Heilige minus seines sittlichen [...] und [...] minus seines rationalen Momentes« sah Otto das Zentrum der Religion).

Gegen Ende der 1960er-Jahre geriet die »Religionswissenschaft des Verstehens« in das »Fegefeuer der Methode«. Seither stellt sie sich in einer pluralistischen Gestalt dar (↗ Pluralistische Religionstheologie). Ein religionsphänomenologischer Neuansatz verbindet sich mit J. Waardenburgs »Neustil-Religionsphänomenologie«, die der Theoriebildung große Aufmerksamkeit widmet.

Eine anthropologisch gewendete *kontextuelle* Religionsphänomenologie interessiert sich dafür, inwieweit Religionen den von Routine und Mechanismus geprägten Alltag beeinflussen.

### Religion(en) als sicht- und hörbare Welten

Die textorientierte hermeneutisch-philologische Religionswissenschaft interessierte sich für *historische* Religionen. Der zu Beginn der 1970er-Jahre begonnene, 20 Jahre später wieder abebbende *Visual, Pictorial* oder *Iconic Turn* machte auf die sichtbare Seite der Religionen aufmerksam. Eine Notwendigkeit, die nicht weniger wichtige *hörbare* Seite der Religion(en) zu erforschen, wurde bislang kaum erkannt. Die Religionsästhetik dokumentiert nach wie vor die Randständigkeit von (Zu-)Hören und Horchen, von Klängen, Tönen und Geräuschen.

Analog zur *visible religion* ist es an der Zeit, das Programm einer *auditive religion* zu entwickeln, eventuell einen *auditive turn* in der »tauben« Religionswissenschaft in Gang zu bringen – mit Blick auf eine religionswissenschaftliche Gesamtästhetik.

### Aufgabenfelder der Religionswissenschaft

Die Religionswissenschaft beschäftigt sich mit den *konkreten* Religionen der Vergangenheit und Gegenwart. Dem Religionswissenschaftler tritt Religion immer als ein Ganzes mit verschiedenen Dimensionen entgegen: Gemeinschaft, Handlungen, Lehren, Erfahrungen. Die

Erforschung der Religion(en) erfordert die angemessene Berücksichtigung der Beziehungen der Religionen zueinander, ihrer Vorstellungen voneinander, der politisch-ökonomisch-sozialen Determinanten sowie ihrer vielfältigen Tradierungen.

Die Gegenstände der Religionswissenschaft, die empirischen Religionen, sind in historische Kontexte eingebunden und nicht ohne sie erforschbar. Rationalität, Exaktheit, intersubjektive Überprüfbarkeit, »methodischer ↗Agnostizismus«, Deskription, Verzicht auf absolute Wahrheits- und Werturteile sind wichtige Merkmale von Religionswissenschaft. Vorherrschend ist das Verständnis von Religionswissenschaft als kulturwissenschaftliche Disziplin: Religion gilt als Eigenschaft des Menschen, so wie Kunst und Spiel. Mensching stellte nicht erst 1959 heraus, »dass alle echte Religionswissenschaft auf eine empirische Tatsachengrundlage bezogen sein muss [...] Die Tatsachengrundlage [...] liefern die historischen Religionen der Welt in ihren Kultbräuchen und Gottesvorstellungen, ihren ethischen Anschauungen und Glaubenshaltungen. Wenn wir hier von Tatsachen sprechen, so liegt der Tatsachencharakter nicht etwa darin, dass die in den verschiedenen religiösen Traditionen überlieferten Vorstellungen, die mythischen Berichte und die an die Kultpraktiken geknüpften Erwartungen Tatsachen, also objektive Wirklichkeit betreffen und also in diesem Sinne ›wahr‹ sind, sondern darin, dass alle diese Erscheinungsformen religiösen Lebens historisch sind, d.h. in der Ebene der tatsächlichen Geschichte gegeben sind.«

Die Objekte der Religion(en) sind *nicht* die Objekte der Religionswissenschaft, wenngleich der Religionswissenschaftler die Bedeutung dieser Objekte für die Gläubigen aufmerksam registrieren sollte. Die Religionswissenschaft geht »von außen« (F. Stolz) an die Religionen heran. Sie ist aber nicht in einem naiven Verständnis »objektiv«; denn jeder Religionswissenschaftler besitzt ein Vorverständnis von Religion(en): europäische Forscher ein anderes als indische, chinesische und afrikanische. Religionswissenschaft setzt keine bewusste Glaubenszustimmung voraus, verfolgt keine unmittelbaren religiösen Ziele. Als empirische Disziplin beschäftigt sie sich nicht mit Gottesbeweisen oder -bestreitungen, nicht mit Offenbarung im Sinne objektiver Wahrheit, wohl aber mit Menschen aller Zeiten, Räume und Religionen, die in Bildern, Texten, Musik, in Riten und Gesprächen Auskünfte über die von ihnen für wirklich gehaltenen Götter, höheren Wesen usw. geben.

## Perspektiven: Praktische Religionswissenschaft

Geringere Beachtung haben die religiösen Tradierungen unter besonderer Berücksichtigung ihrer Träger, Strukturen, Vermittlungsprozesse und Inhalte erfahren. »Primäre Religionstradierungen« betreffen die Religionstraditionen und ihre eigenen Vermittlungsprozesse (u.a. religiöse Unterweisung). »Sekundäre Religionstradierungen« haben es mit dem Fortwirken der Religion(en) durch Kommunikatoren, Medien und Rezipienten zu tun (u.a. Sprache, Massenmedien, Ausstellungen, Literatur, Populärkultur, Werbung).

Im Entstehen begriffen ist eine *Praktische Religionswissenschaft*. Diese versteht sich als Verbundwissenschaft aus mehreren Einzelwissenschaften (Religionswissenschaft, Sozialwissenschaften, Psychologie, Phänomenologie, Sprach- und Kulturwissenschaft[en], Angewandte Ethik, Praktische Theologie). Die inter- bzw. transdisziplinäre Praktische Religionswissenschaft versucht, aus den Erkenntnissen verschiedener Wissenschaften Regeln, Modelle, Gestaltungsempfehlungen für das Handeln in der Praxis zu entwickeln. Praktische Religionswissenschaft ist kein Anhängsel der reinen, reduziert auf die »Anwendung« religionswissenschaftlicher Erkenntnisse auf praktische Probleme, also keine »angewandte« Religionswissenschaft. Sie hat ihre eigene Identität, charakteristische theoretische Optionen, Fragestellungen, methodische Verfahren, ein *viables* (praktisches, hilfreiches, nützliches) Erkenntnisinteresse sowie eigenes Gegenstandsfeld. Zu den Vordenkern Praktischer Religionswissenschaft zählen G. Mensching, M. Eliade und Wilfred Cantwell Smith.

UDO TWORUSCHKA

## Risshō Kōseikai

Die Risshō Kōseikai (»Gesellschaft zur Errichtung von Gesetz und Gemeinschaft«) wurde 1938 von Niwano Shikazō (später Niwano Nikkyō, 1906–1999), der sein Geld als Milchmann verdient hatte, und der Bauerntochter Masa Naganuma (später Myōkō Naganuma, 1889–1957) gegründet, die beide ihre Herkunft in der Reiyūkai hatten. Aus dieser übernahmen sie die Orientierung am Lotus-Sutra und seiner Interpretation durch den mittelalterlichen Mönch Nichiren (1222–1282). Nach einer Unterbrechung durch die Kriegszeit erlebte die Risshō Kōseikai in den 1950er-Jahren mit ihrem Programm einer alltagsorientierten buddhistischen Laienpraxis und Seelsorge eine rasche Expansion, die 1959 in der Errichtung des nationalen Zentrums mit der großen Versammlungshalle Daiseidō in Tokio resultierte. Die Halle (für 50 000 Menschen) wurde im orientalischen Rundstil, der an eine Moschee mit acht Minaretten (Treppenhäuser!) erinnert, gebaut. Nach dem Tod Naganumas war Niwano bis 1991 alleiniger Präsident; ihm folgte sein ältester Sohn Nichiko Niwano.

Tägliche Aktivitäten der Risshō Kōseikai sind das Rezitieren (»Chanten«) des Mantras *(Daimoku) »namu myōhō renge kyō«* sowie das Lesen aus einer Zusammenstellung von Lotus-Sutra-Zitaten *(Kyōten)* vor einer Statue des Buddha als *Gohonzon* (Verehrungsgegenstand); das Daimoku hatte Nichiren zur symbolischen Zusammenfassung der gesamten Lehre des Lotus-Sutra erklärt. Tägliche Angebote von Gruppenversammlungen (*hōza* = Dharma-Sitzung) dienen als therapeutische Sitzungen unter der Leitung eines Supervisors dazu, den Teilnehmenden bei der Bewältigung von Alltagsproblemen durch das Bedenken der buddhistischen Lehre zu helfen. Auch das Verhältnis zu den verstorbenen Familienmitgliedern wird aufgearbeitet. Sie finden in den zahlreichen lokalen Zentren sowie auch im Daiseidō statt. Gerade dieses Angebot hat die Risshō Kōseikai unter den Bedingungen wirtschaftlicher Depression im Nachkriegsjapan sehr populär und attraktiv gemacht. Mit derzeit 2,2 Mio. Mitgliedshaushalten ist die Risshō Kōseikai nach der ↗Sōka Gakkai die zweitgrößte religiöse Organisation Japans (↗Japanische Religionen) und verfügt über ein Krankenhaus, Schulen aller Typen, einen großen Verlag mit eigener Tageszeitung, Filmateliers und ein breites Erwachsenenbildungsangebot. In der Umgebung des Daiseidō entstanden weitere große Gebäudekomplexe einschließlich der Hauptverwaltung der relativ straff organisierten Risshō Kōseikai.

Die Risshō Kōseikai ist bis heute stark an Charisma und Ausstrahlung des Gründers Niwano orientiert, der u. a. mit seinem Kommentar zum Lotus-Sutra einen philosophischen Maßstab vorgab. In den neueren Publikationen, u. a. der *Cartoon-Einführung in die Risshō Kōseikai* (1992), schleift sie, ähnlich wie die Sōka Gakkai in den letzten Jahren, deutlich die Fixierung auf Nichiren-spezifische Elemente ab und sucht die Nähe zum allgemeinen mahayana-buddhistischen Diskurs. Dies schlägt sich auch im Alterswerk des Gründers Niwano nieder, dem *Shabyō-mui* (»Vademecum«, 1993), einer leicht verständlichen Erklärung der wichtigsten buddhistischen Themen in 241 kurzen Kapiteln für den Alltag der Laien. In der öffentlichen Wahrnehmung tritt die Risshō Kōseikai in erster Linie als Akteur im interreligiösen ↗Dialog, als Friedensförderer (Niwano Peace Foundation) sowie in der Umwelt- und ↗Buddhismusforschung (u.a. Übersetzung des Lotus-Sutra) auf.

Niwano Nikkyō gibt dem Begriff des Nirvana einen sozialethischen Sinn: Die Einsicht in die Vergänglichkeit des Ich und die Verbundenheit allen Seins führen nicht nur zur eigenen Harmonie mit sich und der Welt, sondern zu einer allgemeinen friedlichen Gesinnung, zu Frieden und Gerechtigkeit. Niwano wurde 1970 eines der Gründungsmitglieder und Vizepräsident der ↗World Conference on Religion and Peace (WCRP) sowie Präsident der International Association for Religious Freedom (IARF). Die Risshō Kōseikai ist in Europa derzeit in Genf und London vertreten, jedoch nicht im deutschsprachigen Raum.

ULRICH DEHN

## Ritus/Ritual

### Definition

Das Wort »Ritual« leitet sich vom lateinischen Wort *ritus* (Sitte, Gebrauch) her. Unter einem *religiösen* Ritual wird ein durch mündliche oder schriftliche Überlieferung festgelegter, wiederholter Handlungsprozess verstanden, der in einer (meist feierlichen), von der alltäglichen Einstellung unterschiedenen Intention von einer Person oder einer Gruppe ausgeführt wird. Vom lehrhaften Teil der Religion durch körperliche Handlungen wie Gesten, Tanz, Gesang usw. und dem Gebrauch von eigens angefertigten oder im Kontext des rituellen Geschehens zu besonderer Verwendung gelangenden Gegenständen abgegrenzt, unterscheidet sich die rituelle Seite der ↗Religionen von ihrer handlungspraktischen Dimension durch das kultische Setting. Durch die Abgrenzung gegenüber alltagsweltlichen Handlungen gehören *religiöse* Rituale einer eigenen Sphäre an.

### Weite des Ritualbegriffes

In der Forschungsliteratur zu Ritualen wird der Umfang des Begriffes höchst unterschiedlich aufgefasst, sodass mitunter alle standardisierten Handlungen als »Rituale« bezeichnet werden und zuweilen auch tierisches Verhalten als ritualisiert beschrieben wird. Auch die Erklärungen für das Vorhandensein ritualisierter Vorgänge und die Interpretationen derselben variieren beträchtlich. Jedenfalls lässt die weite Verbreitung von Riten den Schluss zu, dass es sich um eine anthropologische Konstante handelt, wenn diese auch in sozialen Gruppen unterschiedlich stark zum Tragen kommt. J. Assmann hat vorgeschlagen, Gesellschaften mit »ritueller Kohärenz«, in denen die grundlegenden Orientierungen durch wiederkehrende rituelle Abläufe etabliert werden, von solchen mit »textueller Kohärenz«, die über einen Korpus von (heiligen) Schriften verfügen, zu unterscheiden. Freilich gibt es keine ritenfreien Gesellschaften, und der Charakter des Starren, Festgelegten, der dem Ritual als Wiederholung einer einmal festgelegten Handlungssequenz eignet, wird durch die Beobachtungen relativiert, dass es weder identische Wiederholungen von Ritualen noch jemanden gibt, der als Beteiligter einen komplexeren rituellen Zusammenhang in seiner Gesamtheit überschaut. So betont man heute oft die transformative bzw. performative Kraft von Ritualen.

**Typen von Ritualen**

Auch die Typologisierung von Ritualen wird höchst unterschiedlich vorgenommen. Folgt man C. Bell, so lassen sich nach den Anlässen, Zwecken und Intentionen sechs Typen von Ritualen unterscheiden:

1) *Übergangsriten (rites de passage).* Dieses Konzept wurde von A. Gennep entwickelt, der entdeckt hat, dass es in allen Gesellschaften institutionalisierte Abläufe gibt, um biografische und soziale Übergänge (wie Geburt, sexuelle Reife, Hochzeit, Tod, Wechsel von Status oder Altersgruppe usw.) zu regeln. Diese sind nach dem Muster räumlicher Übergänge in drei grundlegende Abschnitte strukturiert: Ausgliederung, Schwellenphase (liminale Phase) und Wiedereingliederung. Hierher gehören etwa ↗Initiationsriten oder Pubertätsriten. V. Turner hat auf dieser Grundlage eine umfassende Ritualtheorie entworfen.

2) *Kalendarische Riten,* die den Jahresablauf ordnen und die Zeit strukturieren. Neujahrsfeste, Weidewechselfeste und Feiern im Zusammenhang mit Aussaat und Ernte zählen dazu. Manche neureligiöse Bewegungen, die sich an vorchristlichen europäischen Kulten orientieren, übernehmen entsprechende jahreszeitliche Feste. Zu den kalendarischen Riten zählen auch solche mit Erinnerungscharakter, wie das Osterfest der Christen.

3) *Opferrituale (Riten der Gemeinschaft und des Austausches).* Allgemein wird unter ↗Opfer jede Art von Ritual aufgefasst, in der einer Gottheit, einem Geistwesen oder einem Ahnen eine Gabe dargebracht wird, was mit der physischen Zerstörung des Dargebrachten einhergehen kann. Zweck des Opfers ist meist Austausch, Kommunikation, Herstellung einer Gemeinschaft. Unter Opfer versteht man auch den Akt des Verzichtes, eine Fastenübung, die wiederum einem sozialen Zweck dienen kann, wenn das solcherart Geopferte etwa bedürftigen Mitgliedern der Sozietät überlassen wird. Theorien des Rituals, die vom Opferkult und seinen gewalttätigen Zügen ausgehen, betonen die Funktion der Kanalisierung der gesellschaftlichen Gewalt.

4) *Riten zur Wende einer Not (rites of affliction).* Opferriten überschneiden sich mit dem Typus der Lebenskrisenrituale (↗Krise), die zur Heilung, Reintegration und Wiederherstellung der kosmischen Ordnung durchgeführt werden. Das sind etwa Heilungsrituale, Reinigungsriten, aber auch divinatorische und magische Praktiken, die auf das Erreichen von bestimmten Zielen ausgerichtet sind. Sie betreffen den Bereich der Religion, der sich auf die Vorhersage und auf die Kontrolle des täglichen Lebens richtet. Dienen sie der Abwehr einer Störung der Ordnung, spricht man von apotropäischen Riten.

5) *Feste und Fasten.* Übergangs- und kalendarische Riten haben oft die Form von ↗Festen oder sind von solchen begleitet. Religiöse und nichtreligiöse Feiern haben mitunter gedenkenden Charakter und stets eine soziale Dimension. Feste transzendieren die Alltagswelt, als wiederkehrende Ereignisse strukturieren sie das soziale Leben. Diese Funktion eignet auch dem Fasten, wenn es von einer Gemeinschaft kollektiv zu einer vorgeschriebenen Zeit ausgeübt wird, wodurch auch die Gemeinschaft gestärkt wird, ähnlich wie durch Feste, in denen Essen und Trinken geteilt und mitunter die sozialen Schranken aufgehoben werden.

6) *Politische Rituale.* Man kann Ähnlichkeiten zwischen Feierlichkeiten rein sozialer oder politischer Natur und solchen im religiösen Kontext feststellen. Zur Abgrenzung dient manchmal die terminologische Unterscheidung von (säkularer) Zeremonie und (religiösem) Ritual. Wo man Merkmale religiöser Rituale, wie Transzendierung der All-

tagswelt und das Berühren von Dimensionen letzter Sinngebung, feststellen kann, ist es wohl berechtigt, von einer Form »impliziter Religion« zu sprechen oder festzustellen, dass gesellschaftliche Funktionen, die in bestimmten historischen und sozialen Kontexten von Religionsgemeinschaften wahrgenommen werden, von säkularen Institutionen übernommen worden sind.

**Krise und Wiederkehr des Rituals**
Man hat bemerkt, dass die rituelle Dimension der Religion in den Kirchen der nachaufklärerischen Gesellschaften des »Westens« unterrepräsentiert ist. Wird dennoch oft aus dem religiösen Angebot der Kirchen nur mehr die Feier von kalendarischen oder Übergangsriten wahrgenommen, so bildet sich zugleich auf dem Gebiet alternativer, nichtinstitutionalisierter Formen des Religiösen ein Markt zur Befriedigung des Bedürfnisses nach ritueller Gestaltung des Lebens.

HANS GERALD HÖDL

## Sahaja Yoga

Sahaja Yoga ist eine Meditationstechnik, die im Gegensatz zu den mit angestrengter Konzentration verbundenen Wegen »mühelos«, »natürlich« *(sahaj)* genannt wird. Körper- und Seelenbild fußen auf dem tantrischen Kundalini-Yoga (↗Tantrismus, Yoga), ergänzt durch modernes anatomisches Wissen. Die Meditation soll die Energiezentren des Körpers (Chakras) reinigen, die schlummernde Energie aufwecken und aufsteigen lassen und so zur Erkenntnis des wahren »Selbst« führen. Zwei zunächst als mesmerisch begabte Heiler hervorgetretene Gurus lehren verschiedene Varianten des Sahaja Yoga:
Shri Ramchandra (»Babuji«, 1899–1983) konzentrierte sich v. a. auf die Reinigung des Herzchakras, von dem aus er das göttliche Licht mit dem Blut die übrigen Chakras und den Körper durchströmen sah. Zur Ausübung der Methode gehört unbedingt göttliche Gnade, die nur der Guru durch Übertragung (Transmission) vermitteln kann. Die tägliche Praxis besteht in einer morgendlichen Meditation über das göttliche Licht im Herzen, einer Meditation zur Lösung von den Ereignissen des Tages am Abend und einem Gebet vor dem Schlafengehen. Die von Ramchandra zur Transmission bevollmächtigten Präzeptoren spalteten sich nach seinem Tod in zwei Gruppen, deren größere Shri P. Rajagopalachari (»Chariji«, *1927) als Nachfolger leitet. Allein im deutschsprachigen Raum zählt die Shri Ramchandra Mission rund 60 Zentren.
Shri Mataji Nirmala Devi (*1923) sieht sich ebenfalls als unverzichtbaren »Katalysator«. Sie betont die zu erweckende Energie (Kundalini) und beruft sich auf die tantrische Yoga-Philosophie. Ihre christliche Herkunft lässt sie die Energie mit dem Heiligen Geist gleichsetzen, und das sechste Chakra (Nasenwurzel) gilt als der Platz von Mahavira (Gründer des Jainismus), Buddha, Jesus und Maria. Das siebte und oberste Chakra (Scheitel) ist Kalki, dem letzten zu erwartenden Avatar des ↗Hinduismus, und Shri Mataji zugeordnet. Auf diese Art werden unter Schirmherrschaft von Sahaja Yoga alle Religionen und Wahrheiten zusammengefasst im »Nirmala Dharma«, der »Nirmala-Weltreligion«.
Ihre Anhänger werden angehalten, morgens und wenn möglich auch abends mindestens zehn Minuten zu meditieren. Die aufsteigende Energie soll nach der Meditation als kühle Brise »des heiligen Geistes« über dem Scheitel erfahrbar sein. Matajis Bild ist dabei ein wichtiges Hilfsmittel. Die Arbeit mit den Körperenergien soll auch heilend eingesetzt werden. Gerade dieses umfassende Therapieversprechen ist nicht unproblematisch. »Die Drohung mit selbstverschuldetem Krebs kann in psychische Krisen

stürzen, ebenso die Furcht vor Geistbesessenheit, die angeblich durch Sahaja Yoga überwunden werden kann« (Hummel). Nirmala Devi kritisiert die westliche Zivilisation als unmoralisch und zu liberal und bietet sich selbst als Retterin von allem Übel an – als messianische Gottheit des siebten Chakras und als »große Mutter«. Im deutschsprachigen Raum gibt es über 100 Zentren.

JOACHIM FINGER

## Sai Baba, Sathya

Sathya Sai Baba (*1926) ist zu Beginn des 21. Jh.s einer der bekanntesten, zugleich auch kontroversesten lebenden Gurus Indiens (↗Guruismus). In eine Kshatriya-Unterkaste in Puttaparthi (Südostindien) geboren, erhielt der spätere spirituelle Lehrer den Namen Satyanarayana. 14-jährig fiel er in Koma- und Trancezustände; elf Wochen später erklärte er sich als Wiederverkörperung des »Heiligen« Shirdi Sai Baba (1835–1918, Maharastra) und nannte sich fortan Sai Baba. Der Anspruch wird vonseiten der Verehrer Shirdi Sai Babas bestritten. Sai Baba beanspruchte, die körperlich-personale Form der göttlichen Mutter *(sai)* und des göttlichen Vaters *(baba)* zu sein. 1940 verließ er Schule und Familie und sammelte erste Anhänger, 1950 gründete er in der Nähe seines Geburtsdorfes seinen Ashram, genannt *Prashanthi Nilayam* (»Wohnstätte des höchsten Friedens«). 1963 erkrankte Sai Baba erneut sehr schwer. Nach »Selbstheilung« gab er sich als Manifestation von Shiva und seiner Gattin Shakti zu erkennen. Zugleich sei er ein *avatar* (Sanskrit, »Herabstieg«) des Gottes Vishnu, der dem spirituell-moralischen Niedergang entgegentreten und Indien zu einstiger Größe zurückführen würde.
1976 proklamierte Sai Baba die universale Sai-Religion, die die Essenz aller religiösen Wahrheiten darstelle. Sai Baba lebt die meiste Zeit in Puttaparthi. Die in den Jahren immens angewachsenen Geldspenden wurden größtenteils zum Bau von Schulen, Sai-Colleges, einer Universität, Krankenhäusern und Wohnanlagen für Besucher verwandt. Überdies rief die Sai-Organisation zahlreiche Hilfsprogramme für Bedürftige ins Leben.

### Lehre und Praxis

Sai Baba gibt sich als *avatar* aus, dessen Ziel es sei, die Menschheit zur Wahrheit zurückzuführen. Der Weg dahin bedürfte der Kultivierung von Toleranz und *bhakti* (= Liebe, Demut, Güte, Mitleid, Gewaltlosigkeit). Sai Baba nimmt nicht in Anspruch, neue Lehren zu verkünden. Vielmehr würde er bestehendes religiöses Wissen den Zeitumständen angepasst vermitteln. Sai Baba bezieht sich auf verschiedene Religionen und ihre Texte, wobei er den hinduistischen Schriften (↗Hinduismus) einen besonderen Stellenwert einräumt. Einzig innovativ ist Sai Babas Konzept dreifacher Inkarnation: Er sei die Wiederverkörperung von Shirdi Sai Baba und nach seinem eigenen Tod würde sich das Göttliche ein drittes Mal, sodann in der körperlichen Form des Prema Sai, inkarnieren. Sai Baba würde nur einen Bruchteil der Lehre Prema Sais verkünden.
Zentrale religiöse Praxis ist die Begegnung des Gläubigen mit Sai Baba: Für die Gläubigen bedeutet dieses *darshan* (Sanskrit), das – hinduistischer Auffassung nach – Sehen des und Gesehen werden vom Göttlichen. Dem *darshan* kann eine Konsultation im persönlichen Gespräch folgen, zumeist erfolgt der Empfang von materialisierter Asche *(vibhuti)* oder unterschiedlicher materieller Dinge (z. B. Schmuck, Uhren, Münzen, Geld).
Im Alltag besteht die religiöse Praxis in der Verehrung Sai Babas, dem Singen von *bhajans* (»Hymnen«) im Familien-

kreis und Sai-Gruppen, in Meditation und dem Studium der Sai-Reden. Überdies sind die Anhänger *(devotees)* karitativ und erzieherisch tätig.
Kritiker bezweifeln die »Wunderkräfte« Sai Babas und geben sie als Scharlatanerie aus. V. a. in Europa und Nordamerika wird Sai Baba überdies persönliche Bereicherung vorgeworfen, oft begleitet von mahnenden Tönen möglicher Abhängigkeitsstrukturen insbesondere westlicher Anhänger/-innen. Jüngste Anschuldigungen werfen Sai Baba sexuellen Missbrauch von heranwachsenden Jungen vor.

### Organisation und Verbreitung

Die mittlerweile v. a. in Indien in die Tausende gehenden Sai-Gruppen und Sai-Zentren sind in der *Sai-Organisation International* organisiert. Diese Organisation mit Sitz in Puttaparthi administriert die drei so bezeichneten »Zweige«, d. h. die Förderung von Spiritualität (Singen von *bhajans*, Meditation), Erziehung (der Kinder, aber auch der Lehrer und Eltern) und Dienen (durch Hilfsprogramme). Die Sai-Religion zeichnet sich durch das Fehlen religiöser Spezialisten (etwa Priester) aus, die kultische Praxis ist wenig elaboriert. Mitglieder in der Sai-Organisation verpflichten sich, vier Stunden pro Woche Sai-Aktivitäten durchzuführen und dem *Code of Conduct*, neun ethisch-religiösen Anweisungen, zu folgen. Mitgliedsbeiträge werden nicht erhoben.
In den 1960er-Jahren setzte die Internationalisierung der Sai Baba-Verehrung ein: Übersee-Inder und Interessierte aus Europa und Nordamerika suchten Sai Baba in Puttaparthi auf und trugen die Lehren in zahlreiche Länder. Die westliche Anhängerschaft und Zentrenzahl ist im Vergleich zu indischstämmigen Verehrern weit geringer. Schätzungen gehen von über 50 Mio. *devotees* aus, eindeutiger Schwerpunkt ist Indien. Insbesondere unter Indiens wohlhabender, gut gebildeter Mittelklasse genießt Sai Baba eine weit verbreitete Verehrung. Diese Schichten sind am weitesten westlich-modern und konsumorientiert ausgerichtet. Mit ihrer Anknüpfung an Sai Baba sehen sie die Möglichkeit, die Spannung zwischen westlich-moderner Lebensweise und der Idealisierung so bezeichneter traditioneller Werte Indiens zu wahren. Sai Baba als Fürsprecher einer hierarchischen, kastenbasierten und auf hinduistischen Werten basierten Gesellschaft ist ihnen Garant und Personifikation solcher Werte. Die gesellschaftspolitischen Auffassungen Sai Babas parallelisieren und spiritualisieren damit die Anliegen der nationalistischen, anti-säkular ausgerichteten *Hindutva*-Politik. Sai Baba ist zum einen ein moderner, kosmopolitischer Guru: er lehnt Reichtum und Konsumgüter nicht ab, gebraucht moderne Medien und hat einen universalistischen Anspruch. Zugleich vertritt er dezidiert anti-westliche und anti-moderne Konzepte, gepaart mit einer rückwärts gewandten Projektion auf eine einstige glorreiche Zeit Indiens.

MARTIN BAUMANN

## Sant Mat

### Entstehung

Sant Mat, wörtlich »Lehre der Heiligen«, ist die Selbstbezeichnung des Radhasoami Satsang. Diese hinduistische Reformbewegung (↗Hinduismus) geht auf den Mystiker Shiv Dayal Singh (1818–1878) zurück, der »Radhasoami« (eigentlich »Gatte Radhas«) als Namen des höchsten Gottes verkündete und 1861 in Agra die nach diesem benannte Vereinigung (Satsang) schuf. Shiv Dayal Singh stand in der Tradition der nordindischer Heiliger wie Kabir und Guru Nanak (Gründer der Sikh-Religion). Sie lehnten unter dem Einfluss des Islam Bilderverehrung und

Kastentrennung ab und pflegten innere Gotteserfahrung und Guruverehrung (↗Guruismus). Shiv Dayal Singh und seine Nachfolger gaben der freischwebenden »Lehre der Heiligen« eine feste organisatorische Gestalt mit exklusivem Heilsanspruch.

## Zweige

1891 gründete Baba Jaimal Singh in Beas im Punjab ein Radhasoami-Zentrum, das von den Agra-Organisationen losgelöst wurde. Nachdem Jaimal Singhs Nachfolger Sawan Singh gestorben war, spaltete sich 1951 unter Führung von Kirpal Singh der Ruhani Satsang von den Radhasoamis in Beas ab. Nach Kirpals Tod 1974 entstanden mehrere Nachfolgeorganisationen: *Kirpal Ruhani Satsang* unter Thakar Singh (mit den Manav-Kendra-Zentren in Indien und den Lichtheim-Kindergärten in Deutschland; weitere Organisationen: Holosophische Gesellschaft Deutschland e.V.; Verein zur Förderung des ganzheitlich heilen Menschen; Naam-Buchdienst), *Sawan Kirpal Ruhani Mission* unter Darshan Singh (†1989) (mit der »Weltgemeinschaft der Religionen« und der »Weltgemeinschaft für die Einheit der Menschen«, Nachfolger: Rajinder Singh mit seiner Wissenschaft der Spiritualität), Forum für die Universale Religion unter Soami Divyanand mit seinem »Zentrum für die Weltreligionen« sowie *Unity of Man* unter Harbhajan Singh (†1995) mit den »Konferenzen zur Einheit des Menschen«. Alle Organisationen in der Nachfolge Kirpal Singhs und die Radhasoamis von Beas unter dem Meister Charan Singh (†1990; Nachfolger Gurinder Singh) haben Zentren und Anhänger im Westen. ↗Eckankar ist weitgehend vom Sant Mat geprägt.

## Lehre

Sant Mat lehrt eine komplizierte Kosmologie mit einer Fülle himmlischer Sphären, welche die Seele bei ihrem Aufstieg zum höchsten Gott Radhasoami durchdringen muss. Gottheiten haben die Religionsgründer als Gesandte auf die Erde geschickt, um die Seelen aus der Gefangenschaft der Materie in ihre jeweilige Sphäre zu holen. Jede Religion repräsentiert also nur das esoterische Wissen jener Sphäre, der sie entstammt. Die meisten Religionen sind Ausdruck der niederen Sphären, die, fast dualistisch, als Herrschaftsbereich der »Negativen Macht« (Kal Niranjan) gelten.

### Initiation

Bei der ↗Initiation durch einen »Lebenden Meister« werden in der Beas-Linie fünf Mantras mitgeteilt, die den Hauptsphären und den ihnen zugeordneten Gottheiten entsprechen, beginnend bei »Niranjan« bis zu »Sat Naam«, dem »wahren Namen«, mit dessen Hilfe die höchste Sphäre des Radhasoami selbst erreicht werden kann. Die Kosmologie des Sant Mat dient der Errichtung einer Pyramide der Religionen, an deren Spitze jene mystische Erfahrung steht, die nur auf dem »Pfad der Meister« zu erlangen ist.

### »Yoga des Klangs und des Lichts«

Andererseits gilt dieser Pfad, konkret: der »Yoga des Klangs und des Lichts«, als religiöses Urwissen, das in allen Religionen wiederentdeckt werden muss. In den jüngeren Schriften des Sant Mat treten diese relativ positiven, stärker neohinduistisch klingenden Wertungen gegenüber der alten Abwertung stärker hervor. Alle Gruppen des Sant Mat im Westen bemühen sich, auch in der Bibel Spuren jenes Urwissens nachzuweisen. Den Anhängern des Sant Mat wird geraten, in ihrer angestammten Religion zu verbleiben.

Der »Yoga des Klangs und des Lichts« geht von der Vorstellung aus, dass die Welt als Emanation aus der Gottheit her-

vorgegangen ist. Aus ihr entspringt ein »Klangstrom« (Shabd Dhun), der zunächst die geistige und dann die materielle Welt ins Dasein ruft. Das Wesen der Gottheit ist also Klang oder auch »Wort« bzw. »Name« (Naam). Die ↗Yogapraxis des Sant Mat, der Surat Shabd Yoga, orientiert sich v. a. an Klang- und Lichterfahrungen, die dadurch entstehen, dass durch eine besondere Sitzposition Ohren und Augen mit den Fingern verschlossen werden.
Körperlicher (Hatha-)Yoga wird abgelehnt. Die Meditation setzt beim »Dritten Auge« zwischen den Augenbrauen ein und führt mithilfe der Wiederholung der »fünf Namen« (Sumiran) von dort nach oben zum »Seelenreisen«. Voraussetzung ist, dass der Mensch sich vom Körperbewusstsein abwendet, sich als Seele begreift, um sich mithilfe des Meisters aus der materiellen Welt zu befreien.

### Bedeutung des Lebenden Meisters

Das Überlegenheitsgefühl des Sant Mat gründet sich v. a. auf die Gegenwart des »Sant Satguru«, des »Vollkommenen Meisters des Zeitalters«. Er ist nicht nur der Seelenführer, der ihn durch die Sphären geleitet, sondern übernimmt auch das Karma seiner Jünger aus früheren Leben. Er hat die Bedeutung eines Heilsmittlers und ist das Zentrum seiner Anhängerschaft. Gemeinschaft besteht primär zwischen ihm und dem individuellen Jünger. Die rituelle Verehrung des Meisters und seiner Füße, der Dienst (Seva) für ihn sowie das Preisen seiner Gnade sind das Herz der Spiritualität des Sant Mat. Diese Bindung wird durch das vierfache, lebenslängliche Gelübde verstärkt (Verzicht auf Fleisch, Alkohol, Drogen, unerlaubten Sex; mindestens zwei Stunden Meditation täglich u. a.). Jesus wird, wie andere Religionsgründer, als Satguru seiner Zeit hochgeschätzt, für die Gegenwart gelten jedoch auch die Christen als des »Lebenden Meisters« bedürftig. Die zentrale Stellung des Meisters ist zugleich die Ursache der zahlreichen Nachfolgeprobleme und Spaltungen.

### Einheitsideal

Kirpal Singh hatte 1957 die Konferenzen der »World Fellowship of Religions« und 1974 die *Unity of Man*-Organisation initiiert. Diese Organisationen und ihr Anliegen werden von Kirpal Singhs Nachfolgern weitergeführt. Dabei fallen Werbung für den »Pfad der Meister« und Eintreten für Einheit und Frieden faktisch zusammen. Sant Mat gehört zu den religiösen Traditionen, die einen monozentrischen Ökumenismus mit sich selbst als Mittelpunkt und den anderen Religionen als Satelliten propagieren.

### Verhältnis zum Christentum

Die Grundelemente des Sant Mat sind ein gnostisches Weltbild, das das leibliche Dasein abwertet und die Seele aus dessen Gefangenschaft befreien will; eine indische Praxis des Mantra-Yoga; eine ausgeprägte Lehre von Karma und Reinkarnation; ein exklusiver Anspruch des lebenden Meisters, den heutigen Menschen von der karmischen Last zu befreien; die totale Verinnerlichung des Meisters im »Dritten Auge« durch die Meditation. Jesus gilt als Lehrer des Vegetarismus (Sant Mat fordert vegetarische Lebensweise) und der Reinkarnation, der seine Botschaft in Indien empfing und nicht am Kreuz, sondern in Srinagar eines natürlichen Todes starb. Dem Christentum werden v. a. Dogmatismus und das Fehlen eines methodischen Meditationsweges sowie des Lebenden Meisters vorgehalten. Probleme können entstehen, wenn die Meditationspraxis zu schizoiden Entgleisungen führt, wenn die geforderte Abkehr vom Sexuellen Ehe- und Partnerschaftspro-

bleme hervorruft und wenn die Guru-Autorität sexuell oder anders missbraucht wird. D. C. Lane's Standardwerk *The Radhasoami Tradition* berichtet über Vorwürfe gegen Thakar Singh (sexuelle Beziehungen zu westlichen Anhängerinnen, *violent exorcisms*). In den später aufgelösten »Lichtheim-Kindergärten« ist es entsprechend seinem 1993 offiziell zurückgenommenen Konzept zu stundenlangen Meditationen kleiner Kinder gekommen.
Zahlenmäßig ist der Radhasoami Satsang/Beas die stärkste Gruppe sowohl in Indien als im Westen (nach eigenen Angaben ca. 1 Mio.). Im Westen expandieren am stärksten die Ruhani-Gruppen, während die Radhasoami/Agra-Gruppen im Wesentlichen eine innerindische Reformbewegung geblieben sind.

REINHART HUMMEL

## Schamanismus

Schamanismus ist eine dem magischen Weltbild (↗Magie) entstammende religiöse Praxis, die sich in verschiedenen Religionen und Kulturen findet. Der Schamane (von *shaman* der ostsibirischen Tungusen = »verrückt«, »anheizen«, »verbrennen« bzw. Sanskrit *shramana* = »sich abmühen«) versetzt sich in tranceartige Zustände, um dann auf den »Reisen« in das Geisterreich dem Stamm zu helfen, außergewöhnliche Ereignisse (z. B. Geburt, Krankheit, Jagdunfall, Missernten) richtig zu bewältigen. Bei manchen Stämmen ist das Schamanentum in der Familie erblich. Es erfordert einen langen Einweihungsweg.

### Initiation

Der Schamane sträubt sich oft jahrelang gegen seine Berufung. Phasen geistiger Verwirrung, Krankheiten und Depression sind meistens die notwendigen Vorstufen zur ↗Initiation. Die Initiation selbst beginnt mit einem Scheitern des Menschen in seiner bisher vertrauten äußeren Orientierung und mit einem Hineingerissenwerden in eine bestürzend neue innere Wahrheit. Der Schamane verliert in seiner Initiation das Tagesbewusstsein und schlüpft in seinen Träumen und Visionen sozusagen in die Innenseite der Dinge. Er identifiziert sich mit Tieren, vereinigt sich mit Geistern, durchlebt die verschiedensten Krankheiten und durchfliegt Himmel und Unterwelten. Das Reich der Toten wird ihm vertraut. V. a. durchlebt er den eigenen Tod und erfährt, wie er zerstückelt oder aufgefressen wird. Gerade durch seinen eigenen Tod hindurch findet er zu einer neuen Identität.

### Mystischer Hintergrund

Diese »archaische Ekstasetechnik« (Eliade), der wir in Zentral- und Nordasien, aber auch in Nord- und Südamerika begegnen, ist von archaischer Bildwelt (↗Archaische Religiosität) geprägt: In diesen mythischen Bildern erscheint zuerst eine Urzeit verschieden von der Jetztzeit. In dieser Urzeit war noch kein Tod, alle Menschen verstanden noch die Sprache der Tiere und lebten in Frieden mit ihnen. Sie arbeiteten nicht und fanden doch reichlich Nahrung. Der Himmel und die Unterwelt waren noch nicht von der Erde geschieden. Über eine Leiter, den Urbaum oder den Weltenberg konnten damals noch alle in den Himmel und zu den Göttern und Geistern finden. Erst später wurde diese Verbindung unterbrochen. Jetzt finden nur noch Einzelne in die Oberwelt und die Unterwelt. Diese einzelnen Auserwählten oder zu Himmels- und Unterweltreisen Verurteilten sind die Schamanen.

### Praxis

Die Schamanen praktizieren Kasteiung mit dem Ziel, ihr Bewusstsein so weit auszuweiten, bis ihnen die Tür zur Welt der Geister und Götter wieder offen

steht. Mit Trommel und Tanz, mit Versenkungsübungen und Initiationsriten, manchmal sogar mit den von der Tradition sanktionierten Drogen begeben sie sich auf ihre Seelenreise. Als Drogen werden Pflanzen (Peyote, Hanf, Fliegenpilz, Mutterkorn) verwendet, die meist gekaut, z. T. aber auch als Sud getrunken werden. Für den Schamanen bedeuten Drogen, sich das anstrengende motorische und akustische Zeremoniell zu ersparen, das zur Ekstase führt. Hilfsgeister, oft in Gestalt von Tieren, begleiten die Schamanen auf ihrer »Reise«.
Mit diesen Hilfsgeistern gelingt es dem Schamanen auch, Geister der Krankheit zu erkennen und sie aus Patienten herauszulocken oder herauszutreiben. Auf seiner Seelenreise spricht der Schamane mit Geistern und Göttern, Tieren und Dingen, Verstorbenen und Krankheiten. In der Urzeit, in die er zurückkehrt, ist die ganze Wirklichkeit lebendige, ansprechbare Gegenwart.

## Historische Entwicklung

Einzelne Höhlenzeichnungen in der prähistorischen Kunst Südfrankreichs und Spaniens zeigen Menschen als Tiere verkleidet. Den Schamanismus deshalb als die Urreligion der Menschheit zu bezeichnen wäre jedoch verfehlt. Wir können nicht annehmen, dass sich in den Jahrhunderttausenden der allen Höhlenzeichnungen vorangehenden Prähistorie im religiösen Denken und Erleben des Menschen nichts gewandelt hat. Auch im Schamanismus der letzten Jahrtausende und Jahrhunderte hat sich wahrscheinlich vieles verändert. Wahrscheinlich greift der Schamane Sibiriens manche iranische, lamaistische und vielleicht sogar indische Traditionen auf. Die Trommel des Schamanen und der Kupferspiegel können lamaistischen Traditionen entlehnt sein. Allerdings ist nicht nur der Schamanismus Zentralasiens von lamaistischen Traditionen durchtränkt. Der ↗Lamaismus seinerseits verbindet schamanistische und buddhistische Traditionen.
Wahrscheinlich verbreitet sich der Schamanismus in der später erforschten Form erst im Zusammenhang mit der Ausbreitung des Lamaismus in Nordasien, also erst seit etwa 1000 Jahren. Mitte des 11. Jh.s, so berichtet die Überlieferung der Mandschu, sei der Schamanismus bei ihnen aufgetreten, doch habe er sich erst unter der Ming-Dynastie (14.–17. Jh.) ausgebreitet. Der zentralasiatische Schamane ist wahrscheinlich ein eigenes und relativ neues Phänomen in der Religionsgeschichte. Trotzdem begegnen wir in ihm Grundzüge einer Art archaischer Mystik, wie wir sie auch bei zahllosen Medizinmännern, Magiern, Zauberern und Geisterheilen in Indonesien, Australien, Afrika und Amerika finden. Archaische Ekstasetechnik im Dienst der Gemeinschaft ist nicht auf einen Kulturkreis beschränkt.

## Neoschamanismus

Die Bücher von Carlos Castaneda (*Die Lehren des Don Juan*, 1968; *Eine andere Wirklichkeit*, 1971; *Reise nach Ixtlan*, 1972, u. a.) lösten weltweit einen Schamanismusboom aus. Das ist nicht verwunderlich, da die archaische Ekstasetechnik, wie sie sich in Resten bis in unser Jh. erhalten hat, in sich Möglichkeiten birgt, die sich auch heute aufgreifen und aktualisieren lassen. Der archaische Schamanismus der Stammeskulturen unterscheidet sich vom Neoschamanismus der Workshops jedoch grundlegend. Zum einen wird im traditionellen Schamanismus niemand freiwillig Schamane. Zum anderen wird im Neoschamanismus die Erfahrung des Schamanen hemmungslos demokratisiert. Diese Demokratisierung einer vorher elitären Erfahrung verändert auch die Erfahrung selbst. Initiation verbindet sich nun nicht mehr mit Zeiten tiefster persönlicher Krise und heilsamer Einsamkeit. Zur Seelenreise wird im Workshop im Gruppenverband angeleitet. Aber: Welcher Tod des Ichs wird gegen Entgelt im Gruppenverband erlangt? Der Neoschamanismus kolportiert und imitiert die Schamanentechnik wahrscheinlich um den Preis tief greifender Erfahrung. Aus der archaischen Mystik wird postmoderner Mystizismus. Der Neoschamane lässt sich in wenigen Tagen zuteilwerden, was der Schamane im Verlaufe eines halben Lebens an innerer Wahrheit gewinnt; er wird zum Weekend-Schamanen. Während der Woche sitzt er vielleicht am Computer, am Wochenende führt ihn die Schamanentrommel in die Welt der Geister und Ahnen. Der Schamane hingegen wird durch seine inneren Wahrheiten heimgesucht und in seinem Sein verwandelt. Er findet zu einem neuen Verständnis seiner selbst und einer neuen Stellung innerhalb der Gemeinschaft. Dass er seine späteren Ekstasen nicht immer als tiefste Entrückung erlebt, sondern sie manchmal seinen Klienten vorspielen muss, ist allerdings auch durch manche Schilderungen und Geständnisse bezeugt. In dieser Hinsicht kann sich mancher Neoschamane auf Schamanen der Vergangenheit berufen.

GEORG SCHMID

## Shintoismus

### Begriff

*Shintō* ist die von Chinesen eingeführte Bezeichnung für die in Japan vor Einführung des Buddhismus (552) vorhandenen Glaubensüberzeugungen und Kulthandlungen. Der Begriff verbindet den »Weg« *(dō)* mit den »Göttern« bzw. »Geistwesen« *(shin* oder *kami)* und macht somit *Shintō* zu einem »Weg der Götter«. Gegen alle von China (↗Buddhismus, ↗Daoismus, Konfuzianismus; ↗Chinesische Religiosität) und Europa (Christentum) importierten Religionen hat sich diese vielfach mit dem japanischen Lebensgefühl identifizierte Gestalt der Religiosität auch durchgehalten, wo Japaner sich mit anderen Religionen identifizierten (↗Japanische Religionen).

### Ursprünge

Die Ursprünge des Shintoismus sind schon deshalb bis heute unklar, weil die ethnische Herkunft der Bevölkerung Japans bislang nicht zufriedenstellend aufgeklärt ist. Erkennbar ist, dass am Anfang das Clansystem (jap. *uji*) stand, deren Mittelpunkt die den Clan begründende Gottheit (jap. *ujigami*) bildete. Diese wurde vom Oberhaupt des Clans verehrt, sodass von früher Zeit an weltliche Regierung und Gottesverehrung von einer Person wahrgenommen wurden. In der Konkurrenz der verschiedenen Clans kommt es nach der Reichseinigung um das 4. Jh. zur Vorherrschaft des *Tennō*, dessen Vorrangstellung in den Mythologien der beiden Reichschroniken – *Kojiki* (712) und *Nihonshoki* (720) – auf einen göttlichen Ursprung zurückgeführt wird. In diesem Zusammenhang gewinnt auch die japanische Kosmologie mit ihrer dreidimensionalen Welt der *kami* – Natur, Menschen und Toten – ihre Gestalt, wobei die drei Dimensionen nicht scharf voneinander getrennt, sondern von Übergängen gekennzeichnet sind. Die Lebenskraft der Natur und ihre Fruchtbarkeit, die Sakralität der menschlichen Lebenswelt und die bleibende Verbundenheit mit den Toten sind folglich die bleibenden Pfeiler des japanischen Shintoismus. Die in der japanischen Mythologie verankerte Selbsteinschätzung Japans hat sich trotz aller Fremdeinflüsse seit diesen Anfängen durch die verschiedenen geschichtlichen Perioden in unterschiedlicher Deutlichkeit bis in den gegen Ende des 19. Jh.s neu auflebenden und mit der Beendigung des Pazifischen Krieges erneut untergehenden Staats-Shintoismus und seine Verehrung des Tennō durchgehalten.

### Interreligiöse Begegnung

Die Geschichte der Begegnung des Shintoismus mit den aus China importierten Religionen ist ein frühes »Fallbeispiel interreligiöser Begegnung«. In der Heian-Zeit (9.–12. Jh.) findet unter buddhistischem Einfluss die sog. *honji-suijaku*-Theorie Eingang nach Japan. Danach bezeichnen die Buddhas und Bodhisattvas das »eigentliche Wesen« der Dinge *(honji);* die *kami* dagegen bilden ihre »Fußspuren« im Land *(suijaku),* sodass Japan in seinen Göttern immer schon das »wahre Wesen« der Dinge erfassen konnte. Die Theorie wurde zum Ausgangspunkt eines vielfältigen praktischen ↗Synkretismus (vgl. den Sannō-Ichijitsu-Shintoismus im Tendai-Buddhismus und den Ryōbu-Shintoismus im Shingon-Buddhismus). Bis heute fühlt sich der durchschnittliche Japaner, auch wenn er familienmäßig einer buddhistischen Sekte angehört, im Shintoismus beheimatet. Das hat nicht zuletzt darin seinen Grund, dass der Shintoismus im Laufe der Geschichte seinerseits bemüht war, seine Identität gegenüber den verschiedenen Interpretationsmodellen zu wahren.

### Ausformungen

Schwerpunkte der ständigen Erneuerung des Shintoismus waren neben dem Shintoismus des Kaiserhauses mit seinen sagenumwobenen großen Schreinen in Izumo und Ise der Schrein-, der Sekten- und der Volks-Shintoismus. Unter dem Begriff »Schrein-Shintoismus« sind in der Geschichte die zahlreichen, wie ein Pfarrsystem das Land überziehenden Schreingemeinden zu verstehen, die die Einwohner eines Distrikts, eines Dorfes oder auch einer Großfamilie oder andere Arten einer Anhängerschaft zu bestimmten Zeiten der Gottesverehrung, der Wallfahrt, des Kultes und der Festfeier zum Schrein zusammenführen. Seit dem Niedergang des Staats-Shintoismus 1946 gehören etwa 80 000 der ca. 100 000 in Japan bestehenden Schreine unter der Führung des Ise-Schreins zu einer zentralen Vereinigung der Shintoismus-Schreine. Als »Sekten-Shintoismus« wurden zwischen 1882 und 1908 13 zumeist von charismatischen Führergestalten gegründete Gruppierungen bezeichnet, die sich wesentlich als Shintoismus verstanden, auch wenn eine Mehrzahl von ihnen mit synkretistischen Elementen durchsetzt sind. Unter ihnen finden sich auch einige heute als Neureligionen betrachtete Religionen wie Tenrikyō und Konkōkyō. »Volks-Shintoismus« schließlich fasst lokale religiöse Praktiken, schamanistisch-magische Riten, die Bestimmung von geomantischen Tabus, Glücks- und Unglückstagen, Beschwörungsformeln und andere, den »kleinen Traditionen« zuzurechnende Handlungen zusammen, die allerdings nicht ohne Bezug zum übrigen Shintoismus-Leben existieren. Mittelpunkt des Shintoismus-Lebens bleibt bis heute der Schrein, zu dem sich die Menschen an den Höhepunkten ihres Lebens, aber auch des Jahres betend, dankend und opfernd begeben.

HANS WALDENFELS

## Sikhismus

Der Sikhismus (*Sikh* = Schüler) entstand im nordwestindischen Punjab an der Nahtstelle zwischen ↗Islam und ↗Hinduismus Ende des 15. Jh.s im Zusammenhang mehrerer Reformbewegungen im Hinduismus, die auf eine Vorstellung von der Einheit Gottes zugingen. Das Gedankengut seines Gründers Nanak (1469–1539) fußt weitgehend auf dem des monotheistischen Mystikers Kabir

(1440–1518). Nanak zog gegen Ritualismus und Bilderkult des Hinduismus zu Felde, empfand aber auch den Islam als starr und leblos. Er schuf einen monotheistischen, bilderfreien Vishnu-Glauben. Die nachfolgenden Gurus führten die Gleichstellung von Frau und Mann ein, die »freie Küche« (*Guru ka Langar*, die Beköstigung unabhängig von Religion und Kastenherkunft) und die Bewaffnung der Sikhs mit zwei Schwertern (Miri und Piri). Die heilige Stadt Amritsar und der Goldene Tempel gehen auf den vierten Guru Ramdas (1534–1582) zurück. Das heute dort aufbewahrte *Granth Sahib* war von seinem Nachfolger, dem fünften Guru Arjan (1563–1606), aus Versen Kabirs, Nanaks und einiger Vorgängergurus zusammengestellt worden. Nach dem zehnten Guru Gobind Rai sollte es keine Gurus mehr geben; stattdessen wurde dem heiligen Buch der Status eines Gurus und der Titel Sri Guru Granth Sahib zuerkannt.

Die »spirituelle Kampfesbruderschaft« (*Khalsa Panth* = Gemeinschaft der Reinen) hatte folgende fünf Kennzeichen: langes Kopf- und Barthaar, das lebenslang nicht geschnitten werden darf, und Turban *(kes)*, ein kleiner Haarkamm aus Holz für die Haarpflege *(kangha)*, Armreifen aus Eisen (später Stahl) als Zeichen der Brüderlichkeit *(kara)*, Dolch oder Schwert zur Selbstverteidigung und eine locker sitzende Kniehose (anstelle des üblichen Lendentuchs) zur erhöhten Mobilität *(katch)*. Alle männlichen Sikhs nahmen den Zunamen *Singh* (Löwe) an sowie alle Frauen den Zunamen *Kaur* (Prinzessin). Die Sikhs machen heute ca. 2 % der indischen Bevölkerung aus.

### Lehre

Laut Nanak gibt es »nur einen Gott, der die wahre und endgültige Wirklichkeit ist. Er ist ohne Furcht, ohne Hass, jenseits aller Zeit, jenseits von Geburt. Durch seine Gnade enthüllt er sich den Menschen.« Viele Hindugottesnamen werden verwendet, *Wahegure* am häufigsten. Gemeinsam mit dem Islam werden *avataras* (»Herabkünfte« Gottes) ebenso wie bildliche Darstellungen Gottes abgelehnt, die Lehre von Karma und Wiedergeburt aber übernommen. Das Karma wird ins Verhältnis zur Gnade Gottes gesetzt; die mystischen und ethischen Elemente werden betont. Askese und Rückzug aus dem aktiven Leben werden abgelehnt, stattdessen wird der Einsatz um der »universellen Bruderschaft« willen gefordert. Das *Japji Sahib* sieht fünf Stufen des geistlichen Wachstums vor, die zur Erlösung aus dem Kreislauf der Wiedergeburten führen können: Pflicht und Verantwortung für die eigenen Taten, Wissen über Gottes Allmacht und seine Schöpfung, Reinigung des Geistes, Selbstlosigkeit und Einsicht in die eine geistliche Wirklichkeit, wo Gott und Mensch eins werden.

### Religiöser Lebensvollzug

In den Gotteshäusern der Sikhs, den *Gurdwaras* (= Tür des Guru), finden die Gottesdienste statt, d.h. Lesungen aus dem *Granth Sahib*, Gotteslob, Segensgebet und die Verteilung von Gott geweihter Süßspeise. Teil eines jeden größeren Gurdwara ist die öffentliche Küche. Das Singen des Gotteslobs (Funktion des *ragi*) und das Lesen des *Granth Sahib* (Funktion des *granthi*) kann jedes Mitglied der Gottesdienstgemeinschaft wahrnehmen, Priester gibt es nicht. Der erste Tag des indischen Mondkalenders gilt als Gurdwara-Besuchstag. Wichtigster religiöser Feiertag ist Baisakhi (13. April, Erinnerung an die Gründung der Sikh-Gemeinschaft 1499 und Geburtstag Guru Nanaks).

Der Aufnahmeritus besteht im Nehmen von Nektar und impliziert das Akzeptieren von Glaubenslehre und ethischen Regeln. Die Mitgliedschaft bedeutet, das

dreimal tägliche Gebet einzuhalten, sich des Alkohols und Tabaks zu enthalten und – für die meisten Mitglieder – im engsten Sinne vegetarisch zu leben.
Sikhs sind heute in den meisten Ländern der Welt präsent. Ihr religiös-spirituelles Anliegen wird u.a. durch die 3*HO-Foundation* (3HO = *Healthy, Happy, Holy*) und durch die Meditationsbewegungen der Radhasoami-Tradition (↗ Sant Mat), die auf den indischen Mystiker Shiv Dayal Singh zurückgeht, bis in die gegenwärtige esoterische Szene hinein vertreten. In Deutschland leben heute 3000–5000 Sikhs (Großbritannien: 300 000).

ULRICH DEHN

## Sōka Gakkai

Die 1937 gegründete Sōka Gakkai (damals Sōka Kyōiku Gakkai = »Wissenschaftliche Gesellschaft zur Schaffung von Werten und für Erziehung«) fußte nicht auf den charismatischen und visionären Offenbarungserfahrungen eines Stifters, sondern auf den revolutionären pädagogischen Ideen ihres Gründers und Lehrers Tsunesaburo Makiguchi (1871–1944). Er vertrat ein neues Wertesystem, das dem Wahrheitsbegriff, den Makiguchi als ontologisch statisch empfand, den Begriff des Wertes als dynamischen Beziehungsbegriff gegenüberstellte. Makiguchi hatte seine Herkunft in der traditionsreichen Nichiren-Shū (Nichiren-Schule), ließ sich aber 1928 von einem Freund für die kleinere und radikalere Nichiren-Shōshū (Wahre Schule Nichirens) werben. Er verband die Konzentration auf das Lotus-Sutra, einen der wichtigsten Texte des Mahayana-Buddhismus (↗ Buddhismus), mit einer starken Ausrichtung auf die Anwendbarkeit der religiösen Praxis auf den Alltag. Auf Makiguchi, der 1944 im Gefängnis starb, folgte als Präsident sein engster Vertrauter Jōsei Toda (bis 1958) und ab 1960 Daisaku Ikeda, der seit 1979 nur noch als Ehrenpräsident fungiert, um sich seiner Aufgabe als Präsident des internationalen Netzwerks (SGI) widmen zu können. Die Sōka Gakkai war bis zu ihrer Ablösung 1991 eine Laienorganisation der Nichiren Shōshū und ist heute mit mehr als 8 Mio. Haushalten in Japan die größte religiöse Organisation Japans (↗ Japanische Religionen). Aus Anlass der Trennung wurde 1997 die Sōka-Gakkai-Versammlungshalle Shohondō neben dem Taisekiji, der Zentrale der Nichiren Shōshū am Berg Fuji, von der Nichiren Shōshū in einem vandalischen Akt zerstört. Ihr eng verbunden, aber organisatorisch getrennt ist die auch im Parlament vertretene, 1964 gegründete politische Partei Kōmeitō, die programmatisch in der »Mitte« anzusiedeln ist. 1970 wurde jedoch nach Kritik an der Verknüpfung von Religion und Politik beschlossen, keine Ämterkumulation zwischen Sōka Gakkai und Kōmeitō zuzulassen. Toda hat eine deutliche organisatorische Hierarchisierung und Effektivierung der Sōka Gakkai sowie eine stärkere Betonung der religiösen gegenüber den pädagogischen Aspekten in die Wege geleitet (Streichung des Wortes »Erziehung« aus dem Namen). Dem strengen Kurs Todas in den 1950er-Jahren lag die erste Auflage des Lehrbuchs *Shakubuku Kyōten* (1951) zugrunde, das die anderen Religionsgemeinschaften sehr kontrastiv und pejorativ darstellte und zur offensiven Mission anleitete, später aber überarbeitet und liberalisiert und 1980 unter Drängen von Ikeda vom völlig anders gestalteten Buch *Sōka Gakkai Nyūmon* (»Einführung in die Sōka Gakkai«) abgelöst wurde (das heute auch wieder als überholt gilt). Die einflussreiche »Philosophie des Lebens« Todas aus dem Shakubuku wurde in das neue Buch übernommen.
Zentrale Praxis der Sōka Gakkai ist das Rezitieren *(Chanten)* des Mantra »Namu Myōhō Renge Kyō« (Titelzeile der Lotus-

Sutre) vor dem Gohonzon, einem kalligrafischen Mandala von der Hand des patriotischen Propheten Nichiren (1222–1282), das die oben genannte Zeile (Daimoku) sowie die Namen einiger Buddhas und shintoistischer Gottheiten enthält. Die Rezitation als solche hat heilsame und karmisch positive Wirkung. Ferner wird das Gongyō geübt, d. h. Teile des 12. und 16. Kapitels der Lotus-Sutre rezitiert. Einmal monatlich finden Versammlungen (in Japan *Zadankai*) in Privatwohnungen statt, in denen das Gongyō gemeinsam geübt, über Themen des Glaubens gesprochen und ggf. ein Programm für Kinder geboten wird. Unter vielen Mitgliedern war lange Zeit der Glaube verbreitet, dass intensives Chanten in einer Weise zum Sammeln von gutem Karma beitrage und dass dies sich schnell als Glück und (auch materieller) Nutzen im Alltag niederschlage. Einstige nationalistische Elemente wie die Interpretation der »Kaidan«, der »Weihebühne« – ein Begriff aus dem Denken Nichirens – als Chiffre für Japan als künftiges Buddhaland werden in den ausländischen Zweigen der Organisation SGI nicht übernommen und spielen heute auch in der japanischen Sōka Gakkai keine Rolle mehr.

Die Sōka Gakkai betreibt heute zwei Universitäten in Japan und in den USA, verfügt über eine Musikgesellschaft (Min-On), ein Institut für orientalische Philosophie und einen Verlag mit einer Tageszeitung und mehreren Zeitschriften. In zahlreichen Buchveröffentlichungen wird die derzeit in vielen Gruppen geführte Lehrdiskussion dokumentiert, die Sōka Gakkai den allgemeinen buddhistischen Grundlagen annähert. Die polemische Auseinandersetzung mit anderen Religionen auf Basis des Shakubuku ist einer sachlichen Begegnung auch mit dem Christentum im interreligiösen ↗Dialog gewichen. Nur in Japan herrscht nach wie vor eine unauflösliche Spannung zum stärksten Rivalen, der ↗Risshō Kōseikai, der zweitgrößten buddhistischen Laienorganisation des Landes.

Die Mitgliederzahl der SGI (jeweils in Gohonzon gezählt) beträgt außerhalb Japans weltweit ungefähr 1,4 Mio. In Deutschland wird von ca. 2500 in etwa 20 Ortsgruppen ausgegangen; 1997 wurde das Kulturzentrum Villa Sachsen in Bingen am Rhein eingeweiht, das für die verstärkte Orientierung der Sōka Gakkai und der SGI auf Kulturarbeit steht. In Österreich verfügt der dortige SGI-Zweig über das Kulturzentrum Villa Windisch-Grätz und ist Mitglied der Österreichischen buddhistischen Religionsgesellschaft (als Körperschaft des öffentlichen Rechts anerkannt).

ULRICH DEHN

## Sri Chinmoy

Sri Chinmoy (bürgerlich: Chinmoy Kumar Ghose; *1931 bei Chittagong im heutigen Bangladesh, †2007 in New York) wurde – laut der Meisterlegende – nach dem frühen Tod seiner Eltern als Schüler im Aurobindo-Ashram in Pondicherry erzogen und erreichte dort schon als Knabe meditativ höchste Bewusstseinsstufen. Seit 1948 lebte er in New York, zuerst als Mitarbeiter des indischen Konsulats, später als Meditationslehrer und Meister der sich in kleinen Gruppen in verschiedenen Ländern ausbreitetenden Chinmoy-Bewegung.

Geistig bleibt er zeitlebens an die Spiritualität des Pondicherry-Ashrams und dessen Verbindung von westlichem Fortschrittsdenken mit indischer Mystik gebunden. V. a. in seinen sportlichen und künstlerischen Meisterleistungen bleibt Sri Chinmoy immer der Musterknabe des Aurobindo-Ashrams, ein Schüler allerdings, der das Bildungskonzept des Ashrams nun ins Groteske ausweitet. Das Gottesbewusstsein, das er vollkommen in sich verwirklicht haben will, wird bei ihm zur Quelle grenzenloser Spitzenleistungen. So hat Sri Chinmoy in meditativem Bewusstsein und im Erlebnis der Einheit mehrere Tausende von Bildern gemalt und mehrere Millionen von Zeichnungen auf Papier gebracht, darunter Millionen von Vogelskizzen, Sinnbilder der Freiheit der Seele. Weil ihm in diesem Bewusstsein der Einheit mit dem Göttlichen jede kritische Distanz zum eigenen Werk fehlt, produzierte Chinmoy nicht nur im Eiltempo sog. »Quellenkunst«, auch musikalisch und literarisch war er ebenso bedenkenlos erfolgreich: 1182 Publikationen werden zurzeit als seine Werke aufgelistet. Tausende von Liedern hat er verfasst und bis zu 150 Instrumente spielte er eigenhändig bei einer einzigen Konzertveranstaltung. Sportlich brillierte er v. a. im Marathonlauf, ferner, indem er den Ärmelkanal durchschwamm und beim Wadenheben und Einarmheben. So hat er bisher während seiner Aktionen »Lifting up the world« – eine Aktion, die der Höherentwicklung der Menschheit durch physisches Emporheben Ausdruck verleiht – 4000 von ihm geehrte Persönlichkeiten mit einem oder mit zwei Armen auf einem eigens konstruierten Podest emporgehoben.

Mit Marathonläufen und Friedensläufen, durch seine Bewegung organisiert, animierte Sri Chinmoy eine breite Öffentlichkeit zur Selbsttranszendenz. Menschen müssen und wollen über sich selbst hinauswachsen. Was jetzt Mensch ist, wird Gott werden, so wie, was jetzt Gott ist, einmal Mensch war.

Diesen Weg ins Grenzenlose und Göttliche führt nicht zwangsläufig über den Guru Chinmoy als jetzt schon verwirklichtes Gottesbewusstsein; andere Meister können Ähnliches. Aber die ca. 2000 Schülerinnen und Schüler Chinmoys – intern Girls und Boys genannt, nach außen hin als Disciples bekannt – sind ihm in einer einzigartigen Weise verbunden. Sie projizieren – so deutet der kritische Betrachter – ihre jugendlichen Genieträume auf ihren Meister und lieben ihn in jugendlicher Schwärmerei. Im meditativen Verschmelzen mit ihm erreicht dann ihre Selbsttranszendenz ihr Ziel. Sie werden er und er wird sie. Ein Foto des Meisters, das ihn im höchsten Bewusstsein zeigt (seine Augen sind nach Yogabrauch nach innen gekehrt), auf das frühmorgendlich meditiert wird, und das Wissen, dass sich der Meister gleichzeitig in die vor ihm liegenden Fotos seiner Schülerinnen und Schüler vertieft, weckt ein Gefühl gegenseitiger Durchdringung von Meister und Schüler, wie sie in ähnlicher Intensität anderswo kaum mehr erlebt werden kann und soll. Verheiratete Boys neigen dazu, zu ihrem Girl auf Distanz zu gehen. Für ledige Boys und Girls wird ohnehin vorausgesetzt, dass die Beziehung zum Meister jede andere Liebesbeziehung erübrigt. Strenge Regeln unter den Disciples – z. B. das Verbot, mit Disciples des anderen Geschlechts zu reden – sorgen dafür, dass die erotisch-mystische Liebe zum Meister durch keine anderen Liebschaften geschmälert wird.

Dass diese erotisch-mystische Fixierung auf den Meister der eigenen Persönlichkeitsentwicklung des jungen Menschen nicht dient, braucht kaum betont zu werden. Der Meister selbst wirkt – kritisch betrachtet – grenzenlos in sich selbst verliebt, unfähig, die eigene kreative Produktion und den eigenen Umgang mit den Disciples auch nur annähernd kritsch zu betrachten. Der Schüler übt in seiner symbiotischen Liebe zum Meister angeblich zwar den Schritt in die Einheit, ins Übermenschliche, nüchtern betrachtet aber den Rückfall in jenes jugendliche Verschmelzen mit einem Idol, das viele jungen Menschen mindestens zeitweilig davor bewahrt, erwachsene Menschen zu werden.

GEORG SCHMID

## Sri Sri Ravi Shankar

Sri Sri Ravi Shankar (Sri = hinduistischer Ehrentitel), wurde 1956 in Papanasam (Südindien) geboren (nicht zu verwechseln mit dem Musiker Ravi Shankar). Angeblich konnte er bereits mit vier Jahren die Bhagavadgita rezitieren und begann mit acht Jahren das Studium der klassischen Veden. Bevor er 1982 mit der Konzeption seiner »Kunst des Lebens«-Kurse begann, gehörte er zwei Jahre zur ↗Transzendentalen Meditation, u. a. als Gouverneur der Weltregierung Maharishi Mahesh Yogis.

### Organisation und Verbreitung

Die von Sri Sri Ravi Shankar konzipierten Kurse führt die »International Art of Living Foundation« in Bangalore eigenen Angaben zufolge weltweit in über 140 Ländern durch. In Deutschland ist sie durch »Die Kunst des Lebens Deutschland e.V.« vertreten; das europäische Zentrum befindet sich in Bad Antogast. Eine förmliche Mitgliedschaft gibt es nicht. Großen Wert legt »Art of Living« (AoL) auf die Akkreditierung als Nichtregierungsorganisation bei der UNO.

### Lehre und Praxis

Ausgangspunkt ist die Vorstellung, dass Disharmonie die Ursache aller Störungen ist. Stress, Ängste und dadurch verursachte schlechte Gefühle trüben den Geist und schlagen sich demnach auch auf zellulärer Ebene als Gifte nieder. Durch die zentrale Technik der AoL, Sudarshan Kriya, sollen Stress abgebaut, Gifte durch den Atem ausgeschieden und die natürlichen Atemrhythmen wiederhergestellt werden. Der erstrebenswerte stressfreie, harmonische Zustand, in dem die rhythmischen Abläufe auf körperlicher und geistiger Ebene in Einklang stehen, ist durch Freude, Tanzen, Singen und Lächeln geprägt. Erst so kommen im Menschen die menschlichen Werte zum Tragen: Liebe, Natürlichkeit, Mitgefühl und Zusammengehörigkeit sind demnach allen Religionen als spiritueller Kern und Ziele gemeinsam, ungeachtet vordergründig unterschiedlicher Rituale.

Die Techniken und Kurse der AoL bestehen im Kern aus der Kombination von Elementen aus ↗Yoga, Meditation und Atemtechnik, denen eine weitreichende Wirksamkeit zugeschrieben wird: Neben Sudarshan Kriya, Sri Sri Ayurveda, Sri Sri Yoga und »Sahaj Samadhi Meditation« (»Leichte Erleuchtungsmeditation«) u. a. gibt es spezielle Kurse, etwa für Kinder und Jugendliche (Art-Excel), Krebs- und HIV-erkrankte und zur Behandlung von Depressionen.

Als humanitäre Projekte (»Sanskrit Seva«) verstehen sich v. a. das »5H«-Programm (Health, Hygiene, Home, Human Values, Harmony in Diversity), »Care for Children«, »Prison SMART« (Stress Management and Rehabilitative Training) für Strafgefangene und Programme zur Traumabewältigung in Krisengebieten, in denen Elemente der AoL-Kurse feste Bestandteile sind sowie humanitäre Hilfseinsätze.

Die AoL versteht sich nicht als religiöse Gemeinschaft und als für alle Religionen offen. Dennoch ist ihre hinduistische Herkunft und Prägung deutlich erkennbar, nicht nur an der Verehrung, die ihrem Gründer entgegengebracht wird. Die AoL kann als stark verwestlichte Form des Neohinduismus, als »Mischung aus indischer monistischer Philosophie und westlicher Tradition des Positiven Denkens« (Schmid) beschrieben werden, wobei diese einfache und leichte Botschaft komplexe Zusammenhänge simplifiziert und keine hohen Ansprüche stellt. Vielmehr stehen die persönliche Ausstrahlung Sri Sri Ravi Shankars und die praktische Umsetzung seiner Botschaft im Mittelpunkt. Fraglich bleibt angesichts dessen, ob sich das Selbstverständnis und der Anspruch der Techniken, Kurse und Programme der AoL auch unter fachlich-humanwissenschaftlichen Gesichtspunkten als plausibel erweisen.

MATTHIAS NEFF

# Staat

## 1. Allgemein

### Begriff

Staat (lat. *status:* Zustand, rechtliche und politische Verfassung eines Landes oder Position eines Landesherrn, seit dem 17. Jh. in holländischer Schreibweise im Deutschen: das politische Gemeinwesen selbst) ist zweierlei: im engeren Sinn die mit souveräner Gewalt ausgestattete Friedensorganisation, die in einem Territorium den konfessionellen Bürgerkrieg dauerhaft beendet hat – einschließlich ihrer modernen Nachfolgeinstitution (»Verfassungsstaat«) –, im weiteren Sinn jedes geschichtliche Gemeinwesen, in dem Menschen als Bürger eine politische Existenz führen *(res publica)*. Heute wird der Staat anhand eines auf Merkmale abstellenden juristischen Begriffsverständnisses als die Einheit von Gebiet, Volk und oberster Regierungsgewalt bestimmt. Allerdings bleibt dabei das Wesen selbst unbedacht, nämlich als Form bürgerschaftlicher Gemeinschaft, die sich willensmäßig am Gemeinwohl orientiert, die die Beziehungen der Bürger untereinander und zu den Institutionen rechtlich ordnet und die Gewalt anwenden darf, wenn anders die Verletzungen des Rechts und des Gemeinwohls nicht abgewendet oder geahndet werden können (Monopol legitimer physischer Gewalt).

### Staat und Kirche in Europa

Während in vorchristlicher Zeit politische und religiös-kultische Gemeinschaftsformen ineinanderflossen (griechische Polis, römisches Imperium), treten mit dem Christentum beide Existenzweisen auseinander: Der Staat besorgt die naturhafte Ordnung des gesellschaftlichen Daseins mittels Gesetz und Schwert (Friede und Krieg, Rechtspflege, Sicherung der Volkswohlfahrt), die Kirche besorgt die Ordnung des geistlichen Lebens, das ewige Heil. Gewaltfreiheit ist ein Merkmal von Kirche, nicht von Staat.

Beide Ordnungen können sich einander so weit entfremden wie der Gottesstaat und der Weltstaat im Sinne Augustinus, wobei sich Ersterer des Letzteren, der ihm äußerlich bleibt, nur als günstiger Gelegenheit zur Pilgerrast bedient. Sie können auch – wie bei Thomas von Aquin – als wesenhaft zur Schöpfungs- und Heilsordnung gehörig begriffen werden: zur Schöpfungsordnung gehörig der Staat, zur Heilsordnung gehörig die Kirche, die die naturhaften Aufgaben im Blick auf das Heil der Seelen ergänzt und vervollständigt. Thomas verpflichtet den Regenten, für das Wohl der Kirchen tätig zu werden, während Bischöfe und Priester für den Regenten beten. Zur kirchlichen Gemeinwohlsorge gehören auch Bildung, Caritas, Seelsorge, Verkündigung und Zeugnis (Sinnfindung, Grundwertevergewisserung).

### Fehlformen

Das Staat-Kirche-Verhältnis kann nach gesellschaftlichen Voraussetzungen und rechtlicher Verfassung unterschiedliche Formen annehmen. Von staatlicher wie von kirchlicher Seite werden Fehlhaltungen provoziert: Die Kirche oder einige ihrer Repräsentanten kehren sich vom Staat als einer vermeintlichen wertlosen Sphäre ab (Privatismus, Apolepismus); oder sie schwingen sich – in Verkennung des Eigenrechts des Staates – als dessen wahre Repräsentanten auf (Klerikalismus, Papacäsarismus, bestimmte Extreme politischer Theologie, islamischer ↗Fundamentalismus). Der Staat oder seine Repräsentanten verdrängen – in Verkennung eines ureigenen Öffentlichkeitsauftrags der Kirche – die Kirche(n) aus der öffentlichen Sphäre und zwingen ihr einen Privatstatus auf (Laizismus, einseitig negative ↗Religionsfreiheit); oder sie instrumentalisieren die Kirche – in Verkennung ihres relativen Eigenrechts – und machen sie speziellen politischen Zwecken dienstbar (Cäsaropapismus). Einige dieser Fehlhaltungen verstärken sich, andere rufen Konflikte hervor, die nicht auf die Frontlinie Staat – Kirche begrenzt bleiben, sondern auch innerhalb von Kirchen oder zwischen ihnen ausgetragen werden.

### Staatliche Grundfunktionen

Am Staat lassen sich drei Funktionen unterscheiden, die für sein Verhältnis zu Religion und Kirche relevant sind:

a) seine mit der Anerkennung sittlicher Grundwerte einhergehende Eignung für den Schutz und die Entfaltung des menschlichen (geselligen) Lebens (Staat als Diener der Ordnung);
b) die Aktualisierung dieser Eignung in einer jeweiligen Rechts-, Gesellschafts- und Wirtschaftsordnung. Von ihnen hängt ab, ob ein konkreter Staat die Menschenrechte (↗Grundrechte) respektiert, Massenwohlstand erreicht, ein demokratisches Regierungssystem ausprägt;
c) die Aktualisierung dieser Eignung in einem jeweiligen geistigen Klima (kulturell). Von ihm hängt ab, ob kulturelle Potenzen – darunter die Kirchen – und der Staat sich in ihrem relativen Eigenrecht respektieren.

## 2. Staatsverständnis in religiösen Sondergemeinschaften

Bei religiösen Sondergemeinschaften begegnen v.a. die beiden zuerst genannten Fehlhaltungen. Staat oder politisches Engagement werden abgelehnt oder man will den Staat zugunsten der eigenen Ziele in Anspruch nehmen. Integristische, traditionalistische Bewegungen versuchen, die neuzeitliche Differenzierung von Staat und Gesellschaft, Staat und Kirche wieder zurückzunehmen (z.B. Ablehnung des Dekrets über die Religionsfreiheit des Zweiten Vatikanischen Konzils). Einige neureligiöse Bewegungen (Vereinigungskirche, Ananda Marga, ISKCON, Transzendentale Meditation) und politische Gruppierungen mit weltanschaulichen Implikationen (Europäische Arbeiterpartei, Die Gemeinschaft) verfolgten politisch-gesellschaftliche Ziele mit geringem Erfolg.

Einige Sondergemeinschaften christlicher Herkunft lehnen jedes Engagement in Staat und Gesellschaft ab. Am entschiedensten betonen die Zeugen Jehovas, »kein Teil der Welt zu sein«. Das Beispiel der Mormonen u.a. zeigt, dass ein konfliktuöses sich in ein konfliktfreies Verhältnis zu den staatlichen Institutionen wandeln kann.

Der Versuch auch im Umfeld der New-Age-Bewegung, Großgesellschaften durch ein Zusammenspiel vernetzter Kleingesellschaften abzulösen, wurde kaum mit der gesellschaftlichen und politischen Realität vermittelt. Ansätze zu gesellschaftlicher und politischer Neugestaltung finden sich bei R. Steiner und der Anthroposophie im Entwurf der »Dreigliederung« von Kultur, Wirtschaft und Staat. Es wird ein freies Zusammenspiel dieser Bereiche angestrebt, wobei der Staat für die Rechtspflege zuständig ist. Auch ist die Verbindung alternativ-reformerischer Ansätze mit Elementen eines esoterisch begründeten Weltbildes zu sehen. Im anthroposophischen Umfeld finden sich durchaus plurale Diskussionsansätze (z.B. Flensburger Hefte).

PAUL-LUDWIG WEIHNACHT (1),
HANS GASPER (2)

# Subud

Das Kunstwort Subud setzt sich aus den Sanskritwörtern *Susila* (wahre Natur des Menschen), *Budhi* (höhere geistige Kraft im Menschen) und *Dharma* (Unterwerfung unter den Willen Gottes) zusammen und meint sinngemäß rechtes Leben durch die innere Kraft unter der Führung Gottes. Subud-Anhänger verstehen darunter auch die Einheit von Ursprung und Ziel menschlicher Entwicklung. Das Subud-Emblem (sieben konzentrische Kreise, durchschnitten von sieben Strahlen) symbolisiert die siebenstufige Entwicklung von grober Materie zu reinem Geist.

## Geschichte und Organisation

Gründer der Subud-Bewegung ist der indonesische Muslim Muhammad Subuh Sumohadiwidjojo (1901–1987), von Mitgliedern *Bapak* (indones. »Vater«) genannt. Geboren auf Java, war er früh vertraut mit der Sufi-Mystik des Naqschibandi-Ordens. Mit 24 Jahren hatte er eine nächtliche Vision einer sich vom Himmel durch seinen Scheitel in ihn hineinsenkenden Lichtkugel, die er als Kraft Gottes deutete. Ab 1933 gab er diese Erfahrungen eines direkten Kontaktes mit der »Großen Lebenskraft« an Interessierte weiter. Er entwickelte die geistige Übung *Latihan Kejiwaan* und gründete 1947 unter dem Namen Subud die »geistige Bruderschaft«.

Der erste europäische Anhänger, H. Rofé (1922–2008), machte in den 50er-Jahren Subud in England v. a. bei den Anhängern G. I. Gurdjieffs († 1949) bekannt. Angeregt durch das Buch *Concerning Subud* des britischen Gurdjieff-Schülers J. G. Bennett (1897–1974) und durch Bapaks Reisen entstanden Zentren auch in anderen Ländern, in Deutschland v. a. durch das Engagement von R. Gruson († 1986). Es gibt kein von Subuh verfasstes Lehrbuch, doch wurden seine Erklärungen zu *Latihan* veröffentlicht. Nach dem Tod Subuhs übernahm seine älteste Tochter, Ibu Rahayu, einige seiner Aufgaben.

Der internationalen Dachorganisation »World Subud Association« (WSA) mit Hauptsitz in Buenos Aires sind etwa 385 Gruppen in ca. 80 Ländern mit rund 12 000 Mitgliedern zugeordnet. Die Gremien werden gewählt, die internationale Leitung auf den alle vier Jahre durchgeführten Weltkongressen. Verschiedene Einrichtungen (Schulen, Spitäler), Unternehmen und Banken sowie Unterorganisationen (*»wings«:* SDIA [Sozialprojekte], SYAI [Jugend], SICA [Kultur], SIHA [Gesundheit], SESI [Wirtschaft]) sollen die Werte von Subud verbreiten. Subud finanziert sich durch Spenden, die durch die Muhammad Subuh Foundation (MSF) verwaltet werden.

## Lehre

Subud sieht sich nicht als Religion, sondern will Menschen aller Richtungen zur unmittelbaren Erfahrung Gottes bzw. der Großen Lebenskraft führen. Die Verbindung von monotheistischen, pantheistischen, islamischen, hinduistischen, mystischen und gnostischen Elementen macht die synkretistische Denkstruktur deutlich.

Nach den Lehren des Subud besteht der Mensch aus vier Körpern (physischer Körper, Körper der Gefühle, des Verstehens, des inneren Friedens). Das Prinzip menschlicher Existenz ist ein geistiger Wesenskern, der an der göttlichen Lebenskraft partizipiert, jedoch von äußeren Einflüssen überlagert wird. Um ihn herum sind sieben Stufen der Seele *(jiwa)* angelegt, die sieben Grade der spirituellen Entwicklung bedeuten. Ziel des menschlichen Lebens ist die Rückkehr zum geistigen Ursprung, zu Gott. In der Welt wirken sieben Lebenskräfte *(roh):* die vier niederen beherrschen gemeinsam mit vier Arten menschlicher Begierden *(nafsu)* den Menschen. Die drei höchsten sind dem menschlichen Verstand nicht zugänglich, aber durch die »Öffnung« und das Ausüben des *Latihan* kann der Mensch die fünfte Stufe erreichen, die des wirklichen Menschseins.

### Latihan Kejiwaan

Zentrale Praxis ist das *Latihan Kejiwaan* (indones. »geistige Übung«). Es ist kein aktives Üben, sondern ein Empfangen, indem sich der Praktizierende der göttlichen Kraft öffnet und ihrer Führung unterwirft. Dadurch wird die Seele gereinigt und der Wesenskern erschlossen. Die Form ist nicht festgelegt, sondern der Teilnehmer folgt dem, was spontan in ihm aufkommt (z. B. Stille, Bewegung, Lachen, Zungenreden, Wahrnehmung von Licht und Vibrationen). Was immer im *Latihan* geschieht, ist allein Gottes Wille, eine individuelle Erfahrung, die zu einem Entwicklungsprozess führt, der positiv, aber auch schmerzvoll sein kann. Heilungen (meist psychosomatischer und psychosozialer Störungen) können auftreten. Subud versteht sich aber nicht als Heilungsbewegung.

Dem ersten *Latihan* (= »Öffnung«) geht eine dreimonatige Probezeit voraus, in der sich der mindestens 17-jährige Interessent über Subud informiert. Bei der »Öffnung« löst ein »Helfer« (= Mitglied mit mindestens sieben Jahren Erfahrung) durch den Vollzug des eigenen *Latihan* beim Anwärter ein analoges Geschehen aus. *Latihan* wird zweimal wöchentlich etwa 30 Minuten lang in der Gruppe, nach Geschlechtern getrennt, empfangen und von Erfahrenen einmal zusätzlich alleine zu Hause praktiziert. Es soll schließlich »automatisch«, ohne Beteiligung von Wille und Intellekt, ablaufen. Eine spezielle Anwendung ist das »Testen«, wobei durch *Latihan* Antworten auf Fragen erhalten werden.

BRIGITTE HOLMES-EDINGER

# Sufismus

### Begriff

Unter Sufismus versteht man die Richtungen innerhalb des ↗ Islam, für die Gotteserfahrung und emotionale Bindung an Gott wichtiger sind als die orthodoxe Theologie oder eine strenge Beachtung der rituellen Praxis. Sufismus ist deshalb eine Art Sammelbegriff für die »Innenseite« der islamischen Religion, der die äußere Seite, die Einhaltung der Vorschriften des praktischen Religionsvollzuges bzw. das Religionsgesetz *(shari'a)*, gegenübergestellt wird, ja die nicht selten dazu im Widerspruch steht. Bisweilen kommt es sogar vor, dass islamische Vorschriften wie das Weinverbot oder das Fasten offen vernachlässigt werden, sodass es historisch immer wieder zu heftigen Gegenreaktionen des orthodoxen Islam gegen die Sufis gekommen ist.

Meist wird historisch als erste markante Persönlichkeit der islamischen Mystik Rabi'a († 801) genannt. Diese Mystikerin soll in Basra mit einem Eimer Wasser in der einen Hand und einer brennenden Fackel in der anderen umhergegangen sein. Befragt, was dies bedeuten solle, habe sie geantwortet, sie wolle mit dem Wasser das Feuer der Hölle löschen und mit dem Feuer der Fackel das Paradies verbrennen, damit die Menschen nicht mehr aus Furcht vor der Hölle oder aus Sehnsucht nach Belohnung im Paradies handeln, sondern ausschließlich um der Liebe zu Gott willen. Die reine (d. h. absichtslose) Liebe zu Gott wird so von Anfang an zu einem wichtigen Element des mystischen Weges.

Ziel des mystischen Weges ist die Gottesnähe bis zum Erlöschen des Ich (Entwerden), wenn Gott alles wird. Verschiedene Stufen werden als Etappen dieses Weges genannt, von den Mystikern jedoch unterschiedlich bezeichnet; auch die Beschreibungen der auf jeder dieser Stufen gemachten religiösen Erfahrungen vari-

ieren. Zahlreiche Handbücher aus der mystischen Tradition geben über die divergierenden Positionen Auskunft.
Allen klassischen Texten gemeinsam ist die Überzeugung, dass niemand den mystischen Weg ohne Anleitung und ständige Überwachung durch einen erfahrenen Meister (Pir oder Scheich) gehen soll, damit jegliches Erlebnis auf seine Herkunft überprüft werden kann, ob es durch die Triebseele, den Teufel oder durch Gott verursacht ist, denn die Gefahr der Selbsttäuschung besteht auf allen Stufen.

### Geschichte des Sufismus

Seit dem 12./13. Jh. sind Sufi-Bruderschaften *(Tariqas)*, d.h. mystische Orden, nachweisbar. Einige davon haben die Jahrhunderte überdauert und existieren bis heute. Zu den bekanntesten gehören die Marabuts und die Sanoussi (im arabischen Nordafrika), die Qadiriyya und Tidjaniyya (v.a. im subsaharischen Afrika) sowie die Ni'matullahi, Bektashi, Naqshbandi und Chishti (im Iran, der Türkei, Zentralasien und Indien). Sie sind hierarchisch strukturiert, die Aufnahme setzt lange und streng kontrollierte Phasen des Novizentums voraus, viele ihrer Lehren bleiben Geheimwissen für die Insider und dürfen nicht an Außenstehende weitergegeben werden. Oft besteht neben dem engen Kreis der Eingeweihten noch ein weiterer Kreis von Anhängern, die nur ab und zu an den Versammlungen teilnehmen, dort das Gottgedenken *(dhikr)* – etwa das ständige Wiederholen des Wortes *Allah* oder *huwa* (= »er«, d.h. Gott) – begleitet von rhythmischen Bewegungen, üben und so in Ekstase geraten. Die Unterscheidung zwischen dem inneren und dem äußeren Kreis macht es schwer, prozentual den Anteil der Sufis unter den Muslimen zu bestimmen. Beschränkt man sich auf die Sufis des inneren Kreises, d.h. die wenigen, die ein Wollgewand (arab. *suf*, wovon aller Wahrscheinlichkeit nach die Begriffe Sufismus bzw. arab. *tasawwuf* abgeleitet sind) tragen und richtig dazugehören, dann handelt es sich um eine verschwindend kleine Minderheit. Nimmt man dagegen alle Interessierten aus dem äußeren Kreis mit hinzu, umfasst der Bereich der islamischen Mystik die überwiegende Mehrheit der Muslime und das Meiste des sog. Volksislam mit seiner religiösen Dichtung, die neben Arabisch auch alle anderen Sprachen der islamischen Welt verwendet. Hierzu gehören literarische Werke von höchstem Rang ebenso wie Gedichte oder Erzählungen einfacher Leute.
Die Forschung sieht interne und externe Gründe, die zur Entwicklung der Mystik im Islam geführt haben. Zu den externen gehört die Vermutung von Einflüssen von außen, die je nach Kenntnisstand der Forschenden aus der ↗Gnosis, der jüdischen oder christlichen Mystik oder aus hinduistisch-buddhistischem Gedankengut stammen sollen. Als innere Gründe wird eine gewisse Emotionsarmut des orthodoxen Islam ebenso geltend gemacht wie Freiräume für Freidenkertum, für philosophische und theologische Spekulationen sowie Protestbewegungen aller Art. Es fällt auf, dass zahlreiche Putsche auf das Konto von Ordensbruderschaften gehen. Zudem scheinen Claninteressen durch Ordenszugehörigkeiten besonders effektiv durchgesetzt worden zu sein. Schließlich sind in der neuesten Geschichte nicht selten sowohl nationalistisch-patriotische als auch antimoderne Ziele mit mystischen Orden verbunden gewesen, weshalb die mystischen Orden in der Türkei seit Atatürk verboten sowie im 20. Jh. in Ägypten als subversiv eingestuft worden sind.

### Sufismus in Deutschland

Schon 1910 wurde in Deutschland durch Pir Inayat Khan der Chishti-Orden gegründet, 1913 gründeten deutsche Sufis einen ersten Bektashi-Orden, andere Ordensgründungen folgten: die Naqshbandi, die Qadiriyya, die Süleymanli, die Nurcu und Fethullah-Nurcu, die sich seit einigen Jahren Jama'at an-Nur (»Gemeinschaft des Lichts«) nennen. Auch der Mevlevi-Orden, der sich auf den mystischen Dichter Rumi als Gründer beruft und durch die »tanzenden Derwische« bekannt geworden ist, hat in Deutschland Verbreitung gefunden. Heute gibt es in Deutschland viele Orden und mystische Richtungen; genauere Forschungen dazu fehlen allerdings.

Die Mitglieder setzen – sofern sie islamisch sozialisiert sind – auch in Deutschland die islamische Tradition fort und sehen in der Zugehörigkeit zum Orden eine intensive Form der Erlangung religiöser Erfahrung innerhalb des Islam. Daneben gibt es aber auch – v. a. bei Deutschen, die dazustoßen – die Suche nach religiöser Erfahrung ohne Islambezug. Sufismus wird hier wie Yoga und Zen unabhängig von ihrem ursprünglichen religiösen Herkunftskontext als Psychotechnik angeboten. So gesehen reiht sich der Sufismus in das vielfältige Angebot des New Age ein, seine Aussagen und Erfahrungen lassen sich dann als orientalische Lebensweisheiten weitergeben, wie dies romanhaft bei E.-E. Schmitt geschieht.

PETER ANTES

## Synkretismus

### Bedeutung

Der Begriff »Synkretismus« dient der Interpretation religiöser und kultureller Verschmelzungsvorgänge. Er hat eine wechselvolle, mit positiven und negativen Wertungen verbundene Geschichte. Plutarch (ca. 45–120 n. Chr.) beschrieb damit den Zusammenhalt der untereinander zerstrittenen Völker Kretas gegenüber auswärtigen Feinden. Diesen Charakterzug hätten die Kreter selbst als *synkretismós* bezeichnet (*Moralia* 490b). Synkretismus bezeichnet demnach in seiner Grundbedeutung die positiv bewertete Fähigkeit einer Gruppe, zur Verteidigung gemeinsamer Grundpositionen zusammenzustehen und kleinere Differenzen im Interesse des großen Ganzen hintanzustellen. Der Begriff wurde in diesem Sinne von Erasmus von Rotterdam (1466–1536) wieder aufgegriffen und diente zur Beschreibung theologischer Positionen, die auf Ausgleich (besonders zwischen Richtungen innerhalb des Protestantismus) bedacht waren. Aufgrund der Verhärtung der Fronten im 17. Jh. wurde solchen kompromissbereiten Positionen zunehmend zum Vorwurf gemacht, die (jeweilige) »reine Lehre« zu verraten. Der Terminus Synkretismus wurde daher allmählich zum Schimpfwort für die Verfälschung der »wahren Lehre« durch »Vermischung« mit anderen Lehren (sog. Synkretismusstreit um G. Calixt im 17. Jh.).

Seit der Mitte des 19. Jh.s wurde der Begriff Synkretismus in der neu entstehenden ↗Religionswissenschaft als wissenschaftlich-analytischer Begriff neu begründet. Mit dem Aufweis der historischen Verwandtschaft unterschiedlicher ↗Religionen versuchte diese, die Sicht der Religionen als in sich abgeschlossener, statischer Größen zu hinterfragen. Der Satz des Oxforder Sanskritgelehrten F. M. Müller: »Wer eine Religion kennt, kennt keine« (in Anlehnung an einen ähnlichen Ausspruch Goethes über Sprachen) wurde zum Wahlspruch der Religionswissenschaft: Erst im Vergleich verschiedener Religionen und im Nachweis ihrer inneren Verwandtschaft, d. h. in ihrem grundsätzlich synkretistischen Charakter, werde das Wesentliche der Religionen erkennbar.

Darauf reagierte die liberale Theologie des späten 19. Jh.s, indem sie den Begriff Synkretismus mit positiver Wertung auf das Christentum bezog. So vertrat der protestantische Theologe A. v. Harnack die Auffassung, dass das Christentum am Ende der alten Kirche als »synkretistische Religion« zu bezeichnen sei, weil es vieles aus der antiken Religionsgeschichte seiner Umgebung aufgenommen hatte. Harnack sah gerade in dieser synkretistischen Natur des Christentums seine Stärke, die es vor anderen Religionen auszeichne. So kehrte er den Ausspruch Müllers in sein Gegenteil um: »Wer diese kennt (die christliche Religion), kennt sie alle« (die Vielfalt der Religionen).

**Gegenwärtige Debatten**

In den heutigen Debatten um den Synkretismusbegriff finden sich alle Facetten dieser Begriffsgeschichte wieder: Die *negativ-wertende* Tradition aus dem Zeitalter des Konfessionalismus wird in der Theologie und in kirchlichen Verlautbarungen v. a. im protestantischen Bereich und in Dokumenten des Ökumenischen Rats der Kirchen weitergeführt, z. B. im Blick auf neureligiöse Bewegungen. Oft wird der Begriff Synkretismus hier gleichbedeutend mit **Eklektizismus** gebraucht. Beide Stichworte beschreiben in diesem Kontext ein zur Beliebigkeit neigendes »Herauspicken« einzelner Elemente aus verschiedenen religiösen Traditionen und ihre unkontrollierte Vermischung, die den betroffenen Traditionen nicht gerecht werde, ihr Wesentliches verfälsche. Im Unterschied zu früheren Epochen wird dabei oft auch das Interesse nichtchristlicher Religionen mitbedacht: Nicht nur das Christentum, sondern alle großen Religionen hätten einen Anspruch auf die unverfälschte Fortführung ihrer jeweiligen Tradition – im Gegensatz zu ihrer oberflächlichen Vermengung. Als »synkretistisch« oder »eklektizistisch« in diesem Sinne gelten v. a. Bewegungen im Spektrum des New Age und der modernen Esoterik, aber auch christliche Bewegungen z. B. in Afrika, die in der Sicht ihrer Kritiker autochthone religiöse Elemente mit christlichen vermischen.

Die kritisierten Bewegungen selbst identifizieren sich in aller Regel nicht mit dem Begriff »Synkretismus«. In der modernen Esoterik ist allerdings die Lehre von einer letzten Identität aller religiösen Wege sehr verbreitet, die strukturell dem Vorwurf des Synkretismus oder Eklektizismus entspricht. Metaphorische Aussagen wie »viele Wege führen zum einen Ziel«, »ein Kern, viele Schalen« usw. umschreiben diese Auffassung, die insbesondere bei der Begründerin der Theosophischen Gesellschaft, H. P. Blavatsky, im Mittelpunkt der eigenen Lehrbildung stand. Als Kriterium der Auswahl wird in aller Regel die eigene religiöse Erfahrung gesehen, nach dem Motto: »Was gut tut, kann nichts Böses sein«. Während also von den Kritikern der Eklektizismus als Verfälschung der Tradition gesehen wird, kritisieren umgekehrt die VertreterInnen eines synkretistischen Umgangs mit religiösen Beständen die Gegenseite wegen ihres dogmatisch verengten Blicks, aufgrund dessen sie das Eigentliche der ↗ Religion mit ihren nur äußerlichen Gewändern verwechseln würden.

Andere als synkretistisch kritisierten Bewegungen greifen den Begriff z. T. selbst auf, um ihre jeweiligen Gegner zu kritisieren. So werfen sich z. B. Afrikanische Unabhängige Kirchen (AIC), die Elemente afrikanischer Religion in den christlichen Gottesdienst integrieren, und pfingstlich-charismatische Kirchen in Afrika gegenseitig Synkretismus vor: Beide Seiten bezichtigen sich gegenseitig, von den biblischen Grundlagen des Christentums abzuweichen. Während die Pentekostalen den AIC eine synkretistische Vermischung biblischer und heidnischer Religion vorwerfen, kritisieren diese bei den Ersteren die Übernah-

me nordamerikanischer Praktiken ohne biblische Grundlage, z. B. die Aufforderung von Fernsehpredigern, zur Fernheilung die Hände auf den heimischen Bildschirm zu legen (Adogame 1999).
Die *positiv-wertende* Begriffstradition aus der liberalen Theologie wird bei manchen Vertretern des interreligiösen Dialogs weitergeführt, z. B. beim katholischen Religionsphilosophen R. Panikkar, der sich für einen gelebten interreligiösen Dialog und die Vereinigung unterschiedlicher Frömmigkeitselemente zur Bereicherung des »religiösen Weges« einsetzt. Er knüpft dabei zugleich an alte missionarische Traditionen an, die z. T. unbewusst, oft aber sicherlich sehr bewusst, christliche mit vorchristlichen Elementen verschmolzen haben, z. B. bei der Errichtung christlicher Kirchen auf ehemaligen nichtchristlichen Kultstätten oder bei der Christianisierung bestimmter Festtage. Zur theologischen Begründung einer solchen bewussten Vermischung wird häufig (wie schon bei Harnack) argumentiert, dass keine Religion »rein« sei. »Reinheit« sei vielmehr eine theologische Konstruktion. Gelegentlich verbindet sich diese positive theologische Rezeption des Synkretismusbegriffs auch mit der Überlegung, dass angesichts wachsender Säkularisierung und Entfremdung vieler Menschen von der Religion die verbleibenden Religiösen ihre Differenzen zurückstellen und sich zusammenschließen sollten. Hier kommt die auf Plutarch zurückgehende humanistische Bedeutung des Terminus Synkretismus wieder ins Spiel.
Die *wissenschaftlich-analytische* Tradition des Begriffs in der Religionswissenschaft hat sich inzwischen von den antitheologischen Affekten der Gründungszeit weitgehend abgelöst und wurde von verschiedenen anderen Kulturwissenschaften, z. B. Literaturwissenschaften, Theaterwissenschaft und Ethnologie, aufgenommen.

**Klärungsversuche in Religionswissenschaft und Kulturwissenschaften**

In der religionswissenschaftlichen Diskussion der vergangenen Jahrzehnte hat v. a. das Konzept U. Berners, teilweise gemeinsam mit C. Colpe entwickelt, zur Klärung beigetragen. Im Rückgriff auf systemtheoretische Überlegungen sieht Berner religiöse Traditionen als Sinnsysteme, die vielfältig interagieren und sich gegenseitig in ihrer weiteren Entwicklung beeinflussen. Von Synkretismus im engeren Sinne (im Unterschied zu Verschmelzungsprozessen) ist dann zu sprechen, wenn sich mindestens zwei ehemals getrennte Traditionen so miteinander verbinden, dass etwas qualitativ Neues entsteht, zugleich aber die Herkunft der unterschiedlichen Traditionen erkennbar bleibt.
Berner unterscheidet zwischen »Synkretismus auf Elementebene« und »Synkretismus auf Systemebene«. Der erstere Fall ist in der Religionsgeschichte bis auf den heutigen Tag häufig zu finden. Es handelt sich um Vorgänge, bei denen einzelne Elemente aus fremden religiösen Systemen in das eigene integriert werden, ohne dass dieses im Ganzen dadurch verändert würde. Ein historisches Beispiel dafür wäre der Einbezug germanischer Frühjahrsriten in das christliche Osterfest, soweit dadurch die zentrale Bedeutung desselben als Feier der Auferstehung Jesu Christi nicht berührt wurde. Ein gegenwärtiges Beispiel ist die Rezeption zen-buddhistischer Traditionen in katholischen Klöstern, soweit dies lediglich zur Vertiefung der eigenen Spiritualität dient, ohne dass die katholische Lehre, die Stellung des betreffenden Ordens in der Kirche usw. davon tangiert wäre. Wenn jedoch, wie in aktuellen Fällen diskutiert, die klösterliche ↗Zen-Praxis zur Entwicklung eines neuartigen Sinnsystems führt, in dem die katholische Tradition nur noch einen von mehreren Bestandteilen darstellt

und eventuell auch das soziale System »Kloster« in ein anderes soziales System überführt wird, ist die Grenze zum »Synkretismus auf Systemebene« überschritten. Auch der oben erwähnte Versuch esoterischer Bewegungen, jenseits der religiösen Traditionen zum »einen«, eigentlichen Wesenskern der Religion vorzustoßen, kann in diesem Sinne als »Synkretismus auf Systemebene« gesehen werden.

Des Weiteren ist zu unterscheiden zwischen bewusstem und unbewusstem Synkretismus. Während die vorigen Beispiele zur ersteren Kategorie gehören, gibt es auch zahlreiche Fälle, die zwar von außen als synkretistische Prozesse zu erkennen sind, von den Beteiligten selbst aber nicht so wahrgenommen werden. Dazu können z. B. manche der skizzierten Elemente in neuen afrikanischen Formen des Christentums zählen – aber genauso auch viele volkstümliche Traditionen im europäischen Christentum, die von den Beteiligten als »selbstverständlich christlich« aufgefasst werden, obwohl sie einen ganz anderen Ursprung haben.

Berücksichtigt man diese Präzisierungen, so ist Synkretismus im religionsanalytischen Sinne als mehr oder weniger bewusste Antwort auf Begegnungen zwischen fremden Sinnsystemen zu sehen, die in eine neue Verhältnisbestimmung zwischen diesen Systemen mündet. In diesem Sinne wurde der Begriff auch von anderen Kulturwissenschaften aufgegriffen und zur Analyse kultureller Verschmelzungsvorgänge unterschiedlicher Art herangezogen. So kann z. B. der komplexe Vorgang der künstlerischen Auseinandersetzung Picassos mit traditionellen afrikanischen Masken, die ihrerseits die weitere Gestaltung solcher Masken durch afrikanische Künstler beeinflusste, als ein typischer Synkretismus unterschiedlicher Kunsttraditionen beschrieben werden. Dabei steht die Frage, wie innerhalb kultureller Prozesse »Neues« entsteht, im Mittelpunkt des Interesses.

Auch bei analytischen Fragestellungen der Kulturwissenschaften muss allerdings die Frage der Wertung, der Konstruktion von »Reinheit« und »Verunreinigung« usw. beachtet werden. Angesichts der im vorigen Abschnitt skizzierten Debatten darf dabei nicht außer Acht gelassen werden, dass Synkretismus gleichzeitig eine Kategorie der binnenreligiösen Auseinandersetzung ist. Die Verwendung als Kampfbegriff wird in der kulturwissenschaftlichen Debatte durch die Einführung des korrespondierenden Terminus »Antisynkretismus« (Stewart/Shaw 1994) beantwortet: So kann etwa der gegenseitige Vorwurf der AICs und pentekostaler Gemeinschaften in Afrika, die biblische Grundlage des Christentums durch nichtbiblische Rituale zu verfälschen, als »antisynkretistisch« bezeichnet werden. Aus analytischer Außenperspektive liegt allerdings in der Abgrenzung vom Synkretismus und der Betonung der eigenen »Reinheit« oft selbst schon eine synkretistische Konstruktion, was nicht nur für afrikanische christliche Gemeinschaften gilt.

## Schlussfolgerungen für Missionswissenschaft und Apologetik

Die beschriebenen religionswissenschaftlichen Klärungsversuche können mit ihrer Außenperspektive zwar den Blick schärfen, aber aufgrund ihres ausdrücklichen Verzichts auf normative Deutungskonzepte die darüber hinausgehende Frage nicht beantworten, wie die religiösen Systeme, z. B. die christlichen Großkirchen in Deutschland oder der Ökumenische Rat der Kirchen, aktiv mit dem Phänomen des Synkretismus umgehen sollen. Deshalb wurden v. a. in der Missionswissenschaft alternative Deutungskonzepte entwickelt. Erwähnt sei hier die Unterscheidung Th. Sundermeiers zwischen »symbiotischem« und »synthetischem Synkretismus«, die auch in eine VELKD-Studie über neue religiöse Bewegungen einging (Sundermeier 1991). »Symbiotischer Synkretismus« liege dann vor, wenn eine Schriftreligion mit ausgebildeter Dogmatik auf eine »primale« Religion ohne solche Kriterien trifft, wie etwa im Fall der christlichen Missionierung Europas im Frühmittelalter oder Afrikas im 19. Jh. In solchen Fällen sei eine gewisse »synkretistische« Anknüpfung an die lokalen Traditionen – in der Missionstheologie als Adaptation, ↗ Inkulturation oder Indigenisation bezeichnet – erforderlich und durchaus begrüßenswert, sofern dies nach dem Maßstab der weiter entwickelten Religion geschehe. Problematischer sei dagegen ein »synthetischer Synkretismus« zweier Religionen »auf Augenhöhe«, bei dem es kein steuerndes Prinzip, sondern nur Beliebigkeit geben könne.

Aus religionswissenschaftlicher Perspektive ist eine saubere Unterscheidung dieser beiden Fälle nicht möglich, weil die Entwicklungsstufe einer Religion immer nur vom Standpunkt einer anderen Religion aus definiert werden kann (die sich selbst natürlich an die Spitze der Hierarchie setzt). Außerdem ist in der Praxis, z. B. im Fall der AICs, von außen nicht zu entscheiden, ob es sich um Inkulturation des Christentums in Afrika oder um eine afrikanische Religion in christlichem Gewand handelt: Beide Deutungen sind gleichermaßen möglich. Daher kann es keine objektiven, in der religionswissenschaftlichen Außenperspektive geklärten Kriterien für die Abgrenzung zwischen unterschiedlichen Typen des Synkretismus geben. Es liegt vielmehr im Wesen religiöser Verschmelzungsprozesse, dass die Richtung und das Ergebnis nicht vorhersehbar sind – auch wenn das aus Sicht einer Religionsgemeinschaft nicht begrüßenswert ist. Die Auseinandersetzung mit synkretistischen Erscheinungen kann daher nicht durch einfache Abgrenzungen, sondern nur geduldig auf diskursivem Weg geführt werden. Synkretismus ist unter modernen und gar postmodernen Bedingungen der Normalfall. Jede Religionsgemeinschaft ist gefordert, sich dieser Situation zu stellen und im Einzelfall zu klären, ob sie sich eher abgrenzt oder sich dialogisch am jeweiligen Prozess beteiligt (↗ Pluralistische Religionstheologie).

CHRISTOPH BOCHINGER

# Tantrismus

## Geschichtliche Skizze

Tantra (Sanskrit »Webkette, Gewebe; Lehrbuch«) bezeichnen im ↗ Hinduismus und ↗ Buddhismus Geheimschriften, in denen Wege beschrieben sind, außergewöhnliche Fähigkeiten sowie die Befreiung von allen weltlichen Bindungen zu Lebzeiten zu erlangen. Wesentliches Merkmal des klassischen Tantra ist die rituelle Aufnahme und Einweihung in die jeweilige religiöse Tradition durch einen Guru (↗ Guruismus). Zum Erlösungsweg und der rituellen Praxis gehören Visualisierungsübungen, rituelle Diagramme *(mandala)*, symbolische Fingergesten *(mudra)* und machtvolle Silben *(mantra)*. Grundlage des tantrischen Weges ist eine spekulative Psychophysiologie, wonach durch den rituellen Übungsweg besondere körpereigene Kanäle *(nadi)*, Zentren *(chakra)* und Energieströme *(kundalini)* aktiviert und das jeweilige religiöse Ziel der Erleuchtung (Hinduismus) bzw. der Befreiung (Buddhismus) erreicht werden sollen. Eine religiös-tantrische Sicht- und Lebensweise erfordert eine langjährige Vorbereitung. Im Neotantrismus hingegen wird jedoch die Vielfalt dieses anspruchsvollen geistigen Übungsweges auf die schnelle Ekstase und eine Art »Instanterleuchtung« reduziert.

### Neotantrismus

Der (Neo-)Tantrismus hat sich im Westen seit den 70er-Jahren als Selbsterfahrungsmethode und Alternativtherapie verbreitet und weist heute kaum noch Gemeinsamkeiten mit seinen Ursprüngen auf. Sein Schwerpunkt des Perfektionierens des Lustempfindens korrespondiert mit der gegenwärtig verbreiteten Überhöhung und Überschätzung der Sexualität.

Im Westen wurden tantrische Gedanken durch die Hippie- und die Osho-Bewegung bekannt. Die Französin Margot Anand (*1944) gilt als die »Mutter« des modernen Neotantrismus. Inspiriert durch Osho/Rajneesh verband sie hinduistische Tantra-Ideen mit Methoden der Humanistischen Psychologie. Sie passte ihren tantrischen Schulungsweg der westlichen Konsumkultur an. Für Anand sind die christlichen Kirchen schuld an der Abwertung der Sinnlichkeit und Sexualität. Wie viele andere erliegt sie einem Vorurteil und übersieht, dass die Spaltung zwischen Körper und Geist auf Platon zurückgeht und Erbe der griechischen Philosophie, nicht aber des Christentums ist. Als Alternative hat sie 2000 die Kirche »SpiritWorks« zur Entfaltung einer Kultur der Sinnlichkeit und Ekstase in den USA gegründet.

### Neotantrismus als Lebenshilfe?

Die Verwendung tantrischer Elemente und Methoden in der Psychoszene lässt ihren eigentlich rituell-religiösen Kontext gänzlich in den Hintergrund treten. Klassisches Tantra zielt auf eine Steigerung der Wirklichkeitswahrnehmung, nicht auf eine Intensivierung sexueller Gefühle ab. Ohne eine religiöse Schulung werden im Neotantrismus häufig riskante Techniken verwendet, die bei selbstunsicheren Personen zu erheblichen negativen Konsequenzen führen können. Der angeblich kosmische Orgasmus entpuppt sich häufig als bloße Steigerung eines diesseitigen Vergnügens, das besonders dann gesucht wird, wenn Sexualität nicht befriedigend erlebt wird. Dabei wird verkannt, dass die Ursachen meistens nicht bei fehlenden Körpertechniken, sondern in der Beziehungsunfähigkeit zu suchen sind.

Weil die bei sexuellem Verhalten aktivierten physiologischen Vorgänge Momente ekstatischen Erlebens und der Bewusstseinsveränderung hervorrufen, sind neotantrische Verfahren beliebt und gefragt. Gemeinsam streben sie die Transzendierung der Körpergebundenheit an: durch Sex zum kosmischen Bewusstsein. In der Tat sind Sexualität und Spiritualität zwei Wege, um den Alltag zu transzendieren. Diese jedoch als eine dauerhafte Lebensmöglichkeit zu propagieren, verkennt die menschliche Angewiesenheit auf Beziehung.

### Kritik

Viele neotantrische Praktiken scheinen vom narzisstischen Zeitgeist angesteckt zu sein. Die Erfüllung eigener Bedürfnisse steht dabei im Mittelpunkt. Wie dadurch der angestrebte egolose Zustand erreicht werden kann, bleibt rätselhaft. Sexuelle Erregung und Lusterzeugung wird hier über weite Strecken zum Selbstzweck.

Selbstliebe wird mit Formen der Selbstsucht und des Narzissmus verfehlt. Die Voraussetzung für das eigene Glück und die eigene Freiheit besteht darin, das Lieben unter Berücksichtigung von Grenzen zu lernen. Dabei spielt die Übernahme von Fürsorge, Verantwortlichkeit und Respekt eine große Rolle. Aspekte wie gegenseitige Beglückung, Verlässlichkeit und Treue kommen im Tantrismus nicht vor. Entgegen dem triebhaften Monopol des Sexus würdigt und betont das christliche Menschenbild die Willens- und Entscheidungsfreiheit. Demnach befindet sich der Mensch nicht unter der Diktatur seiner Hormone und Empfindungen, sondern ist konstitutiv mit der Möglichkeit des Verzichts und des Nein-Sagen-Könnens ausgestattet. Langfristige Partnerschaft gründet auf der Kompromissfähigkeit des Einzelnen und dem Zurückstellen eigener Bedürfnisse. Das christliche Menschenbild stellt eine gelingende Beziehung über den subjektiven Lustgewinn. Denn Gewinn will vermehrt werden und führt zu einem Leistungsdruck, der die gewünschte Entspannung und das Genießen verhindert.

Tantra gibt vor, verbreitete Hemmungen gegenüber der Sexualität abzubauen und die eigene sexuelle Natur annehmen zu lehren. Ist aber das Ausagieren von Fantasien wirklich dazu geeignet, Freundschaft mit sich und dem eigenen Körper zu schließen? Kann ungezügelte, gruppendynamisch verstärkte Sexualität nicht zu Erfahrungen (ver-)führen, die alte Wunden verstärkt und neue Traumatisierungen nach sich zieht? Sich vor einer Gruppe als sexuelles Wesen zeigen zu müssen, verletzt natürliche Schamgrenzen und kann bleibende Schäden hinterlassen.

Christlich verstandene Sexualität ist eingebettet in eine ganzheitlich erlebte Partnerschaft. Hauptanliegen der christlichen Sexualethik ist es, das Geschenk der Sexualität ins Ganze des Menschseins zu integrieren. Tantrisch-vergöttlichte Sexualität harmoniert nicht mit dem immer unvollkommenen und heilungsbedürftigen Menschsein. Sie weckt menschlich unerreichbare Erwartungen, die den Bedingungen des Menschseins widersprechen. Wenn Christen in der Sexualität eine gute Gabe an den Menschen sehen, kann es gelingen, menschlich mit ihr umzugehen: sie weder zu überschätzen noch zu verachten, sondern sie als ein Geschenk ins Ganze des Lebens einzubinden.

MICHAEL UTSCH

# Toleranz

## Historische Entwicklung

Toleranz (von lat. *tolerare,* »dulden, ertragen«) bedeutet die Duldung von ↗Religionen, Meinungen oder Überzeugungen, die anders als die eigenen sind. Epoche der Toleranz ist die Neuzeit. Zwar praktizieren bereits die Römer religiöse Toleranz, wenn sie verschiedene Kulte dulden und ihnen ein Pantheon errichten. Aber das christliche Mittelalter wird zum Zeitalter der Unduldsamkeit gegenüber Häretikern und Heiden. Erste Forderungen nach Toleranz werden im Gefolge der Reformation und der Glaubenskriege erhoben von Humanisten wie Erasmus oder Castellio oder von Spiritualisten wie S. Franck. Toleranz wird dann zur Forderung der ↗Aufklärung: Für Spinoza, Thomasius, Locke, Bayle, Voltaire und Lessing gilt sie als Gebot der Humanität. Der moderne Staat verwirklicht Toleranz zunächst in den rechtlichen Gewährungen von Religions- und Glaubensfreiheit, dann in den liberalen Freiheiten und Rechten überhaupt.

## Toleranz und Recht

Der aus den konfessionellen Bürgerkriegen entstehende moderne, weltanschaulich neutrale Staat gewährt ↗Religionsfreiheit als Recht. Toleranz bedeutet aber zugleich mehr und weniger als ein Recht. Sie bedeutet weniger, insofern sie, wie alles Sittliche, nicht erzwingbar ist. Sie bedeutet mehr, insofern sie eine normative Grundlage moderner Verfassungen bildet und in pluralistischen Gesellschaften zu einer fundamentalen Tugend des bürgerlichen und sozialen Umgangs wird.

Toleranz wäre unnötig, wenn man relativistisch oder indifferentistisch alle Meinungen und Überzeugungen als gleich gültig oder als gleichgültig anzusehen hätte. Sie wäre unmöglich, wenn sie auch noch auf die Feinde der Toleranz anzuwenden wäre. Wer dem Intoleranten keine Toleranz gewährt, ist nicht selbst intolerant, sondern um die Bedingung der Möglichkeit von Toleranz selbst bemüht; ein freiheitlicher Staat kann deshalb gegen Feinde der Toleranz nicht selbst tolerant sein, sondern muss als »wehrhafte Demokratie« die Bedingungen der Toleranz zu bewahren wissen.

### Toleranz und Wahrheit

Wer andere Religionen oder Meinungen toleriert, anerkennt diese weder als wahr, noch stimmt er ihnen inhaltlich zu. Toleranz steht in Spannung zur Wahrheit. Sie hat ihre Rechtfertigung jedoch in der nur in Freiheit möglichen Aneignung von Wahrheit, in der Irrtumsfähigkeit menschlicher Erkenntnis sowie in der Achtung vor dem Gewissen, der Würde und der Personalität des anderen. Die katholische Kirche, die traditionell das »Recht der Wahrheit« dem »Recht auf Freiheit« vorgeordnet hat, hat mit den Erklärungen des Zweiten Vaticanums (1965) *(Nostra Aetate; Dignitatis Humanae)* die Rechtfertigung der Toleranz aus dem Recht der freien Person anerkannt, ohne dabei das »Recht der Wahrheit« infrage zu stellen (Böckenförde, in: Lutz 1977).

### Toleranz und kulturelle Identität

In den letzten Jahrzehnten hat sich die Diskussion um Toleranz von Fragen der Tolerierung anderer Religionen und religiöser Gemeinschaften auf die Frage nach der Tolerierung anderer Kulturen und anderer kultureller Identitäten verschoben. Die neuere Diskussion dreht sich um das Verhältnis von Mehrheits- und Minderheitskultur, von Duldung und Anerkennung, von einer Politik der Gleichheit und einer Politik der Differenz. Nach Ch. Taylor ist eine auf die gleiche Würde aller gerichtete Politik nicht ausreichend. Vielmehr müsse durch eine Anerkennung von Differenz die Differenzblindheit der Gleichheitspolitik aufgehoben werden. Dies führt wiederum zur umstrittenen Konsequenz, dass Minderheiten nicht nur privilegiert, sondern u. U. auch in ihren Rechten eingeschränkt werden können (wie Taylor etwa für die anglophone Minderheit im französischsprachigen Gebiet Kanadas fordert). Demgegenüber betont W. Kymlicka in seiner Theorie der »multikulturellen Bürgerschaft«, dass Gruppenrechte dem Schutz kultureller Identitäten nach außen dienen, sie aber nicht dazu führen dürfen, dass die Autonomie der Gruppenmitglieder beschnitten wird. Dass Toleranz immer auf konkrete Lagen und Konflikte zu beziehen ist, zeigt schlagend M. Walzer. Die Ausgangslage ist eine je andere, ob man von multizivilisatorischen Großreichen, Nationalstaaten, internationalen Gemeinschaften, Konföderationen oder von Einwanderungsgesellschaften ausgeht. Dabei können sich die Lagen sogar noch überschneiden, ist doch z. B. Frankreich sowohl ein Nationalstaat mit einer dominanten Mehrheitskultur als auch ein Einwanderungsland. Genügt nach Walzer eine Toleranz, die zu friedlicher Koexistenz führt, so gibt R. Forst zu bedenken, ob es über Toleranz als Erlaubnis hinaus nicht auch einer Toleranz in der Form wechselseitigen Respekts oder wechselseitiger Wertschätzung bedarf. Basis der Toleranz soll nach Forst eine allgemeine Rechtfertigungspflicht sein. Dabei bleibt allerdings unklar, ob diese nicht per se von einem Vorurteil für die säkularisierte moderne Gesellschaft und ihre diskursiven Prozesse geprägt ist.

HENNING OTTMANN

## Transzendentale Meditation

### Begriff und Entstehung

Transzendentale Meditation (TM) ist die Bezeichnung für die von Mahesh Prasad

Varma (Maharishi Mahesh Yogi) vermittelte Meditationstechnik und das damit zusammenhängende, indisch geprägte Weltbild, die »Wissenschaft der kreativen Intelligenz« (WKI). Maharishi (1917–2008), zeitweilig Student der Physik, beruft sich auf Swami Brahmananda Sarasvati als seinen göttlichen Lehrer (»Guru Dev«). Der Zusammenhang mit ihm wird v. a. durch die Einführungszeremonie hergestellt, ohne die die TM-Technik nicht gelehrt werden darf. Trotz der Anpassung an das westliche Kurssystem bleibt ein Rest des hinduistischen Meister-Jünger-Verhältnisses, aber im Gegensatz zu diesen werden die Einführungskurse gegen Bezahlung angeboten. Maharishis Nachfolger ist der libanesische Physiologieprofessor Tony Nader, dessen Einweihungsname Maharaja Adhiraj Rajaraam lautet. Bereits 2000 war Rajaraam zum »Ersten Regenten des Globalen Landes des Weltfriedens« ernannt worden.

### Praxis und Ideologie

Die Technik der TM ist eine standardisierte Form indischer Mantra-Meditation, die v. a. mit einsilbigen Mantras aus der tantrischen Tradition arbeitet und verschiedenen Zielen dient: Entspannung, Erhöhung der Kreativität, Erleuchtung und Kontrolle der Außenwelt. Die Mantras werden meist nicht individuell, sondern nach Altersgruppen gegeben. Mit ihrer Hilfe gelangt der Meditierende zum »Ursprung der Gedanken« und über das transzendentale Bewusstsein hinaus kann er die Ebenen des kosmischen, des Gottes- und des Einheitsbewusstseins erreichen.

Mithilfe der TM kann man »die allmächtige Kraft der Natur nach seinem Belieben nutzen«. Letzteres wird v. a. durch die »Siddhis« demonstriert, paranormale Fähigkeiten entsprechend der indischen Yoga-Tradition, besonders die Levitation, die als eine Art Hüpftechnik praktiziert wird. Die TM soll auch zur Förderung des Friedens und zur Errichtung einer idealen Gesellschaft beitragen, besonders wenn sie von einem Prozent der Bevölkerung praktiziert wird. Dieser »Maharishi-Effekt« dient als Begründung für die Forderung nach Unterstützung der TM durch alle Regierungen, unabhängig vom politischen System. In diesem Zusammenhang stand die Gründung von »Naturgesetz Parteien«, die sich 2003/04 wieder auflösten. Seit einigen Jahren engagiert sich der Hollywood-Regisseur David Lynch für TM.

Im Hintergrund dieses optimistischen Weltbildes und der Einschätzung der TM als eines universalen Problemlösers steht der moderne religiöse Evolutionismus Sri Aurobindos, allerdings in trivialisierter Form: Meditation als Evolutionsförderung. Die Evolution löst für den, der sich ihr überlässt, automatisch alle Probleme.

### Organisation und Verbreitung

Die »Internationale Meditationsgesellschaft« (IMS) und, für Studenten, die SIMS verbreiten die Meditationstechnik; dem wissenschaftlichen Anspruch dienen die »Maharishi International University« (MIU) in Fairfield (USA), das europäische Gegenstück MERU und, in England, die »Maharishi University of Natural Law«. Öffentliche Unterstützung der TM im Gesundheits- und Ausbildungsbereich fordern eigene Ärztegemeinschaften, z. B. die »World Medical Association for Perfect Health« und die »Vereinigung deutscher Pädagogen.« Der universale politische Anspruch wurde 1976 durch die Ausrufung der »Weltregierung des Zeitalters der Erleuchtung« unterstrichen. Der »Weltplan für vollkommene Gesundheit« (1986) zielt auf die weltweite Einführung des traditionell-indischen ayurvedischen Gesundheitssystems (Maharishi Ayur-Ved, MAV). Auch die Bezeichnung der (über-)

regionalen Zentren variiert: Weltplan-Center; Residenz des Zeitalters der Erleuchtung; Maharishi-Kolleg für Naturgesetze; Institut für vedische Wissenschaft; Maharishi-Ayurveda-Gesundheitszentren; Samhita; Waldakademie (ein indischer Begriff). Für Führungskräfte wurden eigene Programme vom Maharishi Corporate Developement entwickelt. Beratungsangebote macht Maharishi Yagya; es gibt auch eine eigene Astrologie (Maharishi Jyotish), eine Stiftung für Bewusstseinsforschung, die Gandharv-Ved-Musik u. a.
Zentrum ist Seelisberg am Vierwaldstätter See in der Schweiz. International wird die Anhängerzahl auf 2,5–3 Mio. geschätzt, in Deutschland wurden ca. 100 000 Personen in TM eingeführt.

### Konfliktfelder

In den USA hat die TM sich als nichtreligiöse Entspannungstechnik dargestellt, um Zugang zu staatlichen Einrichtungen und Geldern zu erhalten. Das scheiterte 1977 an einem Gerichtsurteil in New Jersey. Andererseits hat Maharishi die durch TM ausgelöste Erfahrung als Erfahrung von Sein, Bewusstsein und Seligkeit (die hinduistische Beschreibung des Göttlichen als Sat, Chid und Ananda) bezeichnet. Die Religionen, auch das Christentum, könnten nicht mehr zu Gott führen, weil ihnen die entsprechende »praktische Technik« fehlt. Die TM empfiehlt sich als spirituelle Praxis, als »mechanischer Weg zur Gottverwirklichung« für Menschen aller Religionen, aber auch für säkulare Menschen, da die Technik der TM von religiösen Inhalten frei sei.
Diese ambivalente Einstellung zeigt sich auch bei TM-Praktizierenden, die häufig religiöser, aber nichtchristlicher werden. Der Weg hin (oder zurück) zum christlichen Glauben kann bei ihnen zu Konflikten mit dem Weltbild der TM, ihrer Organisation und der unbestrittenen Guru-Rolle Maharishis führen. Das Weltbild der TM ist mit dem Christentum unvereinbar, ihr Meditationsweg für Christen zumindest problematisch.

REINHART HUMMEL

## Vereinigungskirche/Familienföderation für Weltfrieden

Die Vereinigungskirche, 1954 von San Myung Mun gegründet, ist eine koreanische ↗ Neureligion, die einzige, die sich weltweit ausbreiten konnte. In den USA und anderen Staaten hat sie sich bis zum Ende der Sowjetherrschaft antikommunistisch profiliert. Danach traten die Themen Vereinigung der Religionen, Frieden und Familie in den Vordergrund. Seit 1997 ist die »Familienföderation für Weltfrieden und Vereinigung« als zentrale Organisation an die Seite der Vereinigungskirche getreten (in Deutschland hat man sich zu einem Nebeneinander von »Vereinigungskirche« und »Familienföderation« entschlossen.) Die Vereinigungskirche ist, v. a. wegen ihrer Rekrutierungsmethoden, kritisiert worden und galt lange als klassisches Beispiel einer »Jugendreligion«.

### Geschichte

1920 wird San Myung Mun in Nordkorea als Kind einer Familie geboren, die später zur presbyterianischen Kirche konvertiert. Nach der offiziellen Biografie empfängt Mun 1936 eine Vision: Jesus erteilt ihm den Auftrag, seine unabgeschlossene Sendung zu erfüllen und das Himmelreich auf Erden zu errichten. Nach 1945 wirkt Mun in einer Pfingstgemeinde in Nordkorea. Er wird verhaftet, 1950 jedoch aus dem Arbeitslager befreit und geht nach Pusan in Südkorea. 1948 wird er aus der presbyterianischen Kirche ausgeschlossen. Nach dem Koreakrieg (1950–1953) gründet Mun die Vereinigungskirche *(Tong-Il Kyo, Unifi-*

*cation Church)*. 1957 werden die *Göttlichen Prinzipien* zum ersten Mal gedruckt 1960 findet die »Hochzeit des Lammes« statt: Mun heiratet Hak-Ja Han. 1960/61 folgen erste »Massenhochzeiten«.

1967 wird die Studentenorganisation »CARP« gegründet, die v.a. der Mitgliederwerbung und -schulung an Universitäten dient, 1972 die Weltmedienkonferenz (WMC) und die »Internationale Konferenz über die Einheit der Wissenschaften« (ICUS) für die Einheit der Wissenschaften. Die ICUS-Konferenzen werden, wie viele andere auch, von der »Internationalen Kulturstiftung« (ICF) gesponsert. Die Vereinigungskirche gerät zunehmend in die öffentliche Kritik, v.a wegen ihres Bündnisses mit der politischen Rechten. 1973 unterstützt Mun Präsident Nixon während der Watergate-Affäre. 1978 (Korea-Gate-Skandal) wirft der Fraser-Bericht Mun Verbindungen zum koreanischen Geheimdienst vor. 1980 werden weitere Paraorganisationen gegründet, z.B. die antikommunistische CAUSA (Confederation of Associations for the Unity of the Society of the Americans) und die NEW ERA (New Ecumenical Research Association), eine interreligiöse Organisation, die sich für Verständigung der Religionen einsetzt. Durch Zeitungen wie die *Washington Times* wird die öffentliche Meinung der USA beeinflusst. 1982 wird Mun in den USA wegen Steuerhinterziehung angeklagt und zu einer Haftstrafe von 18 Monaten verurteilt.

Nach dem Zusammenbruch des Kommunismus proklamiert Mun sich 1992 öffentlich als Messias. 1997 wird die »Familienföderation für Weltfrieden und Vereinigung« gegründet. Diese tritt als zentrale Organisation an die Stelle (bzw. an die Seite) der Vereinigungskirche. Auch Nicht-Munies werden zur Segnung zugelassen. In den 90er-Jahren werden zahlreiche Friedensorganisationen wie die 1990 entstandene »Interreligiöse Föderation für Weltfrieden« (IRFW) geschaffen.

Alle diese Organisationen und viele weitere werden zusammen als Vereinigungsbewegung bezeichnet; Vereinigung ist ihr gemeinsames Anliegen. Gemeinsamer Nenner war lange die Ideologie des »Gottismus«. Ziel ist die Aufrichtung der Herrschaft Gottes auf Erden unter der Führung des wiederkehrenden Christus (gemeint ist Mun). Die Familienföderation wird für diese innerweltliche Verwirklichung des Gottesreiches wichtiger als die Vereinigungskirche.

### Die Göttlichen Prinzipien (GP)

Die zentrale Schrift der Vereinigungskirche existiert in etlichen Versionen, verfasst von unterschiedlichen Autoren, nicht von Mun. Sie gibt den Bestand der Lehre vor 1960 wieder. Die GP enthalten einen zweimaligen Durchgang durch die Heilsgeschichte, von der Erschaffung der Welt bis zu ihrem Ende. Die Kernsätze der christlichen Christologie werden allerdings abgelehnt. Das Kreuz sei nicht vorherbestimmt und habe nur eine geistige Erlösung gebracht, nicht die nötige Wiederherstellung der Schöpfung. Auch ist es nicht Jesus, der wiederkommen soll, sondern der »Herr der Wiederkunft« aus Korea. Das Geschichtsbild ist von der Vorstellung geprägt, dass die »Wiederherstellung« immer wieder am Versagen der Menschen gescheitert ist und auf später vertagt werden musste. Von aktueller Bedeutung ist das Gegeneinander der guten Abel-Linie (Reformation, Erweckungsbewegung, Spiritualismus und Demokratie) und der bösen Kain-Linie (Renaissance, Aufklärung und Kommunismus).

### Lehre

Muns Denken kreiste um die Frage nach der Ursache der Weltprobleme: Welches waren die »Verbrechen Satans« beim

Sündenfall, und wie können ihre Folgen überwunden werden? Die Antwort: Der Sündenfall sei wesentlich sexueller Natur. Eva habe sich zuerst mit Luzifer/Satan sexuell eingelassen und sei danach mit Adam vorzeitig eine Verbindung eingegangen, eine Verbindung ohne Gott, mit Satan im Zentrum. Von daher sei satanisches Blut in die Menschheit gelangt; Aufgabe des Messias sei es, eine neue Blutlinie zu etablieren. Als Mun 1960 zum zweiten Mal heiratete, deutete er dieses Ereignis als »Hochzeit des Lammes«. Er und seine Frau Hak-Ja Han gelten seitdem als »wahre Eltern« einer neuen Menschheit und Begründer einer neuen Abstammungslinie, an die alle sich »anpfropfen« sollen. Das geschieht in der »Heilig-Wein-Zeremonie«, während die Zeremonie der »Segnung« v.a. dem Zusammenfügen von Mann und Frau in der Ehe dient. Beides wurde und wird in den sog. »Massenhochzeiten« vollzogen. Soll die ursprüngliche Schöpfung wiederhergestellt werden, so muss Wiedergutmachung *(indemnity)* für die Sünden geleistet werden, und zwar durch Opfer, durch Dienen, wie es von den »Munies« erwartet wird, und durch Leiden, z.B. durch die Leiden dreier Weltkriege.

Das Werk Jesu gilt als weitgehend gescheitert, weil die Menschen um ihn herum versagt haben. Seine Mutter Maria habe versäumt, ihn rechtzeitig mit der Schwester Johannes des Täufers zu verheiraten. Dann hätten die beiden die »wahren Eltern« der neuen Menschheit werden können – wie es Mun und seine Frau jetzt geworden seien. Um dieses »Versagen« nachträglich zu korrigieren, soll die Vereinigungskirche Jesus posthum ein koreanisches Mädchen angetraut haben.

Mun selbst gilt als derjenige, der sich dem Werk der göttlichen Wiederherstellung voll zur Verfügung gestellt und dadurch Satan besiegt hat. 1992 hat Mun öffentlich proklamiert er sei der »Herr der Wiederkunft«. Das Jahr 1992 gilt als »Wendepunkt der Wiederherstellung« und Beginn des »Zeitalters des Erfüllten Testaments«, das die früheren Zeitalter des Alten und des Neuen Testaments abgelöst hat. Nachdem Mun selbst(!) die feindlichen Blöcke des Ostens und Westen »vereinigt« hat und »die erste vollendete wahre Familie errichtet wurde, ist nun die göttliche Abstammungslinie fest etabliert. Die Vereinigungskirche ist in doppelter Hinsicht eine familienorientierte Religion: Sie proklamiert nicht nur allgemein Familienwerte, sondern betrachtet die Mun-Familie und die Blutsverbundenheit mit ihr als konstitutiv für die Erneuerung der Menschheit. Das entspricht der Hochschätzung der Familie in Ostasien.

### Rituale

Früher waren Heirat und Segnung ein Privileg, das durch mindestens dreijährige Mitgliedschaft und durch Missionserfolge erworben werden musste. Die Partner wurden in der Regel von Mun aus verschiedenen Nationen und Kulturen »gematcht« und bei den Massenhochzeiten von ihm und seiner Frau rituell verheiratet. Durch »Anpropfung« an Muns Abstammungslinie werden sie in die Lage versetzt, sündlose (d.h. von der ursprünglichen Sünde befreite) Kinder zu haben. Seit 1992 ist die Segnung zu einem Angebot für alle gemacht worden, auch für Nichtmitglieder und bereits Verheiratete. Die Segnung kann jetzt sogar von Nicht-Munies vorgenommen werden, wenn die entsprechende »Autorisierung« vorliegt. Segnung und Mitgliedschaft werden also voneinander getrennt. Seit 1992 finden Satellitensegnungen statt.

### Konflikte

Die Vereinigungskirche hat vielerorts Konflikte ausgelöst. Autoritätsstrukturen wurden als faschistisch empfunden; der religiöse Antikommunismus und das Eintreten für die Neutronenbombe weckten gerade in Deutschland Antipathien. Die Beurteilung der Vereinigungskirche muss jedoch neuere Entwicklungen und den offiziell eingeschlagenen Entradikalisierungsprozess berücksichtigen. Der militante Wortlaut des alten Gelöbnisses (»mutig das Lager der Feinde angreifen, bis ich sie völlig gerichtet habe ... durch das Säen von Schweiß für die Erde, Tränen für die Menschen und Blut für den Himmel«) ist geändert worden; die Vereinigungskirche ist heute weniger exklusiv als früher. Der Übergang von der Vereinigungskirche zur »Familienföderation« und die Neudefinition der Segnung weisen in diese Richtung. Der Antikommunismus der Vereinigungskirche und das Gerede vom Dritten Weltkrieg sind seit dem Zusammenbruch des Sowjetsystems gegenstandslos.

Damit verschiebt sich die Auseinandersetzung stärker auf die religiöse Ebene. Lehre und Ritual der Vereinigungskirche, v. a. die Abwertung Jesu und die Aufwertung Muns zum Messias, demonstrieren, dass sie die Grenzen der christlichen Ökumene längst verlassen hat. Sie ist eine neue Religion mit christlichen, neuoffenbarerischen, messianischen sowie schamanistisch-spiritistischen Zügen und einem ostasiatischen Familienideal.

REINHART HUMMEL

## Weltreligionen

### Begriff

Der Begriff »Weltreligionen«, in unseren Tagen entstanden, beschreibt einzelne ↗Religionen – im Gegensatz zu Stammes- und anderen Partikularreligionen – als Völker übergreifend und weltweit in ihrer Verbreitung, ihrer Heilsverheißung, eventuell auch ihrem Absolutheitsanspruch. Die bekanntesten Weltreligionen sind Christentum, ↗Islam, ↗Buddhismus und ↗Daoismus. Die beiden ersten aus der in der historischen Gründung selbst erkennbaren Intentionalität, die beiden anderen aus der die Raum-Zeitlichkeit und damit die Geschichte transzendierenden mystischen Grunderfahrung. Während die religionskritischen bzw. religionsfeindlichen Weltanschauungssysteme wie Marxismus, Säkularismus und Szientismus aus ihrer nachchristlichen Herkunft vom Christentum den weltweiten Geltungsanspruch übernommen haben, sehen sich ursprünglich nicht als Weltreligionen entstandene Religionen wie ↗Judentum und ↗Hinduismus, aber auch Konfuzianismus (↗Chinesische Religiosität) und ↗Shintoismus, selbst die verschiedenen Stammesreligionen gezwungen, ihr Weltverständnis neu zu bestimmen. Religionen wie das Judentum, das vom Charakter der besonderen Erwählung durch Gott geprägt ist, und der Hinduismus, der durch die Verflochtenheit mit dem indischen Kastenwesen zunächst die Religion der Inder ist, haben inzwischen eine Offenheit entwickelt, die es erlaubt, dass Menschen sich nicht nur innerlich zu ihren Lehren und Idealen, sondern auch durch gesellschaftliche Aufnahme zu ihnen bekennen können. Für die Religionen des asiatischen Raumes sind v. a. neureligiöse Gründungen (↗Neureligionen) ein Weg, sich innerlich wie äußerlich mit den ursprünglich Sondergruppen vorbehaltenen Religionen zu identifizieren. Dass die mit dem Begriff Weltreligionen gegebene Universalität nicht unbedingt auf das Christentum als Ursprung zurückzuführen ist, beweist die Tatsache, dass Chinas Religiosität oft als chinesischer Universismus angesprochen wird. Gerade das Verhältnis von Religion und Staat bzw. Volk in China ist ein Fallbeispiel für die immer wieder versuchte Instrumentalisierung der Religion durch die die Gesellschaft bestimmenden Kreise und für das ständige Ringen wahrer Religion um ihre die Volksidentität umgreifende Rolle.

### Anschauungsfall Christentum

Die Geschichte des Christentums ist in ihrem Verbund mit dem Judentum ihrerseits der deutlichste Anschauungsfall für die Entstehung einer Weltreligion. Ausgangspunkt ist jüdischerseits die Erkenntnis des henotheistischen »Gottes der Väter« als des monotheistischen »Schöpfers Himmels und der Erde«, der in seinem Treuebund dem auserwählten Volke ebenso die Treue hält wie den Völkern der Erde. Der jüdische ↗Monotheismus, der nach christlichem Verständnis im trinitarischen Monotheismus wie im universalen Erlösungsglauben des Christentums seinen Fortgang und seine Vollgestalt findet, ist die Wurzel für ein Christentum, das sich in gleicher Weise als Weltkirche wie als Weltreligion artikuliert. Die Phasen der Christentumsgeschichte sind entsprechend dadurch gekennzeichnet, dass das Christentum sich zunächst bewusst aus dem jüdischen Kultverband löst und zur Heidenkirche wird, in der Zeit der Entdeckungen und der Kolonisation zur in aller Welt missionierenden (europäischen) Kirche und schließlich, nach dem Ende des Kolonialismus und Begründung einer weltweiten Völkergemeinschaft, zur Weltkirche im vollen Sinne wird. Das Europäische ist in ihr ein Element unter anderen und die Kirche »inkulturiert« (↗Inkulturation) sich so in den Völkern, dass diese sich in ihren Eigenwerten umgekehrt in die Kirche einbringen können. In dieser Situation wird die Weltkirche aufgrund der weltgeschichtlichen Umstände zugleich zu einer Weltreligion, als solche zu einer Religion unter anderen.

### Beurteilung

Entscheidend für die Einschätzung von Weltreligionen ist – neben dem, was die Gemeinsamkeit ausmacht, – die Bedeutung des je eigenen Anspruchs und der Eigentümlichkeiten. Die Weltreligionen verbindet das Prinzip der geografischen Unbegrenztheit, die Überzeugung von einer allen Menschen vorgegebenen Zielvorstellung und ein nicht durch Kulturbedingtheiten begrenztes Angebot von Wegen und Methoden der Zielerlangung. Die Unterscheidungen zwischen den Weltreligionen beziehen sich verständlicherweise auf die Konkretisierung der beiden zuletzt genannten Punkte. Bei der Nennung des religiösen Zieles, das in allen Religionen und Weltanschauungen einen Bezug zur Vollendung des Menschen hat, ist die »theo-logische« Frage als Frage nach der Nennung der tragenden Wirklichkeit von Bedeutsamkeit (siehe die Bedeutung des Namens Gottes in den Religionen und den Ausfall der Nennung Gottes etwa im Buddhismus). Demgegenüber gewinnt bei der Bestimmung der konkurrierenden Wege (im Hinduismus die Dreiheit von Weg der »Werke« [Karma], der »Erkenntnis« [Jñāna] – Gnosis, und der »liebenden Hingabe« [Bhakti] – Agape) die Frage Gewicht, welches Verhältnis sich dabei zur Welt, zur Geschichte, zur Zeit (Vergangenheit – Zukunft), zur Gesellschaft der Menschen etc. ergibt, ob sich also das religiöse Ziel in der Abkehr von der Welt oder in der Bewährung an der Welt verwirklicht. Das Verständnis der »Welt« erhält dabei eine zentrale Bedeutung.

HANS WALDENFELS

## World Conference of Religions for Peace (WCRP)

Die Weltkonferenz der Religionen für den Frieden »lädt Menschen aller Religionen ein, sich auf der Grundlage der

Friedenswerte ihrer Religionen für den Frieden einzusetzen« (aus der Ordnung von WCRP-Deutschland).

Seit 1961 fassten einige Vertreter der ↗Weltreligionen die Möglichkeit eines »religiösen Gipfels« ins Auge mit dem Ziel, auf Grundlage ihrer jeweiligen Religionen für den Weltfrieden tätig zu werden. 1970 schlossen sich bereits bestehende Bewegungen japanischer Buddhisten, amerikanischer Christen und indischer Hindus zusammen und beriefen ein internationales Treffen von Repräsentanten aller großen Religionen nach Kyoto ein. An dieser ersten Weltkonferenz nahmen über 1000 Vertreter der großen Religionen, aber auch Angehörige indigener und »Neuer Religionen« teil. Weitere Weltkonferenzen waren in Löwen (1974), Princeton (1979), Nairobi (1984), Melbourne (1989), Riva del Garda und Rom (1994), Amman (1999) und Kyoto (2006).

WCRP ist eine weltweite Bewegung mit Gruppen und Mitgliedern aus allen Religionsgemeinschaften in über 100 Ländern. Die Arbeit gründet auf dem Respekt vor den jeweiligen religiösen Traditionen in ihrer Eigenart und Unterschiedlichkeit, zugleich aber auf der Überzeugung, dass religiösen Menschen und Gruppen eine besondere Verantwortung im gemeinsamen Einsatz für Frieden und Gerechtigkeit zukommt. Grundlage aller Aktionen sind Werte und Normen, die den heiligen Schriften der Religionen entnommen werden (»Weltethos«). Auf dieser Basis wurden bereits viele Friedensaktionen durchgeführt. 1973 wurde der Status einer Nichtregierungsorganisation bei der UNO zuerkannt.

Die Arbeit erfolgt auf internationaler, kontinentaler, nationaler und lokaler Ebene. WCRP-International mit Sitz in New York ist v. a. in folgenden Bereichen aktiv: Menschenrechte, Konfliktbewältigung und Versöhnung, Friedenserziehung, Abrüstung und Sicherheit, Familienpolitik, ökologische Fragen. Auf kontinentaler Ebene bestehen Organisationen in Europa, Asien und Afrika; auf nationaler Ebene gibt es in ca. 30 Ländern eigenständige WCRP-Gruppen. WCRP-Deutschland wurde 1988, WCRP-Österreich 1989 gegründet. Seit 1998 lädt WCRP zum »Runden Tisch der Religionen in Deutschland« ein, der seit 2001 jährlich einen »Tag der Religionen in Deutschland« veranstaltet. Zurzeit bestehen in 13 Städten lokale Gruppen.

Vertreter und Repräsentanten der katholischen Kirche haben sich von Anfang an in der WCRP-Arbeit engagiert; zum Päpstlichen Rat für den interreligiösen ↗Dialog bestehen vertrauensvolle Beziehungen.

ALFRED SINGER

## Yamagishi-Vereinigung

Die Yamagishi-Vereinigung ist eine aus Japan stammende sozialökonomisch-ökosophische Bewegung zur Verbesserung wirtschaftlicher und sozialer Verhältnisse (Hauptsitz in Asan/Japan). Sie ist verbunden mit einem stagnierenden »urkommunistischen« Experiment, das im europäischen Raum Aufschwung mit der ökologischen Bewegung fand und mit esoterischen Lehren und Praktiken verbunden wurde, aber wegen unrealistischer Lebensformen keine Breitenwirkung fand. Die heutigen Anhänger speisen ihre Utopie weiterhin in sog. Yamagishi-Dörfern (*jikkenchi*, wörtlich »Experimentierfeld«) mit den speziellen Tokkoh-Kursen zum Erlernen der Yamagishi-Methoden im Sinne des Kensan, was ursprünglich bedeutet »einer Sache auf den Grund zu gehen«. Das »Studium« endet nie, denn »wenn ich mich ändere, ändert sich die Welt. Ich gedeihe mit anderen.«

### Geschichte und Praxis

Die Praxis hängt mit Entstehungsgeschichten um den japanischen Bauern Miyozo Yamagishi (1901–1961) zusammen und ist mit einer Ursprungslegende verknüpft. Die wundersame Verschonung der Reisfelder Yamagishis während eines Taifuns 1950 löste die Ansicht aus, dies sei geschehen, weil Yamagishi in seiner Landwirtschaft besonders die Harmonie zwischen Mensch und Natur als Einheit beachtet habe. Diese Erfahrung zeige, wie alle Menschen und die Natur glücklich werden. Nach anderen Berichten sind Yamagishis landwirtschaftliche Anbau- und Hühnerhaltungsmethoden bei Behörden wegen Qualitäts- und Ertragssteigerung im verarmten Nachkriegsjapan positiv aufgefallen, woraus dann 1953 die Yamagishi-kai (Vereinigung) entstand, welche seit 1956 die Yamagishi-Wochen (bzw. Tokkoh) zum Erlernen seiner Methoden organisierte. Aus dem Kreis der teilnehmenden Bauern sei dann die Idee erwachsen, sich dem Aufbau einer friedlichen Gesellschaft zu widmen. Man lehrte, die eigene Natur zu erkennen und die erkannten lebensfeindlichen Irrtümer (z.B. Wut, Ärger, Stress, Angst) durch Kensan aufzulösen. Der Verkauf ihrer Betriebe führte 1958 in Kasuga zum ersten »Versuchszentrum für Ackerbau und eine glückliche Gesellschaft«, einem »Yamagishi-Dorf« oder Jikkenchi: »das glückliche Dorf der herzlichen Beziehungen, in dem kein Geld nötig ist«. Dem folgten weitere Yamagishi-Dörfer aus Zusammenschlüssen von Bauern in ihren Dörfern »im Geiste M. Yamagishis«. Nach wirtschaftlichem Aufschwung in Japan blieben nur die Versuchszentren als Yamagihi-Dörfer erhalten, da der finanzielle Vorteil durch die modernen Dünge- und Hilfsmittel schwand. Im Verlauf dieser Entwicklung erhielten diejenigen weltanschaulichen Inhalte immer mehr Gewicht, die im Zuge des New Age die »Einkörperwelt und das Einheitsbewusstsein« in den Vordergrund stellten sowie den Gedanken, dass der Mensch als ein Teil der Gesamtnatur die »ungestörte Harmonie« anstrebe. Die Gesellschaftsform in den Kommunen (kein Privatbesitz, gemeinsame Kasse, Zusammenleben ohne Hierarchie, Prinzip der Freiwilligkeit) war davon geprägt, »dass niemand lehrt und niemand gelehrt wird«. Die Entwicklungen gingen deutlich über die Ansätze des Gründers hinaus. Yamagishi wollte kein Führer zu einer neuen Weltanschauung sein und war mehr Praktiker als Vertreter einer theoretischen Erkenntnislehre.

Das »Leben im Einklang mit dem Universum« führte zur Adaption von Praktiken aus esoterisch-ökologischen Denkansätzen und ist in einigen Ansichten klärungsbedürftig, etwa über die Wirtschaftlichkeit, die soziale Absicherung (z.B. bei Austritt) und die Demokratie in den Entscheidungsstrukturen in den Lebens- und Produktionsgemeinschaften. Die zwischen 1984 und 1993 entstandenen Yamagishi-Dörfer (ca. 35 in Korea, Thailand, Brasilien, der Schweiz und Deutschland) erlebten nach 15–20 Jahren einen Schrumpfungsprozess. Die Idee, dass diese Dörfer mit ihren Produkten und Veranstaltungen (z.B. »Kinderparadiese«) auf ihre Umgebung und auf die ganze Welt ausstrahlen sollten, fand nur wenig Widerhall. In Deutschland gibt es eine Yamagishi-Lebensgemeinschaft in Bad Hersfeld.

FERDINAND RAUCH

## Yijing

*Yijing (I Ging)*, »Das Buch der Wandlungen«, ist einer der wichtigsten chinesischen Klassiker. Es ist zweifelsohne ein Beleg der ältesten Religiosität und Philosophie Chinas (↗Chinesische Religiosität). Das Buch, das bis heute (auch im Westen) zu Orakelzwecken und als Weisheitsbuch benutzt wird, umfasst u.a. das

*Shiyi* (»Zehn Flügel«), dem Konfuzius (551–479 v. Chr.) zugeschriebene Erklärungen und den wichtigsten Kommentar *Xici zhuan*. Das ursprüngliche *Yijing* besteht nur aus einer Reihe von Diagrammen, die durch die Kombination von drei ungebrochenen (*yang*, bzw. ungeradezahlig, fest oder hart, *kang* –) und gebrochenen (*yin*, bzw. geradezahlig, schwach oder weich, *rou* – –) Linien gebildet werden. Ordnet man die Linien übereinander an, erhält man die sog. acht Trigramme *(bagua)*. Durch Kombination von jeweils zwei Trigrammen erhält man eine Reihe von 64 Hexagrammen. Diese Zeichen stellen die Gesamtheit der wirklichen Gegebenheiten dar, es sind »Daseinsformen der Wirklichkeit in ihrer zeitlich-kausalen Wirkung« (R. Wilhelm). Alles andere im *Yijing* ist nur Verständnishilfe und Kommentar.

Die Technik des Orakels bestand im alten China darin, dass die berufene Person nacheinander mithilfe z. B. von Schafgarbenstängeln zwei der 64 Hexagramme loste und Schlüsse auf verschiedene kosmische oder menschliche Angelegenheiten bzw. Situationen (Wandlungen, *yi*) ableitete. Die Entscheidungen oder Urteile deuteten an, ob eine Handlung (Krieg, Heirat, Staatsgeschäfte, Wetterangelegenheiten usw.) Heil oder Unheil, Reue oder Beschämung mit sich bringen. Die Antworten wurden entsprechend registriert. Auf diese Weise entwickelte sich das *Yijing* zu einem umfangreichen Werk.

Laut dem ersten deutschen Übersetzer des Werkes, Richard Wilhelm (1873–1930), zeigt das *Buch der Wandlungen* die Bilder des Geschehens und »mit ihnen das Werden der Zustände in *statu nascendi*. Indem man nun durch seine Hilfe die Keime erkennt, lernt man die Zukunft voraussehen, ebenso wie man die Vergangenheit verstehen lernt.«

Das Werk wurde mit unterschiedlicher Kompetenz unzählige Male in westliche Sprachen übersetzt. Der erste europäische Übersetzer des Werkes war der Jesuit Jean-Baptiste Regis (1663–1738). Einige Jesuitenmissionare in China beschäftigten sich mit diesem Werk sehr intensiv, in der Hoffnung, in den Symbolen des *Yijing* Figuren aus der christlichen Heilsgeschichte zu erkennen (man nannte diese Methode Figurismus). So glaubte z. B. Joachim Bouvet (1656–1730), die Vortrefflichkeit des *Yijing* durch eine christliche Analyse »der rätselhaften Figuren« (der Hexagramme) aufzeigen zu können. Bouvet war der Meinung, dass man die Chinesen leichter für das Christentum gewinnen könne, wenn man ihnen das *Yijing* im christlichen Sinne erklären würde. Bouvet und andere Missionare machten auch den Philosophen G. W. Leibniz auf die Ursprünge der binären Arithmetik im *Yijing* aufmerksam, was beträchtliche Folgen für Europa hatte.

Seitdem das *Yijing* in Europa bekannt ist, benutzen es Menschen bis heute als Weisheitsbuch in allen Lebenssituationen; es gibt hierzu zahlreiche »Arbeitsbücher«, die das *Yijing* oft zu einem Handbuch für Entscheidungshilfe oder sogar zu einem »täglichen Führer« machen. Viele westliche Schriftsteller und Psychologen (H. Hesse, B. Brecht, C. G. Jung) sahen im *Yijing* die Quintessenz der östlichen Weisheit mit einer großen Relevanz auch für die Zukunft der Menschheit. Jung hat aus der Lektüre des *Yijing* nachhaltige Anregungen zur Entwicklung seiner psychologischen Theorie empfangen. Sein Vorwort zur englischen Übersetzung des *Yijing* hat dazu beigetragen, dass das Buch im Westen eine weite Verbreitung fand und zum »Kultbuch« wurde.

Im Westen werden Seminare und »Ausbildungen« zur praktischen Anwendung des *Yijing* (Erstellung und Auswertung von Orakeln) sowie Beratungen im Geiste dieses Werkes angeboten. Unzählige

Internetseiten bieten ein »interaktives Befragen des Orakels«. Auch in der VR China wird die Tradition des *Yijing* im quasi-religiösen Sinne heute wiederbelebt. Man spricht gar von einer »*yi*-Kultur«.
Auffällig bei der (post?-)modernen Beschäftigung mit dem *Yijing* ist die meist eklektische Auswahl von Inhalten und die einseitig »praxisorientierte« Auslegung der chinesischen Wahrsagetradition. Die Anziehungskraft des *Yijing* beruht nicht zuletzt darauf, dass das Werk in seiner Vieldeutigkeit dem Leser bzw. Anwender ermöglicht, die für ihn aktuell passende Antwort herauszulesen. Dabei scheinen jedoch die Eigentümlichkeiten des chinesischen Denkens und das vorwissenschaftliche Weltbild, das das *Yijing* prägt, für Abendländer nicht wirklich nachvollziehbar zu sein. So ist das *Yijing* trotz der unübersehbaren Zahl der Übersetzungsversuche im wahrsten Sinne des Wortes ein Rätsel geblieben.

ROMAN MALEK

# Yoga

Yoga bedeutet zumeist: Körperübungen und Atempraktiken. Die Konzentration auf alltagspraktische Fertigkeiten ist bereits Kennzeichen des Yoga der Samkhya-Periode aus der Zeit um 200 v. Chr.– 200 n. Chr. Neben der »Initiationsstruktur«, also der engen Verbindung von Lehrer und Schüler, sieht auch der Berufsverband der Yogalehrenden in Deutschland (BDY) im Primat der Praxis und nicht der weltanschaulichen Fixierung die Grundprinzipien des indischen Yoga. Samkhyistischer Yoga ist meditativer Heilsweg sowie konkreter Lebensvollzug und nicht primär kognitive Auslegung des Weltgeschehens. Die etymologische Wurzel des Begriffs Yoga ist die Sanskritsilbe *yui* in der Bedeutung von »ins Joch spannen« und »vereinigen«. Damit sind der Aspekt der Anstrengung und das religiöse Ziel der *unio mystica* verbunden.

## Indischer Yoga

In der Literaturgattung der Upanishaden (ca. 600–200 v. Chr.) ist die Spekulation über die Identität von individuellem und kosmischem Selbst, von Atman und Brahman, und damit die Lehre der Nicht-Zweiheit (Advaita-Vedanta) das vorherrschende Thema. Patanjali übernimmt in seinen Sutras den metaphysischen Dualismus (Dvaita) von Natur (Prakriti) und Bewusstsein (Purusha) des Samkhya und geht von der Existenz eines persönlichen Gottes aus. Gemäß der Samkhya-Kosmologie entsteht das Universum durch das Ausfließen subtilster Aspekte wie Bewusstsein, Denksubstanz und Sinnesorgane aus der Natur, der Prakriti, bis sich diese schließlich in der grobstofflichen Welt mit den Eigenschaften des Trägen, Beweglichen und Seienden (Tamas, Rajas und Sattva) manifestiert. Der Purusha, der Geist oder Mann, ist von all diesen Emanationsvorgängen unberührt und existiert statisch jenseits von letztlich materieller Psyche und Physis. Genauer gesagt gibt es nicht einen Purusha, sondern viele Purushas, die gleich, aber nicht identisch sind (was den Unterschied zur Advaita-Philosophie ausmacht). Aus diesen beiden Urprinzipien, der aktiven Materie einschließlich der Psyche und dem unbeweglichen Geist, besteht auch der Mensch. Das Leiden entsteht durch das Zusammentreffen von Geist und Materie, wodurch der Geist gefesselt wird. Die Schritte zur Befreiung (Mukti) liefert der Yoga.

## Yoga-Sutra des Patanjali

»*Yogas citta-vritti-nirodhah*«, d. h. »Yoga ist die Unterdrückung der Funktionen der Denksubstanz«, so lautet Patanjalis Programm der methodischen Beherrschung der inneren Welt. Nicht nur die Aktivitäten des Bewusstseins, auch die im Unterbewusstsein vorhandenen Komplexe (Vasana) müssen kontrolliert und aufgelöst werden. Dieses Ziel soll über einen acht Glieder (Astangas) umfassenden Vorgang der Disziplinierung und der gestuften Konzentration erreicht werden. Auf den letzten drei Stufen (Dharana, Dhyana, Samadhi) können paranormale Phänomene (Vibhuti) und okkulte Fähigkeiten (Siddhi) auftreten, welche nicht nur in der neohinduistischen Interpretation der Sutras als Hindernis zur Erreichung der Vereinigung mit dem Göttlichen (Samadhi) gelten. Der große Botschafter des Neohinduismus im Westen, der Advaita-Mönch Vivekananda (1863–1902), vertritt in seinem Kommentar zu Patanjalis Astanga-Yoga die Auffassung, dass die Sutras ins Samkhya-System eingebettet sind und der höchste Zustand (Kaivalya), die Befreiung des Purusha aus den Einflüssen der Prakriti, durch Auflösung der Qualitäten in ihrer umgekehrten Reihenfolge geschieht. Der eigentliche Sinn von Pratyahara, dem Zurückziehen der Sinne von den Objekten der Außenwelt, ist das Rückgängigmachen des Emanationsvorgangs der materiellen Verdichtung, um die illusionäre Identifikation des Purusha mit der Prakriti aufgeben zu können.

### Yoga in der Bhagavadgita

Die ca. 300 v. Chr. entstandene Bhagavadgita spricht von drei Hauptarten des Yoga: Bhakti-, Karma- und Jnana-Yoga. Bhakti-Yoga gilt als die liebende Hingabe an einen persönlichen Gott, d. h. an ein persönlich erwähltes Ideal (Ishta-Deva). Der Karma-Yogin sucht Erlösung durch die Erfüllung der täglichen Pflichten und begreift Arbeit als Gottesdienst. Jnana-Yoga ist der abstrakt-intellektuelle Vorgang der Unterscheidung zwischen dem Absoluten und dem Relativen, die Reflexion über Wirklichkeit oder Unwirklichkeit der Welt, letztlich ist es der Weg des Monisten. Keine Frage: Einzelne Passagen in der Bhagavadgita sind von der Einheitsphilosophie des Vedanta geprägt, aber ihre eigentliche Botschaft ist der Bhakti-Marga und der Yoga der Tat.

### Tantrismus und Hatha-Yoga

Gegenüber dem bislang skizzierten ethisch-mystischen Yoga-Verständnis der brahmanischen Zeit stellt der ab 600 n. Chr. stärker einsetzende ↗ Tantrismus eine Zäsur dar. Es kommt zur Bedeutungsverschiebung: Nicht mehr die asketische Beherrschung der Triebnatur, sondern Genuss (Bhoga) und Hedonismus werden im dunklen Kali-Yuga als Wege der Erfahrung des göttlichen Seins proklamiert. Die Vereinigung der polaren Kräfte des Männlichen und Weiblichen, symbolisiert in Shiva und Shakti, werden im sog. rechtshändigen Tantra (Dakshinachara) imaginiert und im linkshändigen (Vamachara) in Riten zelebriert.

In der Tradition des Tantra steht der Hatha-Yoga (ab ca. 900), der dessen Chakren-Physiologie einschließlich der Kundalini-Vorstellung übernommen hat. Aber auch einzelne Elemente der Upanishaden, des Samkhya und der Yoga-Sutras Patanjalis tauchen in den Hatha-Yoga-Texten auf. In Basistexten finden sich alchemistische, sexuelle und magische Anspielungen bis hin zu dem Anspruch, körperliche Unsterblichkeit zu erreichen, weshalb dieser Yoga lange Zeit als unseriöses Produkt der Verfallszeit galt (Hauer). Jedenfalls wurde dem Körper eine vorher nicht gekannte Bedeutung zugemessen wurde, was sich v. a. in der systematischen Entfaltung der Asanas zeigt. Aus dem ursprünglich festen Sitz bei Patanjali wurden 15 Asanas in der *Hathayogapradipika* und schließlich 300 Asanas beim neuzeitlichen Lehrer Iyengar. Die bewusste Ausführung der Asanas bedeutet eine Steigerung der Sensibilität auch gegenüber den Funktionen des eigenen Körpers.

### Neuzeitliche Yoga-Rezeption in Europa

Spätestens seit Anquetil Duperron 1775 eine persische Ausgabe der Upanishaden erhielt, war indische Philosophie und damit Yoga Untersuchungsgegenstand von Indologen, Philologen und Philosophen. Schopenhauers antisemitische Auslegung des Vedanta sollte sich später in der Theosophie und v. a. in der Ariosophie zur Rassenhetze steigern und zum Grundgedanken rassistischer Yoga-Rezeption werden. Wie wenig jedoch Schopenhauers Denken auf antijüdische Elemente reduziert werden kann, zeigt P. Deussens Deutung indischer Metaphysik in der Tradition Schopenhauers. Hatte Hegel den Yoga als »abstrakte Andacht« und sinnlose Leerheit einer ebenfalls für die Folgezeit verheerenden nihilistischen Bewertung unterzogen, wird für die Brüder Schlegel Indien zur Chiffre für die Tiefe des eigenen Wesens und zur Heimat der Religion. Für Deussen ist der Atman der Upanishaden das seiner selbst bewusste Subjekt des Erkennens und Handelns, dem im Gegensatz zum Samsara, der Welt der sichtbaren Dinge, Realität zukomme. An die Stelle des hegelschen Seins, des Inbegriffs aller Abstraktion, tritt ein Subjekt, das durch den schopenhauerschen Willen sowohl Bejahung als auch Verneinung in sich enthält. Dadurch ist es möglich, die Hinwendung zur vielfältigen Welt der Erscheinungen (als Bejahung) zu denken und zugleich die Vielheit verneinend jenseits der veränderlichen Dinge im Urgrund zu bleiben. So wird auch der Yoga im Sinne der Verneinung der empirischen Welt und der Zuwendung zum Atman verstanden. Seine höchste Stufe (Samadhi) ist demnach das, was in der Sprache der neuzeitlichen Philosophie das »Wesen der ästhetischen Kontemplation« ausmacht, wo Subjekt und Objekt in eins fallen (Baier 1998).

### Yoga in Theosophie und Ariosophie

Entscheidende Impulse zur Verbreitung und Popularisierung des Yoga gingen von der ↗ theosophischen Bewegung Ende des 19. Jh.s aus. Aber von wenigen Ausnahmen abgesehen, wird auch von Yoga-Praktizierenden die theosophische Yoga-Version v. a. aus zwei Gründen abgelehnt. Bei Blavatsky findet sich eine schroffe Dichotomie von gutem und schlechtem Yoga: Die Abwertung des körperlichen Hatha-Yoga wird mit dem Hinweis auf den auserwählten Kreis von Heiligen (Arhats) legitimiert: Er eigne sich nur für Wesen auf der untersten Stufe der karmischen Evolution. Dem steht die Aufwertung des angeblich rein geistigen Raja-Yoga gegenüber, der wie bei Vivekananda mit Patanjalis Sutra identifiziert wird. Die Polarität von schädlichem und nützlichem Yoga ist die praktische Fortsetzung der theoretischen Polarität von böser Materie und gutem Geist. Es wird jedoch von Theosophen übersehen, dass auch der geistige Raja-Yoga körperliche Elemente (Asanas, Pranayama) enthält (Baier 1998) und der Hatha-Yoga die Dimension der geistigen Aufmerksamkeit kennt. Noch schwerwiegender als die Trennung in gut und schlecht ist die Einbeziehung der Yoga-Lehre in die Rassentheorie. Obwohl sich Blavatsky gegen Antisemitismus ausspricht, hat sie inhaltlich den dezidierten Rasseesoterikern der Ariosophie die entscheidenden Schlagworte von der Rassenvermischung geliefert. J. Lanz von Liebenfels hat in der *Theozoologie* 1904 die Weltverschwörungstheorie weiter ausgewalzt in dem Sinne, dass die blonden Helden von Atlantis/Thule von den dunkelrassigen Tschandalen überrannt wurden, die durch das biologische Verbrechen der Kreuzung von Menschen und Tieren entstanden sind. Nach Lanz toben die schwarzmagischen Gene der tierartigen Untermenschen noch heute im Blut der Juden, die deshalb versklavt werden müssten.

### Yoga in Psychologie und Medizin

C. G. Jung (1936) warnt den westlichen Menschen davor, indische Übungen wie Yoga kritiklos zu übernehmen, denn aufgrund der kulturellen und seelischen Differenz zwischen Ost und West sei falscher Gebrauch die zwangsläufige Folge. Jungs Einwände finden auch heute bei Yoga-Rezipienten Kritik und Zustimmung. Kritisiert wird an Jung eine selektive und falsche Quellenbenutzung sowie die Fehleinschätzung des Hatha-Yoga als Turnübung. Mit der pauschalen Bewertung des Ostens und Westens verstoße Jung gegen eigene Konstrukte der kulturellen Unabhängigkeit. Die Kritik Jungs am irrationalen Eskapismus der Theosophen findet Zustimmung, sie dürfe aber nicht generalisiert werden. Das reflektierte Problembewusstsein Jungs gegenüber einer blinden Yoga-Euphorie und seine Warnungen vor einem leichtfertigen Gebrauch durch verletzbare Persönlichkeiten werden als realitätsbezogen charakterisiert. Viele Untersuchungen belegen den präventiven und therapeutischen Effekt von (Hatha-)Yogaübungen bei einer großen Bandbreite körperlicher und seelischer Dysfunktionen: Die allgemeine Befindlichkeit hat sich bei zuvor belasteten Patienten in Richtung höherer Selbstwert, emotionale Stabilität und mehr Lebensfreude verschoben. Hatha-Yoga und ähnliche Entspannungsmethoden setzen bei der Widerstandskraft des Individuums an und tragen zur psychomotorischen und vegetativen Harmonisierung bei. Allerdings sind Asanas bei schizophrenen Psychosen und Schäden an der Halswirbelsäule kontraindiziert.

### Yoga in der Moderne

In Deutschland waren nach C. Fuchs im Jahr 2000 unter den 3 Mio. Yoga-Praktizierenden ca. 80% Frauen mit höherer Bildung. Die Methodenvielfalt einschließlich der Betonung des Gesundheits- und Körpertrainings ist Voraussetzung für den Zugang zu weltanschaulich neutralen Institutionen wie Volkshochschulen und zu kirchlichen Bildungshäusern. Der Preis für die geradezu flächendeckende Anwendung ist die Säkularisierung des Yoga, d.h. der Verzicht auf den ursprünglich religiösen Anspruch der Vereinigung mit dem Göttlichen. Die Einbeziehung persönlicher Bedürfnisse und die Beschäftigung mit lebensgeschichtlichen Erfahrungen stehen im Zentrum dieser neu interpretierten Praxis. Biografie und Gruppe sind die entscheidenden Bezugspunkte moderner Religion. Daher hat die Psychologisierung und Therapeutisierung des Yoga in (Frauen-)Gruppen sowie in der »unsichtbaren« Religion einen hohen Stellenwert im Sinne der Aufarbeitung der eigenen Lebensgeschichte und der Akzentuierung persönlicher Autonomiebestrebungen.

### Fazit

Die Ergebnisse zeigen, dass Hatha-Yoga-Programme sehr gut zur Stressbewältigung und Selbstregulation geeignet sind, wenn die individuellen Besonderheiten der Praktizierenden berücksichtigt werden. Selbstverständlich sind mit der engen Lehrer-Schüler-Beziehung Risiken verbunden, die in der Yoga-Szene mit hohem Institutionalisierungsgrad zur Guru-Problematik (↗Guruismus) geführt haben. Konflikte mit den primär tantrisch orientierten Gruppen sowie der frühen ↗ISKCON zogen nicht nur eine Hinduismus-immanente Kritik nach sich. Evangelikal-fundamentalistische Gruppen dämonisieren Yoga-Praktiken pauschal (Franzke 1999). Polemisch-undifferenzierte Kritik identifiziert Yoga generell mit Tantrismus und blendet damit völlig aus, dass im Konzilstext *Nostra aetate* in impliziter Form im Abschnitt über den Hinduismus die Margas der Bhagavadgita respektvoll als Wege zu Gott bezeichnet werden.

HARALD BAER

# Zen

## 1. Zen-Buddhismus

### Entstehung

Der Zen-Buddhismus ist die japanische Form der chinesischen Chan-Schule (beide Namen leiten sich vom Sanskritwort *dhyāna* für »Meditation« ab). Diese Form des ↗Buddhismus breitet sich von China nach Vietnam, Korea, später nach Japan und Taiwan und in der Moderne in seiner japanischen Gestalt auch in vielen westlichen Ländern aus. Entstanden ist die Schule aus Berührungen der mahayanischen Metaphysik mit der daoistischen Naturmystik (↗Daoismus). Als erster Patriarch, der die chinesische Patriarchensukzession begründet haben soll, gilt Bodhidharma (chin. Ta-mo, jap. Daruma; 5./6. Jh.). Der Tradition nach soll er 526 nach China gekommen sein; historisch lässt sich dieses Datum nicht verifizieren. Seine Gestalt verschwindet fast gänzlich hinter der legendarischen Überlieferung. V. a. lässt sich historisch nichts über eine indische Vorgeschichte dieser Schule ausmachen. In ihrer ersten Phase (frühes 6. Jh.) scheint die Chan-Schule daoistisch beeinflusst gewesen zu sein. Erst unter Huineng (638–713), dem 6. Patriarchen des Chan-Buddhismus, gewinnt sie ihre eigene Gestalt. Auslöser für ihr Entstehen dürfte die überschäumende mahayanische Spekulation in China gewesen sein. Dieser setzte die Chan-Schule, im Sinne einer Reform der Rückkehr zu den Ursprüngen, die meditative Praxis entgegen, was zeitweilig in eine erklärte Ablehnung des Studiums der Schriften umschlug. Die Methode des Kōan (paradoxe Denkaufgaben bzw. unsinnig erscheinende Antworten auf Fragen) scheint ursprünglich der Abweisung fruchtlosen Spekulierens gedient zu haben. Inzwischen soll das Kōan dadurch, dass es sich logischen Lösungen entzieht, den Übenden aus der Alltagslogik aushebeln und damit ein existenzielles Erschütterungserlebnis auslösen.

### Zen-Praxis und die Geschichte des Zen

Die meditative Praxis besteht vornehmlich in der Sitzmeditation (Zazen). Daneben werden auch andere meditative Wege genutzt, um zum »Erwachen« (Sanskrit: *bodhi*, jap. *Satori*) durchzubrechen: die Teezeremonie, die Kalligrafie, das Blumenarrangieren *(Ikebana)*, sogar ritterliche Kampfkünste wie Bogenschießen und Schwertkampf. Zen wurde geradezu zur Ideologie des japanischen Kriegeradels (Samurai). So haben auch japanische Kampfkünste wie Judo, Aikido, Ju-Jutsu ihre Wurzeln im Zen.
Der Zen-Buddhismus kommt in der Kamakura-Zeit (1185–1333) nach Japan. V. a. zwei japanische Meister haben ihm seine eigentümliche Prägung gegeben: Eisai (1141–1215), der Begründer der Rinzai-Schule, und dessen Schüler Dōgen (1200–1250), der die Sōtō-Schule gegründet hat. Beide Schulen unterscheiden sich in Facetten voneinander. So pflegt die Rinzai-Schule die Kōan-Praxis, während diese in der Sōtō-Schule zu einem ritualisierten Frage-und-Antwort-Spiel erstarrt ist. Eine dritte japanische Zen-Schule, die Obaku-Schule, durch Ingen (1592–1673) gegründet, vereinigt Elemente des Amitābha-Buddhismus mit der Zen-Tradition, ist aber nie zahlenmäßig bedeutsam geworden. Neben der ausgesprochen starken Praxisorientierung des Zen, weist er in seiner erklärten weltimmanenten Spiritualität, die die Ausweisung eines sakralen Sonderbereichs als Konstituens des Religiösen schlicht zurückweist und statt dessen im Profanen die Form der Alltagsspiritualität entdecken will, ein ganz spezifisches

Charakteristikum auf. Die Entstehung einer Zen-Philosophie, wie sie von der Kyōtō-Schule, begründet von Kitaro Nishida (1870–1945), repräsentiert wird, ist indes ein ganz junges Phänomen, das sich Kontakten mit abendländischer Philosophie, v. a. mit dem Neukantianismus, der husserlschen Phänomenologie und Heideggers Existenzphilosophie verdankt. Kern dieser modernen Zen-Philosophie ist es, in der Tradition der buddhistischen *anātman*-Lehre das individuelle Selbst zu vergessen. Die Uneigentlichkeit der Erscheinungen gaukelt eine Welt der Dualität, der Unterscheidung und Unterscheidbarkeit vor. Die Eigentlichkeit oder das Wesen gilt im Zen als leer oder »merkmalslos«. Dieser Wesenskern sei aber gerade nicht durch diskursives Nachdenken, sondern nur in der Meditation zu erreichen und zu begreifen. Gegenstand der Zen-Meditation ist daher die »Leere« (Sanskrit *śūnyatā*) selbst. In dieser Zuspitzung erweist sich der Zen-Buddhismus als mahayanisch.

### Aktuelles Erscheinungsbild des Zen

Zen-Mönche leben nur noch während ihrer drei- bis vierjährigen Ausbildung in Klöstern. Die meisten von ihnen sind verheiratet (wogegen die Zen-Nonnen in Japan nach wie vor zölibatär leben), und viele von ihnen betreuen nach ihrer klösterlichen Ausbildung Tempel. Diese Gewohnheit, die auf eine kaiserliche Anordnung Ende des 19. Jh.s zurückgeht, hat das monastische Gesicht des Zen-Mönchtums nachhaltig verändert.

Während die Zen-Tradition in Japan zunehmend einer Musealisierung unterliegt, haben Zen-Meditation und Zen-Philosophie außerhalb Japans ein ungemein großes Interesse gefunden. Christliche Theologen wie die beiden Jesuitenpatres Hugo Enomiya-Lassalle und Heinrich Dumoulin und der Trappist Thomas Merton haben die Zen-Methoden, besonders Zazen, für christliche Spiritualität nutzbar gemacht. Andere Multiplikatoren des Zen waren Philosophen wie Eugen Herrigel und Psychologen wie Erich Fromm und Karlfried Graf Dürckheim. Zugleich waren es japanische Zen-Buddhisten, die dem Westen den *dharma* in seiner Zen-Gestalt übermittelt haben, unter diesen v. a. D. T. Suzuki, dessen literarisches Werk sich als bahnbrechend für die westliche Rezeptionsgeschichte des Zen erwies. Inzwischen haben sich auch einige westliche Stile neben den Orientierungen an den klassisch-traditionellen von Rinzai- und Sōtōshū etabliert wie das »Zen ohne Meister« des Amerikaners Baker Roshi.

## 2. Christliches Zen

Der Begriff »christliches Zen« bezieht sich auf eine religionsgeschichtlich einzigartige Entwicklung: Für eine bedeutende Anzahl europäischer und nordamerikanischer Christen ist Zen, also eine buddhistische Form der Meditation, ein zentrales Element ihrer religiösen Praxis geworden. Priester und Ordensleute sind, oft in Klöstern und kirchlichen Bildungshäusern, als Zen-Lehrer tätig und ernennen selbst weitere Zen-Lehrer.

### Geschichtlicher Hintergrund

Im 20. Jh. wurde die westliche Kultur und Philosophie zu einer besonderen Herausforderung für Japan. In dieser Auseinandersetzung erschlossen D. T. Suzuki und die Philosophen der Kyoto-Schule die Zen-Tradition in einer neuen Weise, die offen für den interkulturellen und interreligiösen Austausch war. Gleichzeitig wurde Zen im Westen modern, was aber meist auf eine diffuse und selektive Kenntnis und Assimilation beschränkt blieb. In dieser Situation begann ein Dialog zwischen Christentum und Zen-Buddhismus.

Dass Zen zu einer bedeutenden Größe unter Christen wurde, geht vorwiegend

auf den Einfluss von H. M. Enomiya-Lassalle SJ zurück, der 1929 als Missionar nach Japan kam. Er besuchte Zen-Klöster und nahm dort an den Meditationen teil. Auf Reisen im Westen machte er Zen durch Vorträge bekannt. 1967 begann er neben seiner Vortragstätigkeit im Westen auch damit, zur Übung der Zen-Meditation anzuleiten, und stieß damit auf unerwartet großes Interesse. Mit dem Bau eines Meditationszentrums, das ans Franziskanerkloster in Dietfurt angeschlossen ist, wurden Zen-Übungen ab 1978 zu einer bedeutenden Größe im westlichen Christentum.
Zu dieser Zeit begannen auch andere christliche Zen-Lehrer, darunter Priester und Ordensleute, Zen zu lehren und eigene Zentren zu errichten. Fast alle wurden, wie Lassalle, vom japanischen Zen-Buddhisten Yamada Kôun, einem Mitbegründer der Sanbo-Kyodan-Schule, ausgebildet. Einige haben sich aber inzwischen von dieser Schule getrennt. Die ersten Vertreter dieser Zen-Bewegung unter Christen, die eine bedeutende Lehrtätigkeit entfaltet haben, sind P. Ama Samy SJ, Sr. Annemarie Schlüter-Rodes, P. Willigis Jäger OSB, P. Niklaus Brantschen SJ, P. Johannes Kopp SAC, Gundula Meyer (ev. Pastorin), Sr. Ludwigis Fabian OSB, Sr. Elaine MacInnes OLM, Ruben Habito, P. Victor Löw OFM und Peter Lengsfeld. Die meisten dieser ersten Lehrer waren in Deutschland tätig, aber auch sonst in Europa, in den USA, in Indien und auf den Philippinen.
Einige Zen-Lehrer lehren auch Kontemplation, wobei sie die wesentlichen Meditationstechniken aus dem Zen übernehmen und diese mit christlichen Formen verbinden. Andere Kontemplationsschulen, die aus einer genuin christlichen Tradition kommen, haben wichtige Elemente aus dem Zen übernommen.
In der Regel hat die Hinwendung zum Zen ihre Ursache in einem allgemeinen Bedürfnis nach Meditation bzw. Kontemplation, oft auch nach Lebenshilfe. Zen wird als passende Antwort auf die Suche nach persönlicher Spiritualität und Mystik und nach einer systematischen Praxis und Anleitung auf dem spirituellen Weg erlebt.

### Die Zuordnung zum Buddhismus

Die Frage der Zuordnung zum Buddhismus wird von Christen, die Zen praktizieren, sehr unterschiedlich beantwortet.
Ein v. a. in der ersten Phase der Übernahme von Zen durch Christen populärer Ansatz besteht darin, die Techniken des Zen als christliche Gebetsübung zu integrieren. Die Bezeichnung »christliches Zen« wird oft im engeren Sinn dieser Auffassung verstanden, was ein Problem dieses Begriffs darstellt. Es handelt sich um einen inklusivistischen Ansatz der interreligiösen Praxis. Zunehmend werden aber die Verwurzelung von Zen im Buddhismus und die Bedeutung zenbuddhistischer Rituale für die Zen-Praxis erkannt, womit diese Auffassung an Boden verliert.
Ein weiterer wichtiger Ansatz, oft nur implizit vertreten, ist ein transreligiöses Verständnis von Zen und mystischer Erfahrung im Allgemeinen. Diese übersteigt gemäß dieser Auffassung alle konkreten Religionen und ist ihr eigentliches Ziel. In der nicht-dualen mystischen Erfahrung verlieren alle Unterschiede der Religionen ihre Bedeutung. Erfahrung wird über die Lehre gestellt. Diese Auffassung knüpft daran an, dass in der Zen-Übung alle historische Begrenztheit von Religion relativiert und überstiegen wird. Sie entspricht der schon seit der Aufklärung populären Empfindung, alle Religionen seien im Grunde dasselbe und aller Streit zwischen den Religionen beruhe nur auf unberechtigten Verabsolutierungen. Bei aller Richtigkeit der Intuitionen, die hinter dieser Auffassung

stehen, vermischt sie diese doch mit einem unbefriedigenden Konzept von ↗Religion, religiöser Erfahrung und interreligiösem Dialog. Ein Grundproblem besteht darin, dass diese Position zwar alle Religionen relativiert, implizit aber ein neuer Standpunkt über den Religionen eingenommen wird. Vom christlichen Standpunkt her stellt sich die Frage nach der Bedeutung der Einzigartigkeit der Erlösung durch Christus. Vom Standpunkt des Zen ist die Verabsolutierung der Erfahrung und der Nicht-Dualität problematisch, die, richtig verstanden, nur in ihrer Integration mit Dualität verwirklicht wird.

Eine weitere Position geht von der Praxis der interreligiösen Existenz aus. Christen, die Zen üben, leben gemäß dieser Auffassung in und aus zwei verschiedenen religiösen Traditionen, ohne eine dieser Traditionen abzuwerten. Theologisch gründet diese Auffassung darin, dass sich Jesus Christus gegen die Vergötzung religiöser Formen gewandt und über sie das Gebot der Gottes- und Nächstenliebe gestellt hat, das bedeutet, sich selbst zu sterben und im Geist, d. h. in einer radikalen Offenheit für den Anderen, wiedergeboren zu werden. Der interreligiösen Existenz entspricht ein hermeneutischer Ansatz des Verständnisses einer anderen Religion, der keinen übergeordneten Standpunkt einnimmt und jeder Religion Einzigartigkeit zugesteht, ohne Ausschließlichkeit zu behaupten.

### Beurteilungen

Im christlichen Bereich reichen die Beurteilungen der Zen-Praxis von Christen von entschiedener Ablehnung über vorsichtige Duldung bis zu entschiedener Förderung. Im Allgemeinen gibt es in der katholischen Kirche eine größere Offenheit als in den protestantischen Kirchen. Kritische Stellungnahmen beziehen sich weniger auf die Zen-Praxis als auf christlich-theologische Aussagen einiger Zen-Lehrer, die im transreligiösen Verständnis (vgl. oben) von Zen ihre Wurzel haben.

Im Zen-Buddhismus wird die Zen-Praxis durch Christen im Allgemeinen akzeptiert oder begrüßt. Die Legitimation der christlichen Zen-Lehrer wird aber teilweise infrage gestellt. Yamada Kôun hat aufgrund seiner Erfahrung daran festgehalten, dass Christen in den Geist von Zen eindringen können. Die Kritik macht sich aber nicht nur an der Frage nach der Religionszugehörigkeit fest, sondern auch am Anspruch, die Zen-Lehre sei an die traditionellen Zen-Klöster gebunden, sowie daran, dass die Zugehörigkeit entweder zur Rinzai- oder zur Sōtō-Schule des Zen verlangt wird, was in der Sanbo-Kyodan-Schule nicht gegeben ist.

### Perspektiven und Entwicklungen

Nach dem Boom der 1980er- und 90er-Jahre steigt die Zahl der Zen-Übenden im christlichen Bereich inzwischen nur noch moderat. Die Zahl der Zen-Lehrer nimmt schnell zu, und zunehmend stellt sich die Frage nach den Qualifikationskriterien dieser Lehrer. Da es, entsprechend der Tradition des Zen, keine übergeordnete Institution gibt, ernennt jeder Zen-Lehrer seine Nachfolger nach seinen je eigenen Kriterien. Die Integration der Zen-Bewegung im Christentum steht insgesamt erst am Anfang und eröffnet die Möglichkeit einer noch nicht absehbaren Transformation des Christentums, in der die mystische Dimension eine bedeutende Rolle spielt.

KLAUS-JOSEF NOTZ (1),
STEFAN BAUBERGER (2)

# Abkürzungsverzeichnis

| | |
|---|---|
| Abs. | Absatz |
| AG | Ad gentes, Vaticanum II |
| AnerkG | Gesetz der Republik Österreich betreffend die gesetzliche Anerkennung von Religionsgesellschaften vom 20. Mai 1874 |
| Art. | Artikel |
| AT | Altes Testament |
| BekGG | Bundesgesetz über die Rechtspersönlichkeit von religiösen Bekenntnisgemeinschaften BGBl I 1998/19 |
| BVerfGE | Entscheidungen des Bundesverfassungsgerichts |
| BVerwGE | Entscheidungen des Bundesverwaltungsgerichts |
| B-VG | Bundes-Verfassungsgesetz der Republik Österreich vom 1. Oktober 1920 |
| DH | Dignitatis humanae, Vaticanum II |
| DV | Dei verbum, Vaticanum II |
| EDISG | Bundesgesetz der Republik Österreich über die Einrichtung einer Dokumentations- und Informationsstelle für Sektenfragen BGBl I 1998/150 |
| EMRK | Konvention des Europarates zum Schutze der Menschenrechte und Grundfreiheiten vom 4. November 1950 |
| ev. | evangelisch |
| evtl. | eventuell |
| GE | Gravissimum educationis, Vaticanum II |
| GG | Grundgesetz für die Bundesrepublik Deutschland vom 23. Mai 1949 |
| ggf. | gegebenenfalls |
| GS | Gaudium et spes, Vaticanum II |
| i. d. R. | in der Regel |
| Jh. | Jahrhundert |
| Jt. | Jahrtausend |
| LG | Lumen gentium, Vaticanum II |
| kath. | katholisch |
| KKK | Katechismus der katholischen Kirche |
| Mio. | Millionen |
| NT | Neues Testament |
| orth. | orthodox |
| ÖRK | Ökumenischer Rat der Kirchen |
| RRBG | Bundesgesetz der Republik Österreich über die Rechtspersönlichkeit von religiösen Bekenntnisgemeinschaften vom 9. Januar 1998 |
| röm.-kath. | römisch-katholisch |
| Sanskr. | Sanskrit |
| sem. | semitisch |
| sog. | sogenannt |
| StGG | Staatsgrundgesetz der Republik Österreich über die allgemeinen Rechte der Staatsbürger für die im Reichsrate vertretenen Königreiche und Länder vom 21. Dezember 1867 |
| STh | Summa theologica |
| u. a. | unter anderem, und andere |
| u. Ä. | und Ähnliches |
| u. a. m. | und andere mehr |
| UR | Unitatis redintegratio, Vaticanum II |
| u. U. | unter Umständen |
| v. a. | vor allem |
| vgl. | vergleiche |
| WRV | Verfassung des Deutschen Reichs vom 11. August 1919 (Weimarer Reichsverfassung) |
| z. B. | zum Beispiel |
| ZGB | Schweizerisches Zivilgesetzbuch vom 10. Dezember 1907 |
| z. T. | zum Teil |

# Personenregister

# Sachregister

# Die Weisheit des Dalai Lama

Dalai Lama
**Der Weg zum Glück**
Sinn im Leben finden
Band 5490
„Die klaren Worte des Dalai Lama bestechen durch ihre Bescheidenheit, ihre Herzenswärme und profunde Sanftmut" (Münchner Merkur). Knapp und schlüssig: „Die Formel des Tibeters" (Focus).

Dalai Lama
**Tag für Tag zur Mitte finden**
Lesebuch durch das Jahr
Band 5649
Kurze inspirierende Texte voller Lebenserfahrung, Weisheit und Gelassenheit, die entdecken helfen, worauf es wirklich ankommt.

Dalai Lama / Howard C. Cutler
**Glücksregeln für den Alltag**
Band 5843
Das Glück ist nicht nur für besondere Gelegenheiten da, sondern auch im Alltag zu finden, sogar bei der Arbeit. Doch wir arbeiten immer mehr und sind immer weniger glücklich. Wie lässt sich die Spirale umkehren?

Dalai Lama
**Das kleine Buch vom rechten Leben**
Band 5901
In diesem Buch zeigt sich der Dalai Lama als ebenso humorvoller Beobachter wie scharfsinnig-mitfühlender Kenner unserer alltäglichen Suche nach Liebe, Mitgefühl und Toleranz.

Dalai Lama
**Mitgefühl**
Band 5950
Positiv Denken, negative Gefühle überwinden: das Mitgefühl als Schlüssel zum Lebensglück – Texte des Dalai Lama, die den Alltag verändern können.

# Dialog der Religionen

Clemens Thoma / Jakob J. Petuchowski / Ludwig Hagemann
**Lexikon der Begegnung**
Judentum – Christentum – Islam
420 Seiten, gebunden
ISBN 978-3-451-29835-6
Für die Weltreligionen Judentum, Christentum und Islam bietet dieses Lexikon grundlegende Informationen, die ein gegenseitiges Verständnis ermöglichen.

Karl Lehmann
**Mut zum Dialog**
Orientierung für unsere Zeit
Band 6021
Dieses Buch zeigt praktisch und aktuell: So können die Herausforderungen für die Zukunft der Kirche, aber auch der Gesellschaft gemeistert werden.

Christian W. Troll
**Unterscheiden um zu klären**
Orientierung im christlich-islamischen Dialog
304 Seiten, gebunden mit Schutzumschlag
ISBN 978-3-451-29671-0
Die verschiedenen Dimensionen des christlich-islamischen Dialogs: Wichtig ist die Klärung und Unterscheidung durch die vergleichende Analyse zentraler Figuren und Lehren der jeweiligen Glaubensgemeinschaft.

Adel Theodor Khoury
**Der Islam**
Sein Glaube, seine Lebensordnung, sein Anspruch
Band 5246
Muslime leben mitten unter uns. Weltweit ist der Islam im Vormarsch. Was wissen wir über diese vielschichtige Religion?

Adel Theodor Khoury / Ludwig Hagemann / Peter Heine
**Islam-Lexikon A-Z**
Geschichte – Ideen – Gestalten
Band 5780
Dieses Lexikon erschließt die komplexe Welt des Islam in unnachahmlicher Weise. Das Standardwerk von herausragenden Islamkennern deutscher Sprache. Aktualisierte und neubearbeitete Ausgabe.

HERDER spektrum